战略性新兴领域“十四五”高等教育系列教材

数字化网络化智能技术
——工业大数据及其应用

主　编　张存吉　何佳龙

副主编　高兴宇　庄　笑　景　轩

参　编　彭艳华　丁　畅　胡超凡
　　　　罗　巍　田海龙　周　迪

机械工业出版社

本书是战略性新兴领域“十四五”高等教育系列教材之一，系统地阐述了工业大数据背景、采集、处理、分析、存储、可视化及其应用案例。全书共分 8 章，主要内容包括：绪论、工业大数据感知与预处理、工业大数据存储与计算平台、工业大数据分析、工业大数据的分类与聚类、工业大数据挖掘与知识图谱、工业大数据的可视化和工业大数据的综合应用。

本书适合作为普通高等教育机械工程、智能制造工程、自动化等工科专业的课程配套教材，也可作为相关工程技术及管理人员的参考用书。

图书在版编目（CIP）数据

数字化网络化智能技术：工业大数据及其应用 / 张存吉，何佳龙主编. -- 北京：机械工业出版社，2024. 12. --（战略性新兴领域“十四五”高等教育系列教材）.

ISBN 978-7-111-76919-4

Ⅰ. F407.4

中国国家版本馆 CIP 数据核字第 2024CN6006 号

机械工业出版社（北京市百万庄大街 22 号　邮政编码 100037）

策划编辑：余　皞　　　　责任编辑：余　皞　侯　颖

责任校对：闫玥红　梁　静　封面设计：严娅萍

责任印制：常天培

固安县铭成印刷有限公司印刷

2025 年 1 月第 1 版第 1 次印刷

184mm×260mm · 16 印张 · 406 千字

标准书号：ISBN 978-7-111-76919-4

定价：58.00 元

电话服务　　　　　　　　　网络服务

客服电话：010-88361066　机　工　官　网：www.cmpbook.com

　　　　　010-88379833　机　工　官　博：weibo.com/cmp1952

　　　　　010-68326294　金　　书　　网：www.golden-book.com

封底无防伪标均为盗版　机工教育服务网：www.cmpedu.com

前　言

制造业是国民经济的主体，是立国之本、兴国之器、强国之基。智能制造是我国制造业创新发展的主要技术路线，智能生产是智能制造的主要组成部分，而智能生产的主要载体就是智能工厂或制造物联车间。数据为产品从设计到制造、使用和维护等整个生命周期提供服务，而车间涉及的多源异构数据是对车间运行过程的全面描述，数据的分析赋予车间制造过程“思想”，数据的变化改变车间运行过程、影响车间运行性能，是车间运行分析与决策的重要依据。由此可见，工业大数据在智能制造领域有着重要的作用。

本书是在作者团队从事智能制造相关教学科研工作的基础上，总结所承担的国家自然科学基金项目（52265063、52375497）、吉林省自然科学基金优秀青年基金项目（20240101023JJ）、广西自然科学基金项目（2023JJA160221）、教育部产学合作协同育人项目（231002898191803）、广西高等教育本科教学改革重点项目（2023JGZ124）、广西新工科研究与实践项目（XGK202413）取得的成果，在《制造物联网技术》和《人工智能与智能制造概论》等论著基础上，加以归纳、总结、融合与提升编写而成的。

全书共分 8 章。第 1 章概述了工业大数据的概念、特征、系统与处理流程，分析了工业大数据与工业互联网、智能制造的关系；第 2 章介绍了工业大数据的来源、感知技术、传输协议、预处理技术及融合方法，并配有具体案例分析；第 3 章介绍了工业大数据存储与管理技术、工具、安全技术、计算框架和计算平台，并配有具体案例分析；第 4 章介绍了工业大数据中心趋势和离散趋势度量方法，相似性、相关性计算方法，关联分析方法，并配有具体案例分析；第 5 章介绍了工业大数据的分类、聚类及降维方法，并配有具体案例分析；第 6 章介绍了工业大数据的深度学习方法、开源框架及工业知识图谱，并配有具体案例分析；第 7 章介绍了工业大数据的可视化流程、可视化方法，并配有具体案例分析；第 8 章给出了工业大数据在机械装备故障诊断、零部件寿命预测、加工工艺优化、生产周期预测方面的综合应用。

本书编写分工如下：张存吉、高兴宇编写了第 1 章、第 3 章和第 7 章，张存吉、何佳龙编写了第 8 章，何佳龙编写了第 2 章，何佳龙、罗巍编写了第 5 章，庄笑编写了第 6 章，景轩编写了第 4 章。此外，彭艳华、丁畅、胡超凡、田海龙、周迪也参与了部分章节内容的整理。

本书的编写得到了桂林电子科技大学承担、上海犀浦智能系统有限公司支持的教育部产学合作协同育人项目的资助，同时，该公司孙其伟、汤文举工程师提供了部分案例、实验内容，在此表示感谢。此外，本书的编写还得到了桂林电子科技大学智能制造现代产业学院共建单位广西七识数字科技有限公司的支持，在此也表示衷心的感谢。

编 者

目 录

教学大纲

第1章

绪　论

PPT课件

课程视频

制造业转型升级，实现智能制造，工业大数据是核心。本章重点介绍了工业大数据的概念、特征、处理系统流程和发展趋势，并描述了工业大数据与工业互联网的关系，以及与智能制造的关系。

1.1 工业大数据概述

近年来，全球掀起了智能制造的热潮。美国率先提出先进制造业战略，德国的工业4.0、法国的新工业战略紧随其后。我国也在2015年提出了《中国制造2025》发展规划，明确将智能制造作为制造业发展的主攻方向，并于2019年发布了《工业大数据白皮书（2019版）》，勾画出工业大数据发展的整体轮廓。

1.1.1 工业大数据简介

对于“大数据”，研究机构Gartner给出了这样的定义：“大数据”是需要新处理模式才能具有更强的决策力、洞察发现力和流程优化能力的海量、高增长率和多样化的信息资产。麦肯锡全球研究所给出的定义是：一种规模大到在获取、存储、管理、分析方面大大超出了传统数据库软件工具能力范围的数据集合，具有海量的数据规模、快速的数据流转、多样的数据类型和价值密度低四大特征。

工业大数据是工业领域产品和服务全生命周期数据的总称，包括工业企业在研发设计、生产制造、经营管理、运维服务等环节中生成和使用的数据，以及工业互联网平台中的数据等。随着第四次工业革命的深入展开，工业大数据日渐成为工业发展最宝贵的战略资源，是推动制造业数字化、网络化、智能化发展的关键生产要素。全球主要国家和领军企业向工业大数据聚力发力，积极发展数据驱动的新型工业发展模式。

美国国家科学基金会（NSF）智能维护系统（IMS）产学合作中心创始主任李杰教授在他的《工业大数据》一书中曾指出，在自动化设备产生了大量未被充分挖掘价值的数据、获取实时数据的成本不再高昂、设备的实时运算能力大幅提升，以及依靠人的经验已无法满足复杂的管理和优化的需求的条件下，大数据技术在工业领域逐渐兴起。随着企业数字化转型的不断深入，企业积累的各种数据也越来越多，这些数据从分散到集中经历了较长的时间，但数据本身并不直接创造价值。因此，企业需要思考如何利用工业大数据分析工具，深入挖掘蕴藏在数据中的业务价值。

工业大数据的分类可以从数据来源、工业大数据的应用场景两大维度进行划分。从数据来源看，工业大数据主要包括三类，如图 1-1 所示。

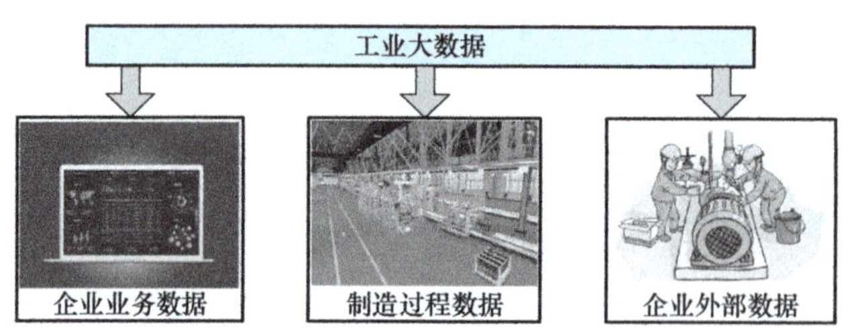

图 1-1 工业大数据来源分类

第一类是企业业务数据。这类数据来自企业信息化管理系统，包括企业资源计划（ERP）系统、产品生命周期管理（PLM）系统、供应链管理（SCM）系统、客户关系管理（CRM）系统和能耗管理系统（EMS）等。此类数据是工业企业传统意义上的数据资产。

第二类是制造过程数据。这类数据主要是指工业生产过程中，装备、物料及产品加工过程的工况状态参数、环境参数等生产情况数据，通过制造执行系统（MES）实时传递。目前，在智能装备大量应用的情况下，此类数据量增长最快。

第三类是企业外部数据。该类数据包括工业企业产品售出之后的使用、运营情况的数据，同时还包括大量客户名单、供应商名单、外部的互联网信息等数据。

从工业大数据的应用场景看，工业大数据是针对每一个特定工业场景，以工业场景相关的大数据集为基础，集成工业大数据系列技术与方法，获得有价值信息的过程。工业大数据应用的目标是从复杂的数据集中发现新的模式与知识，挖掘得到有价值的信息，从而促进工业企业的产品创新、运营提质和管理增效。根据行业自身的生产特点和发展需求，工业大数据在不同行业中的应用重点及产生的业务价值也不尽相同。在流程制造业中，企业利用生产相关数据进行设备预测性维护、能源平衡预测及工艺参数寻优，可以降低生产成本、提升工艺水平、保障生产安全。对于离散制造业，工业大数据的应用促进了智慧供应链管理、个性化定制等新型商业模式的快速发展，有助于企业提高精益生产水平、供应链效率和客户满意度。

1.1.2 工业大数据的特征

与传统的数据处理方式相比，大数据通过对海量资料的分析，产生人们所需要的计算结果。从大数据本身的特点而言，其主要特征在于数据的复杂多样，常被称为“4V 特性”。

1. 规模性

规模性（Volume）就是指数据规模大，而且面临着大规模增长。我国大型的制造业企业，由人产生的数据规模一般在 TB 级或以下，但形成了高价值密度的核心业务数据。机器数据规模可达 PB 级，是“大”数据的主要来源，但相对来说价值密度较低。随着智能制造和物联网技术的发展，产品制造阶段少人化、无人化程度越来越高，运维阶段产品运行状态监控度不断提升，未来人产生的数据规模的比重降低，机器产生的数据将出现指数级增长。

2. 高速性

高速性（Velocity）不仅是采集速度快，而且要求处理速度也快。越来越多的工业信息化系统以外的机器数据被引入大数据系统，特别是传感器产生的海量时间序列数据，数据的写入速度达到了百万数据点 / 秒，甚至千万数据点 / 秒。数据处理的速度体现在设备自动控制的实时性，更体现在企业业务决策的实时性，也就是工业 4.0 所强调的基于“纵向、横向、端到端”信息集成的快速反应。

3. 多样性

多样性（Variety）就是复杂性，主要是指各种类型的碎片化、多维度工程数据，包括设计制造阶段的概念设计、详细设计、制造工艺、包装运输等各类业务数据，以及服务保障阶段的运行状态、维修计划、服务评价等类型数据。甚至在同一环节，数据类型也是复杂多变的，例如在运载火箭研制阶段，将涉及气动力数据、气动力热数据、载荷与力学环境数据、弹道数据、控制数据、结构数据、总体实验数据等，其中包含结构化数据、非结构化数据、高维科学数据、实验过程的时间序列数据等多种数据类型。

4. 价值性

价值性（Value）指大数据具有极大的隐藏价值。有价值的数据往往被淹没在海量无用数据之中，大数据中蕴含着具有未来趋势的高价值数据，需要运用机器学习等人工智能技术将其挖掘出来。

工业系统往往具有复杂动态系统特性。飞机、高铁、汽车、船舶、火箭等高端工业产品本身就是复杂系统；产品设计过程，首先要满足外部系统复杂多变的需求；生产过程更是一个人机料法环协同交互的多尺度动态系统；使用过程本质上就是产品与外部环境系统的相互作用过程。由此可见，产品全生命周期各个环节都具有典型的系统性特征。在工业界，数据的结构和相互关系特别复杂。在数据规模远远不到 PB（大数据的存储单位，1PB=1024TB=1048576GB）级别时，很多数据处理方法就不合适了。针对这种情况，国外有学者提出，大数据的概念不必纠结于数据规模。凡是遇到利用传统数据分析方法无效的数据集合，都可称为“大数据”。依据该思想，有学者将工业大数据定义为“工业数据的总和”。工业大数据作为对工业相关要素的数字化描述和在赛博空间的映像，除了具备大数据的“4V 特性”，还具有多模态、强关联、高通量等新特征，如图 1-2 所示。

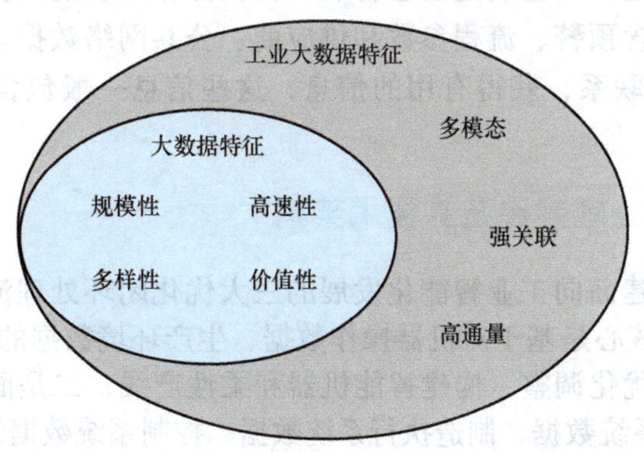

图 1-2　工业大数据特征

（1）多模态　工业大数据是工业系统在赛博空间的映像，必须反映工业系统的系统化特征，必须要反映工业系统的各方面要素。所以，数据记录必须追求完整，往往需要用超级复杂结构来反映系统要素，这就导致单体数据文件结构复杂。比如三维产品模型文件，不仅包含几何造型信息，而且包含尺寸、工差、定位、物性等其他信息；同时，飞机、风机、机车等复杂产品的数据又涉及机械、电磁、流体、声学、热学等多学科、多专业。因此，工业大数据的复杂性不仅是数据格式的差异性，而且是数据内生结构所呈现出的“多模态”特征。

（2）强关联 工业数据之间的关联并不是数据字段的关联，其本质是物理对象之间和过程的语义关联，包括：①产品部件之间的关联关系，即零部件组成关系、零件借用、版本及其有效性关系；②生产过程的数据关联，诸如跨工序大量工艺参数关联关系、生产过程与产品质量的关系、运行环境与设备状态的关系等；③产品生命周期的设计、制造、服务等不同环节的数据之间的关联，例如仿真过程与产品实际工况之间的联系；④在产品生命周期的统一阶段涉及不同学科不同专业的数据关联，例如民用飞机预研过程中会涉及总体设计方案数据、总体需求数据、气动设计及气动力学分析数据、声学模型数据及声学分析数据、飞机结构设计数据、零部件及组装体强度分析数据、系统及零部件可靠性分析数据等。数据之间的“强关联”反映的就是工业的系统性及其复杂动态关系。

（3）高通量 嵌入了传感器的智能互联产品已成为工业互联网时代的重要标志，用机器产生的数据来代替人所产生的数据，实现实时的感知。从工业大数据的组成体量上看，物联网数据已成为工业大数据的主体。以风机装备为例，根据 IEC 61400-25 标准，持续运转风机的故障状态其数据采样频率为 50Hz，单台风机每秒产生 225KB 传感器数据，按 2 万台风机计算，如果全量采集，每秒写入速率为 4.5GB/s。具体来说，机器设备所产生的时序数据可以总结为以下几个特点：海量的设备与测点、数据采集频度高（产生速度快）、数据总吞吐量大，呈现出“高通量”的特征。

在工业智能制造领域，工业大数据最为显著的特点就是数据的多样性，多样化的特征可以让企业获得多样化的信息。为了获得这些信息，企业一般会对工业大数据进行分析，在分析的过程中，通常会采用通用的数据模型。在这些模型当中，企业一般会将一些结构性的商业数据进行整合，这些结构性的数据主要包含库存信息、交易信息、财务信息等。在此基础上，这些模型也会将非结构性操作系统的数据进行有机结合，这些非结构性数据主要包含预警、流程参数和供应商、公共网络数据。企业通过挖掘这些工业大数据本身之间的联系，获得有用的信息，这些信息一般包含制造业的生产和运营规律。

1.1.3 工业大数据处理系统及其技术架构

工业大数据将构建面向工业智能化发展的三大优化闭环处理流程：一是面向机器设备运行优化的闭环，核心是基于对机器操作数据、生产环境数据的实时感知和边缘计算，实现机器设备的动态优化调整，构建智能机器和柔性产线；二是面向生产运营优化的闭环，核心是基于信息系统数据、制造执行系统数据、控制系统数据的集成处理和大数据建模分析，实现生产运营管理的动态优化调整，形成各种场景下的智能生产模式；三是面向企业协同、用户交互与产品服务优化的闭环，核心是基于供应链数据、用户需求数据、产品服务数据的综合集成与分析，实现企业资源组织和商业活动的创新，形成网络化协同、个性化定制、服务化延伸等新模式。

工业大数据的处理过程符合大数据生命周期，涉及多个不同阶段，如图 1-3 所示。

图 1-3 工业大数据处理系统

1）数据采集阶段重点关注如何自动生成正确的元数据及其可追溯性，即要研究如何生成正确的元数据，又要支持进行数据溯源。

2）抽取、清洗和注释阶段主要对工业数据集进行数据提取、格式转换、数据清洗、语义标注等预处理工作，是数据工程的主要内容。

3）集成、聚集与表示阶段主要关注数据源的"完整性"，克服产生"数据孤岛"。通常，工业数据源通常是离散的和非同步的。对于飞机、船舶等具有复杂结构的工业产品，基于 BOM 进行全生命周期数据集成是被工业信息化实践所证明的行之有效的方法。对于化工、原材料等流程工业产品，则一般基于业务过程进行数据集成。

4）建模和分析阶段必须结合专业知识。工业大数据应用强调分析结果的可靠性，要求分析结果能够用专业知识进行解释。工业大数据是超复杂结构数据，一个结果的产生是多个因素共同作用的结果，必须借助专业知识。同时，工业过程非常复杂，现实中还可能存在很多矛盾的解释，因此，要利用大数据"混杂性"的特点，通过多种相对独立的角度来验证分析结果。

5）解释与应用阶段要面对具体行业和具体领域，以最易懂的方式，向用户展示分析结果。这样做有益于和产品用户的协作，更重要的是能推动工业大数据分析结果闭环应用到工业中的增值环节，以创造价值。

工业大数据处理系统技术架构包含采集交换层、集成处理层、建模分析层和决策控制层，如图 1-4 所示。

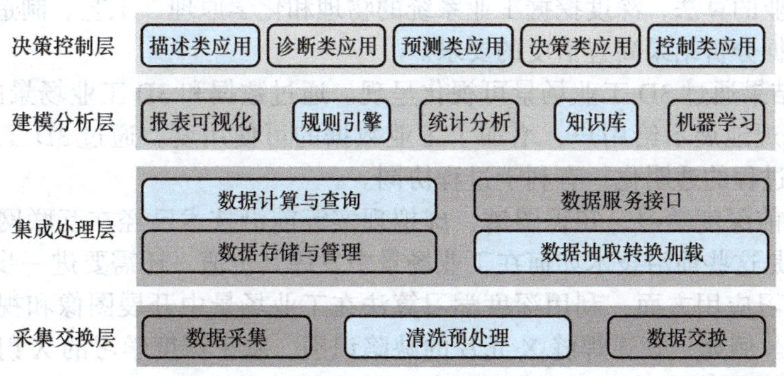

图 1-4 工业大数据处理系统技术架构

1）采集交换层：主要功能是从传感器、SCADA、MES、ERP 等内部系统，以及企业外部数据源获取数据，并实现在不同系统之间数据的交互。

2）集成处理层：从功能上讲，该层主要将物理系统实体抽象和虚拟化，建立产品、产线、供应链等各种主题数据库，将清洗转换后的数据与虚拟制造中的产品、设备、产线等实体相互关联起来。从技术上讲，该层实现原始数据的清洗转换和存储管理，提供计算引擎服务，完成海量数据的交互查询、批量计算、流式计算和机器学习等计算任务，并对上层建模提供数据访问和计算接口。

3）建模分析层：从功能上讲，该层主要是在虚拟化的实体之上构建仿真测试、流程分析、运营分析等分析模型，用于在原始数据中提取特定的模式和知识，为各类决策的产生提供支持。从技术上讲，该层主要提供数据报表、可视化、知识库、机器学习、统计分析和规则引擎等数据分析工具。

4）决策控制层：基于数据分析结果，生成描述、诊断、预测、决策、控制等不同应用，形成优化决策或产生直接控制指令，从而对工业系统施加影响，实现个性化定制、智能化生产、协同化组织和服务化制造等创新模式，最终构成从数据采集到设备、生产现场及企业运营管理优化的闭环。

1.1.4 工业大数据的发展趋势

工业大数据是推进工业数字化转型的重要技术手段，需要“业务、技术、数据”的融合。这就要求从业务的角度去审视当前的改进方向，从IT、OT、管理技术的角度去思考新的运作模式、新的数据平台、应用和分析需求，从数据的角度审视如何通过信息的融合、流动、深度加工等手段，全面、及时、有效地构建反映物理世界的逻辑视图，支撑决策与业务。因此，工业大数据的发展将呈现以下发展趋势。

1）数据大整合、数据规范统一。工业企业逐步加强工业大数据采集、交换与集成，打破数据孤岛，实现数据跨层次、跨环节、跨系统的大整合，在宏观上从多个维度建立切实可行的工业大数据标准体系，实现数据规范的统一。另外，在实际应用中逐步实现工业软件、物联设备的自主可控，实现高端设备的读 / 写自由。

2）机器学习，数据到模型的自动建模。在实现大数据采集、集成的基础上，推进工业全链条的数字化建模和深化工业大数据分析，将各领域各环节的经验、工艺参数和模型数字化，形成全生产流程、全生命周期的数字镜像，并构造从经验到模型的机器学习系统，以实现从数据到模型的自动建模。

3）构建不同领域专业数据分析算法。在大数据技术领域通用算法的基础上，不断构建工业领域专业的算法，深度挖掘工业系统的物理和化学原理、工艺、制造等知识，满足企业对工业数据分析结果高置信度的要求。

4）数据结果通过3D工业场景可视化呈现。通过数据和3D工业场景的可视化呈现，将数据结果直观地展示给用户，增加了工业数据的可使用度。通过3D工业场景的可视化，实现制造过程的透明化，有利于过程协同。

另外，目前深度学习、知识图谱、虚拟现实等前沿技术已经在互联网环境得到了广泛的应用，但是这些前沿技术如何在工业场景中发挥其价值，还需要进一步探索。

在深度学习应用方面，利用深度学习算法在工业场景中开展图像和视频处理将成为重要发展方向。例如，管道焊缝X光片的缺陷识别，基于深度学习的X射线焊缝图像识别可以对缺陷的特征进行提取和自动研判；再如智能安全工厂，对于现有的生产工厂的安全生产监控系统，人工监控容易疏忽，仅用作事后取证的记录，没有发挥安全预警的价值，基于视频跟踪的深度学习技术，可以实时监控工厂安全状态，能对非安全行为进行实时预警。

在工业知识图谱方面，如何在工业生产过程中提取工业语义关键信息并关联形成具备专业特点的工业知识图谱是下一步探索的重点。一个值得探索的重要方向是围绕复杂装备运维服务阶段大量自然语言工单数据，利用复杂装备设计与研发阶段形成的专业词库，提取面向复杂装备具有的工业语义关键信息，并自动将这些关键语义进行关联形成具有专业特点的工业知识图谱。具体包括事件实体和类型提取（比如故障类型抽取）、事件线索抽取（比如故障现象、征兆、排查路线、结果分析），并将知识图谱与设备资产档案（时序数据）进行关联，实现工况上下文中的知识推理。

虚拟现实作为智能制造的核心技术之一，目前主要的探索方向是通过数字孪生体实现物理世界到虚拟世界的映射。基于数字孪生体技术，可以实现工业生产制造过程中产品设计的协同化、远程运维的智能化、产品试验的完全仿真化，能大幅度提升工业生产效率和智能水平。

1.2 工业大数据与工业互联网的关系

当前制造业正处在由数字化、网络化向智能化发展的重要阶段，其核心是基于海量工业数据的全面感知，通过端到端的数据深度集成与建模分析，实现智能化的决策与控制指令，形成智能化生产、网络化协同、个性化定制、服务化延伸等新型制造模式。在这一背景下，传统数字化工具已经无法满足需求，伴随制造业变革与数字经济浪潮交汇融合，云计算、物联网、大数据等信息技术与制造技术、工业知识的集成创新不断加剧，工业互联网平台应运而生。工业互联网更为关注制造业企业如何以工业为本，通过“智能+”打通、整合、协同产业链，催生个性化定制、网络化协同、服务化延伸等新模式，从而提升企业、整体行业价值链或是区域产业集群的效率。工业互联网既是工业大数据的重要来源，也是工业大数据的重要应用场景。尤其在工业互联网平台的建设中，工业大数据扮演着重要的角色。

1.2.1 在工业互联网标准体系中的定位

2017 年，工业和信息化部指导编写了《工业互联网平台白皮书》，围绕工业互联网平台的概念、技术体系、产业生态、应用场景等进行了研究，提出了工业互联网平台功能架构，如图 1-5 所示。

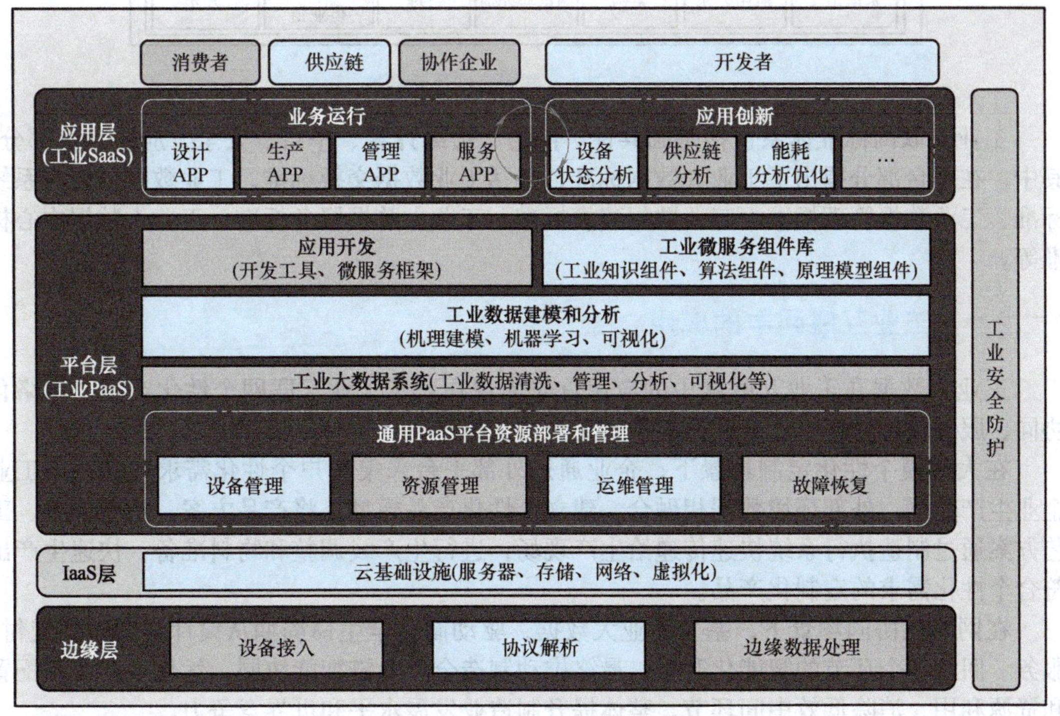

图 1-5 工业互联网平台功能架构

在工业互联网平台功能架构中，工业大数据系统、工业数据建模和分析是工业互联网平台层（工业 PaaS）的重要核心。一方面，借助工业大数据处理、预处理、分析等技术，基于工业大数据系统，平台层得以实现对边缘层、IaaS 层产生的海量数据进行高质量存储与管理；另一方面，运用数学统计、机器学习及先进的人工智能算法实现面向历史数据、实时数据、时序数据的聚类、关联和预测分析，将数据与工业生产实践经验相结合，构建机理模型，支撑应用层各种分析应用的实现。

2021 年，工业和信息化部、国家标准化管理委员会组织编制了《工业互联网综合标准化体系建设指南（2021 版）》，梳理了已有工业互联网国家 / 行业 / 联盟标准及未来要制定的标准，形成统一、综合、开放的工业互联网标准体系，其结构如图 1-6 所示。

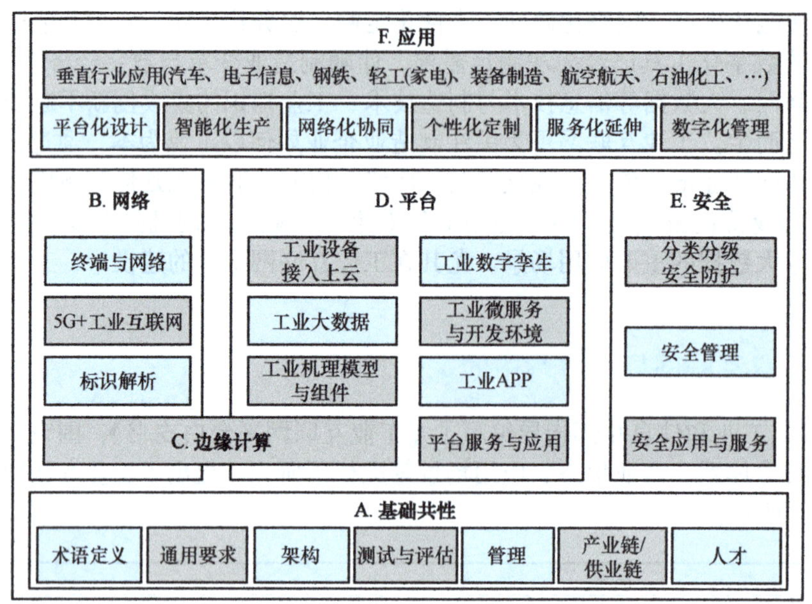

图 1-6　工业互联网标准体系结构

工业互联网标准体系包括基础共性、网络、边缘计算、平台、安全、应用六大部分，其中，在平台部分提出了工业大数据标准，包括工业数据交换标准、工业数据分析与系统标准、工业数据管理标准、工业数据建模标准、工业大数据服务标准、工业大数据中心标准等。

1.2.2　在工业互联网中的应用

工业大数据在工业互联网中的应用首先体现在对于工业互联网个性化定制、网络化协同、服务化延伸等工业互联网新模式场景的支撑。

在大规模个性化定制场景下，企业通过外部平台采集客户个性化需求数据，与工业企业生产数据、外部环境数据相融合，建立个性化产品模型，将产品方案、物料清单、工艺方案通过制造执行系统快速传递给生产现场，进行生产线调整和物料准备，快速生产出符合个性化需求的定制化产品。

在网络化协同场景下，基于工业大数据，驱动制造全生命周期从设计、制造到交付、服务、回收各个环节的智能化升级，最终推动制造全产业链智能协同，优化生产要素配置和资源利用，消除低效中间环节，整体提升制造业发展水平和世界竞争力。

在服务化延伸场景中，通过传感器和工业大数据分析技术，对产品使用过程中的自身工作状况、周边环境、用户操作行为等数据进行实时采集、建模、分析，从而实现在线健康检测、故障诊断预警等服务，催生支持在线租用、按使用付费等新的服务模型，创造产品新的价值，实现制造企业的服务化转型。

除了在工业互联网新模式场景中的应用，从集中化平台的角度来看，工业互联网平台还承载了对工业大数据进行分析与利用从而实现知识积累的重任。工业领域经历了数百年的发展，在不同的行业、领域和场景下积累了大量的工业机理和工业知识，体现了对工业过程的深刻理解，能够持续地指导工业过程的优化和改进。在工业大数据时代，通过对这些工业机理和工业知识的提炼和封装，实现工业机理和工业知识模型上云、共享和复用。这样做，一方面，将使工业机理更好地融入于工业大数据算法，实现模型的调优和迭代，缩短数据模型的收敛时间；另一方面，通过对工业大数据的深入挖掘、提炼、建模和封装，进一步形成面向各个细分工业领域的各类知识库、工具库、模型库和工业软件，将有助于加速旧知识的复用和新知识的不断产生，进一步服务于工业过程的改进和提升，为用户提供基于工业互联网的持续价值创造良性闭环。

1.3　工业大数据与智能制造的关系

智能制造是工业大数据的载体和产生来源，其各环节信息化、自动化系统所产生的数据构成了工业大数据的主体。此外，智能制造又是工业大数据形成的数据产品最终的应用场景和目标。工业大数据描述了智能制造各生产阶段的真实情况，为人类读懂、分析和优化制造提供了宝贵的数据资源，是实现智能制造的智能来源。工业大数据、人工智能模型和机理模型的结合，可有效提升数据的利用价值，是实现更高阶的智能制造的关键技术之一。

1.3.1　在智能制造标准体系中的定位

智能制造标准体系结构（见图 1-7）包括基础共性、关键技术和行业应用三个部分，主要反映标准体系各部分的组成关系。

其中，关键技术的智能赋能技术部分主要包括人工智能、工业大数据、工业软件、工业云、边缘计算、数字孪生和区块链七个部分，用于指导新技术向制造业领域融合应用，提升制造业智能化水平。工业大数据标准主要包括平台建设的要求、运维和检测评估等工业大数据平台标准，工业大数据采集、预处理、分析、可视化和访问等数据处理标准，数据管理体系、数据资源管理、数据质量管理、主数据管理、数据管理能力成熟度等数据管理和治理标准，以及工厂内部数据共享、工厂外部数据交换等数据流通标准。

1.3.2　在智能制造中的应用

狭义的智能制造（Smart Factory）主要针对制造业企业的生产过程。从工业 2.0、工业 3.0 到工业 4.0 的进阶过程中，首先是关注提升系统的自动化水平，完善 MES、APS 等信息化系统的建设，面向对整个生产过程的流程优化，实现提质增效。同时，整个生产体系的数字化水平得到极大提升，使得从生产设备、自动化系统、信息化系统中提取数据对人、机、料、法、环等生产过程关键要素进行定量刻画、分析成为可能。这既是从自动化、信息化走向智能化目标的过程，也是通过数字化、网络化最终实现智能化的现实路径。

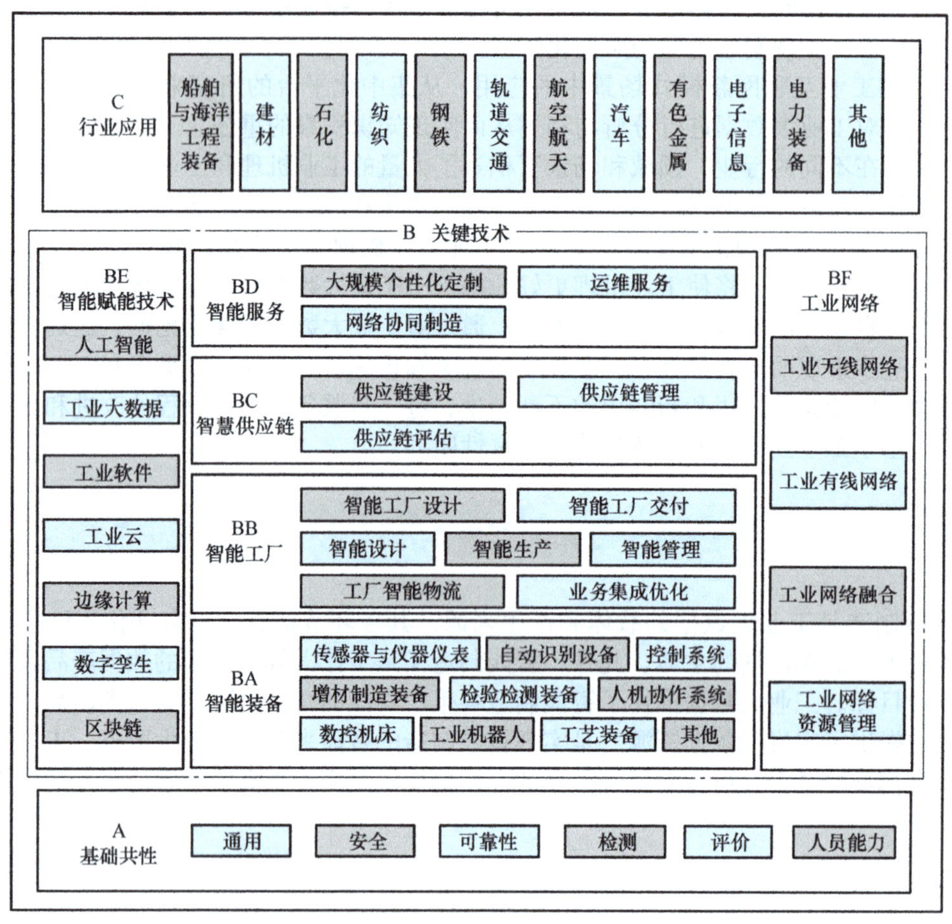

图 1-7 智能制造标准体系结构

智能化（Intelligent）描述了自动化与信息化之上的智能制造的愿景，通过对工业大数据的展现、分析和利用，可以更好地优化现有的生产体系：通过对产品生产过程工艺数据和质量数据的关联分析，实现控制与工艺调整优化建议，从而提升产品良率；通过零配件仓储库存、订单计划与生产过程数据分析，实现更优的生产计划排程；通过对生产设备运行及使用数据的采集、分析和优化，实现设备远程点检及智能化告警、智能健康检测；通过对耗能数据的监测、比对与分析，找到管理节能漏洞，优化生产计划，实现能源的高效使用等。

1.4 本章小结

本章主要介绍了工业大数据的概念及特征，给出了工业大数据处理系统及其技术架构，分析了工业大数据在工业互联网标准体系和智能制造标准体系中的定位及应用。

习　题

1. 简述工业大数据的概念及特征。
2. 简述工业大数据处理系统及其技术架构。
3. 工业大数据与工业互联网是什么关系？
4. 工业大数据与智能制造是什么关系？

科学家科学史
“两弹一星”功勋科学家：最长的一天

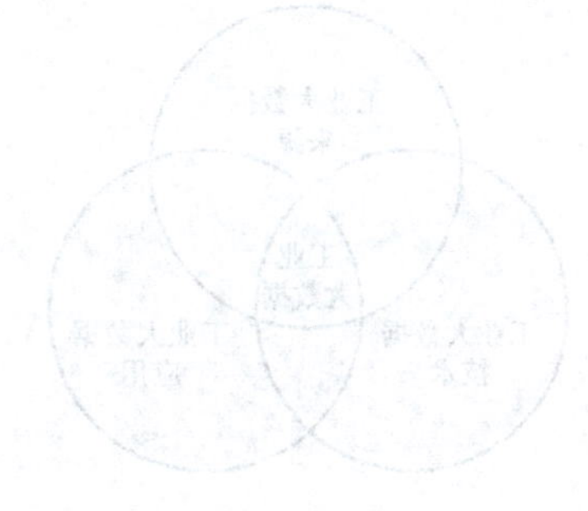

第2章

工业大数据感知与预处理

PPT课件

课程视频

大数据感知是指从真实世界对象中获得原始数据的过程。工业大数据感知主要指的是通过各种技术手段收集工业环境中的数据。工业大数据预处理是指对收集到的原始数据进行质量评估、清洗、转换和集成等操作，以提高数据的质量和可用性。工业大数据感知与预处理是工业大数据应用的重要环节，涉及工业大数据的感知、传输、预处理等多个步骤。

2.1 工业大数据的来源

工业大数据是指在工业领域中，围绕典型智能制造模式，从客户需求到销售、订单、计划、研发、设计、工艺、制造、采购、供应、库存、发货和交付、售后服务、运维、报废或回收再制造等整个产品生命周期各个环节所产生的各类数据及相关技术和应用的总称。工业大数据以产品数据为核心，极大地延展了传统工业数据的范围。广义的工业大数据应分为工业大数据来源、工业大数据技术和工业大数据应用三大部分，如图2-1所示。

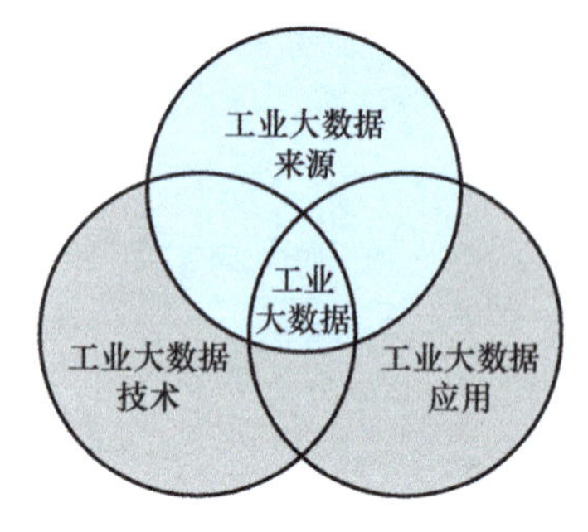

图2-1　工业大数据包含的三大部分

2.2 工业大数据感知

工业大数据感知技术是工业大数据技术发展的基础，为工业大数据分析提供源源不断的数据资源，其效率、准确度和鲁棒性直接影响后续工业大数据处理与分析的效果。数据感知技术是一种通过物理、化学或生物效应感知目标的状态、特征和方式等信息，并按照一定的规律将其转换成可利用信号，用以表征目标特征的信息获取技术。工业大数据感知技术是指通过应用传感器、无线射频识别（Radio Frequency Identification，RFID）技术及其他先进的数据采集方法，在工业环境中实时获取、收集、处理和分析数据的一系列技术手段。这些技术使得企业能够实时了解工业设备的运行状态、生产线的效率、产品质量和环境参数等关键信息。本节将重点介绍标识与解析技术、传感技术、群智感知技术和定位技术等四种重要的工业大数据感知技术。

2.2.1 标识与解析

在数字化工业系统中，标识编码指能够唯一识别设备、物料、产品等物理资源和工序、软件、模型、数据等虚拟资源的身份符号，类似于“身份证”。标识解析是指能够根据标识编码查询目标对象位置或者相关信息的系统，对物理对象和虚拟对象进行唯一性的逻辑定位和信息查询。具体来说，通过将数字身份符号（标识）的详细信息（如产品编号、型号、产地等）存储在服务器中，可以通过扫码等方式对标识进行解析，从而获得服务器中的详细信息。在工业系统中，对资源进行有效的、标准化的标识与解析是工业大数据感知技术的重要基础，常见的标识解析技术包括条码技术、二维码技术、RFID 技术、磁卡技术、生物特征技术等。

1. 条码技术

条码是指将宽度不等的多个黑条和空白，按照一定的编码规则排列，用以表达一组信息的图形标识符。条码起源于 20 世纪 40 年代，但直到 20 世纪 70 年代才被应用和发展，现在已经被世界各个国家和地区所使用。在 20 世纪 40 年代，美国乔·伍德兰德（Joe Woodland）和伯纳德·西尔沃（Bernard Silver）两位工程师开始研究用代码表示食品项目及相应的自动识别设备，并获得了美国专利（US2612994）。

条码可以标出物品的生产国、制造厂家、商品名称、生产日期、图书分类号、邮件起止地点、类别、日期等许多信息，因而在商品流通、图书管理、邮政管理、银行系统等许多领域得到广泛的应用。目前，世界上常用的码制有 EAN 条码、UPC 条码、25 条码、交叉 25 条码（ITF 条码）、库德巴条码、Code 39 条码和 Code 128 条码等，如图 2-2 所示。

图 2-2　条码图案

条码技术是在计算机的应用实践中产生和发展起来的一种自动识别技术。它是为实现对信息的自动扫描而设计的，是实现快速、准确且可靠地采集数据的有效手段。条码技术的应用解决了数据录入和数据采集的瓶颈问题，为物流管理提供了有利的技术支持。在工业领域中，条形码技术通常应用于仓库管理和生产管理。将条码技术和信息化处理技术结合，实施条码化的仓库管理，可确保库存量的准确性，保证必要的库存水平及仓库中物料的移动，与进货发货协调一致，减少库存积压。

对条码解析的时候，是使用条码识读设备（即条码扫描器，又称条码扫描枪或条码阅读器）进行扫描，得到一组反射光信号，此信号经光电转化后变为一组与线条、空白相对应的电子信号，经解码后还原为相应的文字或数字，再传入计算机。目前，能够通过手机拍照的方式对照片进行识别来获取条形码中的信息。常用的条码识读设备主要有 CCD 扫描器、激光扫描器和光笔扫描器三种。

2. 二维码技术

二维码又称二维条码，是用某种特定的几何图形按一定规律在平面（二维方向上）分布的、黑白相间的、记录数据符号信息的图形。二维码是一种比一维条码更高级的条码格式。一维条码只能在一个方向（一般是水平方向）上存储信息，而二维码在水平和垂直方向都可以存储信息。一维条码只能由数字和字母组成，而二维码能存储汉字、数字和图片等信息，因此二维码的应用领域要广得多。

二维码可以分为堆叠式 / 行排式二维码和矩阵式二维码。堆叠式 / 行排式二维码在形态上是由多行短截的一维条码堆叠而成，但与一维条码的排列规则不完全相同；矩阵式二维码以矩阵的形式组成，在矩阵相应元素位置上用“点”和“空”表示二进制的“1”和“0”，“点”和“空”的排列组成二维码。

堆叠式/行排式二维码的编码原理与一维条码的编码原理类似，可以用相同的设备对其进行识读。由于堆叠式/行排式二维码的容量更大，所以校验功能有所增强，但不具有纠错功能。具有代表性的堆叠式/行排式二维码有 Code 16K、Code 49、PDF417 等，其样式如图 2-3 和图 2-4 所示。

图 2-3　Code 49 二维码样例

图 2-4　PDF417 二维码样例

矩阵式二维码是建立在计算机图像处理技术、组合编码原理等基础上的一种新型图形符号自动识读处理码制，通常都有纠错功能。具有代表性的矩阵式二维码有 Code One、Maxi Code、Quick Response Code（简称 QR Code）、Data Matrix、汉信码、Grid Matrix 等，其样式如图 2-5 ～图 2-8 所示。

图 2-5　Code one 二维码

图 2-6　QR 二维码

图 2-7　Data Matrix 二维码

图 2-8　汉信码

要获得二维码中的信息必须对其解析。二维码特征识别的思路是：首先，寻找二维码的 3 个角的定位角点，需要对图片进行平滑滤波、二值化，寻找轮廓，筛选轮廓中有两个子轮廓的特征，从筛选后的轮廓中找到面积最接近的 3 个，即二维码的定位角点；其次，判断 3 个角点处于什么位置，主要用来对图片进行透视校正（相机拍到的图片）或者仿射校正（对网站上生成的图片进行缩放、拉伸、旋转等操作后得到的图片），由 3 个角点围成的三角形的最大的角的顶点就是二维码左上角的点，然后根据这个角的两个边的角度差确定另外两个角点的左下和右上位置；然后，根据这些特征识别二维码的范围；最终，使用 ZBar 算法对图像中的数据进行解析。

二维码相较于传统条码具有多方面的优势。

1）高密度编码，信息容量大。二维码可以在纵横两个方向上存储信息，大大提高了存储密度。例如，将标准状态下的一维码 EAN13 与纠错等级为 M 的 Quick Response 二维码相比较，在相同面积的情况下二维码所表示的信息约为一维码的 80 倍。

2）容错能力强，具有纠错功能。二维码具有强大的纠错能力，即使部分损坏，也能成功解码。例如，QR 码的纠错率可达到 7% ～ 30%。这大大提高了二维码的实用性和可靠性。

3）安全性强。二维码依靠其庞大的信息携带量，可以直接通过扫码得到相应的信息，无须再访问后台数据库，增加了数据的安全性。同时，二维码还支持加密机制，使用加密算法加密二维码数据，可以保护用户隐私和信息安全。

4）编码范围广。二维码不仅能存储数字、字母和特殊字符，还支持汉字和其他国家的文字，编码范围更加广泛。

5）扫描方便，速度快。可以通过智能手机随时随地对产品信息进行准确查询，无须学习专门的识别技巧。

3.RFID 技术

射频识别（Radio Frequency Identification，RFID）技术是一种自动识别技术，通过无线射频方式进行非接触双向数据通信，利用无线射频方式对记录媒体（电子标签或射频卡）进行读写，从而达到识别和数据交换的目的。其基本原理是利用射频信号和空间耦合（电感或电磁耦合）传输特性实现识读器与标签间的数据传输。RFID 技术包括高频技术、微波与天线技术、电兼容技术、导体技术、数据与密码学、制造技术和应用技术等，被认为是 21 世纪最具发展潜力的信息技术之一。它已得到世界各国的高度重视并得到广泛的开发与应用。

从结构上讲，RFID 系统一般由电子标签、读写器和中央信息系统三个基本部分组成，如图 2-9 所示。电子标签由耦合天线及芯片构成，每个标签都具有唯一的电子产品代码（EPC），并附着在被标识的物体或对象上。读写器（又称阅读器）为读取或擦写标签信息的设备，可外接天线，用于发送和接收射频信号。中央信息系统（或简称数据库）包括中间件、信息处理系统、数据库等，用以对读写器读取的标签信息进行处理，其功能涉及具体的系统应用，如实现信息加密或安全认证等。可读写的 RFID 设备还可以通过读写器把标签所附着的物品需要的数据写入标签，从而完整地实现产品的标记与识别。

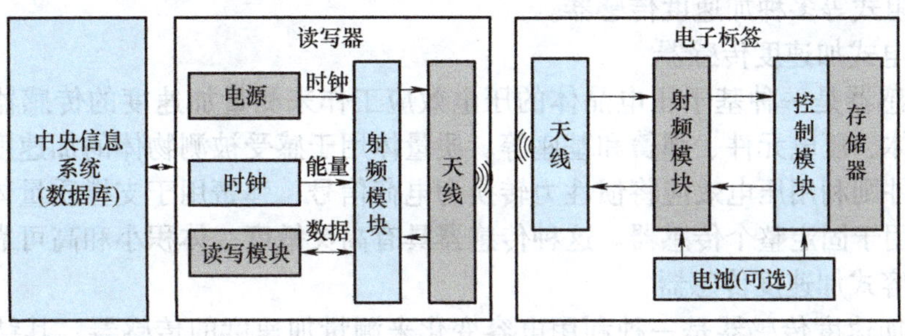

图 2-9　RFID 系统组成框架

RFID 技术的主要特点和优势介绍如下。

1）非接触性。RFID 技术不需要与目标对象进行物理接触，即可进行识别和数据读取。这使得 RFID 在工业自动化、物流追踪等领域具有广泛应用。

2）高效准确性。RFID 系统可以快速地读取多个标签，同时处理大量数据，大大提高了工作效率。同时，RFID 技术具有较高的识别准确率，降低了误读和漏读的可能性。

3）适应性强。RFID 技术可以适应各种恶劣环境，如高温、低温、潮湿、尘土等，具有较强的抗污染能力，耐久性强。同时，RFID 具有穿透性，能够穿透纸张、木材和塑料等非金属或非透明的材质，并能够进行穿透性通信。而条形码扫描机必须在近距离而且没有物体阻挡的情况下才可以辨读条码。

4）安全性高。RFID 承载的是电子式信息，可以通过加密、认证等安全措施确保数据传输的安全性，防止信息泄露和篡改。

5）可重复使用。RFID 标签可以重复地新增、修改、删除 RFID 卷标内存储的数据，方便信息的更新，降低了使用成本，同时也有利于环保。

6）数据的记忆容量大。一维条形码的容量是 50B，二维条形码最多可储存 3000 个字符，而 RFID 的最大容量则为 MB 级别。未来物品所需携带的信息量会越来越大，对卷标所能扩充容量的需求也会相应增加。

7）灵活性。RFID 在读取上不受尺寸大小与形状的限制，RFID 标签可往小型化与多样形态发展。RFID 系统可以根据具体需求进行定制，实现不同的功能和应用场景。

2.2.2 传感技术

传感技术是工业大数据感知的核心技术，是工业大数据处理与分析的源头和基础。传感器是指能感受被测量并按照一定的规律转换成可用输出信号的器件或装置。通常，被测量的是非电物理量，输出信号一般为电量。智能传感技术是指在普通传感器的基础上，利用微处理器对相关数据执行运算、分析等操作，从而使传感器更好地与外部环境交互，能更快、更好地获取设备需要的信息。

在工业大数据时代，传感器技术的应用已经渗透到了仓储供应、生产加工、能源保障、环境控制、楼宇办公、安全保卫等许多领域。本小节根据传感的输入量，分别介绍加速度传感技术、位移传感技术、力学传感技术、图像传感技术、智能传感技术等。

1. 加速度传感技术

加速度传感技术通过测量物体受力后产生的加速度，将运动信息转化为电信号输出。其工作原理基于牛顿第二定律，即当施加力于物体时，物体将产生相应的加速度。加速度与运动物体的质量相关，按照加速度引起的作用力对敏感元件的作用形式，加速度传感器可分成压缩型、剪切型和弯曲型；按照敏感元件的不同，加速度传感器又可分为压电式、电容式、压阻式等多种加速度传感器。

（1）压电式加速度传感器

该类传感器是一种基于压电晶体的压电效应工作来测量加速度的传感器。其结构主要包括质量体、压电元件、弹簧和基座等。质量体用于感受被测物体的加速度并产生惯性力，压电元件则利用压电效应将惯性力转换为电荷信号，弹簧用于支撑质量体并传递惯性力，基座则用于固定整个传感器。这种传感器具有高灵敏度、体积小和高可靠性的优点。

（2）电容式加速度传感器

电容式加速度传感器是一种利用电容变化来测量加速度的传感器。其结构主要包括一个固定的电极和一个可移动的电极（也称为质量块）。当加速度作用于传感器时，质量块会发生位移，导致两个电极之间的电容值发生变化。电容式传感器具有温度效应小、灵敏度相对较高、加工工艺不复杂等优点。

（3）压阻式加速度传感器

压阻式加速度传感器是一种利用压阻效应来测量加速度的传感器。其基本原理是，当加速度作用于传感器时，内部的惯性质量块会产生一个惯性力，这个力作用于传感器的弹性梁，使弹性梁产生形变。弹性梁上的压敏电阻随着形变会产生电阻值的变化，从而通过测量电阻值的变化推算出加速度的大小。

目前，加速度传感技术的应用十分广泛，例如，结构健康监测，用于监测结构的加速度响应，评估结构的健康状况；汽车工业，检测汽车的行驶状态，如速度、加速度、刹车等数据，是汽车安全性能检测的重要部分；航空航天工业，检测飞机、火箭等载具的加速度、震动等数据，优化载具的设计，提高其稳定性和安全性；智能家居与物联网，用于实现智能家居设备的运动检测和控制，如自动旋转屏幕、智能健身设备等。

随着科技的不断发展，加速度传感技术也在不断进步。其未来的发展趋势方向有：更高精度，为了满足更精确的测量需求，加速度传感器将不断提高精度和稳定性；微型化，随着微纳技术的发展，加速度传感器将越来越小，便于集成到更小的设备中；智能化，通过与物联网、云计算等技术的结合，加速度传感器将实现更智能化的功能和应用；多功能化，未来的加速度传感器将能够同时测量多种参数，如温度、湿度等，提供更全面的信息。

2. 位移传感技术

位移传感技术是一种重要的测量物体位置或位移变化的技术。其基本原理是将物体相对于参考点的位移转换为可测量的电信号输出，从而实现对物体位置变化的监测和控制。位移包括线位移和角位移。位移测量一般是在位移方向上用位移（或转角）传感器测量物体的绝对位置或相对位置的变化。按照测量方式不同，位移传感器可分为接触式位移传感器和非接触式位移传感器。

（1）接触式位移传感器

接触式位移传感器是一种通过物体与传感器之间的接触来测量位移的传感器。其工作原理基于胡克定律，即当测量物体受到外界力的作用时，它的形变将与作用力成正比。这种形变将导致测量物体表面与传感器之间的接触力发生变化，从而通过测量这种接触力的改变来检测物体的位移。接触式位移传感器从工作原理上又分为压力式位移传感器和拉伸式位移传感器。压力式位移传感器的设计原理是将传感器压在物体表面上，当物体发生位移时，与传感器接触的部分会产生形变，从而改变传感器内部的电信号输出。拉伸式位移传感器则需要夹在物体的两面，当物体在两侧间发生形变时，传感器通过测量这种形变来检测物体的位移。

（2）非接触式位移传感器

非接触式位移传感器是一种在测量过程中无须与被测物体直接接触的传感器，它通过捕捉被测物体位置或位移变化时产生的物理效应，并将其转换为可测量的电信号或其他形式的信号输出。常见的非接触式位移传感器有：①激光位移传感器，利用激光束与被测物体表面形成的角度变化来计算位移，具有精度高、响应快速等特点；②电感式位移传感器，通过测量线圈电感的变化来检测物体的位移，适用于金属等导电材料的位移测量；③电容式位移传感器，通过测量电容电极之间的距离变化来推算出物体的位移，具有灵敏度高、结构简单等优点；④涡流位移传感器，利用物体电导性材料在交变电磁场中产生的涡流效应来实现测量，适用于金属等导电材料的位移测量。

位移传感技术在多个领域都有广泛应用。例如，机械制造领域，在机器人、数控机床、自动化生产线等设备中，通过测量机器部件的运动轨迹和变形情况，实现对机器各部件的位移、速度和加速度等参数的实时监测和控制；建筑结构领域，用于测量房屋、桥梁和其他建筑结构的变形情况，评估建筑物的稳定性、寿命和安全性；航空航天领域，在飞机、火箭等航空航天器的姿态控制、导航和制导系统中，用于测量和监测航空航天器的位置变化。

目前，数字式位移传感器由于其便于将信号直接送入计算机系统的优点而发展迅速。同时，新材料和新技术的应用也在不断推动位移传感器的发展，位移传感器逐步向集成化、小型化、智能化的方向发展。

3. 力学传感技术

力学传感技术是一种能够测量和转换物体力学量（如力、压力、重量等）为可测量的电信号的技术。其基于胡克定律、应变测量原理等，通过测量物体的形变、电阻变化等物理量来间接获取力学量的大小。力传感器按照工作原理可分为电阻式（应变式、压阻式和电位器式）、电感式（压磁式）、电容式、磁电式（霍尔式）、压电式、表面声波、光纤、薄膜（连续膜）力传感器等。

（1）电阻式力学传感器

电阻式力学传感器又可分为应变式、压阻式和电位器式力学传感器。电阻应变式力学传感器是利用金属丝在外力作用下发生机械变形时，其电阻值将发生变化这一金属的电阻应变效应，将被测量转换为电量输出的一种传感器。压阻式力学传感器是利用半导体材料在受到应力作用时，其电阻率会发生明显变化的压阻效应，将被测量转换为电量输出的一种传感器。电阻式传感器结构简单、性能稳定、灵敏度较高、性价比高、抗干扰能力强，在机械量和几何量测量领域应用十分广泛。

（2）电感式力学传感器

电感式力学传感器利用电磁感应原理，将被测物体受到的力转换为线圈自感系数或互感系数的变化，通过测量电路将这些变化转换为电压或电流信号输出。

（3）电容式力学传感器

电容式力学传感器是可将压力等被测量的变化转换成电容量变化的一种传感器。当物体受到外力作用时，会引起传感器内部结构的形变，进而改变电容器的极板间距离或介电常数，导致电容值发生变化。通过测量电容值的变化，可以间接得到被测力学量的大小。

力学传感技术在多个领域都有广泛应用。例如，工业生产领域，在机械制造、自动化生产线等方面中，它用于测量和控制各种力学量，如压力、重量、位移等，以确保生产过程的稳定性和准确性；航空航天领域，在飞机、火箭等航空航天器的姿态控制、导航和制导系统中，它用于测量和监测航空航天器的力学状态，如加速度、姿态角等；医疗设备领域，在医疗设备中用于监测人体的力学状态，如血压、脉搏等，帮助医生进行疾病诊断和治疗方案的制定；建筑工程领域，在建筑工程中用于监测结构的力学状态，如变形、应力等，以评估结构的稳定性和安全性。

近年来，力学传感器在应用性与技术集成一体性、可靠性、长期稳定性、环境适应性、新型结构设计、加工技术、质量保证体系、多维力测量传感器等方面有了长足的发展。未来其可能的发展趋势包括提高传感器的精度和分辨率、降低制造成本、实现无线连接和物联网功能等。

4. 图像传感技术

图像传感技术是在光电技术基础上发展起来的，利用光电器件的光电转换功能，将其感光面上的光信号转换为与光信号成对应比例关系的电信号“图像”的一门技术。该技术将光学图像转换成一维时序信号，其关键器件是图像传感器。常见的图像传感器有固态图像传感器、红外图像传感器和超导图像传感器等。

（1）固态图像传感器

固态图像传感器是利用光敏器件的光电转换功能将投射到光敏单元上的光学图像转换成电信号“图像”的，即将光强的空间分布转换为与光强成比例的电荷包空间分布，然后利用移位寄存器功能将这些电荷包在时钟脉冲控制下实现读取与输出形成一系列幅值不等的时钟脉冲序列，完成光图像的电转换。

固态图像传感器一般包括光敏单元和电荷寄存器两个主要部分。根据光敏器件的排列形式不同，固态图像传感器可分为线型和面型两种。根据所用的敏感器件不同，又可分为 CCD、MOS 线型传感器，以及 CCD、CIDMOS 阵列式面型传感器等。

（2）红外图像传感器

红外图像传感器是一类专门用于捕捉红外辐射图像的传感器。其工作原理是通过将红外辐射转化为电信号，再经过处理和放大，形成可视化的图像。常见的红外 CCD 图像传感器有集成（单片）式和混合式两种。

1）集成式红外 CCD 图像传感器是在一块衬底上同时集成光敏器件和电荷转移部件而构成的，整个片体要进行冷却。目前使用的红外 CCD 图像传感器多为混合式的。除了光敏器件，单片红外 CCD 图像传感器的电荷转移部件同样需要在低温状态工作，因实现起来有一定的困难，目前尚未实用。

2）混合式红外 CCD 图像传感器的感光单元与电荷转移部件相分离，工作时，红外光敏单元处于冷却状态，而 Si-CCD 的电荷转移部件工作于室温条件。这克服了单片式固态红外传感器电荷转移部件需要在低温状态下工作的难点，但光敏单元与电荷转移部件的连线过长会带来其他困难。

（3）超导图像传感器

超导图像传感器利用超导材料的特殊性质，如超导态下的低电阻特性和对磁场的高度敏感性，来实现对图像信息的捕获和转换。当超导材料处于超导态时，其电阻几乎为零，可以非常有效地传输电信号。同时，超导材料对微弱磁场的变化也非常敏感，因此可以用来检测由图像信息产生的微弱磁场变化。常见的超导图像传感器有超导红外传感器、超导可见光传感器、超导微波传感器和超导磁场传感器等。超导图像传感器的最大特点是噪声很小，其噪声电平小到接近量子效应的极限。超导图像传感器具有极高的灵敏度。使用超导图像传感器时，还要配以准光学结构组成的测量系统。

5. 智能传感技术

智能传感技术是指将传统传感器与微处理器、通信技术等相结合，实现信息的自动采集、处理、存储和传输的技术。智能传感器则是智能传感技术的具体实现形式之一。它是一种集成了传感元器件、信号调理电路、微处理器（或单片机）及通信接口等器件于一体的新型传感器。智能传感器具有误差补偿、自诊断与自校准、多参数混合测量、实时处理大数据、可与计算机系统互联互通等优点。这种技术不仅提高了传感器的测量精度和可靠性，还增强了传感器的智能化和自动化水平。按照实现形式可将智能传感器分为非集成化智能传感器、集成化智能传感器和混合式智能传感器等。

（1）非集成化智能传感器

非集成化智能传感器通过总线接口将传统传感器、信号调理电路、微处理器与总线连接。在非集成化智能传感器中，传感器与微处理器是独立的，传感器仅用于获取信息。微处理器是智能传感器的核心，不仅可以对传感器获取的信息进行计算、存储、处理，还可以通过反馈回路对传感器进行调节。同时，微处理器可以通过软件实现测量过程控制、逻辑推理、数据处理等功能，使传感器智能化，从而提高系统性能。这种传感器的集成度不高、体积较大，但在当前的技术水平下，它仍是一种比较实用的智能传感器。

（2）集成化智能传感器

集成化智能传感器采用微机械加工技术和大规模集成电路技术将传感器敏感元器件、信号调理电路、微处理器等集成在一个芯片上。集成化智能传感器具有体积小、成本低、功耗小、可靠性高、精度高、功能多等优点，已成为目前传感器领域的研究热点和传感器发展的主要方向。

（3）混合式智能传感器

混合式智能传感器根据需要将敏感元器件、信号调理电路、微处理器单元、总线接口等以不同方式组合并集成在几个芯片上，并装在一个外壳里。集成化处理单元包括各种敏感元器件及其变换电路；信号调理电路包括多路开关、仪用放大器、基准、模数（A/D）转换器等；微处理器单元包括数字存储器、I/O 接口、微处理器、数模（D/A）转换器等。

目前，混合式智能传感器得到了广泛应用，并朝着更高集成度、更高智能化水平、更多功能融合的方向发展。

2.2.3 群智感知

群智感知是一种结合众包思想和移动设备感知能力的新型数据获取模式，通过多传感器之间的协同，实现大规模场景下的低成本数据感知，是物联网的一种表现形式。通过人们已有的移动设备形成交互式的、参与式的感知网络，将感知任务发布给网络中的个体或群体来完成，从而帮助专业人员或公众收集数据、分析信息和共享知识。

群智感知主要涉及两个关键因素，即用户与数据。群智感知可以提供高质量的感知与计算服务。根据关注因素不同，可将群智感知划分为移动群智感知和稀疏群智感知。其中，移动群智感知主要关注用户，强调利用移动用户的广泛存在性、灵活移动性和机会连接性来执行感知任务；而稀疏群智感知则更加关注数据，通过挖掘和利用已感知数据的时空关联，来推断未感知区域的数据。

群智感知的典型架构主要包括感知层、网络层和应用层。感知层由个体及其携带的移动智能终端设备组成。其主要功能是完成数据的采集，包括参与式感知和机会式感知两种方式。参与式感知是基于用户主动参与的；而机会式感知则是在用户无主观意识状态下进行的，其数据精度依赖于感知算法和整体环境。网络层负责将感知层采集的数据传输到数据中心或服务器平台。网络层需要采用安全和隐私保护手段，确保数据传输的可靠性和安全性。应用层对收集到的原始数据进行深度分析，以发现某种潜在信息或规律。应用层是群智感知技术的核心之一，它能够将大量杂乱无章的数据转化为有价值的信息和知识。

群智感知系统的工作流程通常包括以下几个步骤。

1）发布任务。感知平台或数据中心将某个感知任务划分为若干感知子任务，并通过某种方式（如社交媒体、应用程序等）发布这些任务。同时，平台会采取某种激励机制来吸引用户参与。

2）数据感知。用户得知任务后，根据自身情况决定是否参与到感知活动中去。选择参与的用户会利用自身的移动智能终端设备采集感知数据。

3）前端处理。参与的用户在移动终端对感知数据进行必要的前端处理，如数据清洗、格式转换等。

4）数据传输。采用安全和隐私保护手段，将处理后的数据传输到感知平台或数据中心。

5）数据管理与应用。感知平台或数据中心对收集到的感知数据进行管理和分析，构建各种群智感知应用。这些应用可以为用户提供各种服务，如环境监测、交通路况分析等。

2.2.4 定位技术

定位技术是一种通过获取设备或物体的位置信息，实现对其进行定位和导航的技术。其核心目标是确定目标物体在空间中的位置，以便实现对其的精确控制和导航。本小节在传感技术的基础上，重点介绍 iGPS 定位、基站定位、ZigBee 定位技术。

1. iGPS 定位技术

iGPS（indoor GPS）技术又称室内 GPS 技术，它是一种三维测量技术，其借鉴了 GPS 定位系统的三角测量原理，通过在空间建立三维坐标系，采用红外激光定位的方法计算空间待测点的详细三维坐标值。iGPS 技术具有精度高、可靠性高和效率高等优点，主要用于解决大尺寸空间的测量与定位问题。iGPS 技术为大尺寸的精密测量提供了全新的思路。例如对飞机整机、轮船船身等大尺寸物体进行精密的测量。

iGPS 系统主要包括三个部分：发射器、接收器和控制系统。发射器分布在测量空间的不同位置，发出一束线性激光脉冲信号和两束扇形激光平面信号。接收器又称 3D 靶镜，它既是采集激光信号的传感器，位于待测点处，负责接收发射器发出的激光信号，而且能根据发射器投射来的激光时间特征参数计算待测点的角度和位置，并将其转换为数字脉冲信号，通过 ZigBee 无线网络传输给控制系统。控制系统负责数字脉冲信号的分析与处理工作，通过解码，根据各发射器的相对位置和位置关系计算出各待测点的空间三维坐标。

iGPS 技术作为一种先进的大尺寸测量技术，目前已经得到工业界和学术界的关注。波音公司率先将 iGPS 技术用到飞机装配的精确定位中，为波音 787 建立了数字化自动对接装配平台，并使用 iGPS 测量系统实现了 POGO 柱的标定及机身与机翼的定位。F35 飞机在装配过程中采用 iGPS 测量系统精确引导 AGV 的移动。空中客车公司采用 iGPS 技术对飞机大型壁板的铆钻位置进行精确定位。

目前，iGPS 技术的应用主要集中在大尺度精密测量方面。但由于 iGPS 技术能够实现高精度的位置测量，因此在生产过程的自动监控领域中，它同样具有广阔的应用前景。

2. 基站定位技术

基站即公用移动通信基站，是移动设备接入互联网的接口设备，也是无线电台站的一种形式，是指在一定的无线电覆盖区域中，通过移动通信交换中心，与移动终端进行信息传递的无线电收发电台。基站定位是基于基站与移动设备之间的通信时差来计算用户当前的大概位置（当前用户的大概位置而不是准确位置）的一种通信服务，其原理和卫星定位相似，都是利用几何三角关系计算被测物体的位置。基于三角关系和运算的定位技术可以细分为两种：基于距离测量的定位技术和基于角度测量的定位技术。其中，基于距离测量的定位技术需要测量已知位置的参考点（A、B、C 三点）与被测物体之间的距离，然后利用三角知识计算被测物体的位置。基于角度测量的定位技术则是通过获取参考点与被测物体之间的角度来获取目标位置的。

在实际应用过程中，基站无法直接获得与被测目标的实际距离，而是通过场强的方式估计距离。因为基站采用全向天线，所以基站信号功率的衰减为信号传播距离的函数。因此，根据基站发射功率和移动目标接收功率，便可计算出信号的传播距离，移动目标则位于以基站为圆心、两者距离为半径的圆上。对不在同一直线上的 3 个基站进行测量，由此确定的 3 个圆的交点即为移动目标的位置。但场强定位方法是定位技术中最不可靠的一种。场强强度极易受到其他磁场的干扰，测量值的误差通常较大，加之天线有可能倾斜以及无线系统的不断调整等因素，都会对信号场强产生不同程度的影响，因此，基站定位法适用于对定位精度要求不高的场合。在工业生产中，基站定位一般用于人员的位置定位，以保证人员的安全。

3. ZigBee 定位技术

ZigBee 定位由若干个待定位的盲节点和一个已知位置的参考节点与网关形成组网，每个微小的盲节点之间相互协调通信以实现全部定位。其优点在于成本低、功耗低，但 ZigBee 的信号传输容易受到多径效应和移动的影响，而且定位精度取决于信道物理品质、信号源密度、环境和算法的准确性，且定位软件的成本较高。

ZigBee 在工业场景中常用于厂内人员的定位，采用智能的无线室内人员实时定位系统能够实现精确定位、实时跟踪、历史轨迹回放、区域准入、移动考勤、安保巡检等功能。定位最高精度可达 3m。ZigBee 的应用可以对企业员工及进出工厂的临时人员进行有效管理，从而提高工厂人员的管理效率。

2.3 工业大数据的传输

2.3.1 工业大数据通信协议

工业大数据通信协议在工业互联网中扮演着至关重要的角色，它们定义了数据如何在各种设备、系统和网络之间传输和交换。在工业以太网与智能制造的发展的推动下，基础自动化控制网络和过程与管理控制系统之间实现了无缝集成，保证从底层现场设备到顶层生产管理之间高质量的数据传输和数据转换。按照工业网络的应用层次，将工业网络协议分为 4 个级别，即单元级、设备级、车间级和企业管理级，如图 2-10 所示。这种划分方式也不是绝对的，因为工业现场总线已经呈现出互相融合的趋势，各类总线通过合理搭配形成真正开放的互联互通，不断推动工业控制系统的变革与发展。

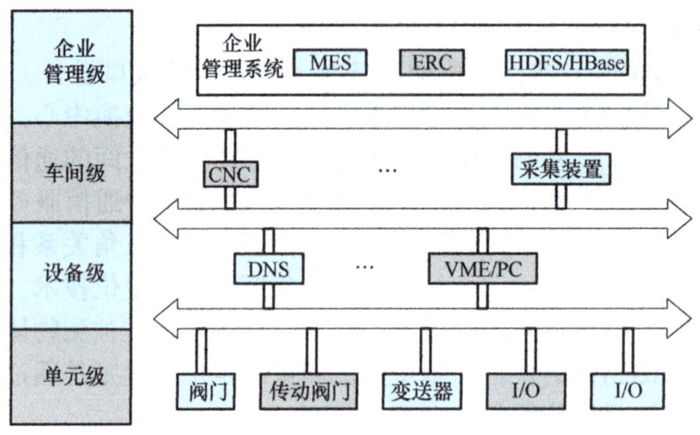

图 2-10 工业网络协议的层级

1）单元级总线以 EtherCAT、NCUC-Bus 为代表，主要用于设备内部（如伺服系统内）的数据传输。由于高速、高精的通信需求，它对信号实时性要求特别苛刻，甚至要求总线周期在纳秒级。

2）设备级总线以 Modbus、Fieldbus、Fieldnet 为代表，用于自动控制系统与分散的 I/O 设备之间的通信，适用于分布式控制系统，如水站、电站等，总线周期一般都低于 10ms。

3）车间级总线如 OPC UA、MTConnect、NC-Link 等，适用于大范围和复杂的通信场景，用来解决车间级通用性通信任务。它的总线周期一般小于 100ms，但时间跨度允许在秒级或分钟级。它支持工业数据采集，建立工业数据向管理网络传输的通道。

4）企业管理级网络将孤立的现场设备带进了企业信息网络，它以车间级总线为基础通信层，将现场设备与企业管理系统（如 ERP、MES 等）连接起来，实现工业自动化生产控制 / 过程的智能管控。

本书的侧重点在于工业数据的采集、存储与分析应用，因此将重点介绍车间级和企业管理级的网络协议。应用比较广泛的车间级网络协议有 OPC UA、MTConnect 及 NC-

Link，常用的企业管理级网络协议有 MOTT、COAP 等。

1. OPC UA

实际应用中，工业生产设备种类繁多，异构工业设备间没有通用的标准接口，这就增加了工业软件开发和维护的难度。为了简便高效地实现生产设备间的互联互通，OPC 应运而生，避免了非标准数据接口的复杂性，使各种工业设备和管理层系统 / 工业应用层之间能够互相操作，工业应用程序的使用不再依赖特定的开发语言与环境。OPC UA 作为新一代 OPC 技术，越来越多的公司包括主流的自动化厂商和像华为、CISCO、Microsoft 这样的 IT 企业等都将其作为开放的数据标准。2017 年 9 月 5 日，OPC UA 正式成为我国推荐性标准。

OPC UA 服务器和客户端之间的交互是基于服务集的消息传递机制实现的。服务消息可以是二进制格式，也可以是 XML 文本格式，这便意味着 OPC UA 不仅适用于设备层、自动化层到信息化层的数据交换，还可以通过互联网实现远程的数据交换，能满足自动化工厂所有层面数据交换的需要。OPC UA 协议规范定义了两种消息服务框架，即请求响应模式和发布订阅模式。

（1）请求响应模式

OPC UA 请求响应模式的消息交互与网络服务交互类似，即每次交互都是由请求消息和响应消息构成，大致过程如图 2-11 所示。

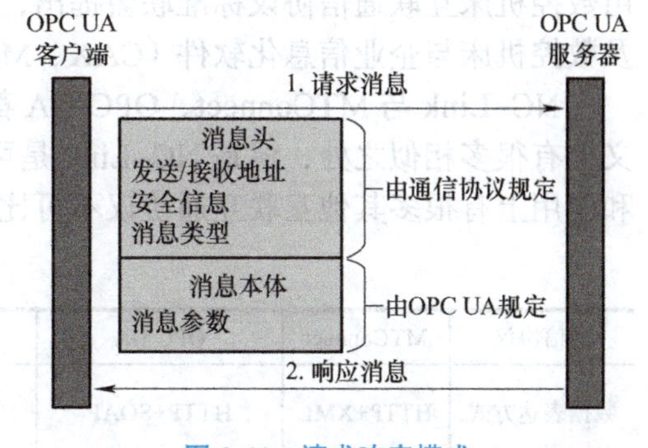

图 2-11　请求响应模式

客户端将服务请求经底层通信实体发送给 OPC UA 通信栈，通过 OPC UA 服务器 API 调用请求 / 响应服务，服务器接收消息请求并在地址空间内执行，执行完成后向客户端返回一个响应消息。这一系列的过程与 HTTP 中请求 – 应答的方式类似，都是一问一答的。

（2）发布订阅模式

发布订阅是一种新型消息范式。消息的发送者（称为发布者）不会将消息直接发送给特定的接收者（称为订阅者），而是将发布的消息进行分类标记，不需要关心是否有订阅者存在，也不需要关心有哪些订阅者存在。同样，订阅者可以只关注自己对什么消息感兴趣，而无须了解有哪些发布者存在，或者消息来自哪一个发布者。

由此看来，发布订阅与请求响应最大的不同便是：请求响应的通信对象是一对一的依赖关系，通信对象之间要非常“熟悉彼此”，耦合性强；而基于发布订阅的数据通信机制实现了客户端与服务器的相互解耦，不再需要“彼此认识”，它可以是一种一对多或多对一的依赖关系。

下面通过一个例子来说明请求响应模式和发布订阅模式。假设有一台 DELL 服务器需要维修，那么在请求响应模式下，用户需要知道维修人员的联系方式，维修人员还需要清楚地知道用户的联系方式，并预约上门维修时间作为响应。然而在发布订阅模式下，用户只需要知道 DELL 服务器售后客服的联系方式，而售后服务有很多种，比如硬盘维修、系统维修等，用户告知客服自己所需要的服务，然后客服会查询对应多个维修人员的工作安排，当有合适的人员空闲时，便将维修安排提供给用户。当然，这个用例并没有非常贴切地说明发布订阅模式，但是也说明了发布者和订阅者之间的松耦合。

OPC UA 系统的发布订阅模式的运行机制：服务器将发布请求（数据或通知消息）经

过底层通信实体发送给 OPC UA 通信栈，然后通过 OPC UA 服务器 API 进行发布，并由指定的监控项进行监测，当监测到数据变化或事件 / 报警发生时，监控项便生成一个通知发送给客户端。因此，OPC UA 发布订阅模式中主要有三个关键服务：发布、监控项和订阅。

发布是由客户端通过 OPC UA 服务器 API 调用的服务，它的主要任务是周期性地向客户端发送通知，包括报警、事件、数据变化等。

监控项是客户端在服务器中创建的实体，用来监测地址空间内节点及其它们所对应的物理实体。若某一个监控项检测到有数据变化或者事件 / 报警发生时，便会产生一个通知消息，通过订阅发送给客户端。

订阅是客户端控制请求发布的条件，由监控项向客户端发送通知。也就是说，客户端与服务器是通过订阅进行消息交互的。

因此，在发布订阅模式中，OPC UA 客户端都不需要向服务器发送请求，而是由监控项驱动，自动获取 OPC UA 服务器发布的数据。

2. NC–Link

NC–Link（Numerical Control Link）协议是我国自主研发的数控机床互联通信协议，由数控机床互联通信协议标准联盟提出，支持数控机床之间、数控机床与生产线之间，以及数控机床与企业信息化软件（CAX、MES，ERP、CAPP、PDM 等）之间的互联互通。

NC–Link 与 MTConnect、OPC UA 都可用于工业设备的互联互通，在系统和模型定义上有很多相似之处，但是 NC–Link 是可以兼容 MTConnect 和 OPC UA 协议的，在实现和应用上有很多其他互联互通协议不可比拟的优势，见表 2-1。

表 2-1　三种通信协议的对比

通信协议	MTConnect	OPC UA	NC–Link	说明
数据表达方式	HTTP+XML	HTTP+SOAP	HTTP+JSON+XML	NC–Link 所采用的 JSON 可读性好，数据量小，速度更快
数据模型	有机床模型	无机床模型	有机床模型定义	有机床模型更适合加工设备和最终应用
数据基本类型	强类型	强类型	弱类型	NC–Link 弱类型更适合分布式系统、管控系统，更适合云服务和 App 扩展应用
数据流向	单向	双向	双向	双向是系统的必须要求
数据订阅	无	有	有	数据订阅提供按需获取数据
安全	无	专用	OAuth	NC–Link 采用开放式安全标准，适用性更广，安全性更高
跨平台	强	支持 Windows 系统，其他平台弱	强	NC–Link 基于 Web API，跨平台性更好

NC–Link 标准的体系结构如图 2-12 所示，由代理和适配器组成。适配器负责从设备上采集信息，并把采集的信息传送给代理。同时，适配器可以从代理获取下行的控制信息，并把控制信息传送给相应的设备。适配器可以和多个设备相连，但一个设备只能连接一个适配器；每个适配器必须连接一个代理，且只能连接一个代理。代理负责把适配器采集来的设备信息传送给请求信息的相关应用系统，或者接收应用系统对设备的控制信息，并把控制信息传送给与相关设备对应的适配器上。每个代理支持多个应用系统，每个应用系统也可以连接多个代理。

NC–Link 协议不限定 NC 与适配器间的连接方式，仅要求适配器可以“适配”数控系统提供的通信接口。适配器、代理、应用系统之间通过以太网互联，通信协议采用 TCP/IP。NC–Link 可以兼容多种工控协议，如 Modbus、OPC UA、MTConnect、Profibus–DP 等，只要提供对应的协议转换模块，任何工控协议都可以接入 NC–Link。

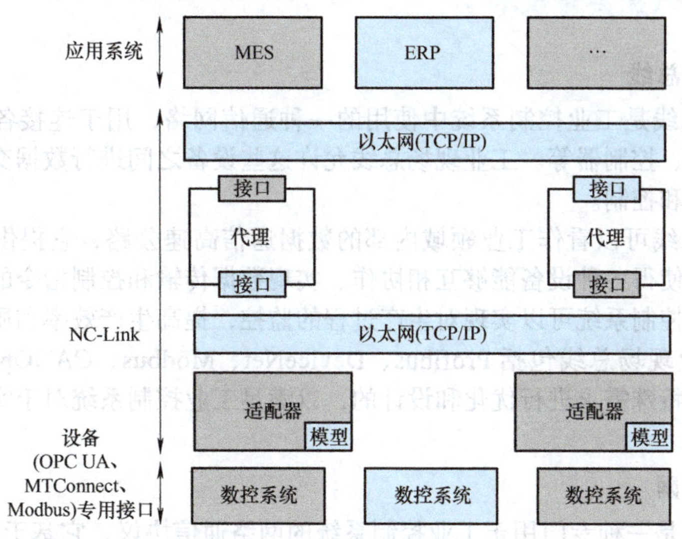

图 2-12　NC–Link 标准的体系结构

（1）适配器

适配器由与设备通信的驱动模块、模型解析模块和通信模块组成。

1）驱动模块负责与设备进行通信，从设备中获取数据，或者把数据发送给设备。不同厂家、不同型号的设备的适配器的驱动模块具有差异性。

2）模型解析模块负责设备的模型解析与数据映射。

3）通信模块负责把驱动模块获取的数据以统一的格式传送给代理，或者从代理获取对设备的控制信息，并传送给驱动模块。

（2）代理

代理包括与应用系统通信的上层数据传输模块和与适配器通信的下层数据传输模块。下层数据传输模块从适配器获取设备的数据，或者把上层数据传输模块从应用系统读取的控制信息传送给适配器。上层数据传输模块把下层数据传输模块传来的数据发送给应用系统，或者从应用系统获取对设备的控制信息。因此，NC–Link 协议定义代理的必备组件有三个，即客户端接口、管理层和适配器接口，如图 2-13 所示。

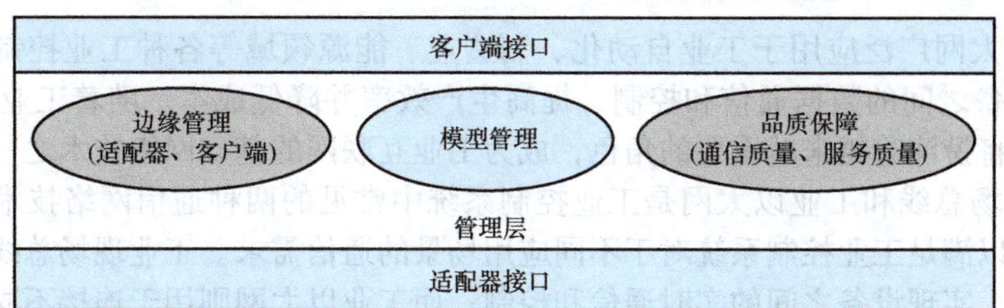

图 2-13　NC–Link 协议定义代理的必备组件

（3）客户端（应用系统）

客户端为数据使用方。客户端与代理连接，按需采集数据以实现具体业务。客户端发出具体指令，通过代理传到适配器并由适配器具体处理相应请求。客户端可以在指令上添加身份和权限信息，通过代理的鉴权系统有甄别地发往适配器，实现数控系统远程控制。

2.3.2 工业大数据传输技术

1. 工业现场总线

工业现场总线是工业控制系统中使用的一种通信网络，用于连接各种现场设备，如传感器、执行器、控制器等。工业现场总线允许这些设备之间进行数据交换和通信，从而实现工厂自动化和控制。

工业现场总线可以看作工业领域内部的数据通信高速公路，它提供了一种实时、可靠的通信方式，使得各种设备能够互相协作、实现数据传输和控制指令的交换。通过工业现场总线，工业控制系统可以实现对生产过程的监控，提高生产效率和质量。

常见的工业现场总线包括 Profibus、DeviceNet、Modbus、CANOpen 等，它们都是针对工业环境的特殊需求进行优化和设计的，以满足工业控制系统对于实时性、可靠性和稳定性的要求。

2. 工业以太网

工业以太网是一种专门用于工业控制系统的网络通信协议，它基于标准以太网技术，针对工业环境的特殊需求进行了优化和扩展。其目的是满足工业控制系统对于数据传输速度、实时性、可靠性和网络管理的苛刻要求。

工业以太网与传统的以太网相比，具有以下特点。

1）高可靠性。工业以太网能够在恶劣的工业环境中稳定运行，具有抗干扰能力强、对环境要求高的特点。

2）高带宽。工业以太网支持高速数据传输，能够满足工业控制系统对于大量数据实时传输的需求。

3）实时性强。工业以太网能够保证数据传输的实时性，可以满足工业控制系统对于实时监控的需求。

4）网络管理方便。工业以太网支持网络管理技术，能够对网络进行监控、诊断和管理，提高网络的稳定性和可靠性。

工业以太网使用了一系列专门针对工业环境的技术和协议，如工业协议（如 Profinet、EtherNet/IP、Modbus TCP 等）、工业级物理层接口（如光纤、双绞线等）、网络管理和安全技术等。这些技术和协议使得工业以太网能够更好地适应工业控制系统的需求。

工业以太网广泛应用于工业自动化、制造业、能源领域等各种工业控制系统，可以实现各种设备之间的数据通信和控制，提高生产效率并降低成本。随着工业 4.0 的发展，工业以太网将扮演着越来越重要的角色，成为工业互联网的基础网络技术之一。

工业现场总线和工业以太网是工业控制系统中常见的两种通信网络技术，它们通常结合使用，以满足工业控制系统对于不同应用场景的通信需求。工业现场总线主要用于连接现场设备，实现设备之间的实时通信和控制；而工业以太网则用于连接不同的控制层和管理层，实现对整个工厂的数据通信和管理。

3. TSN 技术

TSN（Time-Sensitive Networking）技术是一种基于标准以太网的实时通信技术，主要用于实现网络中的确定性数据传输。它运行在 OSI 参考层模型中的数据链路层，如

图 2-14 所示，旨在为需要超低延迟和高精度特性的应用提供服务。TSN 技术源于标准以太网的队列传输机制，网络帧格式采用包含 VLAN 标签的标准以太网帧格式。通过引入新的流概念扩展了 IEEE 802 最佳网络模型。TSN 可增强流实时能力，被视为一种保证以太网网络中节点间数据到达时间的技术集。

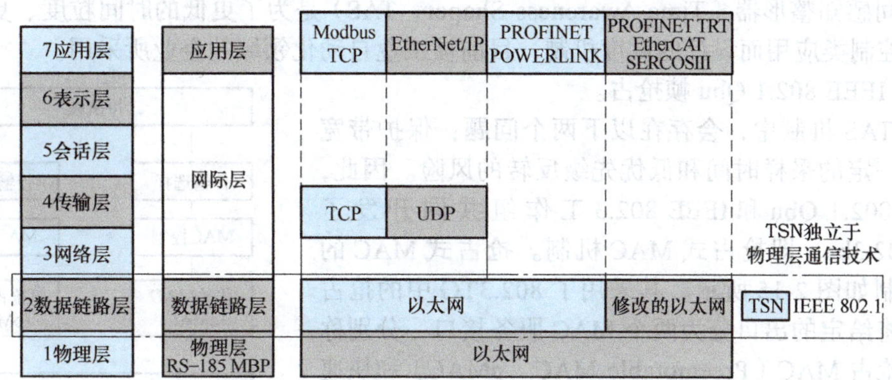

图 2-14　TSN 在 OSI 参考层模型中的位置

TSN 关键技术包括高精度的时间同步、更低的端到端时延及确定性、高容错性及系统健壮性、安全机制等。

（1）高精度的时间同步

随着工业领域的数字化、信息化、智能化的趋势越来越明显，其中大量传统应用都对分布式的实时部署提出了新的需求（如运动控制、过程控制、高质量的机器视觉、实时的数据汇总等）。虽然这些场景在终端设备中的应用细节各不相同，但都要求承载相关流量的网络具有高精度的时间同步能力。

在工业领域中，主要有普遍时钟（Universal Time）和工作时钟（Working Time）两种同步模式。前者主要应用于工厂或车间等较大范围设备之间的时间同步；后者则主要应用于生产线、生产单元或机器部件之间的时间同步。

在工厂内部，范围不超过工厂或车间的事件或操作信令通常采用外接时钟作为时钟源，其生产线和生产线中的生产单元及设备直接或者间接与同一个外接时钟源进行同步。在这种场景下，同步精度的期望通常不低于 100ps，并且提供主时钟设备的备份部署及零停机的支持。

在生产线内部或生产模块范围内的时间同步（工作时钟）的精度要求较高，同步精度的期望通常不低于 1ps，并支持零停机及备份部署主时钟设备。其应用场景主要是机器人控制、运动控制、数字控制等应用。因此 PLC、运动控制器及数字控制器之间的协调控制更多地采用工作时钟。

时间同步的性能既要与时间同步机制本身强相关，还需要考虑信息处理本身的时延对时间同步精度的影响。一般来说，网络上的线路传输时延、网络设备进行转发的时延，以及系统对报文处理的时延是信息通信系统时延的主要组成部分。

时间同步的精度需要得到保障，方法是在组网方案上通过限制传输距离来限制传输时延，并且还会通过限制跳数（通常情况下，一个同步网络跳数的上限为 100 跳）、限制单设备转发效率来降低转发时延。每跳不得有超过 50ns 的转发时延，每跳不得有超过 10ns 的传输时延，否则会导致同步机制运行出错。

（2）更低的端到端时延及确定性

TSN 通过以下标准为不同的需求场景提供不同程度的确定性低时延传输方案。

1）IEEE 802.1 Qbv 排队与转发。

TSN 标准的核心是基于全局时间的流量调度。全局精准时间同步由 IEEE 802.1AS 提供，IEEE 802.1 Qbv 则提供了基于服务等级的流量调度，能够避免不同等级流量间相互干扰，为时间关键流量提供确定性的端到端时延。

时间感知整形器（Time Awareness Shaper，TAS）是为了更低的时间粒度、更为严苛的工业控制类应用而设计的调度机制，目前被工业自动化领域的企业所采用。

2）IEEE 802.1 Qbu 帧抢占。

在 TAS 机制中，会存在以下两个问题：保护带宽消耗了一定的采样时间和低优先级反转的风险。因此，TSN 的 802.1 Qbu 和 IEEE 802.3 工作组共同开发了 IEEE 802.3br，即抢占式 MAC 机制。抢占式 MAC 的传输机制如图 2-15 所示。其采用了 802.3TG 中的抢占机制，将给定的出口分为两个 MAC 服务接口，分别称为可被抢占 MAC（Preemptable MAC，pMAC）和快速 MAC（Express MAC，eMAC）。pMAC 可以被 eMAC 抢占，进入数据堆栈后等待 eMAC 数据传输完成后再传输。

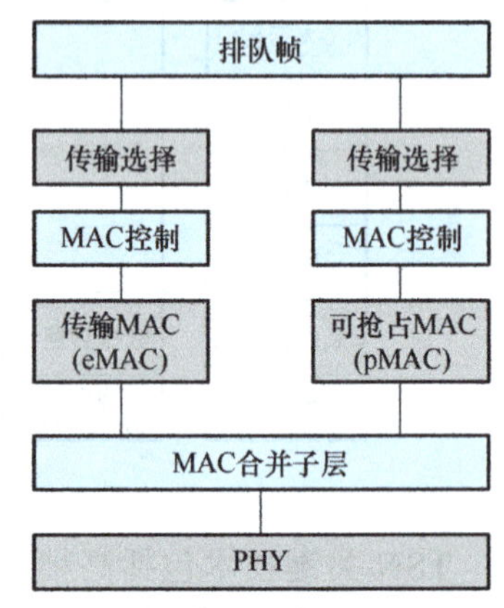

图 2-15 基于抢占式 MAC 的传输机制

通过抢占，保护带宽可以被减少至最短低优先级帧片段。然而，在最差的情况下，低优先级的帧片段可以在下一个高优先级帧片段前完成。当然，抢占这个传输过程仅在连接层接口，即对于抢占式 MAC，交换机需要专用的硬件层 MAC 芯片支持。

3）IEEE 802.1 Qch 循环排队和转发。

IEEE 802.1 Qch 循环排队与转发（Cyclic Queuing and Forwarding，CQF）是一种流量整形方法。CQF 不断循环协调网桥内关键流量出队和入队的操作，旨在为时间敏感流量提供确定性且易于计算的时延，并实现零拥塞丢失。作为一个同步入队和出队的方法，CQF 使得运行网桥与帧传输在一个周期内实现同步，以获得零堵塞丢包及有边界的时延，并能够独立于网络拓扑结构而存在。

（3）高容错性及系统健壮性

通信网络一般由大量的节点和链路组成，通过无线或有线的方式传播通信数据，因此，网络的长期稳定性与可靠性对于整个通信网络具有重要意义。一个可靠的网络，要能够保证长期稳定的正常运转，并且在网络一旦出现故障后，可以快速从故障中恢复。因此，如何提高网络的可靠性是一个重要的研究课题，尤其对于时间敏感型网络来说，时间同步系统的可靠性有着举足轻重的作用。

（4）安全机制

TSN 利用 1EEE 802.1 Qci 对输入交换机的数据进行筛选和管控，对不符合规范的数据进行阻拦，能及时隔断外来入侵数据，实时保护网络的安全，也能与其他安全协议协同时使用进一步提升网络的安全性能。

当输入 TSN 交换机的数据不符合要求时，不仅会影响关键数据的传输，还可能危害网络设备的安全。IEEE 802.1Qi 定义的逐流过滤和监管（PSFP）基于规则匹配过滤和监控每个设备的流，防止端点或网桥上的软件错误，抵制恶意攻击（如 DoS 等）。

PSFP 根据每个数据帧所携带的流识别号和优先级信息来匹配流过滤器，由流过滤器执行逐流过滤和监管操作；流门用于协调所有的流，确定流的服务等级并有序确定地处理流；流计量用于执行流的预定义带宽配置文件，规定最大信息速率和突发流量大小等。

4. NB-IoT 技术

NB-IoT（Narrowband Internet of Things）是一种低功耗广域网（LPWAN）技术，专门用于物联网设备的连接。它具有低功耗、广覆盖、低成本和高连接密度的特性，因此适用于大规模的物联网应用，如智能城市、智能家居、智能农业等。NB-IoT 技术采用窄带调制方式，可以在较低的功率和带宽下实现广域覆盖，适用于大规模、低功耗的物联网应用场景。与其他蜂窝技术（如 2G、3G 和 4G）相比，NB-IoT 技术具有许多优势。

1）低功耗。NB-IoT 中，设计了省电模式（PSM）和扩展不连续接收（eDRX）模式。在这两种模式下，使用 NB-IoT 技术的终端可以在极低功耗下工作。这种设计延长了设备的电池寿命，降低了设备的维护成本。

2）广域覆盖。NB-IoT 技术的主要结构为蜂窝网络，可直接部署在现有的全球移动通信系统（GSM）、通用移动通信系统（UMTS）和 LTE 网络上。它支持 M2M 体系下的海量连接，在同样带宽条件下，NB-IoT 技术提供可靠的覆盖增强，相比 GSM 增益提升 20dB，特别适用于网络覆盖不足的农村和偏远地区。

3）低成本。NB-IoT 技术采用窄带技术，低带宽、低速率、低功耗带来低成本的优势，可使用较低成本实现物联网设备的连接，降低物联网的部署和运营成本。当前，低功耗广域接入技术根据其使用频段和实现方式的不同，可以分为两大技术派系：一个派系，使用授权频段的蜂窝物联网技术，例如 NB-IoT、增强机器类通信（eMTC）等技术；另一个派系，则是使用非授权频段，例如远距离无线电（LoRa）、Ingenu、Sigfox 等窄带技术。在这两个技术派系中，使用授权频段的 NB-IoT 和使用非授权频段的 LoRa 最具代表性。表 2-2 列出了 NB-IoT 和 LoRa 的参数指标，以对两者的技术特性进行对比。

表 2-2　NB-IoT 和 LoRa 技术参数对比

相关参数	NB-IoT	LoRa
频谱安全性	GUL 牌照波段，安全性高	无执照波段，难以协调
建网成本	与现有蜂窝网融合演进，成本低	独立建设网络
运营模式	运营商经营，广域物联	多个局域网运营
信道带宽	200kHz	7.8 ～ 500.0kHz 多种带宽
调制方式	下行为 OFDMA，上行为 SC-FDMA	LoRa（线性扩频调制）
典型速率	上行为 14.7 ～ 48.0kbit/s，下行约为 150kbit/s	0.018 ～ 37.500kbit/s
用户容量	5 万	2 万～ 5 万
覆盖距离	城区：1 ～ 8km，郊区：可达 25km	城区：2 ～ 5km，郊区：15km
电池寿命	>10 年	>10 年

5. 5G 技术

移动通信深刻地改变了人们的生活，人们对更高性能移动通信的追求从未停止。为了应对移动数据流量的爆炸式增长、海量设备的连接，以及各种新的服务和应用场景，第五代移动通信系统（5G）应运而生。

IMT-2020（5G）推进组于 2014 年 5 月发布了《5G 愿景与需求白皮书》。其中描绘了 5G 的总体愿景：5G 将渗透到未来社会的各个领域，构建以用户为中心的全方位信息生态系统。5G 将使信息突破时空限制，提供卓越的交互体验，带给用户身临其境的信息盛宴。5G 将拉近万物之间的距离，通过无缝融合，方便地实现人与一切的智能互联。5G

将为用户提供光纤般的接入速率、“零”时延体验、千亿设备的连通性、超高的流量密度、超高的连接密度和超高的移动性等。5G 将带来 100 倍以上的能效提升，同时也能使每比特成本降低 1% 以下，最终实现“信息随心至，万物触手及”的整体愿景。

5G 的典型应用场景涉及未来人们生活、工作、休闲、交通等各个领域，尤其是密集的住宅区、办公室、体育场、露天集会、地铁、高速公路、高铁和广域覆盖等场景，这些场景具有超高流量密度、超高连接密度和超高移动性等特点。在这些场景中，考虑 5G 典型应用（如 VR/AR、超高清视频、云存储和车联网等），结合各场景中可能的用户分布、各种业务的比例，以及对速率和时延的要求等，可以得出各种应用场景下的 5G 需求。

5G 关键性能指标主要包括用户体验速率、连接数密度、端到端时延、移动性、流量密度和用户峰值速率，见表 2-3。

表 2-3 5G 主要性能指标及其定义

指标（单位）	定义
用户体验速率（bit/s）	真实网络环境下用户可获得的最低传输速率
连接数密度（km^2）	单位面积上支持的在线设备总和
端到端时延（ms）	数据分组从源节点开始传输到被目的节点正确接收之间的时间
移动性（km/h）	满足一定性能要求时，收、发双方之间的最大相对移动速度
流量密度 [bit/（s · km^2）]	单位面积区域内的总流量
用户峰值速率（bit/s）	单用户可获得的最高传输速率

相较 4G，5G 需要具备更高的性能，支持 0.1 ～ 1Gbit/s 的用户体验速率、每平方千米 100 万的连接数密度、毫秒级的端到端时延、每平方千米 10Tbit/s 以上的流量密度、500km/h 以上的移动性和 10Gbit/s 以上的用户峰值速率。其中，用户体验速率、连接数密度和端到端时延为 5G 最基本的 3 个性能指标。同时，5G 需要大大提高网络部署和运营的效率，相较 4G 频谱效率提高 5 ～ 15 倍，能效和性价比提高 100 倍以上。

在 IMT–2020 的《5G 愿景与需求白皮书》中，我国移动通信领域的专家们在描绘 5G 关键性能时画出了一朵“5G 之花”，如图 2-16 所示。每一朵花瓣都对应着一项性能指标，花瓣的顶点代表对应指标的最大值，花朵的里层为 4G 具有的性能，花朵的外层为 5G 需要达到的性能指标，绿叶则表示着效率指标，是 5G 可持续发展的基本保障。“5G 之花”反映了 5G 满足未来多元化业务和场景需求的能力。

5G 的愿景和关键能力主要是由移动互联网和物联网共同激发的。通常有 3 种方法来满足这些关键能力：提高系统频谱效率、提高系统带宽和超密集组网。

5G 系统最大的特点是通信的移动性、广域连接及业务的多样性。它可以实现人与人、人与物、物与物之间的信息交流和操作上的互联互通，让人们可以随时随地对物进行监控和管理，也可以让物随时随地对人产生影响。

工业互联网是一个可以通过网络互联工业制造领域大多数个性化应用的工业制造系统，是一个可以动态演化的工业生态模型。工业互联网的发展范围很广，涉及的内容很多，对行业的影响可能会超出人们的想象。传统的工业互联网只是工业领域中包括制造业在内的专用网络系统，属于行业专网。虽然它可以互联整个工业制造系统中的所有网络，共享数据和信息，也可以应用工业大数据和工业私有云，还可以引入 5G 新技术，但网络的专业性和私有性使其应用只能局限在工业制造领域内。传统的工业互联网缺乏与互联网或无线互联网互联互通的物理渠道和互动平台，无法通过网络与客户沟通，无法为客户提

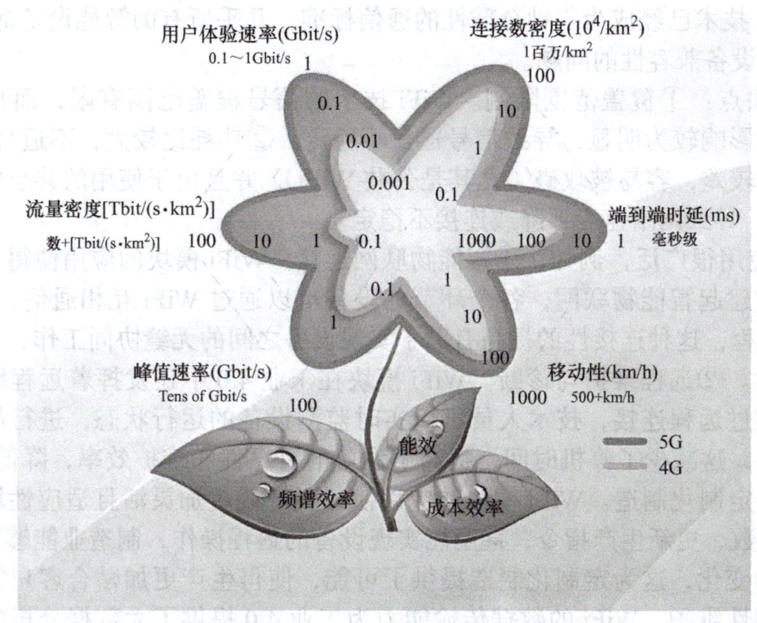

图 2-16　5G 性能指标需求

供自由选择的环境。它只能通过网络窗口显示样品供客户选择，仍然是直销的大规模、同质化生产订单模式，无法克服传统制造业的生产过剩问题，无法高效实现用户需求的个性化、小批量异构生产定制，从而制约了工业互联网的应用潜力。

5G 应用于工业领域，其无线化特性可以大大降低工业机器之间的线路成本，同时增强设备的移动性，提高生产线的灵活性，从而能够进行模块化生产和柔性制造。5G 的网络部署快，可以在各种场景中平滑切换，降低了工厂的网络部署和维护成本。此外，由于 5G 网络的广覆盖，各种跨区域的协同维护和远程定位变得容易，这可以使工厂和生产线的建设和改造更加方便，大大提高效率、降低成本。与 4G 技术相比，5G 具有低时延、高可靠性、高速率、高密度部署的优点。另外，不同的工业生产场景对网络 QoS 有着不同的要求，一些进程需要低时延，一些需要高可靠性，一些需要高带宽和高速率，5G 网络切片技术可以在通用的网络平台上根据业务和用户的动态需求，进行资源的按需调整，提升网络的灵活性。

5G 在工业领域有着广阔的应用前景，包括工业传感器、AR/VR、云端机器人、远程自动化控制和无人驾驶、自动配送等。

6. WiFi

WiFi（Wireless Fidelity，无线保真）作为当今广泛使用的无线通信技术，推动智能制造向更高水平迈进。WiFi 是一种允许电子设备（如智能手机、平板计算机、笔记本计算机等）连接到无线局域网（WLAN）的技术。它基于 IEEE 802.11 标准，并使用射频（RF）信号在设备之间传输数据。

WiFi 在工业 4.0 中的一个关键作用是实现实时数据传输与监控。在智能制造中，大量的传感器和设备需要实时共享数据，以便进行准确的生产监控和优化。WiFi 通过无线连接，使得设备能够实时传输数据至云端或中央服务器，实现对生产过程的实时监测和远程管理。

WiFi 的优点：①高速。传输速率比较快，一般能达到几十、几百兆，甚至 1Gbit/s。②共享。一个 WiFi 网络可以支持多个设备同时连接，实现了多人共享网络的需求。③兼容性好。WiFi 技术已经成为一种全球性的通信标准，几乎所有的智能设备都支持 WiFi 连接，无须担心设备兼容性的问题。

WiFi 的缺点：①覆盖范围限制。WiFi 技术的信号覆盖范围有限，而且受到建筑物等物理障碍的影响较为明显，导致信号覆盖不稳定。②功耗比较大，不适合用电池供电。③安全性也比较差，容易被攻破（尤其是公共 WiFi），并且由于使用的共享频段易受干扰（2.4G 和 5G），导致网络速度下降或连接不稳定。

WiFi 的应用很广泛，例如：①智能物联网连接。WiFi 模块的应用使得工业设备能够互相连接，构建起智能物联网，各个环节的设备可以通过 WiFi 互相通信，实现更智能、协同的生产流程，这种连接性的提高有助于实现设备之间的无缝协同工作，提高整体生产效率和灵活性。②远程维护与诊断。WiFi 模块在工业 4.0 中还发挥着远程维护和诊断的关键作用，通过远程连接，技术人员可以实时监测设备的运行状态，进行故障诊断，并远程进行维护，这减少了停机时间，提高了设备的可靠性和维护效率，降低了生产成本。③灵活生产与定制化制造。WiFi 模块的应用使得生产线更加灵活且适应性增强，通过远程调整设备参数、更新生产指令，甚至能实现设备的远程操作，制造业能够更加灵活地适应市场需求的变化，这为定制化制造提供了可能，使得生产更加贴合客户需求。④大数据分析与预测性维护。WiFi 的数据传输能力为工业 4.0 提供了大数据分析的基础，通过收集和分析实时数据，制造企业可以进行更精准的计划生产、资源优化，并实施预测性维护，这使得企业能够提前发现设备故障迹象，避免计划外停机，提高生产效益。⑤安全性和隐私保护。在工业 4.0 中，安全性和隐私保护是至关重要的考量，WiFi 通过支持先进的加密和身份验证技术，确保数据在传输过程中的安全性，这有助于防范网络攻击，保护企业的知识产权和生产数据。

WiFi 在工业 4.0 中的应用为智能制造注入了新的生机。它不仅提高了生产的智能化程度，也使得生产过程更加灵活、高效和可持续。随着工业 4.0 的不断深入，WiFi 模块将继续发挥关键作用，推动工业领域朝着更加智能、数字化的未来发展。

2.4 工业大数据的预处理

在实际生产活动中，由于工业环境的开放性，通过数据感知技术所采集的数据往往存在噪声干扰，其质量和形态可能不满足数据分析、数据挖掘、数据存储等业务活动的需求，需要采用数据预处理技术对数据质量和形态进行调整。数据预处理技术作为数据技术中不可或缺的一环，其目的在于提高数据质量，并使数据形态更加符合某一算法的需求，进而帮助提升数据计算效果，并降低其复杂度。

具体来说，为保障某一算法的数据分析或挖掘效果，数据应满足数据质量要求和数据算法要求。在数据质量要求方面，避免因为原始数据的质量问题，导致出现数据相关业务活动“垃圾进，垃圾出”（Garbage In Garbage Out）的现象。在数据算法要求方面，避免因为原始数据的形态不合规，导致相关算法无法直接在原始数据上得到很好的表现。因此，需要在建立数据质量分析手段的基础上，利用审计、清洗、转换、集成、标注、脱敏、规约、排序、抽样、离散化、分解处理等一系列方法，对数据进行预处理操作。

2.4.1 工业大数据质量评估

数据质量控制与数据质量管理是数据科学的重要研究内容之一，数据质量关系着最终实验结果的好坏和可靠程度。一般情况下，数据质量可采用 3 个基本属性（指标）进行描述，即数据正确性、完整性和一致性。同时，数据质量还与数据的形式化程度、时效性、精确性和自描述性等有关。

数据正确性（Correctness）是指数据是否实事求是地记录了客观现象；数据完整性（Integrity）是指数据是否被未授权用户篡改或者损坏，或者授权用户的合法修改工作是否缺少必要的日志信息；数据一致性（Consistency）是指数据内容之间是否存在自相矛盾的现象，当同一个客观事物或现象被多次（或多视角）记录时可能导致数据不一致性的问题。由于测量精度不同，或数据未能及时更新等原因，看似正确且完整的数据可能存在交叉或相互矛盾的现象。

数据的形式化程度（Formalization）是指数据的形式化表示程度。形式化表示是指基于数学、逻辑学理论和规则系统理论，将数据的元数据和语义信息尽量用规范化表达方法进行表示，以便计算机自动理解。形式化程度越高，数据越容易被计算机自动理解和自动处理。时效性（Timeliness）是指数据是否被及时记录下来，且反映客观世界的最新状态，确保数据与客观世界之间的同步性。精确性（Accuracy）是指数据的精度是否满足后续处理的要求。例如客户提交订单时间的精确度可以为年、月、日、时、分、秒等多种。如果精确性不够高（如只记录提交订单的月份），则会影响数据的粒度和数据分析的准确度。自描述性（Self-description）是指数据是否带有一定的自描述信息，如数据的模式信息、有效性验证方法（如数据类型、值域或定义域）等。如果缺乏自描述信息，则很难评价数据质量的高低，也难以确保后续分析结果的正确性。

数据质量的高低将直接影响数据分析结果的准确性。因此，为了保证数据分析的准确性，还需要掌握一些判断数据质量高低的基本理论，例如统计学规律、数据连续性理论、探索性数据分析等。

1. 统计学规律

在长期研究和实践经验中，一些数据的统计学规律，可以用于数据质量的初步评估。其中，第一数字定律和小概率原理是常用的基于统计学的数据质量评估方法。

（1）第一数字定律

第一数字定律（First-Digit Law）描述的是自然数字 1 ～ 9 的使用频率，公式为：

$$P(d)=\lg(d+1)-\lg(d)=\lg\left(\frac{d+1}{d}\right)=\lg\left(1+\frac{1}{d}\right) \tag{2-1}$$

式中，$d \in \{1, 2, 3, 4, 5, 6, 7, 8, 9\}$。

第一定律的主要奠基人 Frank Benford 通过对人口出生率、死亡率、物理和化学常数、素数数字等各种数据进行统计分析后发现，由量度单位制获得的数据都符合第一数字定律。且第一数字定律不但适用于个位数字，而且适用于多位数字。但是，第一数字定律成立有以下两个前提条件：

1）数据不能经过人为修饰。

2）数据不能是规律排序的，比如发票编号、身份证号码等。

因此，通过分析某一数据是否满足第一数字定律，可以检测该数据是否有造假的可能。但是，通过第一数字定律只能发现数据存在“可疑现象”，而不能肯定数据质量确实有问题。若想确认数据是否存在造假或其他可能的数据质量问题，还需要在第一数字定律分析的基础上，采用领域知识、其他数据质量评估方法、机器学习和统计分析等方法核实。

（2）小概率原理

小概率原理的基本思想是：如果一个事件发生的概率很小，那么它在一次试验中是几乎不可能发生的，但在多次重复试验中几乎是必然发生的。在统计学中，把小概率事件在一次试验中看成实际不可能发生的事件。一般认为等于或小于 0.05 或 0.01 的概率为小概率。

假设检验是统计学中一种以小概率原理为依据，用于判断样本与样本、样本与总体的差异是由抽样误差引起的还是本质差别造成的统计推断方法。其基本步骤是先对总体做出某种假设，然后通过抽样研究的统计推理，判定接受或拒绝此假设。在假设检验中，先设定原假设，再设定与其相反的备择假设。接下来随机抽取样本，若在原假设成立的情况下，样本中原假设发生的概率非常小，则说明原假设不成立，备择假设成立，拒绝原假设并接受备择假设。反之，接受原假设。

通过基于小概率原理的假设检验可以判断他人提供的数据是否正确。如根据历史经验假设数据应在某一区间内，以数据不在该区间为备择假设，通过随机抽样计算在区间内的概率，判断假设是否成立。若假设不成立，则备择假设成立，认为数据不收敛于区间内，存在异常数据，在进行数据预处理时考虑采用数据清洗技术对数据进行预处理，去除异常数据。

2. 数据连续性理论

数据的传播、阅读和利用行为呈现出了“碎片化趋势”。数据分析工作者收集到的或需要分析处理的数据往往是“碎片数据”，而不是“完整数据”。数据连续性理论为一种以进行数据的碎片化处理、碎片数据的复原及碎片数据的再利用为主要研究目标的新兴科学理论。其中，数据连续性是指由数据的可关联性、可溯源性、可理解性及其内在联系组成的一整套数据保护措施。数据连续性理论的主要研究内容如下。

1）碎片数据的生成，即将原始数据分解成多个碎片数据的过程，包括数据元的识别、抽取、转换和加载活动。

2）碎片数据的传播、演化与跟踪。每个碎片数据在传播过程中不断增加新的元数据（如访问次数、用户标注等），甚至其内容发生变化。因此，数据分析工作者需要掌握跟踪和分析碎片数据的方法，如版本控制、元数据管理、数据溯源和数据封装等。

3）碎片数据的关联是碎片数据预处理工作的主要难点之一，即将每个碎片数据与其他相关碎片数据、历史版本数据、相关主体及其他数据集（如知识库、规则库等）进行关联，以便于进行碎片数据的可信度评估，以及提升后续数据处理活动的效率和效果。目前，碎片数据关联方法可以借鉴关联数据、语义 Web 数据映射和数据匹配等多种理论。

4）碎片数据的分析、集成与利用。在碎片数据的关联处理基础上，进一步进行数据分析、集成和利用工作。

对于收集到的“碎片数据”，通过数据连续性理论可以研究各“碎片数据”之间的关联，对数据的可信度进行评估，进而选用对应的数据预处理方法进行处理，如对不同碎片数据中存在的冗余数据进行过滤等数据清洗操作，提高数据的可用性、可信性和可控性，降低数据失用、失信和失控的风险。

3. 探索性数据分析

探索性数据分析（Exploratory Data Analysis，EDA）是指对已有的数据（特别是调查或观察得来的原始数据）在尽量少的先验假定下进行探索，并通过作图、制表、方程拟合、计算特征量等手段探索数据的结构和规律的一种数据分析方法，其主要目的是发现数据分布规律和提出新的假设。当数据分析人员对数据中的信息没有足够的经验，且不知道该用何种传统统计方法进行分析时，经常采用探索性数据分析方法进行数据分析。

验证性数据分析技术类似于基于小概率原理的假设检验，是一种以抽样统计为主导的数据分析方法。数据分析人员对数据做出某种假设，通过收集与假设相关的具体信息，对数据进行抽样统计分析来推翻该假设，分析该假设是真或假的程度。

因此，EDA 方法与传统统计学中的验证性分析方法不同，二者的主要区别如下。

- EDA 不需要事先假设，而验证性分析需要事先提出假设。
- EDA 中采用的方法往往比验证性分析简单，可运用简单且直观的茎叶图、箱线图、字母值、数据变换、中位数平滑等进行探索性研究，相对于传统验证性分析方法，EDA 更为简单、易学和易用。
- 在一般数据科学项目中，探索性分析在先，而验证性分析在后。通常，基于 EDA 数据分析工作可分为探索性分析和验证性分析两个阶段，即先做探索性数据分析，然后根据 EDA 得出的数据结构和模式特征提出假设，并选择合适的验证性分析方法做验证性分析。

探索性数据分析主要关注的是以下 4 个主题。

1）耐抗性（Resistance）。耐抗性是指对于数据的局部不良行为的非敏感性，它是探性分析追求的主要目标之一。对于具有耐抗性的分析结果而言，当数据的一小部分被新的数据代替时，即使它们与原来的数据很不一样，分析结果也只会有轻微的改变。人们关注耐抗性，主要是因为“好”的数据也难免有差错甚至是重大差错，因此，数据分析应具备对数据中差错造成负面影响的预防措施。EDA 强调数据分析的耐抗性，其分析结果具有较强的耐抗性。

2）残差（Residuals）。残差是指实际数据减去一个总括统计量或模型拟合值时的残余部分，即残差 = 实际值 - 拟合值。

如果对数据集 Y 进行分析后得到了拟合函数 $\hat{y}=a+bx$，则相对应地可得到实际值（y）和拟合值（$\hat{y}$），相对应的 x 处的残差可表示为 $e_i = y_i - \hat{y}_i$。一般情况下，一个完全的数据分析过程应包括考察残差。通过残差分析可以把数据中的异常点与正常点区分开来，分析出数据的可靠性、周期性或其他干扰。

3）重新表达（Re-expression）。重新表达是指找到合适的尺度或数据表达方式进行一定的转换，使数据有利于简化分析。重新表达也称变换（Transformation），一批数据 $x_1, x_2, \cdots, x_n$ 的变换是一个函数 T，它把每个原数据用新值 $T(x_i)$ 来代替，使得变换后的数据值成为 $T(x_1), T(x_2), \cdots, T(x_n)$。EDA 强调的是，尽早考虑数据的原始尺度是否合适的问题。如果尺度不合适，则重新表达成另一个可能更有助于促进对称性、变异恒定性、关系直线性或效应的可加性等的尺度。

4）启示（Revelation）。启示是指通过探索性分析，发现新的规律问题和启迪，进而满足数据预处理和数据分析的需要。

通过探索性分析，可以发现数据分布规律和提出新的假设，再通过验证性假设，检测假设的可靠性。例如，通过对数据某一参数进行探索性分析，可以得到其最大值、最小值、标准差等属性，对其进行观察，可以初步判断是否需要对数据进行缺失值处理或标准化等数据预处理操作。综合探索性分析和验证性分析，可以发现数据可能存在的问题，对数据质量进行评估。

2.4.2　工业大数据预处理技术

1. 数据审计

数据审计是指按照数据质量的一般规律与评估方法，对数据内容进行审计，发现其中存在的“问题”，为数据清洗做准备。数据审计发现的“问题”主要有数值缺失、有噪声、不一致、不完整。通过数据审计技术找出数据中存在的“问题”，便于之后采用对应的数据清洗技术清洗数据。数据审计主要分为预定义审计、自定义审计及可视化审计 3 种。

（1）预定义审计

当来源数据带有自描述性验证规则（Validation Rule）（如关系数据库中的自定义完整性、XML 数据中的 Schema 定义等）时，通常采用预定义审计方法，可以通过查看系统的设计文档、源代码或测试方法找到这些验证规则。在数据预处理过程中，可以依据这些自描述性规则识别问题数据。预定义审计中，可以依据的规则或方法有以下几个。

1）数据字典。

2）用户自定义的完整性约束条件，如字段“年龄”的取值范围为 20 ～ 40。

3）数据的自描述性信息，如数字指纹（数字摘要）、校验码、XML Schema 定义等。

4）属性的定义域与值域。

5）数据自包含的关联信息。

（2）自定义审计

当来源数据中缺少自描述性验证规则，或自描述性验证规则无法满足数据预处理需要时，通常采用自定义审计方法。自定义审计时，数据预处理者需要自定义规则。数据验证（Validation）是指根据数据预处理者自定义的验证规则来判断是否为问题数据。自定义审计与预定义审计方法的不同之处在于，预定义审计的验证规则来源于数据本身，自定义审计的验证规则是数据预处理者自定义的。自定义审计的验证规则一般可以分为以下两种。

1）变量规则。变量规则是指在单个（或多个）变量上直接定义的验证规则。例如，离群值的检查。最简单的实现方式有以下两种：①给出一个有效值（或无效值）的取值范围。例如，大学生信息表中“年龄”属性的取值范围为 [18,28]。②列举所有有效值（或无效值），以有效值（或无效值）列表形式定义。例如，大学生信息表中“性别”属性为“男”或“女”，不存在其他属性。

2）函数规则。相对于变量规则，函数规则更为复杂，需要对变量进行函数计算。例如，设计一个函数 f，并定义规则 $f(\text{age})=\text{TRUE}$。

（3）可视化审计

一般情况下，采用统计学和机器学习等方法能够发现数据中存在的问题。但有些时候，数据中存在的问题很难用统计学和机器学习等方法发现。针对这种情况，采用数据可视化是一种好的解决方法。数据可视化是数据审计的重要方法之一，用数据可视化的方法很容易发现问题数据。图 2-17 用可视化方法显示了某数据表中的各字段（属性）中缺失值的个数。

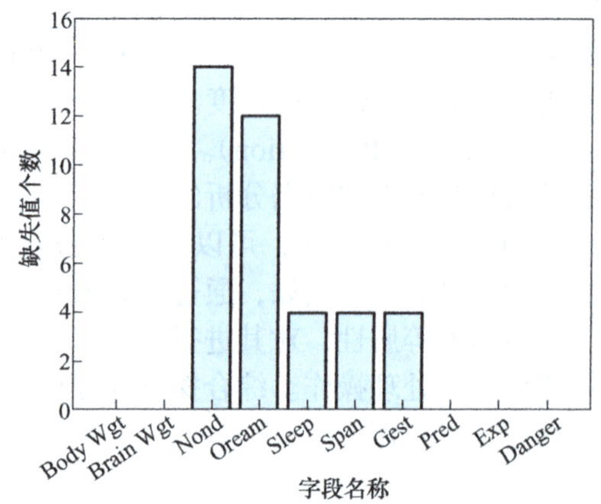

图 2-17　可视化审计

2. 数据清洗

数据清洗是将“脏数据”清洗成“干净数据”的过程。“脏数据”是指数据审计过程中发现有问题的数据。例如，含有缺失值、冗余内容（重复数据、无关数据等）、噪声数据（错误数据、虚假数据和异常数据等）。

对于一些维度较高且数据量大的数据，一次“清洗”很难得到期望的“干净数据”，需要多轮“清洗”才能“清洗干净”。也就是说，一次数据清洗操作之后得到的往往是“中间数据”，而不一定是“干净数据”，须对这些可能含有“脏数据”的“中间数据”再次进行审计，进而判断是否需要再次清洗。

（1）缺失数据的处理

缺失数据的处理主要涉及 3 个关键活动，即识别缺失数据、分析缺失数据、处理缺失数据，如图 2-18 所示。

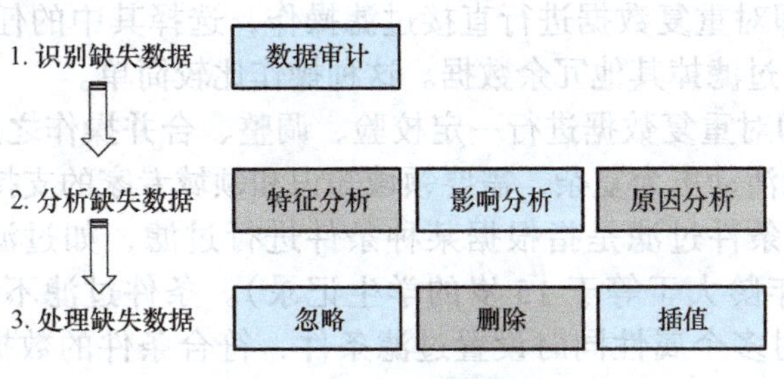

图 2-18　缺失数据的处理

1）识别缺失数据：主要采用数据审计（包括数据的可视化审计）的方法发现缺失数据。

2）分析缺失数据：主要包括缺失数据的特征分析、影响分析及原因分析。缺失数据可分为 3 种，即完全随机缺失、随机缺失和非随机缺失。完全随机缺失指的是数据的缺失是随机的，数据的缺失不依赖于任何不完全变量或完全变量。随机缺失指的是数据的缺失不是完全随机的，即该类数据的缺失依赖于其他完全变量。非随机缺失指的是数据的缺失依赖于不完全变量自身。针对不同的缺失数据类型，在数据清洗中应采用不同的应对方法。另外，缺失数据对后续数据处理结果的影响也是不可忽视的重要问题，当缺失数据的比例较大，并且涉及多个变量时，缺失数据的存在可能影响数据分析结果的正确性。在对缺失数据及其影响分析的基础上，还需要利用数据所属领域的知识进一步分析其背后原因，为应对策略（删除或插补缺失数据）的选择与实施提供依据。

3）处理缺失数据：根据缺失数据对分析结果的影响及导致数据缺失的影响因素，选择具体的缺失数据处理策略——忽略、删除或插值处理。

（2）冗余数据的处理

数据审计可能发现一些冗余数据。冗余数据的表现形式有多种，如重复出现的数据，以及与特定数据分析任务无关的数据（不符合数据分析者规定的某种条件的数据）。需要采用数据过滤的方法处理冗余数据。例如，分析某高校男生的成绩分布情况，需要从该高校全体数据中筛选出男生的数据（即过滤掉“女生”数据），生成一个目标数据集（“男生”数据集）。

从总体上看，冗余数据的处理也需要 3 个基本步骤，即识别、分析和过滤，如图 2-19 所示。对于重复类冗余数据，通常采用重复过滤处理方法；对于“与特定数据分析任务无关”的冗余数据，一般采用条件过滤处理方法。

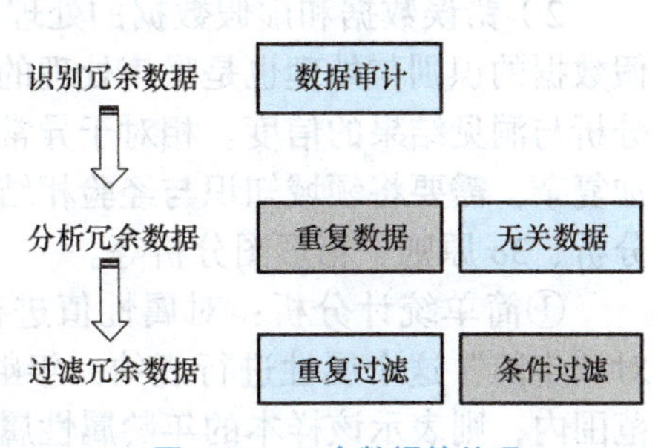

图 2-19　冗余数据的处理

1）重复过滤：重复过滤是指在识别来源数据集中的重复数据的基础上，从每个重复数据项中选择一项记录作为代表保留在目标数据集之中。重复过滤需要进行两个关键活动：识别重复数据和过滤重复数据。

识别重复数据即找出重复记录。重复记录是相对概念，并不要求记录中的所有属性值均完全相同。判断两条记录是否重复的方法有很多种，一般需要根据来源数据的具体结构来确定。例如，在关系表中，可以考虑属性值的相似性来确定；在图论中，根据计算记录之间的距离的方法来确定。

过滤重复数据即在识别出重复数据的基础上，对重复数据进行过滤操作。根据操作复杂度，重复数据的过滤可以分为两种：

①直接过滤，即对重复数据进行直接过滤操作，选择其中的任何数据项作为代表保留在目标数据集中，过滤掉其他冗余数据。这种操作比较简单。

②间接过滤，即对重复数据进行一定校验、调整、合并操作之后，形成一条新记录。这种操作比直接过滤活动更为复杂，需要领域知识和领域专家的支持。

2）条件过滤：条件过滤是指根据某种条件进行过滤，如过滤掉年龄小于 15 岁的学生记录（或筛选年龄大于等于 15 岁的学生记录）。条件过滤不仅可以对一个属性设置过滤条件，还能对多个属性同时设置过滤条件，符合条件的数据将放入目标数据集，不符合条件的数据将被过滤掉。从严格意义上讲，重复过滤属于条件过滤的一种特殊形式。

（3）噪声数据的处理

“噪声”是指测量变量中的随机错误或偏差。噪声数据的主要表现形式有 3 种：错误数据、虚假数据及异常数据。

1）异常类噪声数据的处理。异常数据是指对数据分析结果具有重要影响的离群数据或孤立数据。异常类噪声数据的处理方法有以下几种。

①分箱。分箱处理的基本思路是将数据集放入若干个“箱子”之中，用每个箱子的均值（或边界值）替换该箱子内部的每个数据成员，进而达到噪声处理的目的。根据具体实现方法的不同，数据分箱可分为多种具体类型。根据对原始数据集的分箱策略，分箱方法可以分为两种：等深分箱（每个箱中的成员个数相等）和等宽分箱（每个箱的取值范围相同）；根据每个箱内成员数据的替换方法，分箱方法可以分为均值平滑技术（用每个箱的均值代替箱内成员数据）、中值平滑技术（用每个箱的中值代替箱内成员数据）和边界值平滑技术（“边界”是指箱中的最大值和最小值，“边界值平滑”是指每个值被最近的边界值替换）。

②聚类。可以通过聚类分析方法找出离群点 / 孤立点（Outlier），并对其进行替换或删除处理。离群点 / 孤立点就是当用户将原始数据集聚类成几个相对集中的子类后发现的那些不属于任何子类、落在聚类集合之外的异常数据，如图 2-20 所示。

③回归。还可以采用回归分析法对数据进行平滑处理，识别并去除噪声数据，如图 2-21 所示。

2）错误数据和虚假数据的处理。除了离群点、孤立点等异常数据外，错误数据和虚假数据的识别与处理也是噪声处理的重要任务。错误数据或虚假数据的存在也会影响数据分析与洞见结果的信度。相对于异常类噪声的处理，错误数据和虚假数据的识别与处理更加复杂，需要将领域知识与经验相结合。一般情况下，对错误数据的识别方法有简单统计分析、3σ 原则、箱形图分析等。

①简单统计分析：对属性值进行描述性统计，从而查看哪些值是不合理的。比如，对“年龄”这个属性进行规约：年龄的区间在 [0,200]，如果样本中的年龄值不在该区间范围内，则表示该样本的年龄属性属于错误值。

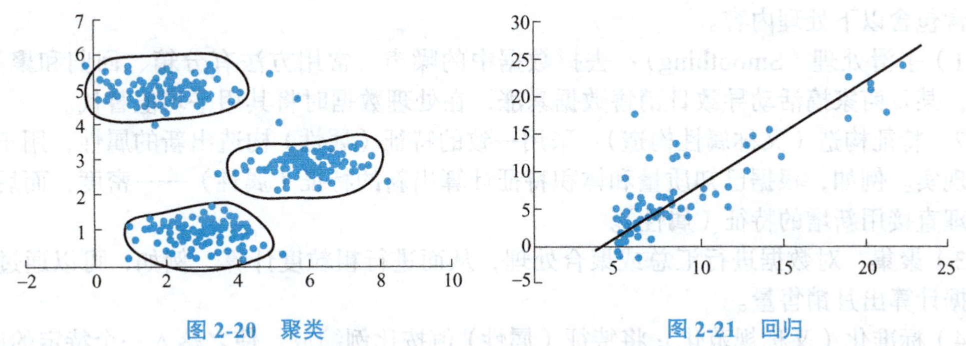

图 2-20 聚类　　　　图 2-21 回归

② 3σ 原则：当数据服从正态分布时，根据正态分布的定义可知，样本距离平均值 3σ 之外的概率为 $P(|x-\mu|>3\sigma)\leqslant 0.003$，这属于极小概率事件，在默认情况下可以认定，距离超过平均值 3σ 的样本是不存在的。因此，当样本距离平均值大于 3σ 时，则认定该样本为异常值，如图 2-22 所示。

当数据不服从正态分布时，可以通过远离平均距离多少倍的标准差来判定。当样本距离大于设定倍数的标准差时，则认定该样本为异常值。这个倍数的取值需要根据经验和实际情况来确定。

③箱形图分析：箱形图提供了一个识别异常值的标准，即大于或小于箱形图设定的上下界的数值即为异常值。箱形图如图 2-23 所示。

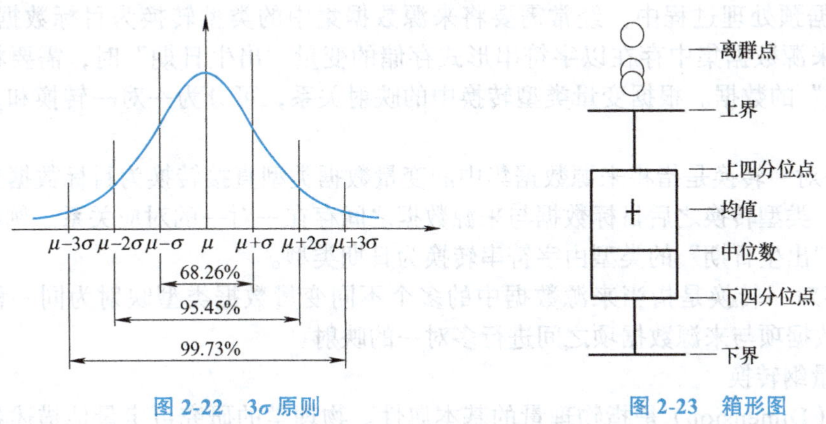

图 2-22 3σ 原则　　　　图 2-23 箱形图

首先定义上四分位数和下四分位数。将上四分位数设为 U，表示所有样本中只有 1/4 的数值大于 U。同理，将下四分位数设为 L，表示所有样本中只有 1/4 的数值小于 L。那么，上下界又是什么呢？设上四分位数与下四分位数的差值为 IQR，即 $\mathrm{IQR}=U-L$，则上界为 $U+1.5\mathrm{IQR}$，下界为 $L-1.5\mathrm{IQR}$。利用箱形图选取异常值比较客观，在识别异常值方面有一定的优越性。对于识别出来的错误数据，常用的处理方法有以下 4 种：删除含有错误值的记录；将错误值视为缺失值，采用缺失值处理方法来处理；用平均值进行修正；不处理。

在处理错误数据时，要结合实际情况，选用合适的处理方法。

与缺失数据和冗余数据的处理方法不同，噪声数据的处理对领域知识和领域专家的依赖程度很高，不仅需要审计数据本身，还需要结合数据的生成与捕获活动等进行审计，噪声数据的处理在一定程度上与数据科学家丰富的实战经验和敏锐的问题意识相关。

3. 数据转换

当原始数据的形态不符合目标算法的要求时，需要进行数据转换处理。数据转换处理通常包含以下处理内容。

1）平滑处理（Smoothing）：去掉数据中的噪声。常用方法有分箱、回归和聚类等。例如，某日商家搞活动导致日销售数据暴涨，在处理数据时将其用平均值替代。

2）特征构造（又称属性构造）：采用一致的特征（属性）构造出新的属性，用于描述客观现实。例如，根据已知质量和体积特征计算出新的特征（属性）——密度，而后续数据处理直接用新增的特征（属性）。

3）聚集：对数据进行汇总或聚合处理，从而进行粗粒度计算。例如，可以通过日销售数据计算出月销售量。

4）标准化（又称规范化）；将特征（属性）值按比例缩放，使之落入一个特定的区间，如 0.0 ～ 1.0。常用的数据标准化方法有 Min-Max 标准化和 Z-score 标准化等。

5）离散化：将数值类型的属性值（如年龄）用区间标签（例如 0 ～ 18、19 ～ 44、45 ～ 59 和 60 ～ 100 等）或概念标签（如儿童、青年、中年和老年等）表示。可用于数据离散化处理的方法有很多种，例如分箱、聚类、直方图分析、基于熵的离散化等。

具体来说，数据转换可以分为数据类型转换、数据语义转换、数据值域转换、数据粒度转换、行列转换、数据离散化、提炼新字段、属性构造、数据压缩等。在实际工程中，数据预处理中的数据转换主要是对数据的类型、量纲进行转换，使数据符合算法要求。

（1）类型转换

在数据预处理过程中，经常需要将来源数据集中的类型转换为目标数据集的类型。例如，当来源数据集中存在以字符串形式存储的变量“出生日期”时，需要将其转换为“日期类型”的数据。根据变量类型转换中的映射关系，可分为一对一转换和多对一转换两种。

1）一对一转换是指将来源数据集中的变量数据类型直接转换为目标数据集所需要的数据类型，类型转换之后目标数据与来源数据之间存在一对一的对应关系。例如上述例子中将变量“出生日期”的类型由字符串转换为日期类型。

2）多对一转换是指当来源数据中的多个不同变量数据类型映射为同一种数据类型时，目标数据项与来源数据项之间进行多对一的映射。

（2）量纲转换

量纲（Dimension）是指物理量的基本属性。物理学的研究可定量地描述各种物理现象，描述中所采用的各类物理量之间有着密切的关系，即它们之间具有确定的函数关系。量纲转换是指改变数据单位之间的不统一现象，将数据统一变换为无单位（统一单位）的数据集，使各特征具备可比性，便于后续的加权计算。

数据的无量纲化可以是线性的，也可以是非线性的。线性的无量纲化包括中心化（Zero-centered 或者 Mean-subtraction）处理和缩放（Scale）处理。中心化的本质是将所有记录减去一个固定值，即让样本数据平移到某个位置。缩放的本质是通过除以一个固定值，将数据固定在某个范围之中。取对数也算是一种缩放处理。在实际应用中，数据预处理的量纲转换主要采用数据标准化和数据归一化。

1）数据标准化：基于原始数据的均值（Mean）和标准差（Standard Deviation）进行数据的标准化，也称为 Z-score 标准化。这种方法将数据中原始值 x 使用 Z-score 标准化到 z，经过处理的数据符合标准正态分布，即均值为 0、标准差为 1。Z-score 标准化方法适用于数据的最大值和最小值未知的情况，或有超出取值范围的离群数据的情况。其转化函数为

$$z = \frac{x-\mu}{\sigma} \tag{2-2}$$

式中，μ 为平均数；σ 为标准差；z 与 x 分别表示标准化处理反的值和标准化处理前的值。

2）数据归一化。

① MinMax 归一化：利用边界值信息进行区间缩放，将属性缩放到 [0,1]。转换函数为

$$x^* = \frac{x-\min}{\max-\min} \tag{2-3}$$

式中，max 和 min 分别为样本数据的最大值和最小值；x 与 x^* 分别表示标准化处理前的值和标准化处理后的值。

② MaxAbs 归一化：单独地缩放和转换每个特征，使得训练集中的每个特征的最大绝对值为 1.0, 将属性缩放到 [–1，1]。它的优点是会保持原有数据分布结构，因此不会破坏任何稀疏性。其公式为

$$x^* = \frac{x}{|\max|} \tag{2-4}$$

式中, max 为样本数据的最大值; x 与 x^* 分别表示归一化处理前的值和归一化处理后的值。

该方法有一个缺陷，就是当有新数据加入时，可能导致 max 发生变化，需要重新定义。MaxAbs 归一化与先前的 MinMax 归一化不同，它是将绝对值映射在 [0,1] 范围内。在仅有正数据时，MaxAbs 归一化的行为与 MinMax 归一化类似。

③正态分布化。正态分布化（Normalization）的过程是将每个样本缩放到单位范数（每个样本的范数为 1)，当使用如二次型（点积）或者其他核方法计算两个样本之间的相似性时，这种方法很有用。其公式为

$$x' = \frac{x}{\sqrt{\sum_{j}^{d}(x_j)^2}} \tag{2-5}$$

式中，j 代表样本个数；d 为样本总个数；分母即为总样本的 2- 范数；x 与 x' 分别表示正态分布化处理前和处理后的值。

4. 数据集成

在数据处理过程中，有时需要对来自不同数据源的数据进行集成处理，并在集成后得到的数据集之上进行数据处理。

（1）数据集成的基本类型

数据集成的基本类型有两种：内容集成与结构集成。数据集成的实现方式可以分为两种：在物理上（如生成另一个关系表）实现，或在逻辑上（如生成一个视图）实现。

1）内容集成。当目标数据集的结构与来源数据集的结构相同时，则进行合并处理。内容集成的前提是来源数据集中存在相同的结构，或可通过变量映射等方式视为相同结构。在实际工作中，内容集成还涉及模式集成、冗余处理、冲突检测与处理等数据清洗操作。

2）结构集成。与内容集成不同的是，结构集成中目标数据集的结构与来源数据集的不同。在结构集成中，目标数据集的结构为对各来源数据集的结构进行合并处理后的结果，目标表的结构是对来源表的结构进行了“自然连接”操作后得出的结果。因此，结构集成的过程可以分为两个阶段：结构层次的集成和内容层次的集成。在结构集成过程中可

以进行属性选择操作，目标数据集的结构并不一定是各来源数据集结构的简单合并。

（2）数据集成多源问题

数据集成（包括内容集成和结构集成）时各数据来源不同，在集成时需要注意以下 3 个方面的问题。

1）模式集成。模式集成（Schema Integration）主要涉及的问题是如何使来自多个数据源的现实世界的实体相互匹配，即实体识别问题（Entity Identification Problem）。例如，确定两个不同的数据中姓名均为“张三”的个案是否代表同一个实体。一般情况下，数据库与数据仓库以元数据为依据进行实体识别，从而避免模式集成时发生错误。

2）数据冗余。若一个来源数据集中的某一属性可以从其他来源数据集中的属性推演出来，那么这个属性就是冗余属性。例如，一个顾客数据表中的“平均月收入”属性可以根据其他表中月收入属性计算出来，“平均月收入”属性就是冗余属性。此外，属性命名规则的不一致也会导致集成后的数据集中出现数据冗余现象。

可以利用相关分析的方法来判断是否存在数据冗余问题。例如，已知两个属性的数值，则根据这两个属性的数值可以分析出它们之间的相关度。属性 A 和属性 B 之间的相关度可根据以下计算公式分析获得：

$$r_{A,B}=\frac{\sum(A-\bar{A})(B-\bar{B})}{(n-1)\sigma_A\sigma_B} \tag{2-6}$$

式中，$\bar{A}$ 和 $\bar{B}$ 分别表示属性 A、B 的平均值，即

$$\bar{A}=\frac{\sum A}{n}$$

$$\bar{B}=\frac{\sum B}{m}$$

σ_A 和 σ_B 分别表示属性 A、B 的标准方差，即

$$\sigma_A=\sqrt{\frac{\sum(A-\bar{A})^2}{n-1}}$$

$$\sigma_B=\sqrt{\frac{\sum(B-\bar{B})^2}{n-1}}$$

若 $r_{A,B}>0$，则属性 A、B 之间是正关联，$r_{A,B}$ 的值越大，属性 A、B 的正关联关系越密切；若 $r_{A,B}=0$，则属性 A、B 相互独立，两者之间没有关系；若 $r_{A,B}<0$，则属性 A、B 之间是负关联，$r_{A,B}$ 的绝对值越大，属性 A、B 的负关联关系越密切。

3）冲突检测与消除。对于一个现实世界中的实体来讲，可能存在来自不同数据源的属性值不同的问题。产生这种问题的原因可能是表示的差异、比例尺度不同或编码的差异等。例如，“质量”属性在一个系统中采用公制，而在另一个系统中却采用英制。

（3）关键技术

数据集成的五大关键技术如下。

1）点对点数据集成。点对点集成采用点对点的方式开发接口程序，把需要进行信息交换的系统一对一地集成起来，从而实现整合应用的目标。

一般情况下，点对点集成在连接对象少的时候使用。点对点连接方式的技术要求低，开发时间短，当连接对象比较少的时候，能够很快搭建好连接架构。然而，其缺点也很明显，即不适用于连接对象较多的场合。采用点对点连接时，连接的路径会随着连接对

象的增加呈指数级增长，且由于各接口仅支持一对一的数据交换，一个连接方可能需要同时支持和维护多种连接方式，当一个连接变化时，所有与其相关的接口程序都需要重新开发和调试。在这种情况下，当连接对象较多时，维护者很难对搭建好的集成架构进行集中管理。

2）总线式数据集成。总线式数据集成采用总线结构，利用中间件定义和执行集成规则。与点对点连接方式相比，采用总线结构通过中间件来连接各连接对象，连接的路径随连接对象的增加呈线性增加，且当一个连接变化时，仅需开发和调试连接对象与中间件之间的连接，这样极大地提升了集成接口的拓展性和管理性。具体而言，总线式数据集成可分为以电子数据交换系统（EDI）为代表的总线式数据集成一代和以企业服务总线（ESB）为代表的总线式数据集成二代。

3）离线批量数据集成。离线批量数据集成通常是指基于 ETL 工具的离线数据集成，即将业务系统的数据经过抽取、清洗、转换之后加载到数据仓库的过程，其目的是将企业中分散、零乱、标准不统一的数据整合到一起，以便于对数据进行集中管理。

ETL 即数据的提取（Extract）、转换（Transform）和加载（Load），其主要分为以下 3 种实现方法。

①借助 ETL 工具（如 DTS、Informatic、OWB、Kettle 等）实现。该实现方法技术要求低、易于操作、减少了编写代码的工作量，从而能够快速建立 ETL 工程，但其在灵活性方面有所欠缺。

②采用 SQL 编码实现。该实现方法具有灵活的优点，能够提高 ETL 的运行效率，但是其对技术要求高且编码工作量大。

③采用 ETL 工具和 SQL 组合实现。此实现方法综合了前面两种方法的优点，能够兼顾 ETL 开发速度和效率。

4）流式数据集成。流式数据集成也称流式数据实时处理，即对企业数据进行实时连续收集和移动，高吞吐量、低延迟大规模地处理大量数据。在流式数据集成中，数据的处理、分析、关联和传递是在流动中进行的，能够以可靠且可验证的方式提供数据价值和可见性。一般情况下，流式数据集成的实现方式是采用 Flume、Kafka 等流式数据处理工具对 NoSQL 数据库进行实时监控和复制的，然后根据业务场景采用对应的处理方法（例如去重、去噪、中间计算等），之后再写入到对应的数据存储中。由于该集成方式采用流式的处理方式而非定时的批处理任务，因此在搭建集成架构时要求 NoSQL 数据库采集工具均采用分布式架构，以满足每秒数百 MB 的日志数据采集和传输需求。

5）网络数据集成。网络数据集成是在网络数据采集基础上实现的，指将通过网络爬虫或网站公开 API 等方式从网站上获取的数据信息采用对应的处理方法（例如去重、去噪、中间计算等）进行处理和存储的过程。不同于传统的网络数据采集，网络数据集成是一种全新的获取和管理网络数据的方式，它不仅涵盖了网络数据采集的目标，而且更为复杂，能够为管理网络数据全生命周期提供端到端的解决方案。

2.5 工业大数据融合

2.5.1 工业大数据采集融合

在工业大数据环境下，存在大量传感器节点，所有传感器节点一起完成实时数据的感知、目标监视和环境感知的任务，所以在数据感知过程中，对人员状态、机器状态、物料状态、生产进度、能耗数据、工序状态、环境状态及质量数据等实时数据采取单独传输的方法是不合适的，因为在感知过程中存在大量冗余、无效的数据，直接传输会浪费大量的通信带宽和能量资源，同时还会降低实时数据的感知效率，影响数据感知的实时性。为避免这些问题，一般采用图 2-24 所示的工业大数据实时感知融合。

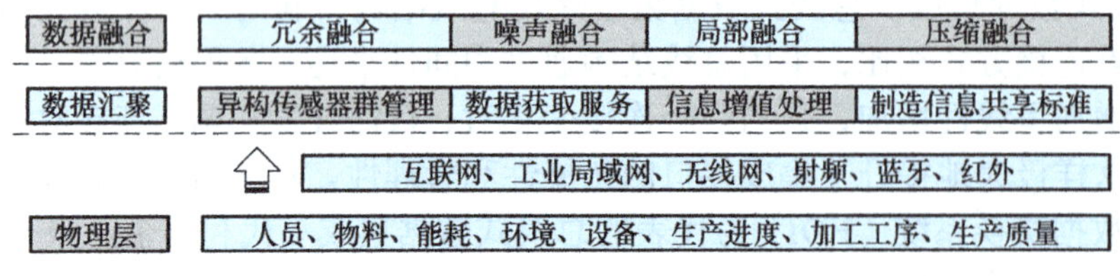

图 2-24 工业大数据实时感知融合

数据感知层获取到实时数据后，经过数据融合，对实时感知数据进行处理形成更高效、更符合实际应用需求的实时数据，再对实时数据进行存储和分发。最后，由应用层对实时数据进行分析并做出决策。

在很多的实时应用中，经过处理后的数据更有效，因而一般不需要原始感知数据，而是通过数据融合进行处理。数据融合是一种海量实时数据处理的有效手段。

数据融合具有以下优点。

1）减少数据传输量。传感器节点的冗余配置导致相近节点感知的实时数据非常接近或相似，使得实时感知数据的冗余度高。数据融合可以在发送数据之前，对冗余的实时数据进行处理，减少数据量，从而提高传输性能，节省传输过程所需的能量资源。

2）准确感知。由于环境的影响，感知的实时数据存在较高的不可靠性，通过对感知的实时数据进行综合分析和处理，可以有效地提高实时感知数据的精度和可信度。

3）提高数据感知效率。在本地的感知模块内直接进行实时数据融合，可以采用分布式处理方式，从而减少实时数据传输量，减少网络拥塞，降低实时数据传输造成的延迟，进而提高实时数据采集的效率。制造业物联网中海量实时数据融合包含了冗余数据融合、检测传感器噪声融合、去除无效数据的聚合融合，以及减少数据传输量的压缩融合。

2.5.2 工业大数据采集融合面临的挑战

制造业物联网的海量实时数据处理流程如图 2-25 所示，其涵盖了实时数据的获取、存储、处理、传输及应用。

当前制造企业在提高产品质量和生产效益、降低生产成本、减少资源消耗等方面提出了更高的要求，生产过程的透明化、智能化和全局优化成为制造企业的发展方向。而基于实时数据处理的制造执行系统（MES）也被提出，并从制造企业的新需求中得到了发展动力。MES 由美国先进制造研究协会（Advanced Manufacturing Research，AMR）于 20 世纪 90 年代首次正式提出，是处于企业上层的计划及决策管理与底层工业生产过程控制系统之间的面向车间层的管理信息系统。通过多年的研究，MES 在理论研究与产业应用方面都取得了较大的进展，特别是对可集成 MES、可重构 MES、基于自动识别技术的实时 MES 等关键技术的研究，以及 MES 在航空航天、汽车、钢铁、石化等行业的应用实践，为生产现场的监控和优化提供了技术支持，产生了良好的应用效果和巨大的经济效益。

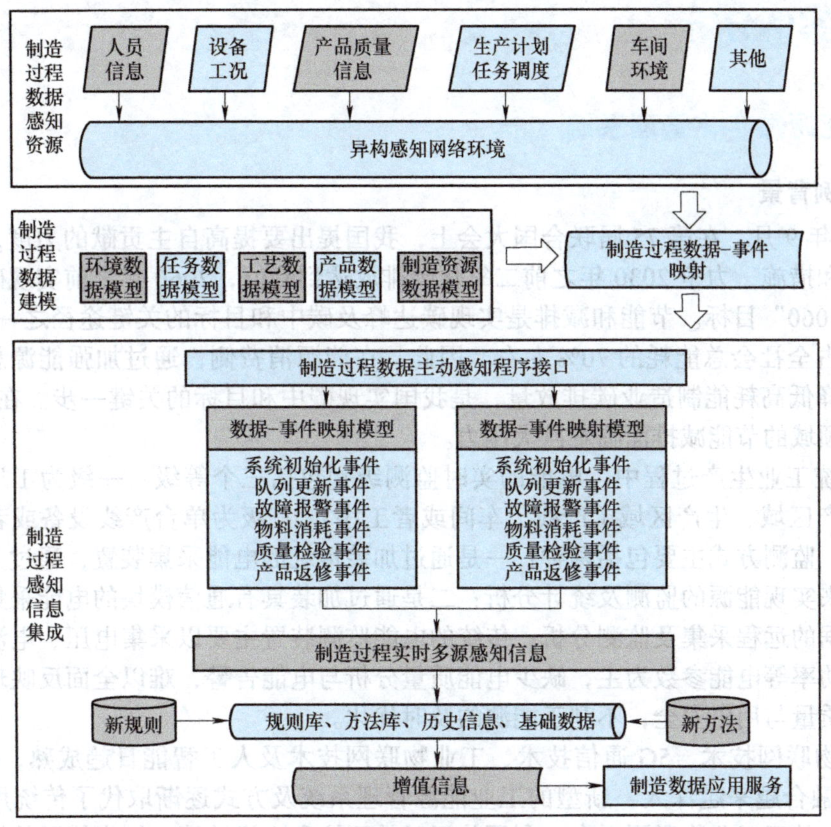

图 2-25　制造业物联网的海量实时数据处理流程

近年来，随着制造业物联网技术的出现，实现了实时感知制造过程中任何需要监控、连接、互动的制造对象、物体或过程，制造中的物与物、物与人及人与人之间广泛关联，达到了对生产过程中的物品和生产过程的智能化感知、识别与管理。以实时数据感知技术和海量实时数据处理方法为驱动的物联制造系统，有力地推动着制造系统向全球化、信息化、智能化、绿色化方向发展。

在制造业物联网中，传统的制造执行系统不能满足实时应用的需求。对制造业物联网的海量实时数据处理面临如下问题。

1）生产过程中涉及的多源信息采集费时、滞后、不增值。由于缺乏对实时多源信息有效自动识别和获取的系统解决方案，在获取多源信息时存在采集费时而不增值，滞后严重、易出错等现象。

2）由于环境因素干扰，多源数据往往是不一致的，系统无法得到准确的制造过程数据，从而影响生产加工的效率和质量。

3）制造过程需要更精确、及时的主动感知。制造过程是制造系统最关键的环节，由于缺乏对多源感知数据与制造过程关键监控环节间的关系的映射和动态处理，制造过程的一些关键环节难以被及时、准确地反映，所以需要对制造过程中的设备和工艺状态有更精确和及时的感知。

因此，在工业大数据环境下，多元冲突数据的检测和融合成为近年来大数据研究领域的焦点问题。

2.6 案例分析

2.6.1 能源数字化管理系统

1. 案例背景

2020年9月，在第75届联合国大会上，我国提出要提高自主贡献的力度，采取更有效的政策和措施，力争2030年之前二氧化碳排放达到峰值，2060年之前实现碳中和，即碳中和“3060”目标。节能和减排是实现碳达峰及碳中和目标的关键途径之一。据统计，工业能耗占全社会总能耗的70%左右。因此，在能源消费侧，通过加强能源总量和强度“双控”，降低高耗能制造业碳排放量，是我国实现碳中和目标的关键一步。在此背景下，我国工业领域的节能减排面临着巨大压力。

在传统工业生产过程中，电能的实时监测级别包括三个等级：一级为工厂总量，二级为非生产区域、生产区域（产线、车间或者工序），三级为单台产线设备或者工厂辅助重点设备。监测方式主要包括两种：一是通过加装传统的电能采集装置，通过人工定期抄表的方式来实现能源的监测及统计分析；二是通过加装具有通信模块的电能采集装置，进行能耗数据的远程采集及监测分析。传统的电能监测装置主要以采集电压、电流、有功功率和无功功率等电能参数为主，缺少电能质量分析与电能告警，难以全面反映现场工业设备的用电质量与用电安全，不利于能源的及时优化。

随着物联网技术、5G通信技术、工业物联网技术及人工智能日趋成熟，OT技术和IT技术的融合越来越深入，新型的工业能源管理系统及方式逐渐取代了传统用电管理模式。因此，基于工业物联网平台，利用基于云的环境和边缘计算，探索能源数据与生产数据、环境数据等相互融合，并进行工业能源管控场景化的分析。

2. 方案内容

能源管理数字化系统是工业企业合理用能和节能降耗与提质增效的有效手段。该系统从企业能源综合利用角度出发，深入到车间、产线、重点用能设备，基于智能物联网电表对各种耗能设备实现精准用能采集计量、电能质量分析，提升能源管理精细化水平。

通过搭建工业物联网平台，结合能源管理数字化系统采用分布式、多层体系架构，如图2-26所示，包括边缘设备接入层、基础设施层、工业PaaS平台层，应用层等。能源

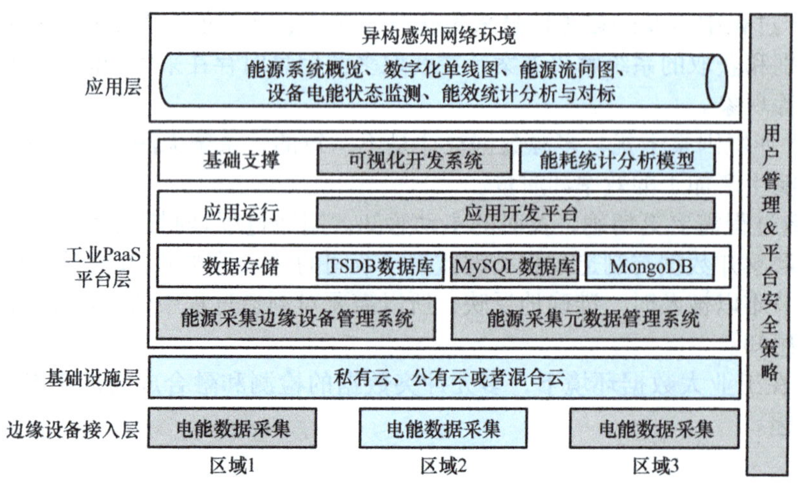

图2-26 能源管理数字化系统总体架构

管理数字化系统主要包括能源系统概览、数字化单线图、能源流向图、电能质量分析、设备健康度评估、设备电能状态监测、能效统计分析与对标等功能模块。

在工业能源数据采集深度及广度上，传统电表以采集电压、电流、有功功率和无功功率等电能参数为主，缺少电能质量分析、电能告警和用电安全，难以全面反映用电质量和用电安全。通过智能物联网电表除了可实现电压、电流、功率、频率、功率因素等电量基本参数的采集，还可实现电流总畸变率、电压总畸变率、电流分次谐波（2～41 次）、电压分次谐波（2～41 次）和表内温度等电能质量参数的采集，同时可预置失压、欠电压、过电压、断相、电压不平衡、电流不平衡、失电流、过电流、断流、过载、总功率因数超下限等事件参数。

在通信方式上，智能物联网电表提供 485 串口通信、RJ45 工业以太网有线通信、WiFi 无线通信、4G 无线通信等多种通信方式，满足物联网电表与工业物联网云平台的数据上传，并提供 4G 状态指示灯、4G 网络指示灯、整机电源指示灯、有功脉冲指示灯、无功脉冲指示灯、整机报警指示灯等状态指示。

3. 方案效果

从用电成本角度来说：一方面，国家有序放开发电价格，明确高耗能企业市场交易电价不受上浮 20% 的幅度限制，促进高耗能企业加大技术改造投入、提高能源利用效率；另一方面，开展能源精细化管理，开展覆盖全部资源消耗的在线监测系统建设，建立能源流向图，实现能源流向的可追溯。开展能源的同比、环比分析，用电成本结构分析，尖、峰、平、谷电能及电费，合理调度生产计划，寻找节能的潜在环节。

从用电安全角度来说：通过建设能源管理数字化系统，实现全厂重点工业设备的实时在线监测，避免人工抄表带来的误差率及非及时率。针对重点设备的用能情况，设置合理的报警阈值，动态监测预警情况，分析电压和电流三相不平衡、功率因数等，有效识别设备用电异常，及时对设备异常干预，避免长时间的能源损耗，减少用电设备的安全隐患。

2.6.2 汽车智能制造冲压质量大数据采集与分析

1. 案例背景

重庆长安汽车股份有限公司（简称长安汽车）作为我国知名汽车制造企业，汽车产销累计已突破 1000 万辆，并连续 10 年位于我国品牌汽车销量前茅。近些年，长安汽车总体战略也是从传统汽车制造企业转向智能制造服务型企业，重点发展科技、智能制造、服务三大方面，并在重庆本部成立了智能化中心。长安汽车某工厂冲压车间共建有 3 条冲压生产线，主要负责生产侧围、翼子板、车门、引擎盖等轮廓尺寸较大且具有空间曲面形状的乘用车车身覆盖件。

目前，在冲压生产过程中，一方面由于冲压设备性能、板材材料性能、生产加工过程参数等波动，部分侧围在拉伸工序中易产生局部开裂现象，需反复进行参数调整与试制；另一方面，在冲压产线线尾，需对冲压件外观质量进行统一检测，现有检测方式为人工手动检测，需在有限生产节拍时间内，快速分拣出带有开裂、刮伤、滑移线、凹凸包等表面缺陷的冲压件，检测标准不统一、稳定性不高、质检数据难以有效量化和存储，不利于企业数据资源收集、质量问题分析与追溯。

2. 方案介绍

通过建设大数据平台实现对工厂冲压车间的所有设备、模具、材料、制造过程数据、质检数据的集成、存储与统一管控，并借助基于机器学习的数据挖掘、基于机器视觉的智能检测技术，实现对侧围冲压开裂的预测与冲压件表面缺陷的智能识别，如图 2-27 所示。

依据冲压设备加工参数、板材参数、模具性能参数及维修记录等，通过数据挖掘和机器学习算法，建立冲压工艺智能预测模型。通过样本积累与模型训练调优，准确预测冲压件开裂风险。最后，确定制造过程影响因素间的相关性，制定生产过程参数组合控制策略，为冲压制造过程工艺优化和质量把控提供支持。

基于机器视觉的冲压件缺陷智能识别检测，立足生产线现有条件，设计图像采集系统，通过图像实时采集与智能分析，快速识别冲压件是否存在表面缺陷，并自动将所有检测图像及过程处理数据存储至大数据平台。通过质检数据、生产过程工艺参数、产品设计参数间的关联，借助大数据分析技术，形成冲压件质量问题分析管理的闭环连接，实现冲压件质量的精确控制和优化提升。

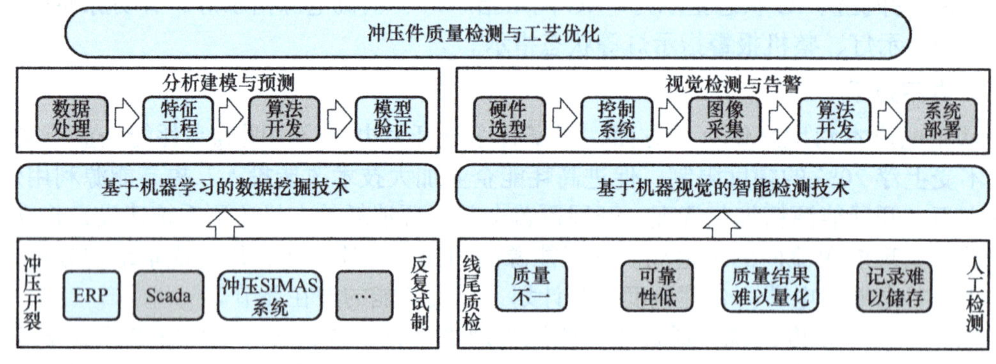

图 2-27 冲压件质量检测与工艺优化思路

3. 应用成效

1）通过预测冲压件开裂风险，极大地提升了企业新车型冲压件加工参数设计效率，试制次数减少约 70%，年节省试制成本 200 多万元。

2）通过快速智能检测冲压件表面缺陷，提高了生产线检测的稳定性、可靠性，降低了质检工人的劳动强度，企业三条生产线年节省人工成本 100 多万元。同时，产品质检数据被有效存储，为实现质量闭环分析与追溯提供了重要数据支持。

3）该项目为企业的智能制造转型推进探索出一条切实可行的示范道路，并为工业大数据、人工智能等技术在同行企业中的推广与应用积累了宝贵的经验。

2.7 本章小结

本章对工业中流动的数据进行了介绍：第一部分介绍了工业大数据是什么、来源有哪些；第二部分介绍了工业大数据感知技术，即如何能感知到工业中产生的信息，并把它们转化成能够传输、分析的数据；第三部分介绍了数据的传输过程中的传输规则（工业大数据通信协议）、传输技术，比如常见的车间级通信协议 OPC UA、NC-Link 等，以及 TSN 数据传输技术；第四部分介绍了工业大数据的数据质量评估标准和预处理方法，以保证数据的质量和分析效果；第五部分介绍了工业大数据的融合及融合时存在的一些挑战。

习　题

1. 工业大数据的来源有哪些?

2. 请简要阐述数据感知技术，并进行举例说明。

3. 霍尔传感器是如何进行测量的?

4.WiFi 在工业 4.0 当中的作用是如何体现的?

5. 对数据进行质量评估该从哪几个方面入手? 写出提高数据质量的一般流程。

6. 简述工业大数据采集融合流程。

7. 按照 NC-Link 传输协议，以一台三轴数控铣床为例完成以下问题。

（1）机床数据项 Z 轴指令位置、指令速度、主轴电流、报警信息这四项数据该如何定义?

（2）定义采样通道，组合采集上述数据项，数据采样周期为 50ms，采样数据上传周期为 1000ms。

科学家科学史

“两弹一星”功勋科学家：王大珩

第3章 工业大数据存储与计算平台

随着工业大数据在智能制造领域的广泛应用，多源、异构、海量数据的存储与安全备受关注，同时需要依赖强大的计算能力快速处理工业大数据，挖掘其中蕴含的知识。本章重点讲述工业大数据存储与管理技术、安全技术，以及工业大数据主流计算框架与计算平台。

3.1 工业大数据存储与管理技术

工业大数据存储与管理技术是针对工业大数据具有多样性、多模态、高通量和强关联等特性，面向高吞吐量存储、数据压缩、数据索引、查询优化和数据缓存等能力的关键技术，主要内容包括存储与管理技术及其工具。

3.1.1 数据存储与管理技术

1. 数据存储技术

数据存储是一门涵盖硬件与软件的计算机系统科学，按存储方式的不同可以分为磁盘阵列（RAID）、直接连接存储（DAS）、存储区域网络（SAN）、网络附加存储（NAS）等。

（1）磁盘阵列

磁盘阵列（Redundant Array of Independent Disks，RAID）是由多个独立的高性能磁盘驱动器组成的磁盘子系统，可以提供比单个磁盘更好的存储性能和数据保护。RAID 包括多个级别，如 RAID 0、RAID 1、RAID 3、RAID 5、RAID 6、RAID 10、RAID 50 等，如图 3-1 所示。不同 RAID 级别在成本、性能和可靠性方面有所区别。

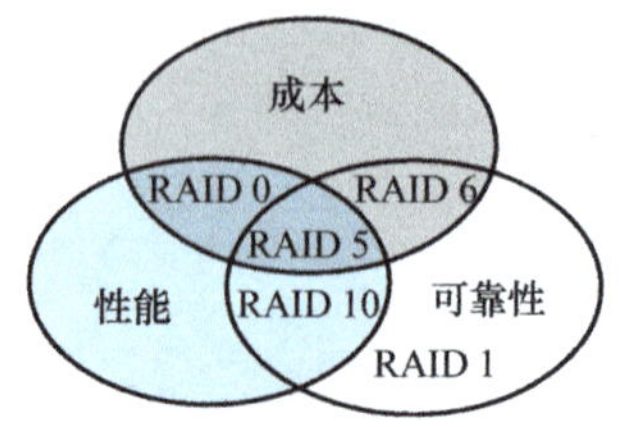

图 3-1　不同 RAID 级别在成本、性能和可靠性方面的表现

RAID 应用广泛，可以满足许多数据存储要求，其主要优势体现在以下几个方面。

1）大容量。RAID 扩大了磁盘的容量，由多个磁盘组成的 RAID 系统具有更大的存储空间。现在单个磁盘的容量就可以达到 1TB 以上，这样 RAID 的存储容量就可以达到 PB 级，可以满足大多数的存储需求。一般来说，RAID 的可用容量小于所有成员磁盘的总容量。不同等级的 RAID 算法需要一定的冗余开销，具体容量开销与采用的算法有关。如果已知 RAID 的算法和容量，就可以计算出 RAID 的可用容量。通常，RAID 容量的利用率在 50% ~ 90% 之间。

2）高性能。RAID 的高性能得益于数据条带化技术。单个磁盘的 I/O 性能受到接口、带宽等计算机技术的限制，往往很有限，容易成为系统性能的瓶颈。通过数据条带化，RAID 将数据 I/O 分散到各个成员磁盘上，从而可以获得比单个磁盘更好的聚合 I/O 性能。

3）可靠性。从理论上讲，由多个磁盘组成的 RAID 在可靠性方面应该比单个磁盘要差。这里有个隐含假定：单个磁盘故障将导致整个 RAID 不可用。RAID 采用镜像和数据校验等数据冗余技术，打破了这个假定。镜像是最为原始的冗余技术，把某组磁盘驱动器上的数据完全复制到另一组磁盘驱动器上，保证总有数据副本可用。比起镜像 50% 的冗余开销，数据校验要小得多，它利用校验冗余信息对数据进行校验和纠错。RAID 冗余技术可大幅提升数据可用性和可靠性，保证了若干磁盘出错不会导致数据丢失，不影响业务的连续运行。

4）可管理性。RAID 是一种虚拟化技术，它将多个物理磁盘驱动器虚拟成一个大容量的逻辑驱动器。对于外部主机系统来说，RAID 是一个单一的、快速可靠的大容量磁盘驱动器。这样，用户就可以在这个虚拟驱动器上组织和存储应用系统数据。从用户应用角度看，这样的存储系统简单易用，管理也很便利。由于 RAID 在内部完成了大量的存储管理工作，管理员只需要管理单个虚拟驱动器，因此可以节省大量的管理工作。另外，RAID 可以动态增减磁盘驱动器，可自动进行数据重建恢复。

RAID 技术不仅可以提供大容量的存储空间，还可以提高存储性能和数据安全性。它能在提高读写性能的同时保证数据的安全性，因为 RAID 采用了数据条带化这一高效数据组织方式，以及奇偶校验这一数据冗余策略。

RAID 引入了条带的概念。如图 3-2 所示，条带单元（Stripe Unit）是指磁盘中单个或者多个连续的扇区的集合，是单块磁盘上进行一次数据读写的最小单元。条带（Stripe）是同一磁盘阵列中多个磁盘驱动器上相同“位置”的条带单元的集合。条带单元是组成条带的元素。条带宽度是指一个条带中数据成员盘的个数，条带深度则是指一个条带单元的容量大小。

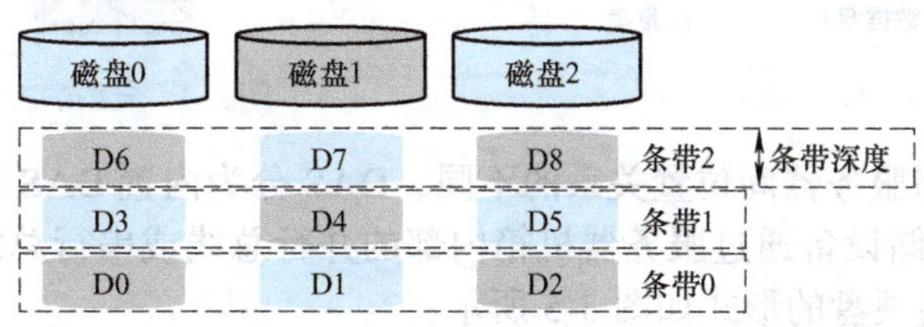

图 3-2　RAID 条带

通过对磁盘上的数据进行条带化，实现对数据成块存取，这样可以增强访问的连续性，有效减少磁盘的机械寻道时间，提高数据的存取速度。此外，通过对磁盘上的数据进行条带化，将连续的数据分散到多个磁盘上存取，实现同一阵列中多块磁盘同时存取数据，提高了数据的存取效率（即访问并行性）。并行操作可以充分利用总线的带宽，显著提高磁盘的整体存取性能。因为采用了数据条带化组织方式，所以 RAID 组中多个物理磁盘可以并行或并发地响应主机的 I/O 请求，从而达到提升性能的目的。其中，I/O 是输入（Input）和输出（Output）的缩写，输入和输出分别对应数据的写和读操作；并行是指多个物理磁盘同时响应一个 I/O 请求的执行方式，而并发则是指多个物理磁盘一对一同时响应多个 I/O 请求的执行方式。

RAID 通过镜像和奇偶校验的方式对磁盘数据进行冗余保护。镜像是指利用冗余的磁盘保存数据的副本，一个数据盘对应一个镜像备份盘；奇偶校验则是指对于用户数据利用奇偶校验算法计算出奇偶校验码，并将其保存于额外的存储空间。奇偶校验采用的是异或运算（运算符为⊕）算法。奇偶校验的具体过程如图 3-3 所示，其中，$0 \oplus 0=0$，$0 \oplus 1=1$，$1 \oplus 0=1$，$1 \oplus 1=0$，即运算符两边的数据相同则为假（等于 0），相异则为真（等于 1）。

当 RAID 中某个磁盘数据失效的时候，可以利用镜像盘或奇偶校验信息对该磁盘上的数据进行修复，从而提高数据的可靠性。

（2）直接连接存储

直接连接存储（Direct Attached Storage，DAS）是一种将存储设备通过电缆直接连接到主机服务器上的存储方式。数据存储设备采用小型计算机系统接口（Small Computer System Interface，SCSI）或光纤通道（Fiber Channel，FC）协议直接连接在内部总线上，构成整个服务器结构的一部分。

在一个典型的 DAS 架构中，服务器与数据存储设备之间通过总线适配器和 SCSI/FC 线缆直接连接，基于总线传输数据，中间不经过任何交换机、路由器或其他网络设备，如图 3-4 所示。挂接在服务器上的硬盘、直接连接到服务器上的磁盘阵列、直接连接到服务器上的磁带库、直接连接到服务器上的外部硬盘盒等都属于 DAS 的范畴。

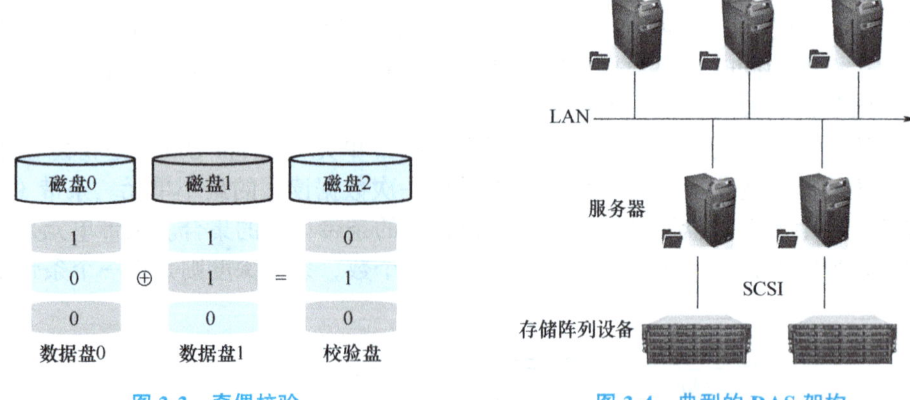

图 3-3　奇偶校验　　图 3-4　典型的 DAS 架构

根据存储设备与服务器间位置关系的不同，DAS 分为内置 DAS 和外置 DAS 两类。

内置 DAS 指存储设备通过服务器机箱内部的并行总线或串行总线与服务器相连。例如，服务器内部连接硬盘的形式如图 3-5 所示。

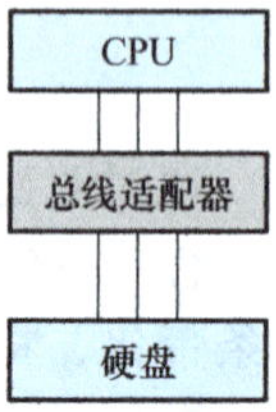

CPU
总线适配器
硬盘

图 3-5　内置 DAS

内置 DAS 有以下几点不足。

1）采用服务器内的物理 CPU 总线连接，受到总线距离的限制，只能支持短距离的数据传输。

2）内部总线能够连接的设备数目也非常有限，不利于存储资源的扩展。

3）因为存储设备位于服务器机箱内，因此当用户对存储设备进行维护时，需要对系统进行停机断电。

4）内置 DAS 占用了机箱内的硬盘大量空间，给服务器内部其他部件的维护造成了一定的困难。

5)DAS 无法优化资源的使用，因为它共享前端端口的能力有限，使得资源共享受限。

内置 DAS 的管理主要通过主机和主机操作系统实现，也可使用第三方软件来进行管理。主机主要实现存储设备硬盘 / 卷的分区创建和分区管理，以及操作系统支持的文件系统布局。

外置 DAS 中，服务器与外部存储设备基于总线直接连接，通过 FC 协议或者 SCSI 协议进行通信。例如，直接连接到服务器的外部硬盘阵列。

相比内置 DAS，外置 DAS 克服了内部 DAS 对连接设备的距离和数量的限制，可以提供更远距离、更多设备数量的连接，增强了存储扩展性。另外，外部 DAS 还可以对存储设备进行集中管理，使操作维护更加方便。但是，外置 DAS 对设备连接距离和数量依然存在限制，也存在资源共享不便的问题。

相对于内置 DAS 的管理，外置 DAS 管理的一个关键点是主机操作系统不再直接负责一些基础资源的管理，而是采用基于阵列的管理方式，比如逻辑单元号（Logical Unit Number，LUN）的创建、文件系统的布局及数据的寻址等。如果主机的内部 DAS 是来自多个厂商的存储设备，如硬盘，则需要对这些存储设备分别进行管理。但是，如果将这些存储设备统一放到某个厂商的存储阵列中，则可以由阵列管理软件进行集中化统一管理。这种操作方式避免了主机操作系统对每种设备的单独管理，维护和管理更加便捷。

如图 3-6 所示，外置 DAS 包含两种存储形态：外部硬盘阵列和智能硬盘阵列。

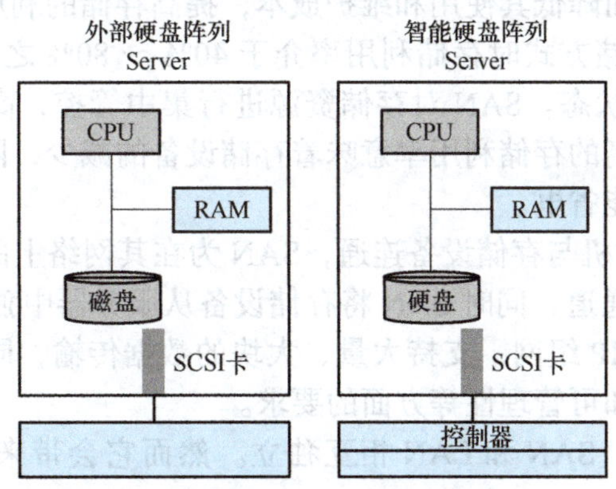

图 3-6　外置 DAS 的两种存储形态

磁盘簇（Just a Bunch of Disks，JBOD）即外部磁盘阵列。JBOD 在逻辑上把几个物理磁盘串联在一起，解决内置存储的磁盘槽位有限而导致的容量扩展不足的问题。其目的仅是为了增加磁盘的容量，并不提供数据安全保障。JBOD 采用单磁盘存放方式来保存数据，可靠性较差。

智能硬盘阵列由控制器和硬盘构成。其中，控制器包含 RAID、大容量 Cache，它使得磁盘阵列具有多种实用的功能，如增强数据容错性、提升数据访问性能等。智能硬盘阵列通常采用专用管理软件进行配置管理。

（3）存储区域网络

存储区域网络（Storage Area Network，SAN）是一种面向网络的、以数据存储为中心的存储架构。SAN 采用可扩展的网络拓扑结构连接服务器和存储设备，并将数据的存储和管理集中在相对独立的专用网络中，向服务器提供数据存储服务。以 SAN 为核心的网络存储系统具有良好的可用性、可扩展性、可维护性，能支撑存储网络业务的高效运行。

SAN 将存储设备（如磁盘阵列、磁带库、光盘库等）与服务器连接起来。结构上，SAN 允许服务器和任何存储设备相连，并直接存储所需数据。图 3-7 所示为一种典型的 SAN 组网方式。

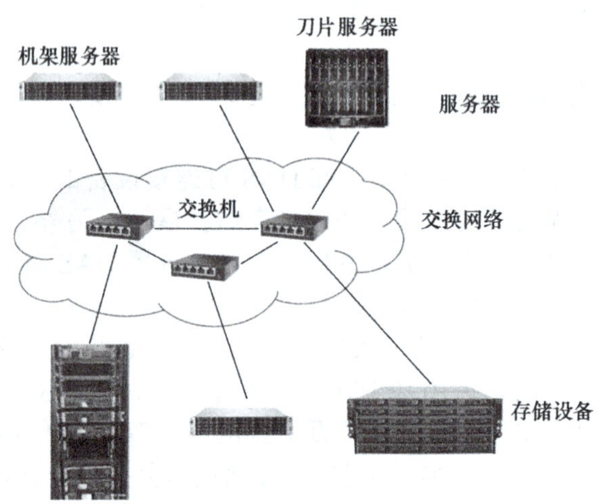

图 3-7 典型的 SAN 组网方式

相对于传统数据存储方式，SAN 可以跨平台使用存储设备，可以对存储设备实现统一管理和容量分配，从而降低其使用和维护成本，提高存储的利用率。Forrester 研究报告指明，使用传统独立存储方式时存储利用率介于 40% ～ 80% 之间，平均利用率为 60%，存储通常处于低利用率状态。SAN 对存储资源进行集中管控，高效利用存储资源，有助于提高存储利用率。更高的存储利用率意味着存储设备的减少，网络中的电能能耗和制冷能耗降低，从而实现节能省电。

此外，通过 SAN 主机与存储设备连通，SAN 为在其网络上的任意一台主机和存储设备之间提供专用的通信通道，同时 SAN 将存储设备从服务器中独立出来。SAN 支持通过光纤通道（FC）协议和 IP 组网，支持大量、大块的数据传输，同时可满足吞吐量、可用性、可靠性、可扩展性和可管理性等方面的要求。

由图 3-8 可以看出，SAN 和 LAN 相互独立。然而它会带来成本和能耗方面的一些不足。

1）SAN 需要建立专属的网络，这就增加了网络中线缆的数量和复杂度。

2）应用服务器除了连接 LAN 的网卡之外，还需配备与 SAN 交换机连接的主机总线适配器（Host Bus Adapter，HBA）。

（4）网络附加存储

网络附加存储（Network Attached Storage，NAS）是基于 IP，通过文件级的数据访问和共享，提供存储资源的网络存储架构。NAS 是一种将分布的、独立的数据进行整合与集中管理的存储技术，为不同主机和应用服务器提供文件级存储空间。其逻辑架构如图 3-9 所示。

从使用者的角度来说，NAS 是连接到一个局域网的基于 IP 的文件共享设备基础。NAS 通过文件级的数据访问和共享提供存储资源，使用户能够以最小的存储管理开销快速地共享文件。这一特点使得 NAS 成为主流的文件共享存储解决方案。另外，NAS 有助于消除用户访问通用服务器时的性能瓶颈。NAS 通常采用 TCP/IP 数据传输协议和 CIFS/NFS 远程文件服务协议来完成数据的归档和存储。

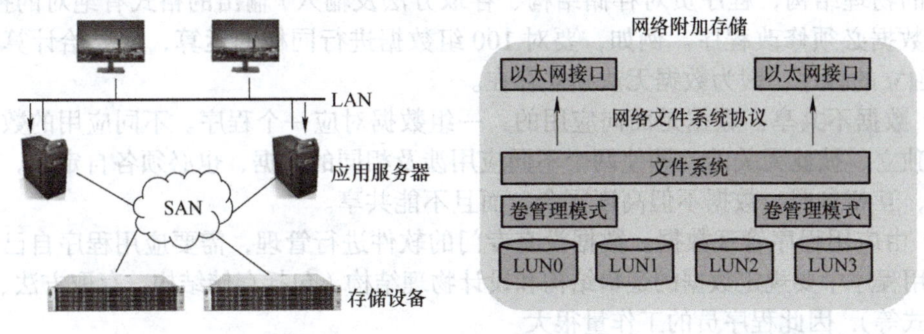

图 3-8 SAN 组网　　图 3-9 NAS 的逻辑架构

随着网络技术的快速发展，支持高速传输和高性能访问的专用 NAS 存储设备可以满足当下企业对高性能文件服务和高可靠数据保护的应用需求。图 3-10 给出一种 NAS 设备的部署情况，通过 IP 网络，各种平台的客户端都可以访问 NAS 设备。

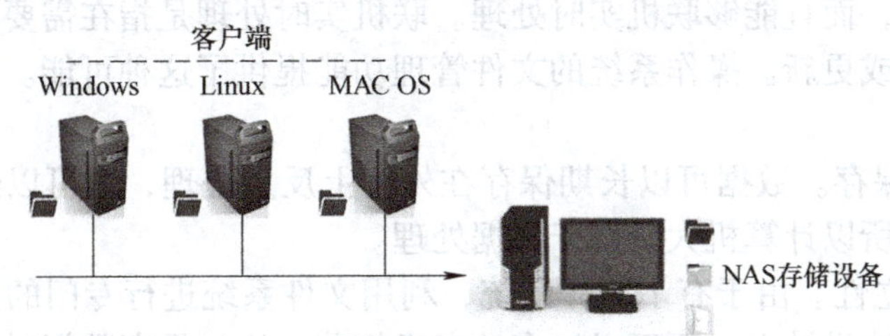

图 3-10 NAS 设备网络部署

NAS 客户端和 NAS 存储设备之间通过 IP 网络通信。NAS 存储设备使用自己的操作系统和集成的硬 / 软件组件，可满足特定的文件服务需求。NAS 客户端可以是跨平台的，如 Windows、Linux 和 Mac 系统。与传统文件服务器相比，NAS 存储设备支持接入更多的客户端，支持更高效的文件数据共享。

2. 数据管理技术

为了有效应对现实世界中复杂多样的数据处理需求，需要针对不同的数据应用特征，从多个角度、多个层次对数据进行管理。数据管理主要可以划分为人工管理阶段、文件系统阶段和数据库系统阶段。下面分别对每个阶段进行详细介绍。

（1）人工管理阶段

20 世纪 50 年代中期以前，计算机主要用于科学计算。在硬件方面，计算机的外存只有磁带、卡片、纸带，没有磁盘等可以直接存取的存储设备，存储量非常小；在软件方面，没有操作系统，没有高级语言，数据处理的方式是批处理，即机器一次处理一批数据，直到运算完成才能进行另外一批数据的处理，中间不能被打断，原因是此时的外存如磁带、卡片等只能顺序输入。

人工管理阶段的数据具有以下几个特点。

1）数据不保存。由于当时的计算机主要用于科学计算，对于数据保存并不做特别要求。只是在计算某一个课题时将数据输入，用完就退出，对数据不做保存。有时对系统软件也是这样的要求。

2）数据不具有独立性。此阶段的数据是输入程序的组成部分，即程序和数据是一个不可分割的整体，数据和程序同时提供给计算机运算使用。对数据进行管理，就像现在的操作系统可以以目录、文件的形式管理数据。程序员不仅要知道数据的逻辑结构，也要规定数据的物理结构，程序员对存储结构、存取方法及输入 / 输出的格式有绝对的控制权，要修改数据必须修改程序。例如，要对 100 组数据进行同样的运算，就要给计算机输入 100 个独立的程序，因为数据无法独立存在。

3）数据不共享。数据是面向应用的，一组数据对应一个程序。不同应用的数据之间是相互独立、彼此无关的，即使两个不同应用涉及相同的数据，也必须各自定义，无法相互利用，互相参照。数据不但高度冗余，而且不能共享。

4）由应用程序管理数据。数据没有专门的软件进行管理，需要应用程序自己进行管理，应用程序中要规定数据的逻辑结构和设计物理结构（包括存储结构、存取方法、输入 / 输出格式等），因此程序员的工作量很大。

（2）文件系统阶段

20 世纪 50 年代后期到 60 年代中期，数据管理发展到文件系统阶段。此时的计算机不仅用于科学计算，还大量用于管理。在硬件方面，有了磁盘等直接存取的存储设备。在软件方面，操作系统中已有了专门的数据管理软件，称为文件系统。从处理方式上讲，不仅有了文件批处理，而且能够联机实时处理。联机实时处理是指在需要的时候随时从存储设备中查询、修改或更新。操作系统的文件管理功能提供了这种可能。这一时期的数据管理的特点如下。

1）数据长期保存。数据可以长期保存在外存上反复处理，即可以经常进行查询、修改和删除等操作，所以计算机大量用于数据处理。

2）数据的独立性。由于有了操作系统，利用文件系统进行专门的数据管理，程序员可以集中精力在算法设计上，而不必过多地考虑细节。比如保存数据时，只需给出保存指令，而不必要求所有的程序员都精心设计一套程序，控制计算机物理地保存数据。在读取数据时，只要给出文件名，而不必知道文件的具体存放地址。文件的逻辑结构和物理存储结构由系统进行转换，程序与数据有了一定的独立性，数据的改变不一定会引起程序的改变。例如，保存的文件中有 100 条记录，可使用某一个查询程序；当文件中有 1000 条记录时，仍然使用这个查询程序。

3）可以实时处理。由于有了直接存取设备，也有了索引文件、链接存取文件、直接存取文件等，所以既可以采用顺序批处理，也可以采用实时处理方式。数据的存取以记录为基本单位。

（3）数据库系统阶段

从 20 世纪 60 年代后期开始，数据管理进入数据库系统阶段。这一时期用计算机管理的数据规模日益增大，应用越来越广泛，数据量急剧增长，数据共享需求越来越强。这种共享的含义是多种应用、多种语言互相覆盖地共享数据集合。此时的计算机有了大容量磁盘，计算能力也非常强；硬件价格下降，编制软件和维护软件的费用相对在增加；联机实时处理的要求更多，并开始提出和考虑并行处理。

在这样的背景下，数据管理技术进入数据库系统阶段。

现实世界是复杂的，反映现实世界的各类数据之间必然存在错综复杂的联系。为反映这种复杂的数据结构，让数据资源能为多种应用服务，并为多个用户所共享，同时为让用户能更方便地使用这些数据资源，在计算机科学中，逐渐形成了数据库技术这一独立分支。计算机中的数据及数据的管理统一由数据库系统来完成。

数据库系统的目标是解决数据冗余问题，实现数据独立性，实现数据共享并解决由于数据共享而带来的数据完整性、安全性及并发控制等一系列问题。为实现这一目标，数据库的运行必须有一个软件系统来控制，这个系统软件称为数据库管理系统（Database Management System，DBMS）。数据库管理系统将程序员进一步解脱出来，就像当初操作系统将程序员从直接控制物理读写中解脱出来一样。程序员此时不需要再考虑数据库中的数据是不是因为改动而造成不一致，也不用担心由于应用功能的扩充，而导致程序重写，数据结构重新变动。

在这一阶段，数据管理具有下面的优点：

1）数据结构化。在文件系统中，文件中的记录具有结构，传统文件的最简单形式是等长同格式的记录集合，这样可以节省许多存储空间。数据的结构化是数据库的主要特征之一，这是数据库与文件系统的根本区别。至于这种结构化是如何实现的，则与数据库系统采用的数据模型有关，后面会有较详细的介绍。

2）数据共享性高，冗余度小，易扩充。数据库从整体来看待和描述数据，数据不再是面向某一应用，而是面向整个系统。这样就减小了数据的冗余，可节约存储空间，缩短存取时间，避免数据之间的不相容和不一致。数据库的应用可以很灵活，面向不同的应用，存取相应的数据库的子集。当应用需求改变或增加时，只需要重新选择数据子集或者加上一部分数据即可，也就是保证了系统的易扩充性。

3）数据独立性高。数据库提供数据的物理存储结构与逻辑结构之间的映像或转换功能，使得当数据的物理存储结构改变时，数据的逻辑结构可以不变，从而程序也不用改变。这就是数据与程序的物理独立性。也就是说，程序面向逻辑数据结构，不去考虑物理的存放形式。数据库可以保证数据的物理改变不引起逻辑结构的改变。

4）统一的数据管理和控制功能。具体包括数据的安全性控制、数据的完整性控制及并发控制。数据库是多用户共享的数据资源，对数据库的使用经常是并发的，为保证数据的安全可靠和正确有效，数据库管理系统必须提供一定的功能。数据库的安全性是指防止非法用户非法使用数据库而提供的保护。比如，不是学校的成员不允许使用学生管理系统，学生允许读取成绩但不允许修改成绩等。数据的完整性是指数据的正确性和兼容性。数据库管理系统必须保证数据库的数据满足规定的约束条件。常见的有对数据值的约束条件。比如，在建立上面例子中的数据库时，数据库管理系统必须保证输入的成绩值大于 0，否则系统会发出警告。数据的并发控制是多用户共享数据库必须解决的问题。要说明并发操作对数据的影响，必须首先明确，数据库是保存在外存中的数据资源，而用户对数据库的操作是先将其读入内存，修改数据时，是在内存中修改读入的数据复本，然后再将这个复本写回到数据库中，实现物理的改变。

3.1.2 数据存储与管理的工具

进入工业大数据时代后，数据的多源异构、数据量大等特点对数据存储与管理工具提出了更高的要求。常用的大数据存储与管理的工具主要包括存储阵列系统、Memcached、MongoDB、Cassandra 和 HBase 等。

1. 存储阵列系统

互联网彻底地改变了当今人们的生活方式，而基于互联网的云计算及物联网技术更将用户端延展至任何物品，进行更为深入的信息交换和通信，从而达到物物相息、万物互联。任何事物都不能孤立于其他群体而单独存在，存储系统也不例外，它不是孤立存在的，而是由一系列组件共同构成的。常见的存储系统有存储阵列系统、网络附加存储、磁带库、虚拟磁带库等。存储系统通常分为硬件架构部分、软件组件部分，以及实际应用过程中的存储解决方案部分。下面以存储阵列系统为例介绍存储系统的组成。

存储阵列系统的硬件部分分为外置存储系统和存储连接设备。外置存储系统主要指实际应用中的存储设备，比如磁盘阵列、磁带库、光盘库等。存储连接设备包括常见的以太网交换机、光纤交换机，以及存储设备与服务器或者客户端之间相互连接的线缆。

存储阵列系统的软件组件部分主要包括存储管理软件（如 LUN 创建、文件系统共享、性能监控等），数据的镜像、快照及复制模块。这些软件组件的存在，不仅使存储阵列系统具备高可靠性，而且降低了存储管理难度。

存储阵列系统的存储解决方案部分由多种方案组成，常见的有容灾解决方案和备份解决方案。一个设计优秀的存储解决方案不仅可以使存储系统在初期部署时安装简易、后期维护便捷，还可以降低客户的总体拥有成本（Total Cost of Ownership，TCO），保障客户的前期投资。

在存储系统架构中，磁盘阵列充当数据存储设备的角色，为用户业务系统提供数据存储空间，它是关系到用户业务稳定、可靠、高效运作的重要因素。下面以常见的台式计算机或者便携计算机为例子，具体分析一下存储阵列在存储系统架构中的角色。在日常生活中，台式计算机或便携计算机是人们经常使用的设备。在台式计算机或便携计算机中都安装有独立的硬盘，其中划分了一部分硬盘空间作为系统分区，一部分硬盘空间用于存储用户数据。台式计算机的内置硬盘一般采用数据线连接到主板，便携计算机的内置硬盘一般通过内置插槽直接与主板相连。此外，也可以通过外置 USB 接口等方式进行连接。当通过外置 USB 接口连接时，通常需要借助线缆来实现存储功能。硬盘对于台式计算机来说，就好比存储阵列对于网络中的服务器。图 3-11 所示为存储阵列组网，存储阵列借助线缆连接到服务器，再由服务器将底层存储空间提供给客户端（工作站）使用；或者通过交换机连接到服务器，再通过服务器将底层存储空间提供给客户端使用。

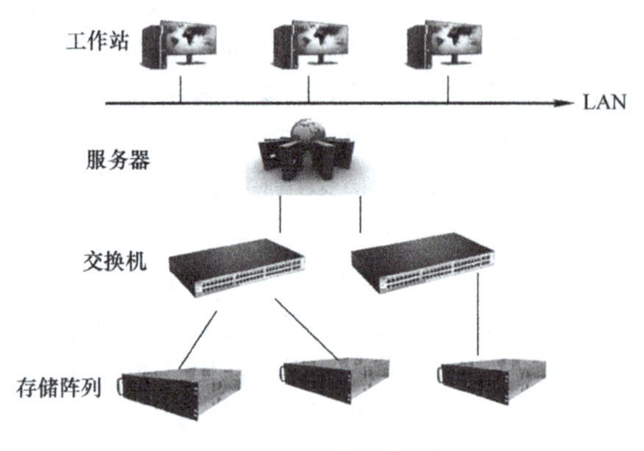

图 3-11 存储阵列组网

2. Memcached

Memcached 是一款优秀的开源内存数据库。开发过程中使用 Memcached 能有效提高产品对数据的访问速度，提升产品质量。而 Memcached 良好的性能离不开它的内存分配和哈希表的使用。

（1）Memcached 的内存分配

向系统申请和释放内存一般是通过调用 malloc 和 free 函数来实现的。这种操作不仅会造成内存碎片，而且如果频繁调用，会对系统性能产生影响。Memcached 作为内存数据库，对内存操作非常频繁，存储数据时需要申请内存、删除数据时需要释放内存。如果还是采用 malloc/free 函数，则对系统的影响是非常大的，因此，Memcached 采用预分配、分组管理的方式来管理内存。Memcached 采用 Slab Allocation 机制分配内存。在存储数据发现内存不足时，Memcached 会向操作系统申请一个 slab，也就是一个内存块，一般一个 slab 的大小为 1MB。

Memcached 将申请到的 slab 划分为大小相等的块（Chunk）。为了适应不同大小的数据存储，Memcached 将不同的 slab 划分成不同大小的块。相同块大小的 slab 划分为一类，组成 slab class，各种大小和类型的 slab class 在一起形成了一个巨大的内存池。Memcached 保存数据时首先从这个内存池中获取内存。item 是 Memcached 一个复杂的数据结构，其中除了包含存储对象的键值以外，还有其他一些数据结构，用于管理保存的对象。Memcached 将 item 保存在对应的 slab 的某个 chunk 中。

Memcached 在存储数据时，首先根据需要存储数据的大小选择最合适的 slab class，并从 slab class 中找到一个空闲的 chunk 用于存储数据。如果 slab class 中没有剩余的 chunk 可用，则 Memcached 再向操作系统申请一个 slab，并将申请到的 slab 切割为相同大小的 chunk。从刚刚切割获得的 chunk 中选择一个 chunk 用于存储数据，其他的 chunk 加入 slab class 中。删除数据时，只需将用于保存该数据的 chunk 归还给相应的 slab class 即可。通过使用 slab class 管理内存，Memcached 不仅有效地避免了频繁调用 malloc/free 函数的困境，而且还提高了内存分配效率。

item 数据结构的主要成员变量如下：

```
typedef struct _stritem {
    struct _stritem *  next;          //item 在 slab 中存储时，是以双链表的形式
                                       存储的
    struct _stritem *  prev;          //prev 为前向指针
    struct _stritem *  h_next;        // 哈希桶中元素的链接指针
    rel_time_t         time;          // 最近访问时间
    rel_time_t         exptime;       // 过期时间
    int                nbytes;        // 数据大小
    uint8_t            slabs_clsid;   // 标记 item 属于哪个类型的 slab class
    uint8_t            nkey;          //key 的长度
    union {
        uint64_t cas;
        char end;
    } data[];                          // 真实的数据信息
    …
} item;
```

（2）哈希表

哈希表是 Memcached 的重要组成部分，利用哈希表，Memcached 能够快速查找和定位保存数据的 item。在存储 item 时，Memcached 首先将 item 中的 key 通过哈希函数获得哈希值，然后采用取余方式定位到 key 的位置并存储。在查找 key 时，使用相同的方式定位用于存储 key 值的哈希桶，然后在哈希桶里查找是否存在相应的 item。为了防止多个线程同时对同一个 item 操作，Memcached 采用锁机制。与全局对哈希表进行加锁方式不同，Memcached 采用的是段锁，如图 3-12 所示。一个段锁负责管理几个哈希桶，Memcached 中存在多个段锁，分别负责不同的哈希桶。这样就可以让多个线程同时访问不同的哈希桶，提高系统性能。在解决哈希冲突时，Memcached 采用链地址法，在同一个哈希桶里的 item 采用链表连接。随着 item 的增加，每个哈希桶里的链表会增长，会影响系统的查找效率。

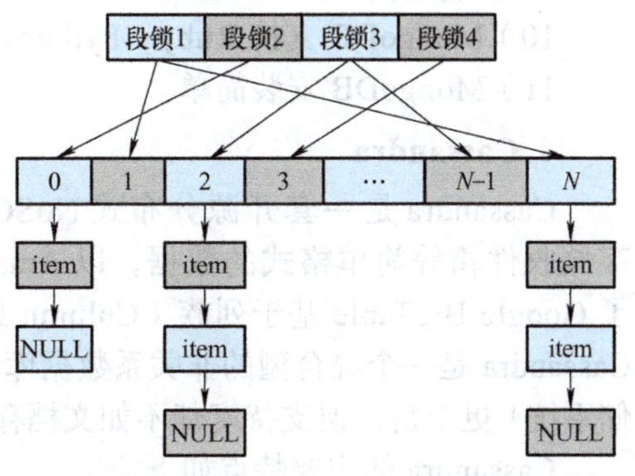

图 3-12　Memcached 的段锁机制

为解决此问题，当 Memcached 中的 item 个数达到哈希表中哈希桶个数的 15 倍时，Memcached 就启动扩展哈希表的操作，采用两个哈希表，一新一旧，将旧表上的 item 重新映射到新的哈希表上。考虑到一次性将旧表中的内容全部映射到新的哈希表上会花费很长时间，必定影响 Memcached 的对外响应速度，因此，Memcached 采用逐步迁移策略，即每次只迁移一个桶的数据并记录迁移过桶的位置。Memcached 查找数据时，将使用旧的哈希表长度计算出的哈希桶的位置和迁移过的桶比较，来判断所查找的 item 在哪个哈希表上，这样大大降低了迁移数据给服务带来的影响。

3. MongoDB

MongoDB 是一个基于分布式文件存储的数据库，用 C++ 语言编写，旨在为 Web 应用提供可扩展的高性能数据存储解决方案。在高负载的情况下，添加更多的节点，可以保证服务器的性能。MongoDB 将数据存储为一个文档，数据结构由键值（key-value）对组成，MongoDB 文档类似于 JSON 对象，字段值可以包含其他文档、数组及文档数组。MongoDB 是一个介于关系数据库和非关系数据库之间的产品，是非关系数据库当中功能最丰富、最像关系数据库的。

MongoDB 的主要特点如下。

1）MongoDB 是一个面向文档存储的数据库，操作起来比较简单和容易。

2）用户可以在 MongoDB 记录中设置任何属性的索引（如 FirstName="Sameer"、Address="8 Gandhi Road"）以实现更快的排序。

3）用户可以通过本地或者网络创建数据镜像。这使得 MongoDB 有更强的扩展性。

4）如果负载增加（需要更多的存储空间和更强的处理能力），它可以分布在计算机网络中的其他节点上，这就是所谓的分片。

5）MongoDB 支持丰富的查询表达式。查询指令使用 JSON 形式的标记，可轻易查询文档中内嵌的对象及数组。

6）MongoDB 使用 update 命令可以实现替换完成的文档（数据）或者一些指定的数据字段。

7）MongoDB 中的 Map/Reduce 主要用来对数据进行批量处理和聚合操作。Map 函数调用 emit（key, value）遍历集合中所有的记录，将 key 与 value 传给 Reduce 函数进行处理。Map 函数和 Reduce 函数是使用 JavaScript 编写的，并可以通过 db.runCommand 或 mapreduce 命令来执行 MapReduce 操作。

8）GridFS 是 MongoDB 中的一个内置功能，可以用于存放大量小文件。

9）MongoDB 允许在服务器端执行脚本。可以用 JavaScript 语言编写某个函数，直接在服务器端执行，也可以把函数的定义存储在服务器端，下次使用时直接调用即可。

10）MongoDB 支持 Ruby、Python、Java、C++、PHP、C# 等多种编程语言。

11）MongoDB 安装简单。

4. Cassandra

Cassandra 是一套开源分布式 NoSQL 数据库系统。它由 Facebook 公司开发，用于存储收件箱等简单格式的数据，以 Amazon 专有的完全分布式的 Dynamo 为基础，结合了 Google BigTable 基于列族（Column Family）的数据模型，以及 P2P 去中心化的存储。Cassandra 是一个混合型的非关系数据库，其主要功能比 Dynamo（分布式的 key-value 存储系统）更丰富，但支持度却不如文档存储 MongoDB。

Cassandra 的主要特点如下。

1）模式灵活。使用 Cassandra 进行文档存储等工作时，用户不必提前确定记录中的字段，用户可以在系统运行时随意添加或移除字段。

2）可扩展性。Cassandra 是纯粹意义上的水平扩展。为给集群添加更多容量，可以直接指向另一台计算机，用户不必重启任何进程，不必改变应用查询或手动迁移任何数据。

3）多数据中心。用户可以调整节点布局来避免某一个数据中心“起火”引发的问题，一个备用的数据中心将至少有每条记录的完全复制。

4）范围查询。可以设置键的范围来查询，以替代全部的键值查询。

5）列表数据结构。在混合模式下可以将超级列添加到 5 维。对于每个用户的索引，这是非常方便的。

6）分布式写操作。用户可以在任何地方、任何时间集中读或写任何数据，并且不会有任何单点失败。

5. HBase

HBase 是一个分布式的、面向列的开源数据库。该技术来源于 Fay Chang 所撰写的 Google 论文《Bigtable：一个分布式的结构化数据存储系统》。就像 Bigtable 利用了 Google 文件系统（File System）所提供的分布式数据存储一样，HBase 在 Hadoop 之上提供了类似于 Bigtable 的功能。HBase 是 Apache 的 Hadoop 项目的子项目。HBase 不同于一般的关系数据库，它是一个适合非结构化数据存储的数据库，并且 HBase 是基于列的而不是基于行的模式。

HBase 即 Hadoop Database，是一个高可靠性、高性能、面向列、可伸缩的分布式存储系统，利用 HBase 技术可在廉价 PC Server 上搭建起大规模结构化存储集群。

与 FUJITSU Cliq 等商用大数据产品不同，HBase 是 Google Bigtable 的开源实现，类似于 Google Bigtable，以 GFS 作为其文件存储系统，HBase 以 Hadoop HDFS 作为其文件存储系统。Google 运行 MapReduce 来处理 Bigtable 中的海量数据，HBase 则利用 Hadoop MapReduce 来处理 HBase 中的海量数据；Google Bigtable 利用 Chubby 作为协同服务，HBase 利用 Zookeeper 作为协同服务。

图 3-13 展示出了 Hadoop EcoSystem 中的各层系统。其中，HBase 位于结构化存储层，Hadoop HDFS 为 HBase 提供了高可靠性的底层存储支持，Hadoop MapReduce 为 HBase 提供了高性能的计算能力，Zookeeper 为 HBase 提供了稳定服务和 Failover 机制。

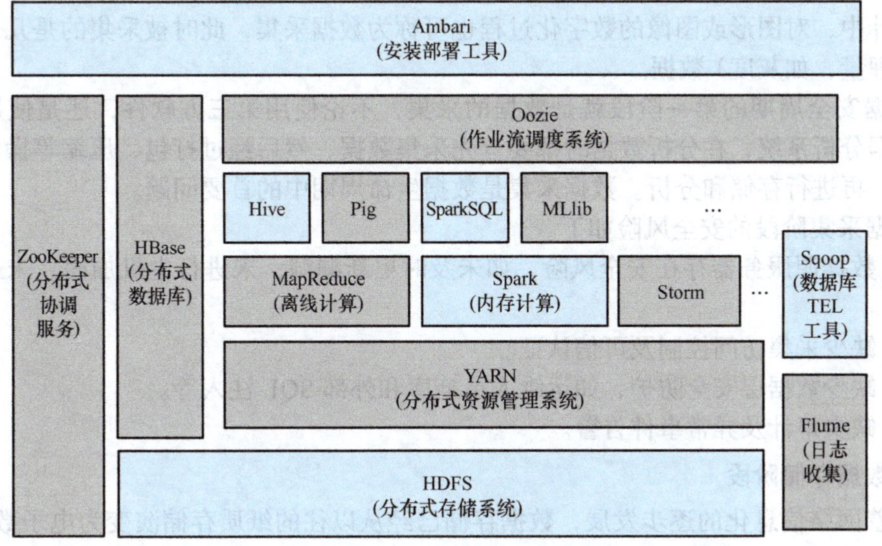

图 3-13　Hadoop EcoSystem 中的各层系统

此外，Pig 和 Hive 还为 HBase 提供了高层语言支持，使得在 HBase 上进行数据统计处理变得非常简单。Sqoop 则为 HBase 提供了方便的 RDBMS 数据导入功能，使得传统数据库中的数据向 HBase 中迁移变得非常方便。

3.2 工业大数据安全技术

工业大数据蕴涵着工业生产的详细情况及运行规律，也承载了大量市场、客户、供应链等信息，是工业互联网的核心要素。因此，工业大数据安全管理成为工业互联网安全保障的重要任务之一。工业大数据安全管理的目的在于：一方面推动建立工业互联网全产业链数据安全管理体系，明确相关主体的数据安全保护责任和具体要求，加强数据生命周期各环节的安全防护能力，避免用户隐私或重要工业数据遭到不法窃取或利用；另一方面建立工业数据分级分类管理制度，形成工业互联网数据流动管理机制，明确数据留存、数据泄露通报要求。此外，还需通过加强监督检查落实企业的数据安全保护责任。

3.2.1 数据安全问题分析

数据生命周期包括采集、存储、预处理、分析、挖掘和使用。随着数据传输技术和应用的快速发展，在数据生命周期的各个阶段，越来越多的安全隐患逐渐暴露出来，对数据全生命周期的安全问题进行挖掘与风险分析就显得尤为重要。

1. 工业大数据采集阶段

数据采集是利用某些装备或者软件，从系统外部采集数据并输入到系统内部的一个接口。数据采集技术广泛应用在各个领域，被采集数据是已被转换为电信号的各种物理量，如温度、水位、风速、压力等，可以是模拟量，也可以是数字量。

采集一般是通过某种采样方式获取数据，即隔一定的时间（称为采样周期）对同一被采集数据重复采集。采集的数据大多是瞬时值，也可以是某段时间内的一个特征值。准确的数据测量是数据采集的基础，数据测量方法有接触式和非接触式，检测元件多种多样。不论采用哪种方法和元件，均以不影响被测对象的状态和测量环境为前提，以保证数据的正确性。数据采集的含义很广，包括对面状连续物理量的采集。在计算机辅助制图、测图、设计中，对图形或图像的数字化过程也可称为数据采集，此时被采集的是几何量（或包括物理量，如灰度）数据。

数据安全周期的第一阶段就是数据的采集，不论使用第三方软件，还是使用公司内部的数据分析系统，在分析数据时都要首先采集数据，然后经过打包、压缩等操作传输至客户端，再进行存储和分析。数据采集是数据生命周期中的首要问题。

数据采集阶段的安全风险如下。

1）数据源服务器存在安全风险，如未及时更新漏洞、未进行主机加固、未进行病毒防护。

2）缺少采集访问控制及可信认证。

3）缺少数据层安全防护，如运维人员拖库和外部 SQL 注入等。

4）缺少审计及异常事件告警。

2. 数据存储阶段

随着网络信息化的逐步发展，数据存储已经从以往的纸质存储演变为电子数据存储，且数据存储设备已被多个系统共享，连接到多个系统上。因此，必须保护各个系统上有价值的数据，防止其他系统未经授权访问或者破坏数据。有效防止内部和外部对数据造成损失的不安全的访问，已成为目前数据生命周期管理中需要注意的重点问题。

进入大数据时代后，大数据的存储安全问题也逐渐凸显。大数据的数据类型和数据结构是传统数据不能比拟的，在大数据的存储平台上，数据量呈非线性甚至指数级的速度增长，对各种类型和各种结构的数据进行存储，势必会引发多种应用进程的并发且频繁无序的运行，极易造成数据存储错位和数据管理混乱，为大数据存储和后期的处理带来安全隐患。当前的数据存储管理系统能否满足大数据背景下的海量数据的数据存储需求，还有待考验。

如果数据管理系统没有升级相应的安全机制，出现问题后再考虑则为时已晚。数据存储阶段的风险如下。

1）数据池服务器存在安全风险，如未及时更新漏洞、未进行主机加固、未进行病毒防护。

2）数据明文存储，具有泄露风险。

3）缺少统一访问控制及相关身份认证。

4）缺少审计及异常操作告警。

5）缺少数据容灾备份机制。

6）网络架构设计不合理，未进行物理隔离或者逻辑隔离。

3. 数据预处理、分析、挖掘和使用阶段

大数据经过分析挖掘后，其应用价值得到极大的提高，也会推动一系列应用的出现。在数据的预处理、分析、挖掘及应用环节都存在较大的风险，具体包括数据的泄露、数据的完整性被破坏、未授权访问、恶意代码攻击、元数据完整性被破坏等风险。

1）数据泄露是最严重的数据安全风险。美国波耐蒙研究所提供的一份网络犯罪研究报告显示，数据泄露使美国塔吉特公司、日本索尼公司等全球知名企业普遍遭受损失。更令人沮丧的是，有越来越多的全球性企业被迫进入了数据泄露行列。报告数据显示，仅2013 年一年，美国企业就为网络犯罪造成的数据泄露付出了总额高达 1156 万美元的“学费”。除数据泄露外，全球各大企业为保障数据安全所做的“无用功”也给其增添了不小的财务负担。而公司数据一旦泄露，企业还要被迫为其后产生的法务开销、合规罚款与司法调查费用买单。数据产生以上风险的原因包括：缺少数据访问控制、缺少数据脱敏机制、缺少数据处理审计及异常操作告警。

2）当数据完整性受到损害时，数据会失效或被破坏，除非通过建立备份和恢复过程可以恢复数据完整性，否则组织机构可能遭受严重损失，或基于无效数据而制定出不正确的和代价昂贵的决策。一般来说，造成数据完整性问题的主要原因包括：硬件故障、网络故障、逻辑问题、意外的灾难性事件，以及人为因素。

3）未授权访问可理解为需要安全配置或权限认证的地址、授权页面存在缺陷，导致其他用户可以直接访问，从而引发重要权限被操作，以及数据库、网站目录等敏感信息泄露。特别地，数据库未授权访问漏洞使得攻击者可任意查看数据库中的数据，会导致数据被直接读取泄露或恶意修改，而从数据库中读取的数据容易被开发者认为是可信的，或者是已经通过安全校验的，因此更容易导致数据安全问题。

4）恶意代码又称为恶意软件，是能够在计算机系统中进行非授权操作，以实施破坏或窃取信息的代码。恶意代码范围很广，包括利用各种网络、操作系统、应用软件和物理安全漏洞，向计算机系统传播恶意负载的程序性的计算机安全威胁。也就是说，可以把常说的病毒、木马、后门、垃圾软件等一切有害程序和应用统称为恶意代码。恶意代码不仅使企业和用户蒙受巨大的经济损失，而且使国家的安全受到严重威胁。在 1991 年的海湾战争中，美国第一次公开在实战中使用恶意代码攻击技术取得重大军事利益，从此恶意代码攻击成为信息战、网络战最重要的入侵手段之一。很多恶意代码发作时直接破坏计算机的重要数据，所利用的手段有格式化硬盘、改写文件分配表和目录区、删除重要文件，或者用无意义的数据覆盖文件等，从而造成后果严重的数据安全风险。

5）元数据是指关于数据的结构化的数据，主要是描述数据属性的信息，用来支持如存储位置定位、历史数据和资源查找，以及文件记录等功能。随着数据仓库技术应用的不断拓展，元数据开始成为企业信息综合管理的关键，元数据安全在保障数据仓库安全性方面扮演着越来越重要的角色。当元数据完整性被破坏时，数据的存储位置、历史数据及用户的访问控制信息都可能会造成破坏，严重影响到数据仓库的安全性。

3.2.2 数据加密技术

数据加密是计算机系统对数据进行保护的一种最可靠的办法，它利用密码技术对数据进行加密，实现数据隐蔽，从而起到保证数据安全的作用。

1. 基础知识

（1）密码学的定义

密码学是研究编制密码和破译密码的技术科学，研究密码变化的客观规律。应用于编制密码以保守通信秘密的学科称为编码学。应用于破译密码以获取通信情报的学科称为破译学。二者总称密码学，密码学是保密学的一部分。

保密学是研究密码系统或通信安全的科学，它实际上包含两个分支——密码学和密码分析学。密码学是对信息进行编码实现隐蔽信息的一门科学，而密码分析学则是研究分析如何破解密码的科学。两者相互独立，又相互促进，正如病毒技术和反病毒技术一样。

采用密码技术可以隐藏和保护需要保密的信息，使未经授权者不能提取信息。需要隐藏的消息称为“明文”，明文被变换成的另一种隐蔽的形式就是“密文”。这种变换称为“加密”。加密的逆过程，即从密文恢复出对应的明文的过程称为“解密”。对明文进行加密时采用的一组规则（函数）称为“加密算法”，对密文解密时使用的算法称为“解密算法”。一般地，加密算法和解密算法都是在一组密钥控制之下进行的，加密时使用的密钥称为“加密密钥”，解密时使用的密钥称为“解密密钥”。

（2）密码系统的分类

密码系统通常从 3 个独立的方面进行分类。

1）按将明文转换成密文的操作类型可以分为置换密码和易位密码。

所有加密算法都是建立在两个通用的原则上的：置换和易位。置换是指将明文的每一个元素（字符或字符串）映射成其他元素。如最古老的置换密码是由 Julius Caesar 发明的恺撒密码，这种密码算法是将明文中的每一个字母都用该字母后的第 n 个字母代替，其中 n 就是密钥。显然这种密码体制中的密钥空间只有 26 个密钥，只要破译者知道用的是恺撒密码，只需尝试 25 次就可以知道正确的密码。

易位是对明文的元素进行重新布置，但并不隐藏它们，即明文中的所有字母都可以从密文中找到，只是位置不一样。列易位密码是一种常用的易位密码。

2）按明文的处理方式可分为分组密码和序列密码。

分组密码又称为“块密码”（Block Cipher），它每次处理一块输入元素，每个输入块生成一个输出块。序列密码又称为“流密码”（Stream Cipher），它对输入元素进行连续处理，每次生成一个输出块。

3）按密码体制中密钥使用的个数可以分为对称密码体制和非对称密码体制。

如果加密操作和解密操作采用的是相同的密钥，或者从一个密钥易于得出另一个密钥，这样的系统就叫作“对称密码系统”，也称为“密钥密码体制”。如果加密使用的密钥和解密使用的密钥不相同，且从一个密钥难以推出另一个密钥，则这样的密码系统称为“非对称密码系统”，也称为“公钥密码体制”。

（3）密码学的发展历程

密码学到现在为止经历了 3 个发展阶段：古典密码学、近代密码学、现代密码学。随着量子技术的发展，量子密码学也成为密码学领域重要的研究方向。

1）古典密码学。古典密码学是密码学发展的基础与起源，比如历史上第一种密码技术——恺撒密码，还有后面出现的掩格密码等。虽然其大都比较简单，但对于今天的密码学发展仍然具有参考价值。

2）近代密码学。近代密码学开始于通信的机械化与电气化，为密码的加密技术提供了前提，也为破译者提供了有力的武器。计算机和电子学时代的到来给密码设计者带来了前所未有的自由，他们可以利用电子计算机设计出更为复杂的密码系统。

3）现代密码学。之前的古典密码学和近代密码学都是现代人给予的定义，其研究算不上真正意义上的一门科学。1949 年，香农发表了一篇名为《保密系统的通信理论》的著名论文，该文将信息论引入密码，奠定了密码学的理论基础，这才开启了现代密码学时代。

4）量子密码学

量子密码技术是一种新的重要的加密方法，它利用单光子的量子性质，借助量子密钥分配协议可实现数据传输的可证性安全。量子密码具有无条件安全的特性（即不存在受拥有足够时间和计算能力的窃听者攻击的危险），而在实际通信发生之前，不需要交换私钥。

（4）公钥密码与对称密码

1）公钥密码。从抽象的观点来看，公钥密码体制就是一种单向陷门函数。若一个函数 f 是单向函数，对它的定义域中的任意 x 都易于计算 $f(x)$，而对 f 的值域中的几乎所有的 y，即使当 y 为已知时要计算 $f^{-1}(x)$ 也是不可行的，若当给定某些辅助信息（陷门信息）时易于计算 $f^{-1}(y)$，就称单向函数 f 是一个单向陷门函数。公钥密码体制就是基于这一原理而设计的，它将辅助信息（陷门信息）作为秘密密钥。这类密码的安全强度取决于它所依据的问题的计算复杂度。

自从 1976 年公钥密码的思想出现以来，国际上已经提出了许多种公钥密码体制，如基于大整数因子分解问题的 RSA 体制和 Rabin 体制、基于有限域上离散对数问题的 Diffie–Hellman 公钥体制和 ElGamal 体制、基于椭圆曲线上的离散对数问题的 Diffie–Hellman 公钥体制和 ElGamal 体制、基于背包问题的 Merkle–Hellman 体制和 Chor–Rivest 体制、基于代数编码理论的 MeEliece 体制、基于有限自动机理论的公钥体制等。

2）对称密码。对称密码也称为共享密钥密码，是指用相同的密钥进行加密 / 解密，其中的“对称”指的是加密密钥和解密密钥是相同的，或者用简单的运算就可以推导两个密钥。对称密码算法在逻辑上非常容易理解，因此出现得比较早，有时候也叫作传统密码算法，以区别于公钥密码算法。对称密码算法有两种主要形式：分组密码和序列密码。

分组密码的输入数据和密钥皆为固定长度，在运算前会将数据按该长度分组，其加密与解密过程互逆。

用抽象的观点来看，分组密码就是一种满足下列条件的映射 $E: F_{2m} \times \mathrm{SK} \rightarrow F_{2m}$，对

于每个 $k \in SK$，$E(k)$ 是从 $F_{2m} \sim F_{2m}$ 的一个置换。可见，设计分组密码的问题在于找到一种算法，能在密钥控制下从一个足够大且足够“好”的置换子集合中简单而迅速地选出一个置换。一个好的分组密码应该是既难破译又容易实现，即加密函数 $E(k)$ 和解密函数 $D(k)$ 都必须容易计算，但是至少要从方程 $y=E(x,k)$ 或 $x=D(y,k)$ 中求出密钥 k 应该是一个困难问题。

随着数据加密标准（Data Encryption Standard，DES）的出现，人们对分组密码展开了深入的研究和讨论，现已有大量的分组密码。如 DES 的各种变形、IDEA 算法、SAFER 系列算法、RC 系列算法、Skipjack 算法、FEAL 系列算法、REDOC 系列算法、LOKI 系列算法、CAST 系列算法、Khufu、Khafre、MMB、TEA、MacGuffin、SHARK、BEAR、LI-ON、CRAB、Blowfish、GOST、SQUARE、MISTY、Rijndael 算法、AES 及 NESSIE 候选算法等。在分组密码设计技术发展的同时，分组密码分析技术也得到了空前的发展。现在已有很多分组密码分析技术，如强力攻击、差分密码分析、线性密码分析、差分 - 线性密码分析、插值攻击、密钥相关攻击、能量分析、错误攻击、定时攻击等。

序列密码又称流密码，基于伪随机序列完成数据加密，其密钥长度可变。序列密码具有实现简单、便于硬件实施、加 / 解密处理速度快、没有或只有有限的错误传播等特点。因此在实际应用中，特别是专用或保密机构中保持着优势，其典型的应用领域包括无线通信、外交通信。

2. 数据传输加密技术

数据加密技术主要分为数据传输加密和数据存储加密两种。数据传输加密技术主要是对传输中的数据流进行加密，常用的有链路加密、节点加密和端到端加密 3 种方式。

（1）链路加密

链路加密是指传输数据仅在开放系统互连（Open System Interconnection，OSI）参考模型的数据链路层上进行加密，只对中间的传输链路进行加密，不考虑信源和信宿（也就是信号的发送节点和接收节点）。

链路加密过程中，所有消息在从源节点流出后，被传输之前需要由加密设备（加密机或者集成在网卡上的安全模块）使用下一个链路的密钥对数据进行加密，在下一个中间节点接收消息前再由加密设备用本链路的密钥进行解密，在流出该中间节点进行下一链路传输前再由加密设备使用下一个链路的密钥对消息进行加密，然后再进行传输，直到消息到达目的节点。

链路加密过程如图 3-14 所示。链路加密只用于保护数据在通信节点间的传输安全，节点中的数据并不是加密的。在到达目的节点之前，一条消息可能要经过许多条通信链路的传输，中间要经过许多中间节点，这样也就需要加、解密多次。由于在每一个中间节点消息均被解密后重新进行加密，因此包括路由信息在内的链路上的所有数据在传输链路上均是以密文形式出现的。

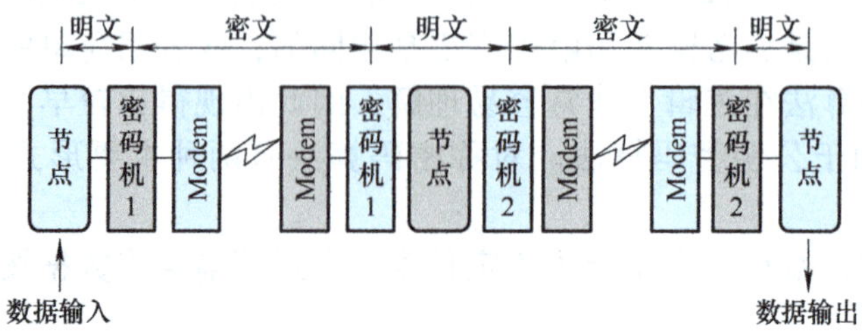

图 3-14　链路加密过程

（2）节点加密

节点加密与上面介绍的链路加密有相同的地方，也有一些不同。相同之处是，它与链路加密一样，是基于数据链路层的加密，两者均在通信链路上为传输的消息提供安全性，而且都需要在中间节点上先对消息进行解密，然后进行加密；不同之处是，节点加密的加密功能是由节点自身的安全模块完成的，而且消息在节点中处于加密状态，而链路加密的节点中的消息是以明文形式存在的。

节点加密不允许消息在网络节点以明文形式存在，消息到达节点时，先把收到的消息进行解密，然后采用另一个不同的密钥进行加密，再继续进行数据传输，以此类推。因此，节点加密比链路加密更安全。

节点加密过程如图 3-15 所示。由于在节点加密方式中要对所有传输的数据进行加密，并且包括节点和传输链路都是加密的，所以要求报头和路由信息以明文形式传输，以便中间节点能得到处理消息的信息。这样就带来了一定的安全风险，特别是对于通信业务分析类型的攻击。再加上也需要对每条链路分别加密，所以节点加密比较适合于经过较少链路的两端点间通信，如专线接入、帧中异步传输模式（AsynchronousTransfer Mode，ATM）等接入方式，或者局域网内部端点间的通信。

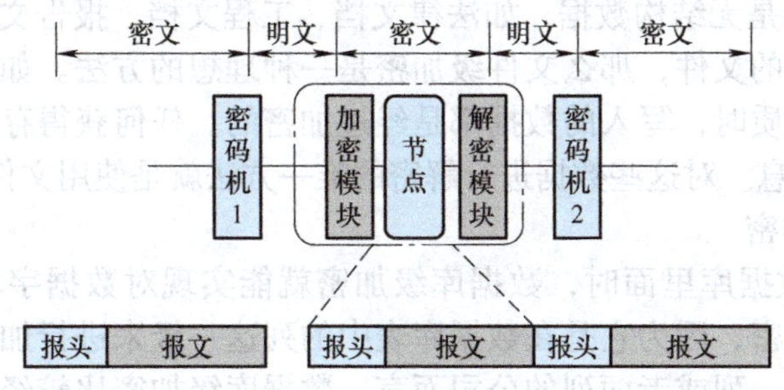

图 3-15　节点加密过程

（3）端到端加密

端到端加密是数据通信中的一端到另一端的全程加密方式，而且加密、解密过程只进行一次，中间节点没有这两个过程，如图 3-16 所示。在端到端加密方式中，数据在发送端被加密，只在接收端解密，中间节点处不以明文的形式出现。端到端加密是在应用层完成的。

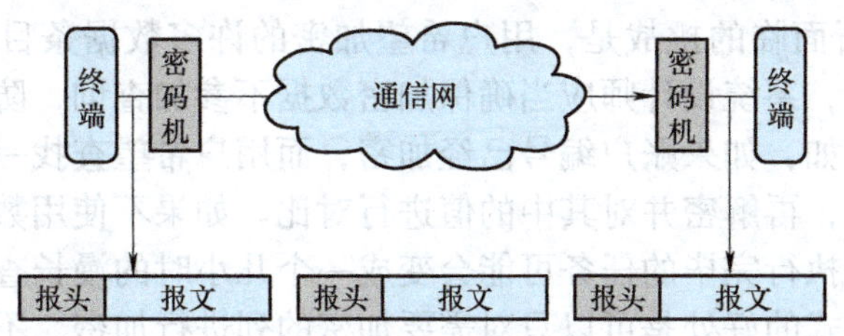

图 3-16　端到端加密过程

在端到端加密中，除报头外的报文均以密文的形式贯穿于全部传输过程，只是在发送端和接收端才有加、解密设备，而在中间任何节点报文均不解密，因此中间节点不需要有密码设备。与链路加密相比，由于只对通信的源端和目的端进行加、解密操作，所以中间节点无须配备加、解密设备，可以减少整个加 / 解密过程和密码设备的数量，大大降低了加密成本。另一方面，信息是由报头和报文组成的，报文为要传送的信息，报头为路由选择信息，由于网络传输中涉及路由选择，在端到端加密时，通道上的每一个中间节点虽不对报文解密，但为将报文传送到目的地，必须检查路由选择信息，因此只能加密报文而不能对报头加密。这与节点加密是相同的，同样会被发觉而从中获取某些敏感信息。

端到端加密方式总体成本低些，并且与链路加密和节点加密相比更可靠，更容易设计、实现和维护。端到端加密还避免了其他加密系统固有的同步问题，因为每个报文包均是独立被加密的，所以一个报文包所发生的传输错误不会影响后续的报文包。此外，从用户对安全需求的直觉上讲，端到端加密更自然些。单个用户可能会选用这种加密方法，以便不影响网络上的其他用户。

3. 数据存储加密技术

数据加密技术在数据存储阶段主要可以分为文件级加密、数据库级加密、介质级加密、嵌入式加密设备及应用加密。

（1）文件级加密

文件级加密可以在主机上实现，也可以在网络附加存储（NAS）这一层以嵌入式实现。对于某些应用来讲，这种加密方法也会引起性能问题，在执行数据备份操作时，会带来某些局限性。对数据库进行备份时更是如此。特别是，文件级加密会导致密钥管理相当困难，从而需要另外一层管理，根据文件级目录位置来识别相关密钥，并进行关联。

如果企业关心的是无结构数据，如法律文档、工程文档、报告文件或其他不属于组织严密的应用数据库中的文件，那么文件级加密是一种理想的方法。如果数据在文件级被加密，当其写回存储介质时，写入的数据都是经过加密的。任何获得存储介质访问权的人都不可能找到有用的信息。对这些数据进行解密的唯一方法就是使用文件级加密 / 解密机制。

（2）数据库级加密

当数据存储在数据库里面时，数据库级加密就能实现对数据字段进行加密。这种部署机制又叫作列级加密，因为它是在数据库表中的列这一级来进行加密的。对于将敏感数据全部放在数据库中一列或者两列的公司而言，数据库级加密比较经济。不过，因为加密和解密一般由软件而不是硬件来执行，所以这个过程会导致整个系统的性能出现让人无法承受的下降。

由于数据库中数据的结构和组织都非常明确，因此对特定数据条目进行控制也就更加容易。用户可以对一个具体的列进行加密，如国家识别码列或工资列，而且每个列都会有自己的密钥。根据数据库用户的不同，企业可以有效地控制其密钥，因而能够控制谁有权对该数据条目进行解密。通过这种方式，企业只需要对关键数据进行加密即可。

这种加密方法所面临的挑战是，用户希望加密的许多数据条目在应用查询中可能也具备同样的值。因此，系统设计师应当确保加密数据不参加查询，防止加密对数据库的性能造成负面影响。例如，如果账户编号已经加密，而用户希望查找一系列的编号，那么系统就必须读取整个表，再解密并对其中的值进行对比。如果不使用数据库索引，那么这种原本只需要几秒就可执行完毕的任务可能会变成一个几小时的漫长查询。但这种方法也有积极的方面，这种方式的好处是可以只对需要加密的列进行加密，不需要对整个数据库进行加密，从而节省了计算资源和存储空间。

（3）介质级加密

介质级加密是一种新出现的方法，它涉及对存储设备（包括硬盘和磁带）上的静态数据进行加密。虽然介质级加密为用户提供了很高的透明度，但提供的保护作用非常有限：数据在传输过程中没有经过加密，只有到达了存储设备，数据才进行加密，所以介质级加密只能防范有人窃取物理存储介质；另外，要是在异构环境使用这项技术，可能需要使用多个密钥管理应用软件，这就增加了密钥管理过程的复杂性，从而加大了数据恢复面临的风险。

（4）嵌入式加密设备

嵌入式加密设备放在存储区域网络（SAN）中，介于存储设备和请求加密数据的服务器之间。这种专用设备可以对通过上述这些设备一路传送到存储设备的数据进行加密，可以保护静态数据，然后对返回到应用的数据进行解密。

嵌入式加密设备很容易安装，因此可作为点对点解决方案，但扩展起来难度大、成本高。如果将其部署在端口数量多的企业环境，或者多个站点需要加以保护时，就会出现问题。这种情况下，跨分布式存储环境安装成批硬件设备所需的成本会高得惊人。此外，每个设备必须单独或者分成小批进行配置及管理，这给管理添加了沉重负担。

（5）应用加密

应用加密是指将加密技术集成在商业应用中，是加密级别的最高境界，也是最接近“端对端”加密解决方案的方法。在这一层，企业能够明确地知道谁是用户，以及这些用户的典型访问范围，企业可以将密钥的访问控制与应用本身紧密地集成在一起，这样就可以确保只有特定的用户能够通过特定的应用访问数据，从而获得关键数据的访问权，任何试图在该点下游访问数据的人都无法达到目的。

在这一层，集成加密技术确实有助于避免数据库层的性能受到影响，因为用户可以改变查询的类型。虽然这种方法是最安全的，但许多数据条目需要通过被多种不同的应用访问，企业对这种应用甚至不同用户群的变化要进行及时的管理。事实上，如果企业使用厂商提供的打包应用，它们很可能根本无法实施这一层的解决方案，因为企业不可能获得这些应用的源代码。

4. 区块链加密技术

随着互联网与物联网技术的发展，部分应用程序为了向用户提供更精准的服务，需要采集各种用户数据，且采集的用户信息越来越私密，涉及隐私的部分越来越多。而在大数据横行的互联网环境之下，每个人都可以利用这些信息去做一些可以获取利益的事，比如根据个人商品的买卖记录推广商品，根据网站或者 App 注册的手机号进行电话推销或者诈骗等。目前现有的框架结构融合了大量具有“所有权”特征的数据，这些数据往往牵扯到个人隐私权限，虽然平台也对此采取了一些安全措施，但只要中心服务器一旦被攻破，破坏者就可以访问到所有数据。

同时，为了方便统一管理，在中心化服务器上集中了所有的关系权限隐私的数据，这样一来，用户也必须依赖于这一模式，依赖于第三方的中心服务器，第三方机构大量收集和控制个人隐私数据，已威胁到其信息安全。在大数据时代下，这样的体系结构存在着太多不稳定因素。而去中心化的区块链技术就很好地解决了这一问题。区块链既是分布式且可验证的公共账本，还有着去信任、匿名性等特性，是网络安全的重要技术。

（1）区块链的概念

区块链（Block Chain）是一种基于分布式数据记录技术，是对一段时间内所有交易或者电子行为进行记录，并以密码学方式保证信息不可篡改和不可伪造的分布式存储的设计思路，具有去中心化、不可篡改、全程留痕、可以追溯、集体维护、公开透明等特点。这些特点保证了区块链的“诚实”与“透明”，为用户对区块链的信任奠定了基础。区块链丰富的应用场景，基本上都基于区块链能够解决信息不对称问题，实现多个主体之间的协作信任与一致行动。

（2）区块链的系统架构及类型

一般说来，区块链系统由数据层、网络层、共识层、激励层、合约层和应用层组成，如图 3-17 所示。其中，数据层封装了底层数据区块，以及相关的数据加密和时间戳等基础数据和基本算法；网络层则包括分布式组网机制、数据传播机制和数据验证机制等；共识层主要封装了网络节点的各类共识算法；激励层将经济因素集成到区块链技术体系中，主要包括经济激励的发行机制和分配机制等；合约层主要封装了各类脚本、算法和智能合约，是区块链可编程特性的基础；应用层则封装了区块链的各种应用场景和案例。在该系统架构中，基于时间戳的链式区块结构、分布式节点的共识机制、基于共识算力的经济激励和灵活可编程的智能合约是区块链技术最具代表性的创新点。

区块链一般可分为以下几种。

1）公有区块链（Public Block Chain）：是指世界上任何个体或者团体都可以发送交易，且交易能够获得该区块链的有效确认，任何人都可以参与其共识过程。公有区块链是最早的区块链，也是应用最广泛的区块链，各大比特币系列的虚拟数字货币均基于公有区块链，世界上有且仅有一条该币种对应的区块链。

2）行业区块链（Consortium Block Chain）：由某个群体内部指定多个预选的节点为记账人，每个块的生成由所有的预选节点共同决定（预选节点参与共识过程），其他接入节点可以参与交易，但不干预记账过程（本质上还是托管记账，只是变成分布式记账，预选节点的多少、如何确定每个块的记账者成为该区块链的主要风险点），其他任何人都可以通过该区块链开放的 API 进行限定查询。

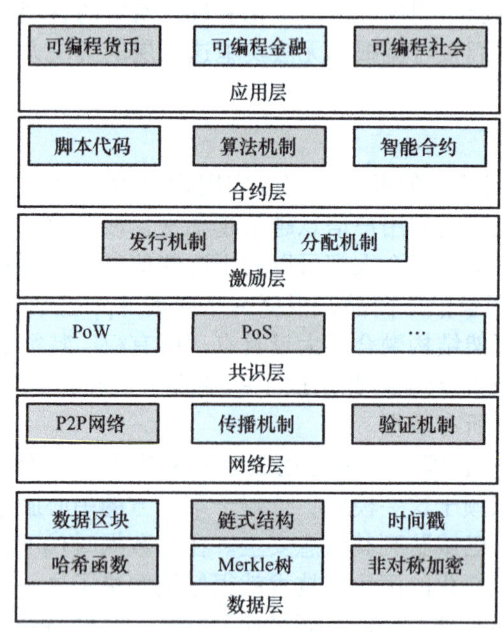

图 3-17　区块链系统架构

3）私有区块链（Private Block Chain）：仅使用区块链的总账技术进行记账，可以是一个公司，也可以是个人独享该区块链的写入权限。本链与其他的分布式存储方案没有太大区别。传统金融都想尝试私有区块链。公链的应用，例如比特币，已经工业化，私链的应用产品还在摸索当中。

（3）区块链技术的应用

区块链技术在各个领域都有创新性的应用。截至目前，金融领域是区块链技术介入最多、应用最广泛的一个领域。首先，金融领域对区块链的第一个需求是数字货币，标志性的应用是比特币；其次，数字货币的成功发行大大刺激了传统银行业，银行、股权 / 有价证券交易领域、保险领域也纷纷表现出了对区块链技术的强烈需求。由于金融领域与社会经济直接挂钩，因此其对区块链技术的探索也是走在时代最前沿的，技术需求会更快地转化为动力，加速区块链技术应用的落地。目前，区块链在金融领域的应用主要集中在数字化货币、跨国支付与清算、私有证券及资产数字化记录上。

在工业领域，区块链技术也有着极大的应用前景。以下列举了区块链技术在工业互联网领域的主要应用。

1）工业互联网设备工控安全。经过智能化改造的“三哑”设备（没有入网、不能自动汇报、不能透明化管理的设备）具备了互联互通的能力，但伴随而来的信息安全问题也从虚拟互联网世界向物理世界中的真实工业制造设备上迁移。传统的防火墙、网闸等中心化防护设备及工控防护策略缺乏有效的交互校验机制，仍存在较强的脆弱性。特别是对于流程工业而言，一旦关键控制逻辑被篡改，其故障流将随生产的进行向制造流程上下游传递。基于区块链设计思路，通过将设备安全信息基于去中心化存储策略，存放于在网络节点，可有效避免因单点的工业流程控制程序遭到恶意篡改造成的工业制造安全问题。

2）工业互联网数据安全。随着云网公司对工业大数据应用的不断深入，将有海量数据汇入云网的存储端，传统的中心化数据管理难以确保能够在不侵犯数据隐私的情况下开展数据资产运营。区块链具备可信任性、安全性和不可篡改性，可有效保障用户数据资产的安全、可靠和不可篡改，为云网公司开展大数据运营业务筑牢安全基础。

3）工业大数据存储和挖掘。工业大数据运营的核心问题是数据存储，随着“互联网 +”行动的持续推进，不断增加的工业数据资源也加大了存储、计算介质的负载。基于区块链技术的去中心化理念，通过共享经济模式，盘活网络上的存量存储和计算资源，将有效缓解工业大数据运营商的数据存储及运维压力，进一步有效实现数据挖掘和价值增值。

4）云制造认证服务。供应链管理机制难以实现物流全流程实时追溯，存在工业物料中间链的偷、跑、冒、漏等风险漏洞。基于区块链设计理念，将供应链管理与工业互联网技术结合，创新云制造认证服务技术和模式，利用区块链数据库的源头追踪功能实时追踪物料流转信息，可以为供应链中的物流信息提供云制造认证服务，支撑工业互联网跨企业业务协同，实现供应链全链透明。

5）云制造协同管理。随着工业制造向小批量、个性化制造发展，对企业精益制造的要求持续升高。然而，当前我国制造企业普遍存在因通信协议不同、开发商不同等原因，导致的 ERP、MES、CRM 等流程信息化管理系统间数据无法打通，产生信息孤岛，从而使企业无法发现流程管理的隐性漏洞（以我国某大型重工机械企业为例，与 SAP 相关联的系统共计 147 个，SAP 中的 BOM 清单可随意修改，机床加工程序可由操作工人任意编写，无须备案）。根据去中心化的理念，将流程管理信息以云端开放的方式分而治之，将工业软件与云平台结合，实现工业软件“云化”发展，在流程与流程、工厂与工厂、供应商与供应商之间，依托云平台实现端到端直连、网络中各节点互连、数据互为备份，有效防止对流程信息的擅自篡改，有效控制产品的质量。

6）企业征信服务。目前，各大行业系统均在建设企业信用系统，但系统之间彼此割裂。例如，政府、金融等领域信用板块之间并不互通，导致企业信用信息不对称。信用数据的共享是征信发展的必然趋势，区块链技术可以将征信系统变为分布式存储，每个节点之间的数据是完全同步且不可被篡改的，这将有助于促进统一的信用系统建设，保障企业征信信息安全共享。

3.2.3 数据完整性技术

数据完整性是指与损坏和丢失相对的数据状态，是“一种未受损的状态”，即存储器中的数据必须与被输入时的或最后一次修改时的一样，通常表明数据在可靠性与准确性上是可信赖的。若丧失数据的完整性，则意味着数据可能被改变或丢失，成为无效的数据。因此，数据完整性技术是保证数据安全的一种有效手段。

1. 数据完整性概述

数据完整性用来确保信息没有被修改，也可以防止假冒的信息。对于一份印刷在书面上的文件而言，要想通过修改其上面的文字或者数字来破坏其完整性是不容易的，人们可以涂抹文件上面的文字，但很容易被发现。相对于现实世界而言，存储在计算机中的数字信息的完整性受到破坏的风险就大大增加了。一个存储在计算机中重要的文本文件，可能被其他人恶意修改了其中一个重要的数字，甚至可能整个文件都给替换了，如果用户在不知情的情况下将这种文件发出去，后果可想而知。在网络传输中，完整性面临的风险就更大了。这种风险有两种：一种是恶意攻击，一种是偶尔的事故。恶意攻击者可以监听并截获用户的数据包，然后修改或替换其中的信息，再发送给接收方，这样能够不知不觉地达到其目的。网络是一个物理设备，虽然其出错的可能性极低，但还是有可能发生的，如果用户在给某个商家转账的过程中，其中的付款数字在网络传输时发生了错误而没有被发现，后果是很严重的。

数据完整性是指数据库中数据在逻辑上的一致性、正确性、有效性和相容性。

1）数据的逻辑一致性。例如在表中插入两个工号相同而姓名不同的工人信息，则无法保证工号的唯一性，违反了数据的一致性。

2）数据的正确性。例如银行的数据库在插入存款金额时比实际存入的数额少，显然顾客是不同意的，因此数据的正确性非常重要。

3）数据的有效性。例如工人离职，但工人数据库未及时更新，那么该人可凭借过期的工资卡领工资，这显然也是不合理的。

4）数据的相容性。例如在工人信息表中的工人信息应该和工资表中的工人信息一致，否则就可能出现问题。

2. 数据完整性主要技术

目前，完整性的解决方案主要是采用基于单向散列函数的加密算法。

单向散列函数（One-way Hash Function）能够将一个大的文件映射成一段小的信息码，并且不同文件散列成相同信息的概率极低。通常，会将原始信息使用单向散列函数进行处理得到一段信息码，然后将其加密，与文件一起保存。如果有人更改了文件，当再次使用该文件时，先使用同样的单向散列函数得到信息码，然后用自己的密钥解密原来生成的信息码，将其与新得到的信息码对比，就会发现不一样，从而可以发现文件已经被篡改了。单向散列函数有一个输入和一个输出，其中输入称为消息（Message），输出称为散列值（Hash Value）。单向散列函数也称为消息摘要函数、哈希函数或者杂凑函数。

单向散列函数的性质如下。

1）单向散列函数的输入为任意长度的消息。

2）无论输入多长的消息，单向散列函数必须生成长度很短的散列值。如果消息越长生成的散列值也越长的话，使用就不是很方便了。从使用方便的角度来讲，散列值的长度最好是短且固定的。

3）计算散列值所花费的时间必须要短。尽管消息越长，计算散列值的时间也会越长，但是如果不能在一定的时间内完成计算，就没有意义了。

4）如果单向散列函数计算出的散列值没有发生变化，那么消息很容易就会被篡改，这个单向散列函数也就无法被用于完整性检查。两个不同的消息产生同一个散列值的情况称为碰撞，理论上，单向散列函数的碰撞概率应该为 0，但是实际上不存在这种单向散列函数。

5）单向散列函数具有单向性。单向性指的是无法通过散列值反算出消息，但是根据消息计算散列值可以很容易。

3. 数字证书管理

数字证书是互联网通信中用来标识通信各方身份信息的一串数字文件，它提供了一种在互联网上验证通信双方身份的方式。数字证书是一个经证书授权中心（Certificate Authority，CA）数字签名的包含公开密钥拥有者信息及公开密钥的文件。数字证书中一般包括证书名、公钥和证书授权中心的数字签名等信息。另外，数字证书只在一定的时间段内有效。数字证书就像日常生活中的身份证一样，其内容包括签发机关（CA 认证中心）、序列号、版本信息、用户身份信息、用户的公钥信息、签发机关的签名，以及证书的有效期等信息。X.509 标准是目前数字证书主要采用的标准。数字证书按用途可以分为服务器证书、传输通道证书、个人证书等类型。

3.2.4 数据备份与还原

计算机数据库属于一种存储着海量数据信息的仓库，在经过长期不间断的使用之后，难免会导致诸多无法避免的安全因素及问题出现。许多核心业务对于数据资源的依赖性逐渐增强，尤其是那些对数据可靠性呈现出较高要求的行业，倘若出现任何自然或者人为灾难，例如突然断电、服务器或者计算机系统崩溃、用户操作失误、磁盘损坏及数据中心灾难性丢失等，都会导致数据库无法继续使用，一些数据文件丢失，其所带来的后果将十分严重。而对数据库安全的维护，不仅要求计算机操作系统具有良好的安全性与可靠性，还应构建一种更具完备性的数据库备份及恢复机制。数据备份与还原是数据安全的最后一道防线。

1. 数据备份与还原概述

数据备份是数据容灾的基础，是指针对应用系统至少有一个完整的数据备份，当应用系统发生故障时，可以随时通过已有的备份来获取所需要的数据。归根结底，备份其实是应对数据故障的一种解决方案，因此，谈到数据备份，首先要从数据故障的概念说起。数据故障就是指数据损坏、数据丢失或数据的完整性遭到破坏。数据故障大体可分为两种：一种为物理故障，即硬件损坏导致设备内存储的数据不可用，如常见的磁盘损坏、存储介质失效，或灾难性的地震、海啸等摧毁数据中心，都可导致物理故障的发生；另一种为逻辑故障，即软件自身存在的缺陷、人为的误操作、病毒或网络攻击、程序错误等导致数据被删除或篡改。经数据统计，硬件故障或软件错误占数据失效原因的 50%，而人为误操作则占数据失效原因的 30%。

针对以上两种类型的数据故障，可以将数据备份分为两个层次：硬件级备份和软件级备份。硬件级备份采用的备份方式主要有设备冗余、磁盘阵列等。这种方式可以通过冗余保存双份甚至多份副本，在一定程度上规避物理故障的发生。但是一旦发生逻辑故障，错误的指令会立刻或在较短时间内同步至多份副本中，因此这种实时或准实时的同步机制，对于逻辑故障几乎是无能为力的。软件级备份，即在软件层面对需要备份的数据进行统一管理和保存，可以将多个历史数据版本保存在相应的磁盘中。在应对逻辑故障时，此解决方案灵活多样。硬件级备份的优点在于屏蔽了应用、逻辑卷，甚至操作系统的差异，备份效率高、实时性高，但需要配置不低于原设备的“备机”作为冗余节点，价格会成倍增长，“备机”的安装及后续的故障处理也较为复杂，通常需要专门的厂商来进行维保工作；而软件级备份的配置工作（即备份软件的安装使用）通常较为简单，对于用户来说更加友好，用户经过简单的培训就可以承担一些简单的维护工作，相对于硬件设备，软件的价格较为低廉，且与业务系统耦合度低，十分灵活。因此，备份软件也是企业应对大量备份需求时一个很好的选择。

数据还原是指当保存于各种存储介质中的数据丢失、损坏或不可用时，通过某些手段对其进行有效的还原的过程，它是数据备份的逆过程，也是进行数据备份的目的和意义所在。换句话说，数据备份就是为了在故障发生时能够实现快速、有效的恢复，不能进行恢复的备份是毫无意义的。因此，数据备份与数据还原是一个不可割裂的整体，一套数据备份系统必然要能够实现一种甚至多种方式的还原。

2. 数据备份策略

（1）按网络架构分类

传统的数据备份方式，从网络架构上来讲，可以分为 LAN 备份、SAN 备份和 Server Free 备份。

1）LAN 备份又叫作网络备份，是一种流行的备份解决方案。通常，介质服务器与存储资源置于局域网中，备份服务器负责整个系统的备份，所有的备份数据必须通过网络进行传输。这种方式配置简单，与业务系统易解绑，十分灵活。

2）SAN 备份是指数据备份流通过 SAN 网络中的 FC 协议传输至备份设备。这种方式解放了网络上的流量，因此也叫作 LAN Free 备份。这种方式，备份客户端自己作为介质服务器，自行管理备份介质，备份速度很快，但与业务系统高耦合，且配置复杂。

3）Server Free 备份相比于 LAN Free 备份能够有效地节约服务器的资源，一些 Server Free 备份设备通常在服务器和存储子系统之间放置，这些设备负责全部的数据备份工作，它们会直接从存储阵列向存储设备发送数据。

上述 3 种备份方式各有优劣。其中，LAN 备份是目前的主流备份方式，用于数量较多、数据量较小、重要性一般的业务系统；SAN 备份则用于数据量极大、重要性很高的核心类业务系统；Server Free 备份通常用于存储级。多种备份方式相结合，组成了目前企业中庞大的备份系统。

（2）按备份策略分类

从备份策略的角度来划分，又可以将传统的数据备份方式分为 3 种。全量备份（Full Backup）、增量备份（Incremental Backup）和差分备份（Differential Backup）。

1）全量备份是指对备份对象的完整复制，这份复制在完成后就可以独立存在，不需依赖其他条件就可以将备份的数据恢复至所需的环境。

2）增量备份是指仅备份相比于上一次备份后数据改变的部分，即数据的“增量”。这样的备份集不能够独立存在，需要依赖它所参照的“上一个备份”，在恢复时，也只能叠加在已完成的上一份数据之上。

3）差分备份是指仅备份相比于上一次全备份后数据变化的部分，也是数据的增量。但它仅依赖它所参考的上一份“全备份”，而不依赖介于上一份全备份和本次增量之前的其他增量备份。差分备份也不能够单独存在。

全量备份所需的备份窗口较长，数据量较大，且每一次备份都包含了源端的全部数据，因此对存储空间的占用是很高的。增量备份所需的备份窗口较短，备份过程中传输的数据量较小，占用的存储空间也较少。差分备份则是介于前二者之间的一种折中方案。在实际应用中，通常采用“全备份 + 增量”或“全备份 + 差分”的组合备份策略。在业务量较大的工作日选择增量备份，仅占用少量的带宽及时间窗口，来传输短时间内的数据变化量；在业务较为空闲的周末进行全量备份，生成一份新的完整数据副本。

这种“全备份 + 增量”的备份策略至今仍是一种主流的手段，但它也存在一些明显的问题。比如，某一份全备份数据已经到了过期时间，但由于以其为基础的部分增量仍处于有效期内，如果将这份全备份删除，那么后续的增量将不可用，如果将这份全备份保留，又要支出额外的空间。

事实上，如使用这样的备份策略，存储中实际保存的数据通常比设定的数据保留周期要多出一个周期。进行数据恢复时，尽管可以直接操作增量的备份集，但实际上仍是采用先恢复全备份，再叠加增量备份的思路进行的，耗时较长。

近几年，一种“永久增量”+“合成全备份”的新兴备份解决方案开始兴起。该方案的思路为：备份时仅传输改变过的“增量数据”，待传输完成后，由备份系统的后台进行数据的拼接组合，生成一份新的全备份数据。这样使得获得一份“全备份”所需的时间大大缩短，仅需要略长于一个“增量”的时间窗口即可，备份频率有了有效的提升。因为每一份数据在逻辑上都是一份完整的“全备份”，所以用户也无须再担心恢复时“全备份叠增量”所带来的效率问题。这种解决方案逐渐成为一种富有竞争力的新型备份策略。

3.3 计算框架

2006 年，谷歌推出了“Google 101 计划”，正式推出了“云”的概念。“云”实质上就是一个网络。从狭义上讲，云计算就是一种提供资源的网络，使用者可以随时获取云上的资源，按需求量使用，并且云可以被看成无限扩展的，只要按使用量付费就可以。云就像自来水厂一样，人们可以随时接水，并且不限量，按照自己家的用水量，付费给自来水厂即可。从广义上说，云计算是与信息技术、软件、互联网相关的一种服务，这种计算资源共享池叫作“云”，云计算把许多计算资源集合起来，通过软件实现自动化管理，只需要很少的人参与就能让资源被快速提供。也就是说，计算能力作为一种商品，可以在互联网上流通，就像水、电、煤气一样，可以方便地取用，且价格较为低廉。总之，云计算不是一种全新的网络技术，而是一种全新的网络应用概念。云计算的核心概念就是以互联网为中心，在网站上提供快速且安全的云计算服务与数据存储，让每一个使用互联网的人都可以使用网络上的庞大计算资源与数据中心。

云计算是继互联网、计算机后信息时代又一种新的革新，是信息时代的一个大飞跃，未来的时代可能是云计算的时代，虽然目前有关云计算的定义有很多，但概括来说，云计算的基本含义是一致的，即云计算具有很强的扩展性和需要性，可以为用户提供一种全新的体验。云计算的核心是可以将很多的计算机资源协调在一起，用户通过网络就可以获取到无限的资源，同时获取的资源不受时间和空间的限制。云计算通过计算机网络（多指因特网）形成的计算能力极强的系统，可存储、集合相关资源并可按需配置，向用户提供个性化服务。

随着工业大数据时代的到来，对分布式并行计算的需求也越来越大，工业界和学术界正在进行各种尝试和探索，研究和开发不同的并行计算模型，以满足工业大数据处理的多样化需求。本节将介绍主流计算框架 MapReduce、Spark 和 Storm。

3.3.1 并行计算框架 MapReduce

MapReduce 是一种分布式计算的编程模型，用于大规模数据集（大于 1TB）的并行计算，可以用普通商用服务器构成一个包含数千节点的分布式并行计算集群。同时，MapReduce 提供了一个庞大且设计精良的并行计算软件框架，能自动完成计算任务的并行化处理，自动划分计算数据和计算任务，在集群节点上自动分配和执行任务，以及收集计算结果，将数据分布存储、数据通信、容错处理等并行计算涉及的很多系统底层的复杂细节交由系统处理。

1. 基本原理

MapReduce 的主要思想是 Map（映射）和 Reduce（归约），用户可以根据需求使用 map 和 reduce 函数来实现任务的并行处理，使得不会分布式并行编程的人仍然能将程序在分布式系统上运行计算。MapReduce 框架由一个 Master 节点和若干个 Slave 节点组成。其中，Master 节点负责元数据组织和任务调度，Slave 节点负责数据存储和计算。map 函数和 reduce 函数处理的相关类型如下：

$$\text{map}(\text{key}_{\text{in}}, \text{value}_{\text{in}}) \rightarrow \text{List}(\text{key}_{\text{intermediate}}, \text{value}_{\text{intermediate}}) \tag{3-1}$$

$$\text{reduce}(\text{key}_{\text{intermediate}}, \text{List}(\text{value}_{\text{intermediate}})) \rightarrow (\text{key}_{\text{out}}, \text{value}_{\text{out}}) \tag{3-2}$$

map 函数用来将输入的一组 key_{in} / value_{in} 对按用户逻辑进行映射，形成一组新的 $\text{key}_{\text{intermediate}}$ / $\text{value}_{\text{intermediate}}$ 对作为中间量。MapReduce 框架会将其中具有相同 $\text{key}_{\text{intermediate}}$ 的数据集交由 reduce 函数依据 $\text{key}_{\text{intermediate}}$ 按用户逻辑进行规约并形成 key_{out} / $\text{value}_{\text{out}}$ 作为输出。

MapReduce 的体系结构如图 3-18 所示。设 *M* 和 *R* 分别为 Map 和 Reduce 的任务数，MapReduce 框架运行应用程序的步骤如下。

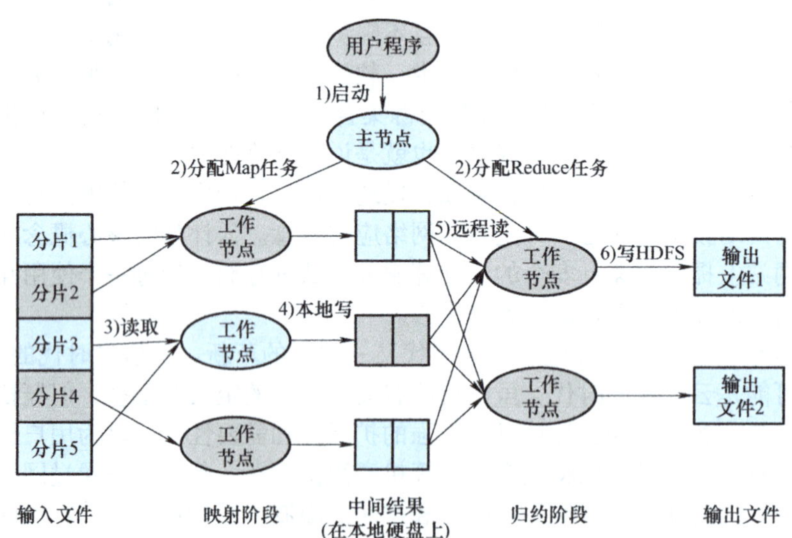

图 3-18 MapReduce 体系结构

1）用户提交 MapReduce 作业到 Master 节点。

2）Master 节点将 *M* 个 Map 任务和 *R* 个 Reduce 任务分配到空闲的节点上运行，输入文件被分成固定大小（默认为 64MB，用户可以自行设定）的 *M* 个分片（Split）。任务被分配到离输入分片较近的节点上执行，以减少网络通信量。

3）在 Map 阶段，被分配到 Map 任务的节点以输入分片作为输入，对每条记录执行 map 函数，产生一系列 $key_{intermediate}$ / $value_{intermediate}$ 对，并缓存于内存中。

4）按 $key_{intermediate}$ 对缓存 $key_{intermediate}$ / $value_{intermediate}$ 进行排序，利用分区函数将输出分为 R 个区，并将数据位置传送至 Master 节点。

5）Master 节点接收到位置信息后传送给 Reduce 任务节点，Reduce 任务节点远程读取。此时，数据会在不同节点间相互传输，这一阶段也被称为数据混洗（Shuffle）阶段。当 Reduce 任务节点读取到全部数据后按 $key_{intermediate}$ 重排序，以使数据按 $key_{intermediate}$ 连续存放。

6）在 Reduce 阶段将具有相同 $key_{intermediate}$ 的数据合并，执行用户提供的 reduce 函数，并将最终结果写入分布式文件系统（HDFS）。

2. 功能特点

（1）MapReduce 的主要功能

1）数据划分和计算任务调度。系统自动将待处理的大数据划分为多个数据块，每个数据块对应于一个计算任务，并自动调度计算节点来处理相应的任务。

2）数据 / 代码互定位。为了减少数据通信，MapReduce 进行本地化数据处理，即计算节点尽可能处理其本地磁盘上所分布存储的数据，从而实现了代码向数据的迁移。

3）系统优化。系统还进行了一些计算性能优化处理，如对最慢的计算任务采用多备份执行方式，选择最快完成者作为结果。

4）出错检测和恢复。由低端商用服务器构成的大规模 MapReduce 计算集群中，节点硬件和软件出错是常发生的。因此，MapReduce 需要具备检测、隔离出错节点和调度分配新节点接管计算任务的能力。另外，系统还具备冗余存储机制以提高数据存储的可靠性，能及时检测和恢复出错数据。

（2）MapReduce 的主要技术特征

1）向“外”横向扩展，而非向“上”纵向扩展。对于大规模数据处理，MapReduce 集群的构建使用的是价格低廉、易于扩展的低端商用服务器，其远比基于高端服务器的集群优越。

2）失效被认为是常态。由于 MapReduce 集群是使用低端服务器构建的，因此常出现硬件失效和软件出错。MapReduce 并行计算框架使用了多种有效的错误检测和恢复机制，使集群和框架具有较高的鲁棒性。

3）进行数据迁移，减少传输成本。为了降低大数据并行计算中的数据通信开销，MapReduce 采用了数据 / 代码互定位技术，节点尽量处理本地存储数据，其次采用就近原则寻找可用节点并进行数据传送。

4）顺序处理数据，避免随机访问数据。MapReduce 为面向顺序式大数据的磁盘访问和高吞吐量并行计算，利用大量存储节点同时访问数据，以此实现高带宽的数据访问和传输。

5）平滑无缝的可扩展性。理想的软件算法需要具备性能下降程度与数据规模扩大倍数呈线性关系的能力，而 MapReduce 在大多情况下能实现理想的扩展性。

3. 下一代 MapReduce 框架——YARN

另一种资源协调者（Yet Another Resource Negotiator，YARN）是下一代 MapReduce 框架。该框架主要从 MapReduce 资源管理框架中解耦出来，并为每个应用组件提供调度功能。YARN 主要由 3 部分组成：资源管理器（Resource Manager，RM）、节点管理器（Node Manager，NM）、主应用进程（Application Master，AM）。其资源管理框架如图 3-19 所示。

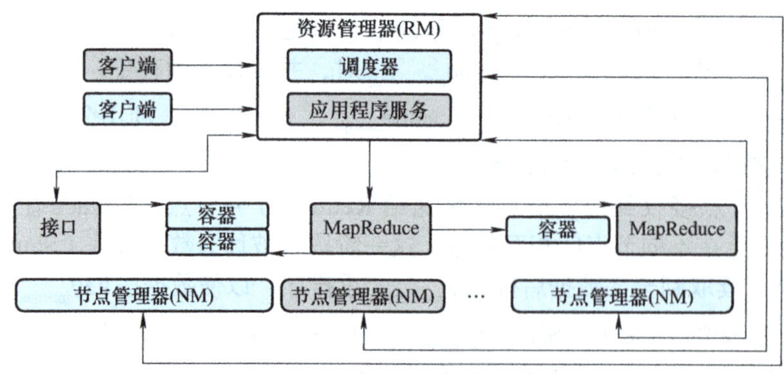

图 3-19　YARN 的资源管理框架

RM 负责监控集群中的资源，接收作业的资源请求并为作业分配资源，以及接收用户请求（例如，提交作业和取消作业）。RM 中执行资源调度的模块被称为调度器。一个集群只有一个 RM。

NM 负责管理一个节点的资源并为应用进程在节点上的执行提供一系列服务。每个节点上运行着一个或多个容器，每个容器中运行着一个应用进程。NM 每隔一段时间向 RM 发送一个消息（“心跳”），每次“心跳”内容包含空闲资源、容器运行状态、作业列表、健康状况等信息。RM 向 NM 返回的信息中包括需要释放的容器列表和需要终止的作业列表等信息。

AM 负责管理内部执行计划，并为需要启动的子任务申请资源，无论是 AM 还是子任务都需要在一个容器中执行，因此启动应用进程前必须先分配合适的容器。

作业提交和执行的过程如图 3-19 所示。首先，客户端向集群的资源管理器提交作业，RM 在接收到作业后会创建一个状态器用于维护作业的执行状态，同时 RM 会根据作业应用进程资源需求向调度器发出资源请求，当调度器为该请求分配容器后 RM 启动作业主应用进程，随后会安排其内部各子任务的执行并向 NM 申请资源，当 NM 为作业分配了若干容器后，该作业主应用程序将利用这些容器去启动执行相应子任务。

3.3.2　基于内存的计算框架 Spark

Spark 是 UC Berkeley AMP Lab（加州大学伯克利分校的 AMP 实验室）所研发的开源的类 Hadoop MapReduce 的通用并行框架，其拥有 MapReduce 所具有的优点，不同于 MapReduce 的是，中间输出结果可以保存在内存中，从而不再需要读写 HDFS，因此 Spark 能更好地适用于数据挖掘与机器学习等需要迭代的 MapReduce 算法。

1.Spark 的组成

Spark 提供了一整套开发 API，包括流计算和机器学习，它支持批处理和流处理。尽管 Spark 是用 Scala 开发的，但它也为 Java、Scala、Python 和 R 等高级编程语言提供了开发接口。Spark 具有五大核心组件，包括 Spark Core、Spark SQL、Spark Streaming、Spark MLlib、Spark GraphX，如图 3-20 所示。

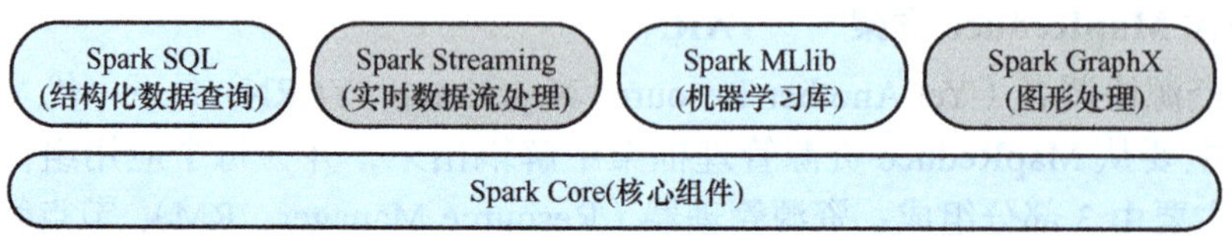

图 3-20　Spark 结构组成

（1）Spark Core

Spark Core 是 Spark 的基础，它提供了内存计算能力，是分布式处理大数据集的基础。它将分布式数据抽象为弹性分布式数据集（RDD），并为运行在其上的上层组件提供 API。所有 Spark 的上层组件都建立在 Spark Core 的基础之上。

（2）Spark SQL

Spark SQL 是一个用于处理结构化数据的 Spark 组件。它允许使用 SQL 语句查询数据。Spark 支持多种数据源，包括 Hive 表、Parquet 和 JS 对象简谱（JavaScript Object Notation，JSON）等。

（3）Spark Streaming

Spark Streaming 是一个用于处理动态数据流的 Spark 组件，它能够开发出强大的交互式数据查询程序。在处理动态数据流时，流数据会被分割成微小的批处理，这些微小的批处理将会在 Spark Core 上按时间顺序快速执行。

（4）Spark MLlib

Spark MLlib 是 Spark 的机器学习库，它提供了常用的机器学习算法和实用程序，包括分类、回归、聚类、协同过滤、降维等。MLlib 还提供了一些底层优化原语和高层流水线 API，可以更快地创建和调试机器学习流水线。

（5）Spark GraphX

Spark GraphX 是 Spark 的图形计算库，它提供了一种分布式图形处理框架，可以更快地构建和分析大型图形。

2.Spark 的架构

Spark 是一个标准的主从（Master–Slave）架构，如图 3-21 所示。

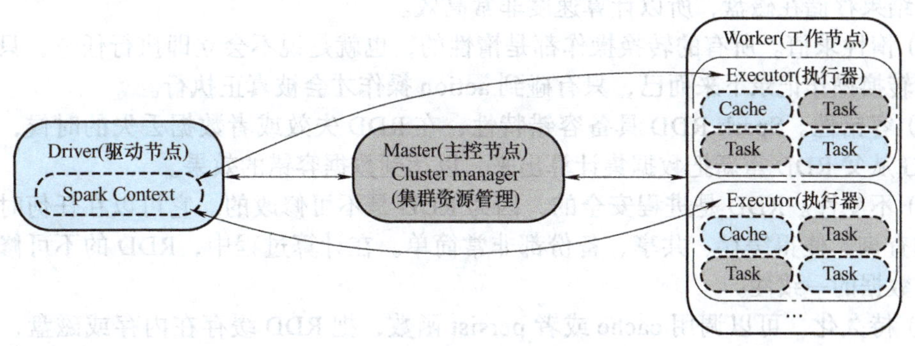

图 3-21　Spark 的架构

（1）Driver

Driver 是运行 Spark Application 的进程，它负责创建 SparkSession 和 SparkContext 对象，解析应用程序代码并将其转换为可执行的任务。它还负责创建逻辑和物理计划，并与集群管理器协调调度任务。简而言之，Spark Application 是使用 Spark API 编写的程序，而 Spark Driver 是负责运行该程序并与集群管理器协调的进程，可以将 Driver 理解为运行 Spark Application main 方法的进程。

（2）Master 和 Worker

在 Spark 中，Master 是独立集群的控制节点，而 Worker 是工作节点。一个 Spark 独立集群需要启动一个 Master 和多个 Worker。Worker 就是物理节点，Worker 上面可以启动 Executor 进程。

（3）Executor

Executor 是在每个 Worker 上为某应用启动的一个进程。该进程负责运行 Task，并且负责将数据存在内存或者磁盘上。每个任务都有各自独立的 Executor，它实际上是一组计算资源（CPU、Memory）的集合。

用户程序创建 Spark Context 后，它会连接到集群资源管理器，集群资源管理器会为用户程序分配计算资源，并启动 Executor；Driver 将计算程序划分为不同的执行阶段和多个 Task，之后将 Task 发送给 Executor；Executor 负责执行 Task，并将执行状态汇报给 Driver，同时也会将当前节点资源的使用情况汇报给集群资源管理器。

3. 弹性分布式数据集

弹性分布式数据集（Resilient Distributed Dataset，RDD）是 Spark 提供的最重要的抽象概念。它是一种有容错机制的特殊数据集合，可以分布在集群的节点上，以函数式操作集合的方式进行各种并行操作。从名称就可以了解到 RDD 的一些典型特性。

Resilient（弹性）：RDD 之间会形成有向无环图（DAG），如果 RDD 丢失了或者失效了，可以从父 RDD 重新计算得到，即具有容错性。

Distributed（分布式）：RDD 数据以逻辑分区的形式分布在集群的不同节点。

Dataset（数据集）：RDD 存储的数据记录。可以从外部数据生成 RDD，例如 JSON 文件、CSV 文件、文本文件、数据库等。

RDD 里面的数据集会被逻辑分成若干个分区，这些分区分布在集群的不同节点。基于这样的特性，RDD 才能在集群不同节点并行计算。

（1）RDD 的特性

1）内存计算。Spark RDD 运算数据是在内存中进行的，在内存足够的情况下，不会把中间结果存储在磁盘，所以计算速度非常高效。

2）惰性求值。所有的转换操作都是惰性的，也就是说不会立即执行任务，只是把对数据的转换操作记录下来而已，只有碰到 action 操作才会被真正执行。

3）容错性。Spark RDD 具备容错特性，在 RDD 失效或者数据丢失的时候，可以根据 DAG 从父 RDD 重新把数据集计算出来，以达到数据容错的效果。

4）不变性。RDD 是进程安全的，因为 RDD 是不可修改的。它可以在任何时间点被创建和查询，使得缓存、共享、备份都非常简单。在计算过程中，RDD 的不可修改特性保证了数据的一致性。

5）持久化。可以调用 cache 或者 persist 函数，把 RDD 缓存在内存或磁盘，下次使用的时候不需要重新计算可直接使用。

（2）RDD 支持的两种操作

1）转换操作（Transformation）。以 RDD 作为输入参数，然后输出一个或者多个 RDD。转换操作不会修改输入 RDD，如 map、filter 这些都属于转换操作。转换操作是惰性求值操作，只有在碰到行动操作的时候，转换操作才会真正实行。转换操作分两种：窄依赖和宽依赖。

2）行动操作（Action）是数据执行部分，其通过执行 count、reduce、collect 等方法真正执行数据的计算部分。

3.3.3 流数据实时计算框架 Storm

Storm 是 Twitter 开源的分布式实时大数据处理框架，最早开源于 GitHub。2013 年，Storm 进入 Apache 社区进行孵化，2014 年 9 月，晋级成为 Apache 顶级项目。Storm 可以进行流式数据的实时分析预处理，可用于实时分析、在线机器学习、持续计算、分布式远程过程调用（Remote Procedure Call，RPC）。

1. Storm 的组成结构

一个 Storm 应用程序对应的分布式计算结构称为 Topology，这也是 Storm 中最重要的概念。一个 Topology 由 Spout（数据发生器）和 Bolt（数据计算单元）组成。数据以流的方式从数据源进入 Spout，并转换为多个 Tuple 组成的 stream，分发到不同的 Bolt 进行计算。一个典型的 Topology 结构如图 3-22 所示。

由于 Spout 的存在，Storm 可以处理不同的数据流来源。实际上，将数据流转换为 Tuple 流的工作就在 Spout 中完成的，而且主要依靠代码编写者来完成。Storm 可以处理的数据源包括：Web 日志、社交网络信息流、传感器实时数据流。当然，只要能在 Spout 中编写合适的转换代码，Storm 也可以处理其他类型流数据。在设计 Storm 程序时，不建议在 Spout 中添加数据计算的功能，而建议 Spout 只负责转换，计算代码全部放到 Bolt 中。

Bolt 的功能则是订阅一个或多个 Tuple 流，执行计算，然后输出一个或多个 Tuple 流。通过订阅一个或多个 Spout/Bolt 发射的 Tuple 流，Storm 可以构建非常复杂的 Tuple 流网络。如在图 3-22 中，Bolt C 接收 Spout A 和 Spout B 发出的 Tuple 流，执行计算完毕后转换为新的 Tuple 流并发射到 Bolt E。Bolt 可以执行的功能包括：数据过滤、函数计算、数据聚合与连接、数据库读写等。

在 Storm 中，数据流不停地从 Spout 产生并发射到 Bolt 运行，虽然同一个数据是有序地从 Spout 按照 Topology 的拓扑结构流经各个 Bolt 的，但在同一时刻，Spout 与 Bolt 可以并行地处理不同数据。Spout 的并行不仅体现在 Spout 与 Bolt 的拓扑结构中，同样体现在 Spout 与 Bolt 的内部，每一个 Spout 或 Bolt 都可以利用一个或多个任务（Task）来完成，而任务是并行地执行在集群的工作节点上的。图 3-23 展示了 Spout、Bolt 与 Task（图中用圆圈表示）之间的关系。其中，Spout 由 2 个 Task 实现，Bolt A、B、C 分别由 4、3、2 个 Task 实现，整个 Topology 使用了 11 个 Task，每一个 Task 在实际的机器上由一个线程来运行。

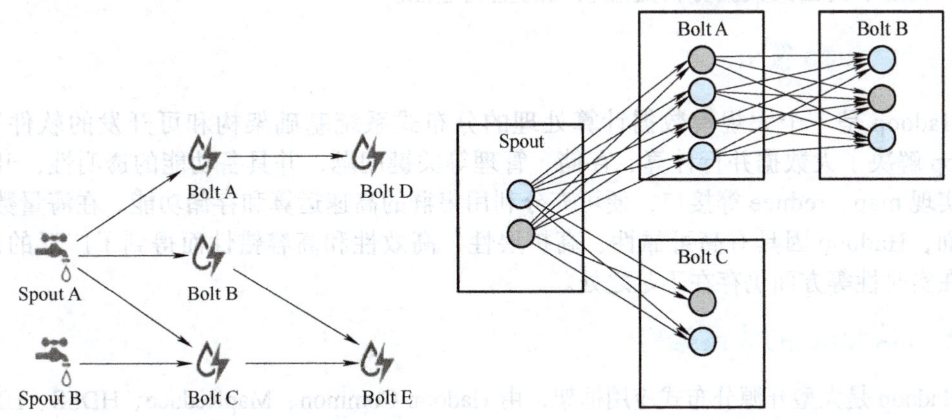

图 3-22　典型的 Topology 结构　　图 3-23　Spout、Bolt 与 Task 的关系

2.Storm 的集群架构

Storm 优秀的实时处理性能依赖于其专门针对流数据处理设计的架构。一个 Topology 可能包含若干个 Task，这些 Task 是如何在一个集群上协同完成一个分布式实时计算任务

呢？下面来看一下 Storm 的集群架构。

如图 3-24 所示，其中主节点（Master Node）与工作节点（Worker Node）为实际集群中的机器。在主节点上，运行守护进程 Nimbus；在工作节点上，运行守护进程 Supervisor。Nimbus 的主要功能是管理、协调和监控在集群中运行的 Storm 应用程序，也就是 Topology。Supervisor 负责接收 Nimbus 发送的 Topology，以及生成 Worker 来运行相应的 Task。Zookeeper 的主要职责是在分布式环境下提供集中式信息维护管理服务，它可以运行在不同集群中。在 Storm 集群中，Zookeeper 主要用来提供集群状态信息的维护管理。

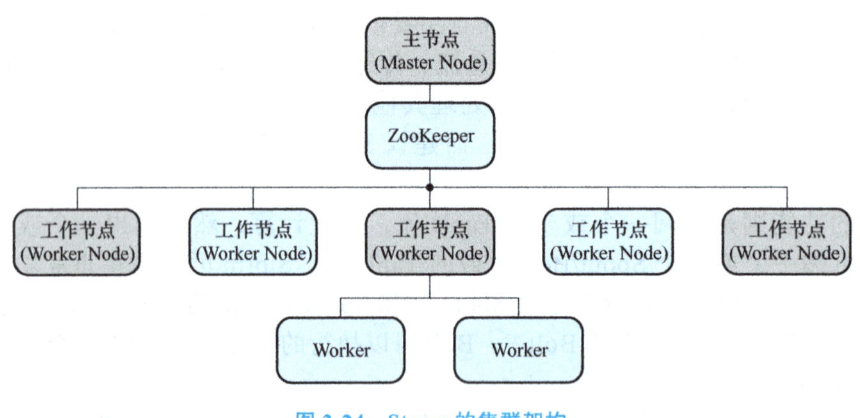

图 3-24 Storm 的集群架构

3.4 计算平台 Hadoop

云计算技术的虚拟化、可扩展、按需服务及资源池灵活调度等特性颠覆了传统计算模式，海量非结构化的数据分析处理急需一种高效并行的编程模型。由 Apache 软件基金会研发的 Hadoop 作为大数据分析处理的主流技术迅速崛起，并逐步演化形成了一个生态系统，奠定了其在大数据分析处理领域的主流地位。

3.4.1 Hadoop 简介

Hadoop 是一个大规模数据计算处理的分布式系统基础架构和可开发的软件平台。Hadoop 解决了大数据并行计算、存储、管理等关键问题，并具备功能的透明性，开发者只需实现 map、reduce 等接口，便可充分利用集群的高速运算和存储功能。在海量数据处理方面，Hadoop 因具有高可靠性、高扩展性、高效性和高容错性而得到了广泛的认可，但其在实时性等方面仍存在不足之处。

3.4.2 Hadoop 的体系架构

Hadoop 是大型开源分布式应用框架，由 Hadoop Common、MapReduce、HDFS、HBase、ZooKeeper、Pig、Hive、Hama 等子项目组成，其中 MapReduce、HDFS、HBase 和 ZooKeeper 等是核心部分。基于 Hadoop 云计算平台的数据管理结构如图 3-25 所示。

下面对各子项目进行简要介绍。

1）Hadoop Common 是一组分布式文件系统和通用的 I/O 组件和接口。

2）HDFS 是为应用程序提供高吞吐量访问的分布式文件系统。

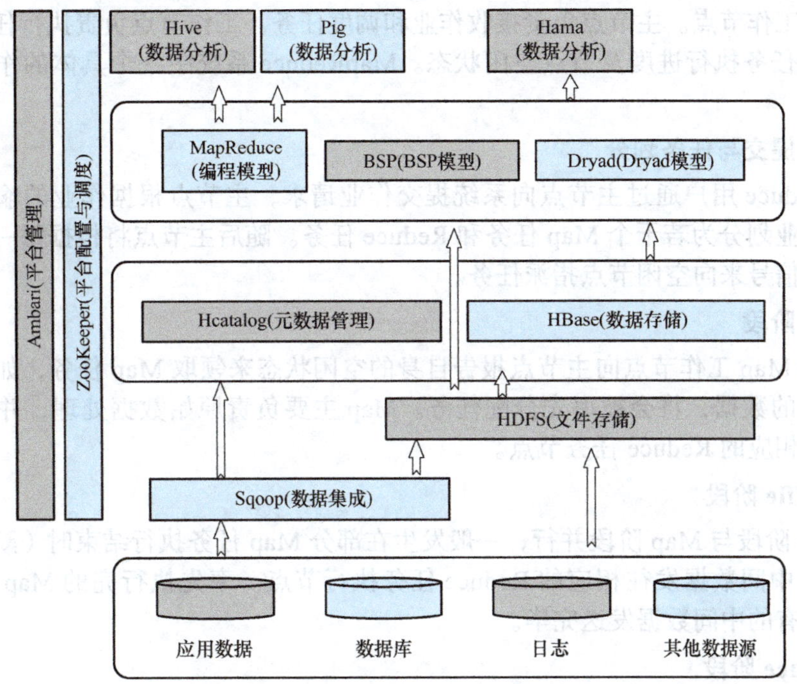

图 3-25　基于 Hadoop 云计算平台的数据管理结构

3）HBase 是支持结构化、分布式、按列存储数据的分布式数据库系统。

4）MapReduce 是分布式数据处理框架和执行环境，用于大规模数据集的并行运算。

5）Hive 是一个分布式的、按列存储的数据仓库。

6）Pig 是一种高级数据流语言和运行环境，用以检索非常大的数据集。

7）Hama 是一个基于 BSP 模型的分布式计算框架，主要针对大规模科学计算任务。

8）ZooKeeper 是一个针对大型分布式系统的可靠协调系统。

3.4.3　Hadoop 的工作流程

Hadoop 任务处理的流程如图 3-26 所示。一个典型的 MapReduce 系统包括一个主节

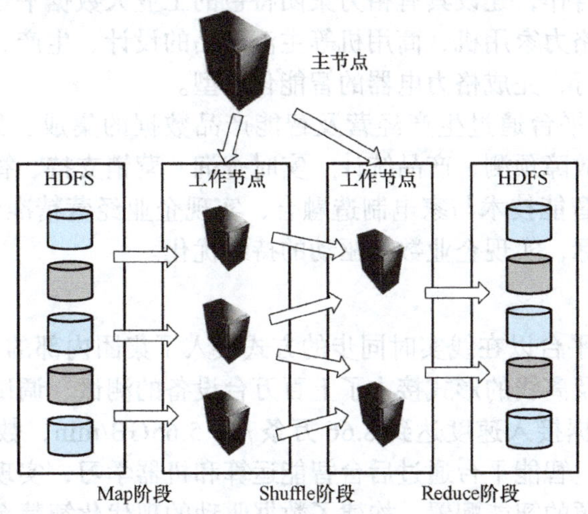

图 3-26　Hadoop 任务处理的流程

点和若干个工作节点。主节点负责接收作业和调度任务，工作节点负责执行任务，以及向主节点报告任务执行进度及节点空闲状态。MapReduce 系统中一个具体的作业执行的步骤如下。

1. 作业提交与任务划分

MapReduce 用户通过主节点向系统提交作业请求，主节点根据作业的输入数据或配置文件将作业划分为若干个 Map 任务和 Reduce 任务。随后主节点将根据每一个工作节点发送的忙闲信号来向空闲节点指派任务。

2.Map 阶段

空闲的 Map 工作节点向主节点报告自身的空闲状态来领取 Map 任务，如果节点本身拥有所需要的数据，将会被率先分配任务。Map 主要负责原始数据处理，并将产生的中间数据发往相应的 Reduce 任务节点。

3. Shuffle 阶段

Shuffle 阶段与 Map 阶段并行，一般发生在部分 Map 任务执行结束时（默认为 5 个）。Map 任务的中间数据发往相应的 Reduce 任务执行节点。率先执行完的 Map 任务率先发送，直到所有的中间数据发送完毕。

4. Reduce 阶段

当 Shuffle 阶段结束，所有的 Reduce 任务得到了各自的输入数据后，Reduce 任务处理数据并且将最终的处理结果写入磁盘返回给 MapReduce 用户。

3.5 案例分析

珠海格力电器股份有限公司是一家多元化的全球型工业集团，主营家用空调、中央空调、智能装备、生活电器、空气能热水器、手机、冰箱等产品。本案例分享格力电器工业大数据平台。

1. 案例背景

格力集团在多年的发展中积累了大量的生产经营数据及丰富的数据分析经验，格力集团通过与航天云网合作，建设具有格力集团特色的工业大数据平台，通过大数据分析企业运营状况，支撑集格力家用机、商用机等主流产品的设计、生产、物流、销售、服务为一体的智慧企业的运行，完成格力电器的智能化转型。

格力工业大数据平台通过生产经营及智能产品数据的集成、处理、分析、挖掘等，实现设备故障诊断、故障预测、产品统计、实时查询、营销支持、智能搜索等功能，将互联网、大数据、人工智能技术与家电制造融合，实现企业经营精准化、生产现场透明化、产品服务远程化等目标，实现企业数据驱动的持续优化。

2. 解决方案

格力工业大数据平台以在线实时同步的方式接入了集团内部的 ERP、MES 等业务系统数据，同时以在线及离线的形式接入了上百万台设备的测试、调试、运行数据。数据总量在千亿级以上，数据接入速度达到 8.66 万条 /s、5.65GB/min，数据处理速度达到 9.58 万条 /s、6.25GB/min。智能平台通过后台智能运算和机器学习，实现了工业生产各个环节的自动预测协调和资源的智能配置，构建了数据驱动的现代化智慧企业。平台的功能架构如图 3-27 所示，平台的技术架构如图 3-28 所示。

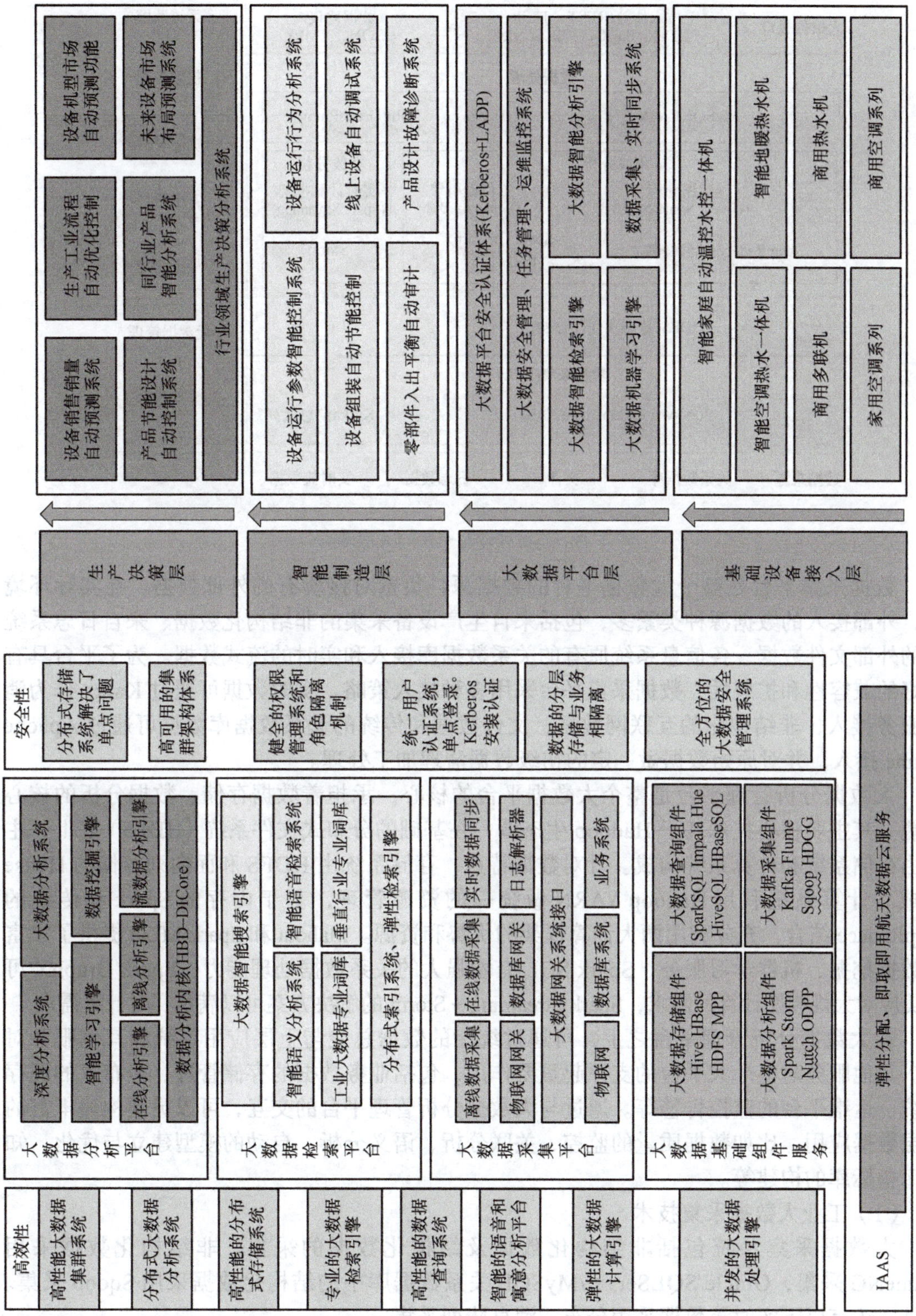

图 3-27　工业大数据平台的功能架构

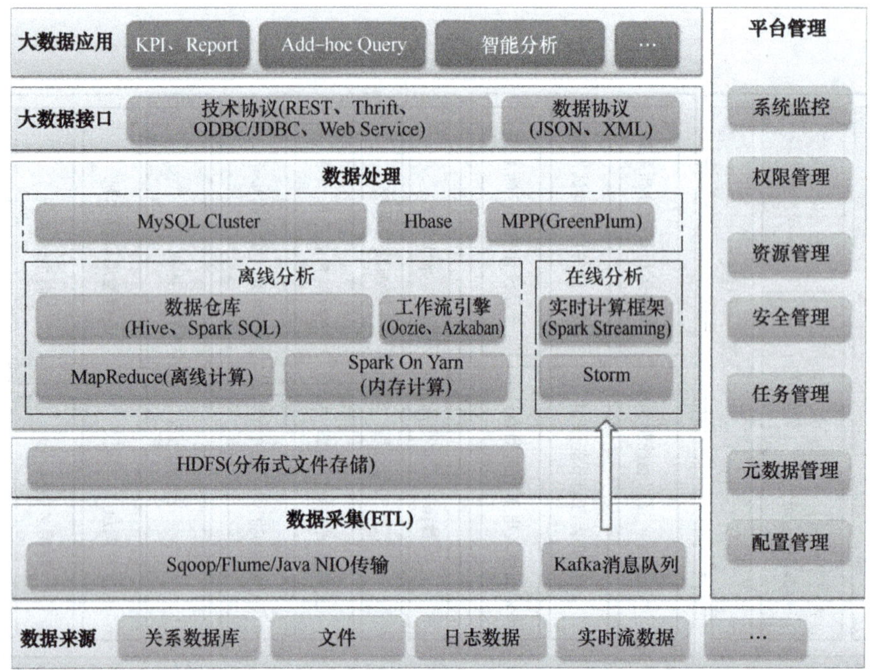

图 3-28 工业大数据平台的技术架构

数据采集平台是整个大数据平台的数据源，负责对接所有的外部数据。在实际环境中，外部接入的数据源种类繁多，包括来自生产设备采集的非结构化数据、来自日志系统等的外部文件数据、各信息系统原有的关系数据库接入和实时的流式数据。为了平台具有更好的兼容性和扩展性，数据采集平台采用多种接入策略。实时数据可通过 Kafka 作为消息服务接入，非结构化的互联网数据、文件数据和传统的关系数据库数据可通过 Apache Flume 接入，并对原始数据做一定的初级数据清理加工处理。

大数据分析管理平台是整个大数据平台的核心，承担着数据存储、数据分析的核心功能。其主要核心技术基于 Hadoop 生态圈，在基础的分布式文件系统（HDFS）之上，主要由存储系统和计算系统构成。针对数据特点，存储系统由 HDFS 和面向列存储的 Hbase 构成。计算系统利用 Hadoop YARN 做统一的资源管理，基于内存的 Spark 和传统的 MapReduce 结合，充分利用两大计算框架的优势和资源。Mahout 和 Spark MLib 提供了丰富的数据挖掘、机器学习服务，Spark SQL 有着强大的关系数据处理能力，Spark GraphX 可完美应对大规模图计算的需求，Spark Streaming + Storm 的解决方案可以满足实时计算需求。

在大数据分析管理平台之上，可通过统一的数据总线与上层应用系统和其他服务对接。其他服务对整个大平台的支撑起重要作用，包括业务数据的存储管理、分布式的缓存系统、运维平台的监控告警等。通过与大数据分析管理平台的交互，可以灵活构建丰富的上层数据应用，比如数据质量的监控、关联分析、语义分析、自动的模型建立与优化、知识库指标库的构建等。

（1）工业大数据采集技术

大数据采集系统包括非结构化数据及结构化数据的采集。非结构化数据采用 FlumeNG 采集，Oracle/SQLServer/MySQL 关系数据库中的结构化数据采用 Sqoop 采集。此外，还有以下实时流数据采用分布式消息队列采集。

1）用 Flume 收集非结构化数据。Flume 是高可用、高可靠、分布式的海量数据采集、聚合和传输系统，Flume 支持定制各类数据发送方，用于收集数据。同时，Flume 提供对数据进行简单处理，并写到各种数据接收方的能力；非结构化离线数据写入 HDFS；采集层生成压缩文件到磁盘目录；采用 Flume spooling source 监听文件目录，每 500ms 扫描一次文件目录，有新产生的文件时，立刻读取文件入库。

2）用 Sqoop 收集结构化数据。Sqoop 用于在 Hadoop 与传统的数据库间进行数据的传递，将关系数据库中数据导入 Hadoop 的 HDFS 中，必要时也用于将 HDFS 的数据导入关系数据库。Sqoop 使用元数据模型来判断数据类型，并在数据从数据源转移到 Hadoop 时确保类型安全的数据处理，Sqoop 通过分割数据集并创建 Hadoop 任务来处理每个区块。

3）用 Kafka 收集实时数据。Kafka 作为一种高吞吐量的分布式发布订阅消息系统，在格力工业大数据平台中用于处理消费者规模的所有动作流数据。这些数据通常是由于吞吐量的要求而通过处理日志和日志聚合来解决。对于像 Hadoop 一样的日志数据和离线分析系统，但又要求实时处理的限制，这是一个可行的解决方案。Kafka 通过 Hadoop 的并行加载机制来统一线上和离线的消息处理，通过集群机制来提供实时的消息。在实时数据处理上，采集层数据通过消息队列组件 Kafka 接入 Spark Streaming 里，Spark Streaming 实时处理后把结果存到 Hbase 或 MySQL 等关系数据库中供用户查询。

（2）工业大数据分析技术

大数据分析系统以机器学习、数据挖掘等作为核心技术，构建于大数据管理系统和云计算平台之上。其中，大数据管理系统提供数据的存储与查询功能，云计算平台提供分布式并行计算服务。通过分布式计算与统计分析服务器访问大数据系统，实现 KPI 与报表统计分析服务。

格力工业大数据平台采用 Mahout、Spark MLlib 构建在 Hadoop 上对大数据进行挖掘处理，实现故障预测、配件库存优化、报表分析、日志检索等深度数据挖掘。在项目中，通过 Hadoop 的 MapReduce 实现数据挖掘引擎的并行计算。在使用 MapReduce 模型进行大规模数据处理时，重点是编写 Map 和 Reduce 函数，其他并行计算中的复杂问题，诸如分布式文件系统、工作调度、容错、机器间通信等由 MapReduce 处理，提升了系统研发的效率。

（3）工业大数据管理技术

大数据管理系统具有高可靠的架构设计，是完全分布式的、多副本机制的、对等的、不共享系统，没有单点故障或瓶颈。这使得系统线性增长，每新加一个节点可以同时增加系统的性能和存储容量，具备良好的扩展性能。

系统具备以下特点：①扁平化设计，弹性扩展，系统采取扁平化设计，节点之间完全对等，都可以对外提供服务；②柔性多引擎技术，对于不同的应用需求可以使用不同的引擎来对外提供服务，支持异构数据、结构化、半结构化、非结构化数据的统一检索；③高效分区索引机制，可根据应用的查询特点，将数据自动分区索引，适应海量数据的集中索引和快速索引的应用需求，分区索引还可以减少检索时的索引匹配范围，缩短检索响应时间；④混合索引方式，提供按词索引、按字索引、字词混合索引方式，满足不同应用场景对查全和查准的不同需求；⑤异步检索，支持异步检索模式，适应大并发的应用场景要求，避免了同步检索模式时消耗太多线程资源的问题。

3. 实施效果

格力集团董事长兼总裁董明珠在某次大型讲座上表示“我们用互联网、大数据做空调，格力空调运行得怎么样，我们在珠海就可以监控到相关数据。”截至 2017 年 12 月，格力多联机空调每天返回数据处理中心的机器运行数据超过 1.5 亿条记录，目前采集数据超过 100TB，格力通过故障数据分析指导工程安装，提高工程安装质量，欠氟和漏氟故障率下降 22.5%，电子膨胀阀故障率下降 21.3%。总体来看，格力工业大数据平台实施效果及意义主要有以下几点。

（1）故障诊断

大数据平台处理、分析商用空调运行时采集回传的工况数据，及时、准确定位运行故障并给出大致原因，为维护部门维修空调设备和系统提供信息支撑，降低故障定位的时间、范围和工作量，缩短了停机时长，并提高客户满意度。

（2）故障预测

大数据平台利用数据挖掘、机器学习技术，通过学习已存在的设备故障数据和信息，尤其是发生故障的前兆数据，归纳故障发生的特点和规律，并利用流计算相关技术及时发现潜在的故障及风险，及时预警，减少停机的次数及停机时长。

（3）实时查询

大数据平台利用 NewSQL 存储技术存放设备数据，提供特定编号设备、一段时间内工况信息的实时查询功能，用于业务人员分析、判断特定设备在查询时间范围内的工作状态，以总结和发现业务规律。

（4）营销支持

大数据平台利用集成的内外部产品及销售数据进行统计分析，挖掘其中的重复购买、交叉购买等特定行为的规律，分析产品销售情况、客户行为信息、特定产品的销售规律和特点及变化趋势，指导业务部门进行产品的个性化设计及精准推广营销。

4. 案例亮点

格力工业大数据平台是航天云网工业大数据技术实践与应用典型案例之一，平台实现了设备数据的自动采集、实时同步、智能清洗、自动聚类、在线分析、数据挖掘、深度学习、分析展示、智能语音语义检索、用户行为分析、工业生产决策等功能。该平台的亮点可以概括为平台交互、设备运维、企业运行的“三个智能化”。

（1）平台交互的智能化

采用 HTK 和 Julius JS 组件将语音转换成文本，采用 mmseg4j 技术对语言文本进行分词，通过应用交互式探查分析，根据搜索内容，推测查询目的，根据历史机器学习数据，即时构造查询。系统还可以根据查询内容进一步实现查询结果的过滤、分析和保存等操作，实现企业大数据平台交互的智能化。

（2）设备运维的智能化

大数据平台通过对商用空调历史运行数据的挖掘与学习，归纳故障的特性与规律，建立设备故障信息模型。在设备运行过程中，通过流计算等技术对设备的潜在风险进行实时预警。设备运行过程产生的故障模型数据，如停机模式、相关规律等，定期形成报告推送至产品设计部门、生产制造部门的业务系统中，对产品设计优化、生产工艺优化提供数据支撑的指导意见。

（3）企业运行的智能化

格力工业大数据平台高效整合企业信息化数据、设备物联数据，以及外部关联数据等海量异质异构数据源，通过全面数据汇聚分析，在生产现场有效保障设备的健康运行，在企业经营管理领域提供商业决策支撑，在产品服务端实现设备的实时监控和预测维护。在企业全方位数据感知的基础上，提供合理优化建议，推动企业经营管理的智能化转型。

3.6 本章小结

本章主要介绍了工业大数据存储与管理技术及其工具，工业大数据安全技术包括数据加密、数据完整性、数据备份与还原，并介绍了工业大数据主流计算框架 MapReduce、Spark、Storm 及计算平台 Hadoop，最后给出了格力工业大数据平台案例。

习　题

1. 工业大数据存储与管理技术如何分类？有哪些数据存储与管理工具？
2. 工业大数据面临哪些安全问题？如何预防或解决这些问题？
3. 比较工业大数据主流计算框架 MapReduce、Spark 和 Storm 的优缺点。
4. 叙述 Hadoop 的工作流程。

科学家科学史

“两弹一星”功勋科学家：王希季

第4章 工业大数据分析

工业大数据分析是指利用大数据技术和方法，对工业领域产生的海量数据进行预处理和分析的过程。其目的是从数据中提取有价值的信息和知识，以支持工业领域的决策优化、效率提升和创新发展。

工业大数据分析的研究意义在于：①提升生产效率。通过对生产过程中的实时数据进行分析，可以及时发现生产瓶颈和问题，优化生产流程和计划，提高生产效率和产品质量。②促进产品创新。通过对市场需求、用户行为等数据的分析，可以洞察用户需求和市场趋势，为企业产品创新提供数据支持。③降低运营成本。通过对供应链、设备维护等数据的分析，可以实现精细化管理和预测性维护，降低企业的运营成本和维护成本。④增强企业竞争力。工业大数据分析可以帮助企业实现智能化决策和精细化管理，提高企业的管理水平和综合竞争力。

当前，工业大数据分析的研究现状呈现出以下几个特点：①技术不断创新。随着大数据技术的不断发展，工业大数据分析在数据采集、存储、处理、分析等方面不断取得突破，为工业领域的数据应用提供了有力支持。②应用领域不断拓展。工业大数据分析的应用领域已经从制造业扩展到能源、交通、医疗等多个领域，为各行业的数字化转型提供了有力支撑。③标准化和规范化发展。为了促进工业大数据分析的健康发展，各国政府和行业组织纷纷出台相关标准和规范，推动工业大数据分析的标准化和规范化发展。

当前，尽管工业大数据分析已经取得了一定的成果，但仍面临着数据质量、数据安全、人才短缺等挑战。同时，随着 5G、6G、人工智能等新技术的不断发展，工业大数据分析也面临着新的机遇和发展空间。

4.1 工业大数据统计描述方法

数据的统计描述方法是指通过一系列统计手段和技术，对收集到的数据进行整理、概括和描述，以揭示数据的内在特征、规律和趋势。这些统计描述方法主要分为以下几个方面。

1）集中趋势描述：用于描述数据的一般水平，常用的指标有均值、中位数和众数等。这些指标可以反映数据的中心位置或主要趋势。

2）离散趋势描述：用于反映数据之间的差异程度或离散程度，常用的指标有方差、标准差、极差和四分位差等。这些指标可以揭示数据的波动范围和离散程度。

3）分布趋势描述：主要用于检查样本数据是否符合某种理论分布，如正态分布。常用的方法包括偏度分析、峰度分析等。这有助于了解数据的分布形态，以及是否符合某些假设。

以上这些方法在数据分析中都是非常重要的统计描述手段，可以帮助研究者全面、准确地了解数据的特征和规律，为后续的数据分析和建模提供基础。

4.1.1　集中趋势描述

1. 均值

均值（Mean）也称为平均数，是统计学中用来表示一组数据“中心”趋势的量度。常用的均值指标包括：算术平均数、调和平均数、几何平均数。

1）算术平均数等于所有数值的和除以数值的个数。算术平均数常用于描述一组数据的平均水平，如平均身高、平均成绩等，其表达式为

$$\bar{x}=\frac{\sum_{i=1}^{n}x_i}{n} \tag{4-1}$$

式中，$\bar{x}$ 为一组数据 $x_i(i=1,2,\cdots,n)$ 的算术平均数。

2）调和平均数常用于需要综合考虑数据项大小与频率或比例关系的场合，如计算平均速度（特别是当速度在不同时间段内有变化时）。调和平均数是各数值倒数的算数平均数的倒数，其表达式为

$$\bar{x}=\frac{n}{\sum_{i=1}^{n}\frac{1}{x_i}} \tag{4-2}$$

式中，$\bar{x}$ 为一组数据 $x_i(i=1,2,\cdots,n)$ 的调和平均数。

3）几何平均数常用于描述具有连乘关系的数据集，特别是当数据呈现等比或近似等比关系的情况，如在金融领域计算复利下的平均年回报率。几何平均数是各数值乘积的 n 次方根，其表达式为

$$\bar{x}=\left(\prod_{i=1}^{n}x_i\right)^{\frac{1}{n}} \tag{4-3}$$

式中，$\bar{x}$ 为一组数据 $x_i(i=1,2,\cdots,n)$ 的几何平均数。

均值能直观反应数据中心的量值，但容易受到极端值的影响，当数据中存在离群值时，均值不能很好地反映数据的真实中心趋势。

2. 中位数

中位数（Median）是将一组数据按照大小顺序排列后，位于中间位置的数值。对于奇数个数据，中位数是中间的那个数值；对于偶数个数据，中位数是中间两个数值的算数平均值。中位数对离群值不敏感，能够更好地反映数据的中心趋势。其表达式为

$$m_{0.5}=\begin{cases}x_{\frac{n+1}{2}}, & \text{当}n\text{为奇数}\\ \frac{1}{2}\left(x_{\frac{n}{2}}+x_{\left(\frac{n}{2}+1\right)}\right), & \text{当}n\text{为偶数}\end{cases} \tag{4-4}$$

式中，$m_{0.5}$ 为一组数据 $x_i(i=1,2,\cdots,n)$ 的中位数。

3. 众数

众数（Mode）是一组数据中出现次数最多的数值。众数反映了数据中最常见的值。一组数据中可能存在多个众数，甚至可能不存在众数。相较于均值和中位数，众数在某些情况下对数据的中心趋势描述能力较弱。

4. 四分位数

四分位数（Quartiles）是将一组数据从小到大排列后，处于 25%、50% 和 75% 位置上的数值，分别称为下四分位数（Q_1）、中四分位数（Q_2，即中位数）和上四分位数（Q_3）。四分位数可以反映数据的分布情况及样本的集中程度。如图 4-1 所示，对于数据总量为 n 的一组数据，Q_1 的位置为 $n/4$，Q_2 的位置为中位数所在的位置，Q_3 的位置为 $3n/4$。

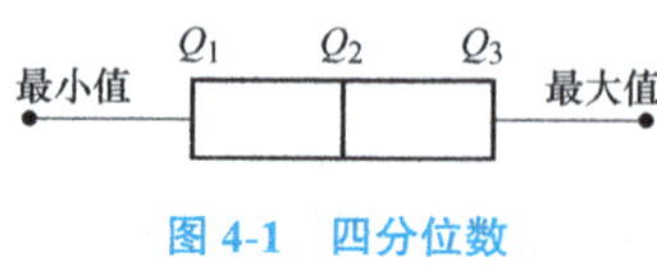

图 4-1　四分位数

4.1.2　离散趋势描述

1. 方差

方差（Variance）是衡量数据分布离散程度的一种常用指标。它是每个数据点与数据均值之差的平方和的算数平均值。方差越大，表示数据的离散程度越高。其表达式为

$$s^2 = \frac{1}{n}\sum_{i=1}^{n}(x_i - \bar{x}) \tag{4-5}$$

式中，s^2 为一组数据 $x_i(i=1,2,\cdots,n)$ 的方差。

2. 标准差

标准差（Standard Deviation）是方差的二次方根，也是衡量数据离散程度的重要指标。标准差的单位与原始数据的单位相同，这使得标准差在描述数据离散程度时更加直观、易于理解。其表达式为

$$s = \sqrt{\frac{1}{n}\sum_{i=1}^{n}(x_i - \bar{x})} \tag{4-6}$$

式中，s 为一组数据 $x_i(i=1,2,\cdots,n)$ 的标准差。

3. 极差

极差（Range）是指数据集中的最大值与最小值之间的差，它反映了数据的波动范围。极差越大，表示数据的离散程度越高。极差的表达式为

$$R = \max\{x_1,x_2,\cdots,x_n\} - \min\{x_1,x_2,\cdots,x_n\} \tag{4-7}$$

式中，R 为一组数据 $x_i(i=1,2,\cdots,n)$ 的极差；$\max\{x_1,x_2,\cdots,x_n\}$ 为该组数据中的最大值；$\min\{x_1,x_2,\cdots,x_n\}$ 为该组数据中的最小值。

4. 四分位差

四分位差（Quartile Deviation，QD）是上四分位数 Q_3 与下四分位数 Q_1 之差的一半，它反映了中间 50% 数据的离散程度。四分位差越大，表示中间部分数据的离散程度越高。其表达式为

$$\text{QD} = \frac{Q_3 - Q_1}{2} \tag{4-8}$$

5. 离散系数

离散系数（Coefficient of Variation，CV）是标准差与算术平均数的比值，用于比较不同数据集或同一数据集不同维度的相对离散程度。离散系数越大，表示数据的相对离散程度越高。其表达式为

$$\mathrm{CV}=\frac{s}{\bar{x}}\times 100\% \tag{4-9}$$

式中，CV 为一组数据 $x_i(i=1,2,\cdots,n)$ 的离散系数；s 为该组数据的标准差；$\bar{x}$ 为该组数据的算术平均数。

6. 异众比例

异众比例（Variation Ratio，VR）指的是总体中非众数的出现次数与总体数据量之比，即非众数组的频数占总频数的比例。这个比例主要用于衡量众数对一组数据的代表程度。异众比例越大，说明非众数组的频数占总频数的比重越大，众数的代表性越差；相反，异众比例越小，说明非众数组的频数占总频数的比重越小，众数的代表性越好。异众比例主要用于表示分类数据的离散程度，也可用于描述顺序数据的离散程度。

$$\mathrm{VR}=\frac{n-f_m}{n} \tag{4-10}$$

式中，VR 为一组数据 $x_i(i=1,2,\cdots,n)$ 的异众比例；f_m 为众数的频数，即出现次数最多的那个数据点的频数。

4.1.3　分布趋势描述

数据分布的总体趋势不仅与集中和离散程度有关，还与数据分布的偏斜程度有关，它反映了数据分布的具体形式，如均匀分布、对称分布、左偏分布、右偏分布等。用于描述数据分布趋势的参数有峰态系数和偏态系数。

1. 峰态

峰态（Kurtosis）又称为峰度，描述的是数据分布形态的尖峭或扁平程度。峰态系数定量描述了数据的峰态，它通过随机变量的四阶中心矩与其标准差的四次方相除得到。其表达式为

$$\mathrm{Kurtosis}=\frac{n(n+1)\sum_{i=1}^{n}(x_i-\bar{x})^4-3\left[n\sum_{i=1}^{n}(x_i-\bar{x})^2\right]^2}{(n-1)(n-2)(n-3)s^4} \tag{4-11}$$

式中，Kurtosis 是一组数据 $x_i(i=1,2,\cdots,n)$ 的峰态系数。

如图 4-2 所示，与正态分布相比较，峰态系数有 3 种情况：峰态系数 >3，峰态尖峭，称尖峰态；峰态系数 <3，峰态扁平，称扁峰态；峰态系数 =3，称常态峰态。

2. 偏态

偏态（Skewness）描述的是数据分布形态的对称性。如果数据分布是对称的，那么它就属于正态分布；如果数据分布不对称，就呈现偏态分布。偏态的程度可以通过偏态系数来刻画，其表达式为

$$\mathrm{Skewness}=\frac{n\sum_{i=1}^{n}(x_i-\bar{x})^3}{(n-1)(n-2)s^3} \tag{4-12}$$

式中，Skewness 为一组数据 $x_i(i=1,2,\cdots,n)$ 的偏态系数。

如图 4-3 所示，偏态系数的值可以为正、负或零。当偏态系数为正时，表示数据分布右偏，即数据的左端有“拖尾”；当偏态系数为负时，表示数据分布左偏，即数据的右端有“拖尾”；当偏态系数为零时，表示数据分布是对称的。偏态系数的绝对值越大，表示偏斜的程度越大；反之，绝对值越小，表示偏斜的程度越小。

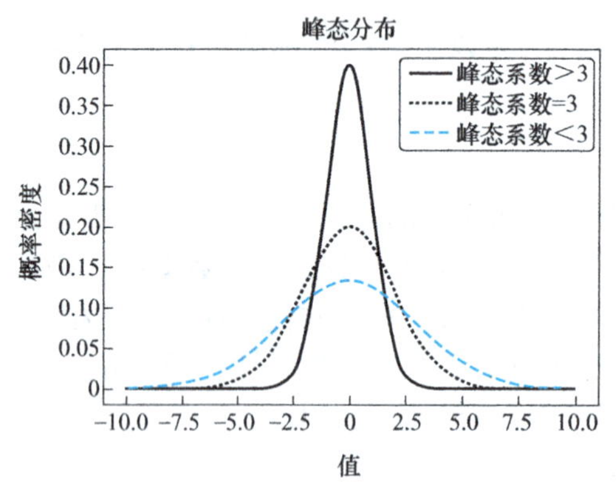

图 4-2 峰态的分布情况

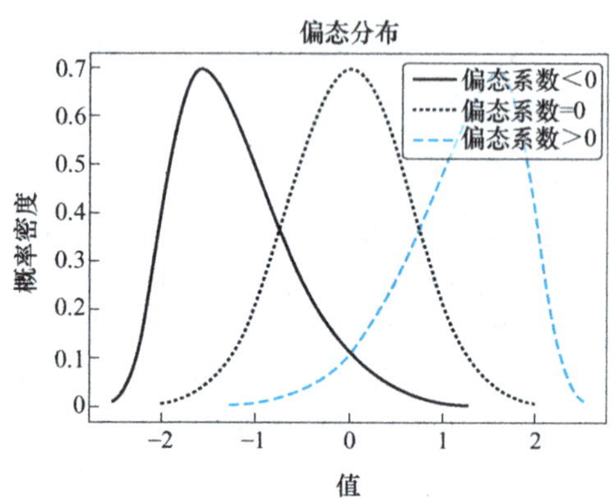

图 4-3 偏态的分布情况

4.2 工业大数据对象关系计算方法

大数据对象关系计算方法是指在处理大数据时，通过分析数据对象之间的关系来揭示数据内在规律和特征的方法。这种分析方法主要关注数据对象之间的联系和相互影响，可以从数据的相似性和相关性两个角度展开。

大数据对象关系计算中的数据相似性，关注的是如何量化不同数据对象之间的相似程度。在这种量化过程中，通常选择一种或多种相似性度量方法，如欧几里得距离、余弦相似度等，来度量数据对象之间的相似度。

具体来说，通过计算数据对象之间的相似性，可以帮助人们识别对象之间的潜在关系、群体或模式。例如，在推荐系统中，可以通过计算用户与物品之间的相似性，来预测用户可能感兴趣的物品；在图像识别中，可以通过计算不同图像之间的相似性，来识别出相似的图像或物体。

大数据对象关系计算中的数据相关性，则更加关注不同变量或特征之间的关联程度。在这种量化过程中，通常使用相关系数，如皮尔逊相关系数、斯皮尔曼秩相关系数等，来量化变量之间的关联程度。

通过计算大数据中变量之间的相关性，可以揭示变量之间的潜在关系、趋势或模式。例如，在医学研究中，可以通过计算不同生理指标之间的相关性，揭示它们之间的潜在关联和相互影响。

综上所述，大数据对象关系计算从数据相似性和相关性两个角度，通过量化数据对象之间的相似程度和变量之间的关联程度，揭示大数据中的潜在关系和模式，为各种应用场景提供有力支持。

4.2.1　数据相似性分析方法

相似性分析主要关注的是数据对象之间的相似程度，即它们在某些特征或属性上的接近程度。这种接近程度可以用各种度量方法来表示。相似性分析常用于聚类分析、推荐系统、异常检测等领域。

数据相似性的定义： 对于一组有 n 个对象、每个对象有 m 个属性的数据，通常将数据表示为 $n \times m$ 的矩阵形式（n 行表示有 n 个不同的对象，m 列表示有 m 个不同的属性）：

$$\begin{bmatrix} x_{11} & \cdots & x_{1k} & \cdots & x_{1m} \\ \vdots & & \vdots & & \vdots \\ x_{i1} & \cdots & x_{ik} & \cdots & x_{im} \\ \vdots & & \vdots & & \vdots \\ x_{n1} & \cdots & x_{nk} & \cdots & x_{nm} \end{bmatrix}$$

对象 $X_i = [x_{i1}, \cdots, x_{ik}, \cdots, x_{im}]$ 和对象 $X_j = [x_{j1}, \cdots, x_{jk}, \cdots, x_{jm}]$ 之间的相似性定义为两者之间的某种距离函数关系，用 $d(i,j)$ 表示，$d(i,j)$ 的值越大表示两者距离越远，相似度越小。

相似度的计算与数据属性密切相关，根据属性的数据类型不同可以分为：标称属性相似性、二元属性相似性、数值属性相似性等。

1. 标称属性相似性

标称属性是指符号或者事物的名称，每个值代表某种类别、编码或者状态。该类属性可通过对象属性之间的不匹配率来衡量数据对象的相似性。其表达式为

$$d(i,j) = \frac{m - p_{ij}}{m} \tag{4-13}$$

式中，m 为数据属性的总数；p_{ij} 为对象 X_i 与对象 X_j 具有相同属性的个数。

【例 4-1】一批零件的种类、材料、精度等级、生产批量等属性见表 4-1，计算各个对象的相似度。

表 4-1　零件属性

零件代号	种类	材料	精度等级	生产批量
001	汽车零件	金属	高	小批量
002	机床零件	金属	高	小批量
003	机床零件	金属	中	中批量
004	汽车零件	橡胶	中	大批量

解： 属性总数为 4，即 m=4；计算对象 X_i 与对象 X_j 的相似性时，找出属性相同的数目（p_{ij}），根据式（4–13）可得

$$\begin{bmatrix} 0 & d(1,2) & d(1,3) & d(1,4) \\ d(2,1) & 0 & d(2,3) & d(2,4) \\ d(3,1) & d(3,2) & 0 & d(3,4) \\ d(4,1) & d(4,2) & d(4,3) & 0 \end{bmatrix} = \begin{bmatrix} 0 & 1/4 & 3/4 & 3/4 \\ 1/4 & 0 & 2/4 & 1 \\ 3/4 & 2/4 & 0 & 3/4 \\ 3/4 & 1 & 3/4 & 0 \end{bmatrix}$$

其中：

$$d(001,002) = 1/4, \quad d(001,003) = 3/4, \quad d(001,004) = 3/4$$

$$d(002,003)=1/2\text{，}\ d(002,004)=1\text{，}\ d(003,004)=3/4$$

由于 $d(i,j)$ 的值越小表示相关性越大，因此零件 001 与零件 002 的相似度最大；零件 002 与零件 004 从属性的重合度角度来分析没有相似性。

2. 二元属性相似性

二元属性是指每个属性的取值都只有 0 或 1 两种可能，也称布尔属性（取值为 True 或 False）。对象 X_i 与对象 X_j 进行二元属性相似性计算时，通过表格形式（见表 4-2）记录二元属性相同（同为 1 或同为 0）的个数。

表 4-2　二元属性取值表

对象X_i	对象X_j		
	1	0	合计
1	p	q	$p+q$
0	r	s	$r+s$
合计	$p+r$	$q+s$	$p+q+r+s=m$

表中，p 为对象 X_i 和对象 X_j 都取 1 的属性个数；s 为对象 X_i 和对象 X_j 都取 0 的属性个数；q 为对象 X_i 取 1 且对象 X_j 取 0 的属性个数；r 为对象 X_i 取 0 且对象 X_j 取 1 的属性个数；所有二元属性的总数为 $p+q+r+s=m$。

对象 X_i 和对象 X_j 都为二元属性时，其相似度计算公式为

$$d(i,j)=\frac{q+r}{m} \tag{4-14}$$

3. 数值属性相似性

数值属性是指属性的数据类型为数值型，是最常见的属性类型，通常采用基于距离的相似性评价指标，通过计算数据点之间的距离来评估它们之间的相似性，主要包括欧几里得距离、曼哈顿距离和切比雪夫距离。

1）欧几里得距离（Euclidean Distance）是最常用的距离相似度分析指标之一，衡量的是多维空间中各个点之间的绝对距离。它适用于连续型数据，并且各维度特征具有相同的刻度级别。m 维空间中两点 $X_i(x_{i1},x_{i2},\cdots,x_{im})$ 与 $X_j(x_{j1},x_{j2},\cdots,x_{jm})$ 的欧几里得距离为

$$d(i,j)=L_0=\sqrt{\sum_{k=1}^{m}(X_{ik}-X_{jk})^2} \tag{4-15}$$

2）曼哈顿距离（Manhattan Distance）也被称为城市街区距离或 L_1 距离，表示空间两点坐标差的绝对值之和。m 维空间中两点 $X_i(x_{i1},x_{i2},\cdots,x_{im})$ 与 $X_j(x_{j1},x_{j2},\cdots,x_{jm})$ 的曼哈顿距离为

$$d(i,j)=L_1=\sum_{k=1}^{m}\left|X_{ik}-X_{jk}\right| \tag{4-16}$$

曼哈顿距离在计算机科学和机器学习中经常被用于衡量两点之间的距离，特别适用于在一个离散的网格中计算两个点的距离，例如图像处理、路径规划等领域。

3）切比雪夫距离（Chebyshev Distance）用于衡量空间两点间的最大坐标差。m 维空间中两点 $X_i(x_{i1},x_{i2},\cdots,x_{im})$ 与 $X_j(x_{j1},x_{j2},\cdots,x_{jm})$ 的切比雪夫距离为

$$d(i,j)=L_2=\max_{k=1}^{m}\left|X_{ik}-X_{jk}\right| \tag{4-17}$$

切比雪夫距离在多个领域有广泛的应用，如图像处理、聚类算法等。在图像处理领域，可以使用切比雪夫距离来对图像进行相似性比较，找到最相似的图像。在聚类算法领域，例如 K 均值聚类算法，可以使用切比雪夫距离来确定数据点之间的相似性，并将它们分组。

以上是数据属性相同时的相似性计算，但数据属性可能存在不同（种类不同或数量不同），这时以上方法不再适用，应通过更具普适性的方法将数据相似性扩展到空间向量运算或集合运算。

4. 余弦相似度

余弦相似度（Cosine Similarity）更注重两个向量在方向上的差异。它通常用于衡量文本数据或向量空间中的相似性。对于空间两个向量 $\boldsymbol{X}_i(x_{i1},x_{i2},\cdots)$ 和 $\boldsymbol{X}_j(x_{j1},x_{j2},\cdots)$，其表达式为

$$d(i,j)=\text{Cosine Similarity}=\frac{\boldsymbol{X}_i\bullet\boldsymbol{X}_j}{\|\boldsymbol{X}_i\|\|\boldsymbol{X}_j\|} \tag{4-18}$$

式中，$\boldsymbol{X}_i\bullet\boldsymbol{X}_j$ 为两向量的点积；$\|\boldsymbol{X}_i\|$ 和 $\|\boldsymbol{X}_j\|$ 分别是向量 $\boldsymbol{X}_i$、$\boldsymbol{X}_j$ 的模长。

余弦相似度的取值范围为 [−1,1]，其值越大表示两个向量在方向上越趋向于平行，相似度越高，$\text{Cosine Similarity}=1$ 表示完全相似，$\text{Cosine Similarity}=-1$ 表示完全不相似。

5. Jaccard 相似系数

Jaccard 相似系数（Jaccard Similarity Coefficient，JSC）是一种用于比较有限样本集之间的相似性与差异性的度量方法，主要用于计算符号度量或布尔值度量的个体间的相似度。它衡量的是两个集合 $X_i=\{x_{i1},x_{i2},\cdots\}$ 和 $X_j=\{x_{j1},x_{j2},\cdots\}$ 的交集大小与其并集大小的比值。其表达式为

$$d(i,j)=\text{JSC}(X_i,X_j)=\frac{|X_i\cap X_j|}{|X_i\cup X_j|} \tag{4-19}$$

式中，$\text{JSC}(X_i,X_j)$ 为两集合的 Jaccard 相似系数；$|X_i\cap X_j|$ 为两交集的大小；$|X_i\cup X_j|$ 为两并集的大小。

这个比值的结果是一个介于 0 和 1 之间的数值，表示两个集合的相似程度。当 Jaccard 相似系数接近 1 时，表示两个集合非常相似；当 Jaccard 相似系数接近 0 时，表示两个集合没有共同元素，相似度较低。

表 4-3 对比了数据相似性分析方法，这些相似性分析方法各有特点，适用于不同类型的数据，并在特定场景下展现出各自的优势。然而，它们也各自存在缺陷，需要根据具体的应用场景和数据类型来选择合适的方法。

表 4-3　数据相似性分析方法对比

相似性分析方法	方法特点	适用数据类型	优势	缺陷
标称属性相似性	相似度计算基于属性匹配率	离散数据、非数值型数据	计算简单，易于理解 能够量化属性相似程度	不适用于数值型数据，忽略属性重要性差异
二元属性相似性	相似度计算基于属性匹配率	二元数据、布尔数据	计算简便，易于理解 能够量化二元属性相似程度	不能用于非二元数据，忽略属性重要性差异

（续）

相似性分析方法		方法特点	适用数据类型	优势	缺陷
数值属性相似性	欧几里得距离	计算多维空间中两点之间的直线距离	数值数据、连续型数据	几何意义明确，易于理解	对数据的尺度敏感， 对于高维数据，易产生“维数灾难”
	曼哈顿距离	计算两点在标准坐标系上的绝对轴距总和	数值数据、网格状数据结构	计算简单 适用于网格状数据结构	对非网格状数据结构缺乏准确性，大数据集上计算效率低
	切比雪夫距离	计算两点在各个维度上绝对值的最大值	数值、棋盘数据结构	对数据的尺度不敏感 突出显示数据中的最大差异	忽略了数据中非最大差异部分的分析，对高维数据缺乏直观性
余弦相似度		计算两个向量之间夹角的余弦值	数值数据、高维数据、稀疏数据	不受长度影响，只与方向有关 适用于高维数据和稀疏数据	对数据的稀疏性敏感，不能处理负值数据
Jaccard 相似系数		计算两个集合交集与并集的比值	集合数据、文本计算、推荐系统	计算简单，易于理解	对大数据集合可能缺乏准确性，不适用于非集合型数据

4.2.2 数据相关性分析方法

相关性分析则主要关注的是两个或多个变量之间的关系强弱和方向。相关性分析常用于探索变量之间的关系、预测模型等领域。

1. 两个变量之间的相关性分析

（1）协方差

协方差（Covariance）是一个反映两个随机变量相关程度的统计量，用于描述两个变量的变化趋势是否一致。对于 x、y 两个变量采样得到的一组样本数据 x_i、$y_i(i=1,2,\cdots,n)$，其协方差计算公式为

$$\mathrm{Cov}(x,y)=\frac{\sum_{i=1}^{n}(x_i-\bar{x})(y_i-\bar{y})}{n-1} \tag{4-20}$$

式中，$\mathrm{Cov}(x,y)$ 为变量 x、y 的协方差值；$\bar{x}$、$\bar{y}$ 分别是样本数据 x_i、$y_i(i=1,2,\cdots,n)$ 的算术平均值；n 为样本数据量。

若 $\mathrm{Cov}(x,y)>0$，说明两个变量成正相关关系；若 $\mathrm{Cov}(x,y)<0$，说明两个变量成负相关关系；若 $\mathrm{Cov}(x,y)\approx 0$，说明两个变量无相关关系。不同协方差值对应的变量分布情况如图 4-4 所示。

协方差有以下关键特性。

1）对称性：$\mathrm{Cov}(x,y)=\mathrm{Cov}(y,x)$。

2）线性性质：对于常数 a 和 b，$\mathrm{Cov}(ax,by)=ab\mathrm{Cov}(x,y)$。

3）无量纲性：协方差没有单位，它只表示了变量间变化的相对程度。

协方差通常用于评价两个变量之间的关联程度并识别两个变量之间的线性相关关系。然而，协方差值只能反映关系方向，不能量化关系强弱，且其对单个数据敏感，即使一个数据样本出现异常也会使整体样本的协方差值出现较大偏差。另外，由于协方差值取决于变量的取值范围，因此不能直接比较不同变量之间的协方差值，所以需要对不同变量的协

方差值进行标准化处理。

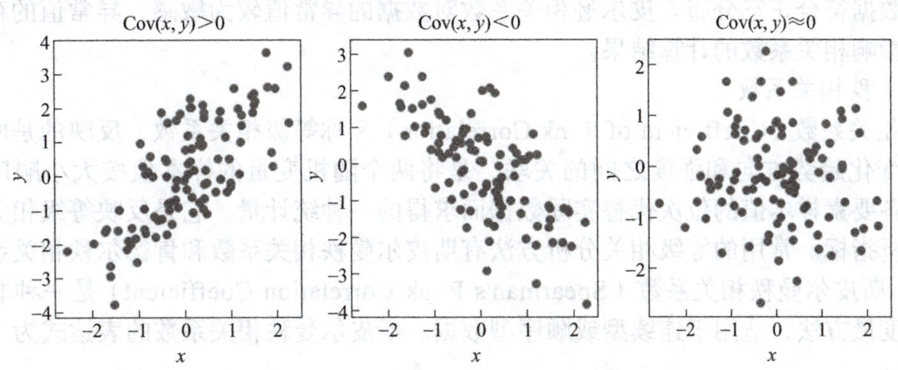

图 4-4　不同协方差值下的变量分布情况

（2）皮尔逊相关系数

皮尔逊相关系数（Pearson Correlation Coefficient）又称为皮尔逊积矩相关系数，它是对协方差值进行标准化处理后的一种线性相关指标，可以反映两个变量线性相关程度。对于 x、y 两个变量采样得到的一组样本数据 x_i、$y_i(i=1,2,\cdots,n)$，皮尔逊相关系数的表达式为

$$r=\frac{\sum_{i=1}^{n}(x_i-\bar{x})(y_i-\bar{y})}{\sqrt{\sum_{i=1}^{n}(x_i-\bar{x})^2}\sqrt{\sum_{i=1}^{n}(y_i-\bar{y})^2}} \tag{4-21}$$

式中，r 为皮尔逊相关系数；$\bar{x}$、$\bar{y}$ 分别是样本数据 x_i、$y_i(i=1,2,\cdots,n)$ 的算术平均数。

皮尔逊相关系数的取值范围为 [−1,1]。其中，1 表示完全正相关，−1 表示完全负相关，0 表示无相关性。不同皮尔逊相关系数对应的 x、y 变量分布情况散点图如图 4-5 所示。由

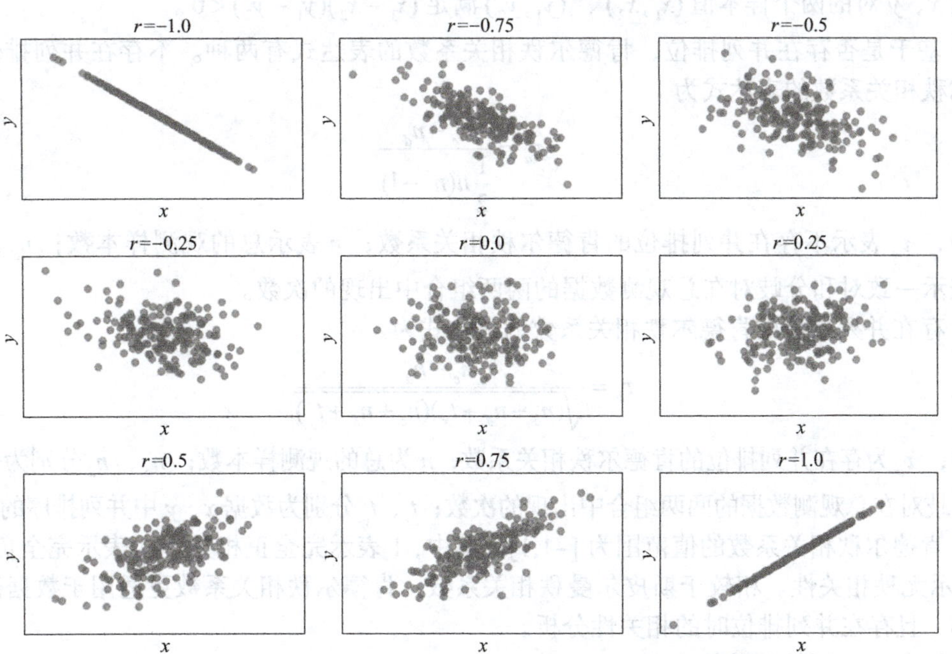

图 4-5　不同皮尔逊相关系数下的变量分布情况

图可知，皮尔逊相关系数可以反映变量之间的相关性程度。但它只适用于连续型数据，并且要求数据符合正态分布。皮尔逊相关系数对数据的异常值较为敏感，异常值的存在可能会显著影响相关系数的计算结果。

（3）秩相关系数

秩相关系数（Coefficient of Rank Correlation）又称等级相关系数，反映的是两个随机变量的变化趋势方向和强度之间的关联，是将两个随机变量的样本值按大小顺序排列位次，以各要素样本值的位次代替实际数据而求得的一种统计量。它是反映等级相关程度的统计分析指标。常用的等级相关分析方法有斯皮尔曼秩相关系数和肯德尔秩相关系数。

1）斯皮尔曼秩相关系数（Spearman's Rank Correlation Coefficient）是一种非参数的相关性度量方法，适用于连续型或顺序型数据。斯皮尔曼秩相关系数的表达式为

$$\rho = 1 - \frac{6\sum_{i=1}^{n} d_i^2}{n(n^2-1)} \tag{4-22}$$

式中，ρ 为斯皮尔曼秩相关系数；n 为总的观测样本数；d_i 为第 i 个数据的位次值之差，$d_i = x_i' - y_i'$，x_i'、y_i' 分别表示样本 x、y 第 i 个数据点的位次。

斯皮尔曼秩相关系数的取值范围为 $[-1,1]$。其中，1 表示完全正相关，−1 表示完全负相关，0 表示无秩相关性。与皮尔逊相关系数不同，斯皮尔曼秩相关系数可以用于非线性关系和非正态分布的数据相关分析，且对于异常值的处理更加稳健。

2）肯德尔秩相关系数（Kendall's Tau）也是一种非参数的相关性度量方法，适用于顺序型数据。它衡量的是两个变量之间的一致性程度，即一个变量排名变化时，另一个变量是否也会发生相应的排名变化。肯德尔秩相关基于样本数据对之间的关系进行相关系数的强弱分析。数据对可以分为一致对（Concordant）和分歧对（Discordant）。一致对是指两个变量 x、y 对的两个样本值 (x_1,x_2)、(y_1,y_2) 满足 $(x_1-x_2)(y_1-y_2)\geqslant 0$；分歧对是指两个变量 x、y 对的两个样本值 (x_1,x_2)、(y_1,y_2) 满足 $(x_1-x_2)(y_1-y_2)<0$。

基于是否存在并列排位，肯德尔秩相关系数的表达式有两种。不存在并列排位的肯德尔秩相关系数的表达式为

$$\tau_a = \frac{n_c - n_d}{\frac{1}{2}n(n\ \ -1)} \tag{4-23}$$

式中，τ_a 表示不存在并列排位的肯德尔秩相关系数；n 表示总的观测样本数；n_c、n_d 分别表示一致对和分歧对在总观测数据的两两组合中出现的次数。

存在并列排位的肯德尔秩相关系数的表达式为

$$\tau_b = \frac{n_c - n_d}{\sqrt{(n_c+n_d+t_x)(n_c+n_d+t_y)}} \tag{4-24}$$

式中，τ_b 为存在并列排位的肯德尔秩相关系数；n 为总的观测样本数；n_c、n_d 分别为一致对和分歧对在总观测数据的两两组合中出现的次数；t_x、t_y 分别为数据 x、y 中并列排序的数量。

肯德尔秩相关系数的值范围为 $[-1,1]$。其中，1 表示完全正相关，−1 表示完全负相关，0 表示无秩相关性。相较于斯皮尔曼秩相关系数，肯德尔秩相关系数更适用于数据样本比较小，且存在并列排位时的相关性分析。

（4）点二列相关系数

点二列相关系数（Point-Biserial Correlation Coefficient）用于衡量一个二元变量与一

个连续变量之间的关系。其表达式为

$$\phi = \frac{M_1 - M_0}{s}\sqrt{p_0(1-p_0)} \tag{4-25}$$

式中，M_1是二分变量中取值为 1（或“是”）的样本在连续变量上的均值；M_0是二分变量中取值为 0（或“否”）的样本在连续变量上的均值；s 是连续变量的标准差；p_0 是二分变量中取值为 0（或“否”）的样本的比例。

点二列相关系数的取值范围为 [−1,1]。其中，1 表示完全正相关，−1 表示完全负相关，0 表示无相关性。它类似于皮尔逊相关系数，但适用于包含一个二元变量的情况，其中 0 和 1 表示两种不同的状态。点二列相关系数衡量的是线性关系的强度和方向，而不是单调关系。因此，如果两个变量之间的关系是非线性的，即使它们之间存在很强的单调关系，点二列相关系数也可能无法准确反映这种关系。

2. 多个变量之间的相关性分析

（1）肯德尔和谐系数

肯德尔和谐系数（Kendall's Harmony Coefficient）用于衡量多个等级变量之间的相关程度。与主要用于衡量两个变量之间的单调关系的肯德尔秩相关系数不同，肯德尔和谐系数主要用于衡量多个相互独立的评价者或观察者对于一组对象排序的一致性。特别适用于数据资料是多列相关的等级资料，比如 k 个评分者评价 N 个对象，或者是同一个人先后 k 次评价 N 个对象。其表达式为

$$w = \frac{s}{0.5n(n-1)} \tag{4-26}$$

式中，w 为肯德尔和谐系数；s 为和谐的观察值对与不和谐的观察值对的差值；n 为被评价对象的个数。和谐观察值对表示两个评价者对被评价对象的排序一致，反之则是不和谐观察对。

肯德尔和谐系数是一种非参数的统计方法，因此不需要假设数据符合特定的分布。它不仅可以用于衡量变量之间的线性关系，还可以用于衡量非线性关系。和谐系数的取值范围在 0 到 1 之间。当其接近 1 时，表示评价者之间的和谐程度很高，即他们的排序非常一致；而当其接近 0 时，则表示评价者之间的和谐程度很低，即他们的排序存在很大的差异。

（2）组内相关系数

组内相关系数（Intraclass Correlation Coefficient，ICC）是衡量和评价观察者间信度（Inter-observer Reliability）和复测信度（Test-retest Reliability）的信度系数（Reliability Coefficient）的指标之一。它反映了组内相关性的程度，即个体观测值由于属于同一组而表现出的一致性或相似性。其表达式为

$$\mathrm{ICC} = \frac{s_1^2}{s_1^2 + s_2^2} \tag{4-27}$$

式中，ICC 为组内相关系数；s_1、s_2 分别为不同组之间的标准差和同一组内的标准差。

组内相关系数的值介于 0 ～ 1 之间。其中，0 表示没有组内相关性，而 1 表示完全的组内相关性。

（3）主成分分析

主成分分析（Principal Component Analysis，PCA）是一种常用的数据分析技术，主要用于降维和特征提取。它的基本原理是通过线性变换，将高维数据转换到低维空间，同

时保留数据的最大方差。这种转换是通过创建新的变量（即主成分变量）实现的，这些新变量是原始变量的线性组合。主成分分析的步骤如下。

1）数据标准化：对原始数据进行标准化处理，使得每个变量的均值为 0、标准差为 1。这一步的目的是消除不同变量间的量纲差异，使它们在分析中具有相同的权重。变量 $x_i(i=1,2,\cdots,n)$ 的标准化公式为

$$\hat{x}_i=\frac{x_i-\mu}{\sigma} \tag{4-28}$$

式中，$\hat{x}_i$ 是标准化的变量数据；μ 是变量 $x_i(i=1,2,\cdots,n)$ 的均值；σ 是变量 $x_i(i=1,2,\cdots,n)$ 的标准差。

2）计算协方差矩阵：根据标准化后的数据，采用式（4–20）计算变量间的协方差矩阵。协方差矩阵反映了变量间的相关性，是主成分分析的关键输入。

3）计算特征值和特征向量：求解协方差矩阵的特征值和特征向量。特征值的大小表示对应主成分所能解释的方差量，而特征向量则描述了主成分的方向。

4）选择主成分：根据特征值的大小选择主成分。通常选择特征值较大的前几个主成分，因为它们能解释原始数据中大部分的方差量。

5）构造主成分：将选择的主成分与原始数据进行线性组合，得到新的主成分。这些新的主成分既保留了原始数据中的大部分信息，又实现了数据的降维。

【例 4-2】给定 4 个数据样本，每个样本包含 x、y、z 这 3 个变量，$[xyz]=\begin{bmatrix}1 & 2 & 3\\ 4 & 5 & 6\\ 7 & 8 & 9\\ 10 & 11 & 12\end{bmatrix}$，基于该组数据进行主成分分析。

解：

1）数据标准化。

计算均值：

$$\mu(x)=\frac{1+4+7+10}{4}=5.5 \quad \mu(y)=\frac{2+5+8+11}{4}=6.5 \quad \mu(z)=\frac{3+6+9+12}{4}=7.5$$

计算标准差：

$$\sigma(x)=\sqrt{\frac{\sum_{i=1}^{4}(x_i-\mu(x))^2}{4}}=3.35 \quad \sigma(y)=\sqrt{\frac{\sum_{i=1}^{4}(y_i-\mu(y))^2}{4}}=3.35 \quad \sigma(z)=\sqrt{\frac{\sum_{i=1}^{4}(z_i-\mu(z))^2}{4}}=3.35$$

根据公式 $\hat{x}_i=\frac{x_i-\mu}{\sigma}$ 标准化变量：

$$\boldsymbol{Z}=[\hat{x}\quad \hat{y}\quad \hat{z}]=\begin{bmatrix}\hat{x}_1 & \hat{y}_1 & \hat{z}_1\\ \hat{x}_2 & \hat{y}_2 & \hat{z}_2\\ \hat{x}_3 & \hat{y}_3 & \hat{z}_3\\ \hat{x}_4 & \hat{y}_4 & \hat{z}_4\end{bmatrix}=\begin{bmatrix}-1.34 & -1.34 & -1.34\\ -0.45 & -0.45 & -0.45\\ 0.45 & 0.45 & 0.45\\ 1.34 & 1.34 & 1.34\end{bmatrix}$$

2）计算协方差矩阵。

计算协方差公式 $\mathrm{Cov}(Z_i,Z_j)=\frac{\sum_{k=1}^{4}(Z_{ki}-\mu(Z_i))(Z_{kj}-\mu(Z_j))}{n-1}$，标准化的数据 $\mu(Z_i)=$

$\mu(Z_j)=0$，得协方差矩阵为

$$\mathrm{Cov}(\boldsymbol{Z})=\begin{bmatrix}\mathrm{Cov}(\hat{x}_1,\hat{x}_1) & \mathrm{Cov}(\hat{x}_1,\hat{y}_1) & \mathrm{Cov}(\hat{x}_1,\hat{z}_1)\\ \mathrm{Cov}(\hat{x}_1,\hat{x}_2) & \mathrm{Cov}(\hat{x}_1,\hat{y}_2) & \mathrm{Cov}(\hat{x}_1,\hat{z}_2)\\ \mathrm{Cov}(\hat{x}_1,\hat{x}_3) & \mathrm{Cov}(\hat{x}_1,\hat{y}_3) & \mathrm{Cov}(\hat{x}_1,\hat{z}_3)\\ \mathrm{Cov}(\hat{x}_1,\hat{x}_4) & \mathrm{Cov}(\hat{x}_1,\hat{y}_4) & \mathrm{Cov}(\hat{x}_1,\hat{z}_4)\end{bmatrix}=\begin{bmatrix}1.33 & 1.33 & 1.33\\ 1.33 & 1.33 & 1.33\\ 1.33 & 1.33 & 1.33\\ 1.33 & 1.33 & 1.33\end{bmatrix}$$

3）计算协方差矩阵的特征值和特征向量。

解线性方程组 $(\mathrm{Cov}(\boldsymbol{Z})-\lambda\boldsymbol{I})\boldsymbol{v}=0$，得协方差矩阵 $\mathrm{Cov}(\boldsymbol{Z})$ 的特征值：

$$\lambda_1=4,\lambda_2\approx 0,\lambda_3\approx 0$$

对应的协方差矩阵 $\mathrm{Cov}(\boldsymbol{Z})$ 的特征向量：

$$\boldsymbol{v}_1=(-0.58\quad -0.58\quad -0.58)^{\mathrm{T}}$$

$$\boldsymbol{v}_2=(-0.67\quad -0.07\quad 0.74)^{\mathrm{T}},\boldsymbol{v}_3=(0\quad -0.71\quad 0.71)^{\mathrm{T}}$$

4）选择主成分。选择 $\lambda_1=4$ 对应的特征向量 $\boldsymbol{v}_1=(-5.77\quad -5.77\quad -5.77)^{\mathrm{T}}$ 为主成分，因为它可以解释大部分方差。

5）构造主成分。

$$\boldsymbol{v}=\boldsymbol{Z}\boldsymbol{v}_1=\begin{bmatrix}-1.34 & -1.34 & -1.34\\ -0.45 & -0.45 & -0.45\\ 0.45 & 0.45 & 0.45\\ 1.34 & 1.34 & 1.34\end{bmatrix}\begin{bmatrix}-0.58\\ -0.58\\ -0.58\end{bmatrix}=\begin{bmatrix}2.33\\ 0.78\\ -0.78\\ -2.33\end{bmatrix}$$

因此得到了原始数据 $[x\ \ y\ \ z]=\begin{bmatrix}1 & 2 & 3\\ 4 & 5 & 6\\ 7 & 8 & 9\\ 10 & 11 & 12\end{bmatrix}$ 中的主成分向量 $\boldsymbol{v}=\begin{bmatrix}2.33\\ 0.78\\ -0.78\\ -2.33\end{bmatrix}$，将三维数据降为一维数据，既包含了原有数据的主要内容又减少了数据量，从而减少数据计算的复杂度。

主成分分析也有一些局限性。它假设数据是线性可分的，对于非线性关系的数据效果不佳；同时，它只考虑了数据的方差，可能忽略了其他重要的统计特性。

（4）因子分析

因子分析是一种研究从变量群中提取共性因子的统计技术。其核心思想是将一组观测变量解释为潜在因子和误差项的线性组合，从而揭示数据的内在结构。假设一组 m 个已标准化（μ=0,σ=1）的变量 $[X_1X_2\cdots X_m]$ 存在 k 个已标准化（μ=0,σ=1）的共性因子 $[f_1 f_2\cdots f_k]$，则变量可以用 k 个共性因子的线性组合表示，即

$$X_i=\sum_{j=1}^{k}a_{ij}f_j+\varepsilon_i\quad (i=1,2,\cdots,m) \tag{4-29}$$

式中，X_i 为第 i 个变量，i=1,2,⋯,m；f_j 为第 j 个共性因子，j=1,2,⋯,k；a_{ij} 为因子载荷，表示因子 f_j 对变量 X_i 的相关程度，$a_{ij}=\mathrm{Cov}(X_i,f_j)$；$\varepsilon_i$ 为第 i 个变量的误差。

式（4-29）的矩阵表达式为

$$\boldsymbol{X}=\boldsymbol{A}\boldsymbol{F}+\boldsymbol{\varepsilon} \tag{4-30}$$

式中，$\boldsymbol{X}$ 为一组变量，$\boldsymbol{X}=[X_1\ X_2\cdots\ X_m]^{\mathrm{T}}$；$\boldsymbol{F}$ 为一组共性因子，$\boldsymbol{F}=[f_1\ f_2\cdots f_k]^{\mathrm{T}}$；$\boldsymbol{A}$ 为因

子载荷矩阵，$\boldsymbol{A}=\begin{bmatrix} a_{11} & \cdots & a_{1k} \\ \vdots & & \vdots \\ a_{m1} & \cdots & a_{mk} \end{bmatrix}$；$\varepsilon$为误差矩阵，$\varepsilon=[\varepsilon_1\ \varepsilon_2 \cdots \varepsilon_m]^{\mathrm{T}}$。

判断一组共性因子$\boldsymbol{F}$是否能准确表达一组变量$\boldsymbol{X}$，有两个评价指标：变量共同度和因子方差贡献度。

1）变量共同度表示对于某一变量X_i，所有共性因子的方差贡献度之和，其数学表达式为

$$h_i^2=\sum_{j=1}^{k}a_{ij}^2 \quad (i=1,2,\cdots,m) \tag{4-31}$$

式中，h_i为一组共性因子$\boldsymbol{F}$对变量X_i的变量共同度；a_{ij}为因子f_j对变量X_i的相关程度。

h_i^2越接近于1，说明该组共性因子$\boldsymbol{F}$对变量X_i的解释性越好。如果大部分原有变量的变量共同度均较高（如高于0.7），则说明所抽取的因子能够反映原有变量的大部分信息（如70%以上），因子分析的效果较好。

2）因子方差贡献表示某一因子f_j对所有变量提供的方差贡献度之和，其表达式为

$$g_j^2=\frac{\sum_{i=1}^{m}a_{ij}^2}{\sum_{j=1}^{k}\sum_{i=1}^{m}a_{ij}^2} \quad (j=1,2,\cdots,k) \tag{4-32}$$

式中，g_j为某一因子f_j对所有变量的因子方差贡献度；a_{ij}为因子f_j对变量X_i的相关程度。

因子方差贡献的值越高，说明相应因子的重要性越高。可以根据因子方差贡献度由高到低选取变量的共性因子。如果一组因子的因子方差贡献度都较为平均，说明所选取的因子组合较为合理。

因子载荷矩阵$\boldsymbol{A}$反映了每个因子与每个原始变量的相关关系，可以根据因子载荷矩阵对共性因子进行可解释分析。当因子f_j对原始变量的相关系数$a_{1j},a_{2j},\cdots,a_{mj}$有明显差异时，可以推断出因子$f_j$主要受哪些原始变量的影响，从而解释各个共性因子的性质。然而，当k个因子对变量X_i的相关系数$a_{i1},a_{i2},\cdots,a_{ik}$无明显差异时，解释性较差，因此需要通过因子旋转来提高因子分析的可解释性。其目的是使载荷矩阵同一列的载荷系数差异尽可能大。可通过选取最大的载荷系数平方方差来实现，其数学表达式为：

$$\boldsymbol{A}'=\max\left(\frac{1}{k}\sum_{j=1}^{k}\left[\frac{1}{m}\sum_{i=1}^{m}\left(a_{ij}-\frac{1}{m}\sum_{i=1}^{m}a_{ij}\right)^2\right]\right) \tag{4-33}$$

式中，$\boldsymbol{A}'$为旋转后的载荷矩阵。

综上，因子分析的基本步骤如下。

1）计算变量之间的相关系数矩阵，即原始数据变量$\boldsymbol{X}$的协方差矩阵$\mathrm{Cov}(\boldsymbol{X},\boldsymbol{X}^{\mathrm{T}})$，根据变量的相关性程度对变量进行分组，分组数等于因子提取数。

2）选择因子提取方法，如主成分法或最大似然法，提取共性因子$\boldsymbol{F}$并计算载荷矩阵$\boldsymbol{A}$。

3）通过因子旋转调整因子的解释性。

4）根据因子载荷矩阵，计算变量共同度和因子方差贡献度等因子评价指标，并解释因子与原始变量之间的相关关系。

5）基于变量共同度和因子方差贡献度两个指标，判断因子分析结果的准确性。

【例 4-3】某市场调研公司收集了关于消费者购买手机时考虑的 5 个主要因素的数据，这 5 个因素分别是：价格（P）、品牌（B）、性能（C）、外观设计（D）和售后服务（S）。该公司对 100 名消费者进行了问卷调查，并得到了每个消费者对这 5 个因素的评分表，见表 4-4（各项满分为 10 分）。试用因子分析法，提取共性因子，并解释共性因子与原有变量的相关关系。

表 4-4　100 位消费者对产品的评价

评价者	价格（P）	品牌（B）	性能（C）	外观设计（D）	售后服务（S）
1	9	9	8	7	6
2	8	10	9	7	6
…	…	…	…	…	…
100	9	7	7	10	9

解：

1）计算变量之间的相关系数矩阵。

分别计算表 4-4 中 5 个因素的均值和方差，并对数据进行标准化处理。

计算表 4-4 中 5 个因素的协方差矩阵：

由公式 $\mathrm{Cov}(Z_i,Z_j)=\dfrac{\sum\limits_{k=1}^{4}(Z_{ki}-\mu(Z_i))(Z_{kj}-\mu(Z_j))}{n-1}$，标准化的数据 $\mu(Z_i)=\mu(Z_j)=0$，得 5 个因素的协方差矩阵为

$$\mathrm{Cov}(\boldsymbol{Z})=\begin{bmatrix}1.0 & 0.75 & 0.35 & 0.58 & 0.32\\ 0.75 & 1.0 & 0.45 & 0.68 & 0.43\\ 0.35 & 0.45 & 1.0 & 0.07 & 0.68\\ 0.58 & 0.68 & 0.07 & 1.0 & 0.03\\ 0.32 & 0.43 & 0.68 & 0.03 & 1.0\end{bmatrix}$$

根据协方差矩阵可将相关性强的因素分为二组：{P,B,D}、{C,S}。因此可以提取两个共性因子。

2）对 5 个因素的协方差矩阵进行主成分分析，提取两个共性因子。

解线性方程组 $(\mathrm{Cov}(\boldsymbol{Z})-\lambda\boldsymbol{I})\boldsymbol{v}=0$，得协方差矩阵 $\mathrm{Cov}(\boldsymbol{Z})$ 的特征值：

$\lambda_1\approx 2.79,\lambda_2\approx 1.35,\lambda_3\approx 0.35,\lambda_4\approx 0.32,\lambda_5\approx 0.18$。

选取最大的前两个特征值对应的特征向量：

$$\boldsymbol{v}_1=[0.50\ \ 0.55\ \ 0.39\ \ 0.39\ \ 0.37]^{\mathrm{T}}\quad \boldsymbol{v}_2=[0.23\ \ 0.17\ \ -0.54\ \ 0.55\ \ -0.57]^{\mathrm{T}}$$

计算原始变量在共性因子提取后的主成分矩阵 $\boldsymbol{v}$。

$$\boldsymbol{v}=\boldsymbol{Z}[\boldsymbol{v}_1,\boldsymbol{v}_2]=\begin{bmatrix}9 & 9 & 8 & 7 & 6\\ 8 & 9 & 7 & 8 & 6\\ 7 & 7 & 8 & 4 & 8\\ \vdots & \vdots & \vdots & \vdots & \vdots\\ 9 & 7 & 7 & 10 & 9\end{bmatrix}_{100\times 5}\begin{bmatrix}0.5 & 0.23\\ 0.55 & 0.17\\ 0.39 & -0.54\\ 0.39 & 0.55\\ 0.37 & -0.57\end{bmatrix}_{5\times 2}=\begin{bmatrix}17.52 & -0.29\\ 17.02 & 0.57\\ 14.99 & -3.88\\ \vdots & \vdots\\ 18.31 & -0.15\end{bmatrix}_{100\times 2}$$

式中，$\boldsymbol{Z}_{100\times 5}$ 为表 4-4 中 100 位消费者对产品 5 个因素的评价值表；$\boldsymbol{v}_1$、$\boldsymbol{v}_2$ 分别为共性因子

向量。

对主成分矩阵 $\boldsymbol{v}$ 中的两个共性因子进行标准化处理，与第 1）步中经过标准化处理的 5 个原始因素进行相关关系分析，即计算它们的协方差矩阵，得到载荷矩阵 $\boldsymbol{A}$。

3）基于式（4-33），对载荷矩阵 $\boldsymbol{A}$ 进行因子旋转，得到可解释性强的载荷矩阵 $\boldsymbol{A}'$（见图 4-6）。

载荷矩阵A'	F_1	F_2
价格(P)	0.85	0.01
品牌(B)	0.77	0.12
性能(C)	0.01	0.87
外观(D)	0.83	0.21
售后(S)	0.02	0.92

图 4-6　载荷矩阵 A'

4) 解释共性因子。由载荷矩阵 $\boldsymbol{A}'$ 可知，共性因子 $\boldsymbol{F}_1$ 主要由价格（P）、品牌（B）、外观（D）组成，它反映了三者隐藏的共性机制；$\boldsymbol{F}_2$ 主要由性能（C）和售后（S）组成，它反映了二者隐藏的共性机制。

5）检验因子分析的准确性。

计算变量共同度：由 $h_i^2=\sum_{j=1}^{k}a_{ij}^2$ 得 $h_1^2=0.0.72>0.7, h_2^2=0.59, h_3^2=0.76>0.7, h_4^2=0.78>0.7$, $h_5^2=0.84>0.7$。大部分原始因素的变量共同度计算结果大于 0.7，证明提取的共性因子具有较好的变量共同度。

计算因子方差贡献度：由 $g_j=\dfrac{\sum_{i=1}^{m}a_{ij}^2}{\sum_{j=1}^{k}\sum_{i=1}^{m}a_{ij}^2}$ 得 $g_1=0.54, g_2=0.46$。

两个因子的方差贡献度较为平均，具有较好的因子方差贡献度。

表 4-5 为不同的数据相关性分析方法对比，选择哪种相关性计算方法取决于具体的数据类型、分析目标和实际需求。需要注意的是，在计算相关性时，需要对数据进行预处理，排除可能存在的干扰因素，如异常值、缺失值等，以保证计算结果的准确性。

表 4-5　数据相关性分析方法对比

分析方法		线性	连续性	参数性	优势	缺陷
两个变量	协方差	线性	连续	参数统计量	简单反映变量之间关系的方向和强度信息	对数据的尺度敏感，不具有标准化，难以直接比较不同变量之间的协方差大小
	皮尔逊相关系数	线性	连续	参数统计量	标准化、易解释	要求数据接近正态分布，对异常值敏感
	斯皮尔曼秩相关系数	线性 / 非线性	连续 / 顺序	基于秩非参数统计量	对数据的分布和异常值不敏感，适用于非线性和非正态分布的数据	在某些情况下，精度低于皮尔逊相关系数
	肯德尔秩相关系数	线性 / 非线性	连续 / 离散	基于秩非参数统计量	对数据的分布和异常值不敏感，适用于非线性、离散和非正态分布的数据	适用于有序分类变量，数据量大且变量间关系复杂时，计算复杂
	点二列相关系数	线性	连续变量＋二分变量	参数统计量	能够量化连续变量和二分变量之间的关联程度	要求数据具有一个连续变量和一个二分变量，应用范围相对局限

（续）

分析方法		线性	连续性	参数性	优势	缺陷
多个变量	肯德尔和谐系数	线性 / 非线性	连续 / 离散	参数统计量	对数据的分布没有严格要求，适用于多个评价者的一致性检验	要求数据是有序分类的，要求样本数量足够大
	组内相关系数	线性 / 非线性	连续	参数统计量	能够量化组内和组间的相关性，适用于存在分组结构的数据	要求数据具有分组结构，要求足够多的组内观测值
	主成分分析	线性	连续	参数统计量	降维简化数据结构；提取的主成分进行可解释性分析	要求数据是连续且数值型的，不适用于分类数据或有序数据；丢失非线性信息，对分布和异常值敏感
	因子分析	线性	连续 / 离散（有序）	参数统计量	能够识别并解释潜在因子，揭示变量之间的潜在结构；有助于简化数据结构并解释复杂关系	要求变量之间存在一定的相关性，并且样本量需要足够大以支持因子提取和解释

4.3 工业大数据关联分析方法

工业大数据关联分析是通过挖掘工业大数据中的关联规则，找出不同项之间的相关性。这种分析对于理解工业系统运行产生的复杂数据关系至关重要，因为工业数据通常涉及多个环节和多种设备，数据之间存在极大的关联关系，如简单关联关系、时序关联关系、设备软件关联关系、日志操作关联关系等。

4.3.1 关联分析的基本概念

大数据关联分析是在大规模数据集中寻找某种关联关系的任务。关联分析的目的是发现隐藏在大型数据集中的有意义的联系，这种联系可以用关联规则和频繁项集来表示。例如，在购物篮分析中，关联规则可能是“购买了商品 A 的顾客也会购买商品 B”。关联规则的强度通常由支持度和置信度来度量。支持度确定规则可以用于给定数据集的频繁程度，而置信度确定在包含 X 的事务中 Y 出现的频率。

关联分析通常分为两个任务：

1）找出满足最小支持度阈值的项集，即频繁项集。

2）在找出的频繁项集中，提取置信度高的关联规则，即强规则。

在大数据环境下，关联分析可以帮助人们理解数据之间的关系和模式，从而做出更准确的预测和决策。

为进一步了解具体的关联分析方法，首先给出项集、频繁项集和关联规则的定义。

项集（Item sets）的定义：项的集合，包括 k 个项的项集为 k 项集。

例如，集合{面包，牛奶}中，面包和牛奶分别为一个项，该集合包含 2 个项，因此为 2 项集。

假设 $I=\{I_1,I_2,\cdots,I_m\}$ 是项的集合，给定一个交易数据库 D，每次交易事务 T（Transaction）是 I 的非空子集，即 $T\subseteq I$，每个交易事务 T 都具有一个唯一的表示符 TID（Transaction ID）与之对应。

频繁项集（Frequent Item sets）的定义：在一个具体的数据分析任务中，用户或者领域专家可以自行设定项集的出现频率阈值，如果项集 A 的出现频率高于阈值，则将 A 认定为频繁项集。包含 k 个项的频繁项集称之为 k 频繁项集。

关联规则（Association Rules）的定义：关联规则可通过蕴含式表达为

$$A => B \tag{4-34}$$

式中，A 定义为关联关系的前件（Antecedent 或 Left-hand-side，LHS），B 定义为关联关系的后件（Consequent 或 Right-hand-side，RHS）。关联规则表达了 A 项集发生的情况下，可大概率推断出 B 项集的发生。

例如，从某超市的购物项集中可推断出 { 面包 }=>{ 牛奶 } 这条关联规则，其中，面包为前件，牛奶为后件，其含义是在该超市购物的顾客，购买面包时倾向于同时购买牛奶。由此可以指导售货员将面包和牛奶放在邻近货架销售。

4.3.2 关联规则有效性评价指标

关联关系的有效性评估是指对两个或多个变量之间关联关系进行分析和评估。它对提高决策质量、优化资源配置、增强信任度、可持续改进具有重要意义。常用的关联关系评价指标有支持度、置信度、提升度。

1. 支持度

支持度（Support）衡量了一个规则在整个数据集中的普遍性，即满足规则的事件出现的频率。它定义为同时包含 X 和 Y 的样本数与总样本数的比值，表达式为

$$S(X,Y) = P(XY) = \frac{n(X \cap Y)}{n} \times 100\% \tag{4-35}$$

式中，$P(XY)$ 表示 X 和 Y 同时出现的概率；$n(X \cap Y)$ 表示同时包含 X 和 Y 的样本数；n 表示总样本数。

如果支持度很高，则表明 X 和 Y 同时出现的情况较多，那么将 X 与 Y 相关联的规则具有普遍性；反之亦然。

2. 置信度

置信度（Confidence）衡量了在包含 X 的事件中，Y 也出现的概率。它描述了一个事件 X 出现后，另一个事件 Y 出现的概率，即事件的条件概率，其表达式为

$$C(X,Y) = P(Y|X) = \frac{P(XY)}{P(X)} = \frac{n(X \cap Y)}{n(X)} \times 100\% \tag{4-36}$$

式中，$P(X)$ 表示 X 出现的概率；$P(XY)$ 表示 X 和 Y 同时出现的概率；$P(Y|X)$ 表示 X 出现的条件下，X 和 Y 同时出现的概率；$n(X \cap Y)$ 表示同时包含 X 和 Y 的样本数；$n(X)$ 表示 X 出现的样本数。

如果置信度很高，说明事件 X 出现时，事件 Y 大概率会跟随出现，这样的关联规则具备可靠性；反之亦然。

一个合适的关联规则应该同时具有较高的支持度和置信度。如果关联规则有较高支持度而置信度较低，说明关联规则较弱。如果关联规则有较高置信度而支持度较低，说明规则普遍性较低，可能只是偶然事件，不具备应用推广的意义。因此，为了生成合适的关联规则，通常需要分别设置最小支持度阈值 $S_{\min}$ 及最小置信度阈值 $C_{\min}$，当 X 和 Y 的关联规则支持度和置信度满足公式：

$$S(X,Y) \geqslant S_{\min} 且 C(X,Y) \geqslant C_{\min} \tag{4-37}$$

说明该关联规则具有一定的有效性。

3. 提升度

提升度（lift）衡量关联规则相较于随机情况的提升程度。提升度越高，规则的价值越大。它的表达式为

$$L(X \to Y) = \frac{C(X,Y)}{S(Y)} = \frac{P(Y|X)}{P(Y)} = \frac{n(X \cap Y)}{n(X)} / \frac{n(Y)}{n} \times 100\% \tag{4-38}$$

式中，$C(X,Y)$ 为 X 与 Y 关联规则的置信度；$S(Y)$ 为 Y 事件的支持度；$P(Y|X)$ 表示 X 出现的条件下，X 和 Y 同时出现的概率；$P(Y)$ 为 Y 事件出现的概率；$n(X \cap Y)$ 表示同时包含 X 和 Y 的样本数；$n(X)$ 表示 X 出现的样本数；$n(Y)$ 表示 Y 出现的样本数。

提升度接近 1，表示 X 和 Y 之间没有特别的关联；提升度 > 1，说明前件对后件具有正向影响，值越大，正向影响程度越高；提升度 < 1，则说明前件对后件具有负向影响。

4.3.3　关联分析方法

关联分析的主要方法有：Apriori 关联分析算法、FP-Growth 关联分析算法、Eclat 关联分析算法、二进制向量关联分析算法、矩阵的关联分析算法、分布式关联分析算法。

1. Apriori 关联分析算法

这是一种基于频繁项集的算法，用于发现数据集中项之间的有趣关系，形成规则。其基本思想是通过对数据库的多次扫描来计算项集的支持度，发现所有的频繁项集从而生成关联规则。关联规则通常以“如果……那么……”的形式表示，例如“如果用户购买了商品 A，那么很可能会购买商品 B”。

Apriori 算法基于两个关键性质来有效地生成频繁项集：

如果一个项集是频繁的，那么它的所有子集也必须是频繁的；

如果一个项集是非频繁的，那么它的所有超集也必定是非频繁的。

Apriori 关联分析算法的计算步骤如下。

1）首次扫描数据库，统计每个项的出现次数，并计算其支持度。设定一个最小支持度阈值，将支持度低于这个阈值的项剪枝掉，剩余的项组成频繁项集 1。

2）使用频繁项集 1 来产生候选项集 2。具体来说就是，将频繁项集 1 中的项两两组合，形成候选项集 2。

3）再次扫描数据库，统计每个候选项集 2 的出现次数，并计算其支持度。同样地，将支持度低于最小支持度阈值的候选项集 2 剪枝掉，剩余的组成频繁项集 2。

4）重复上述步骤，使用频繁项集 k 来产生候选项集（k+1），直到候选项集（k+1）为空，即无法再产生新的频繁项集为止。

【例 4-4】假设有一个小型超市的销售数据，记录了 5 份交易的商品。交易 1：{ 牛奶，面包，黄油 }，交易 2：{ 牛奶，尿布，啤酒，鸡蛋 }，交易 3：{ 面包，黄油，尿布，啤酒 }，交易 4：{ 牛奶，面包，尿布，鸡蛋 }，交易 5：{ 面包，牛奶，尿布，啤酒 }。

试基于 Apriori 算法找出商品之间的关联规则，分析哪些商品经常一起被购买。

解：扫描商品数据，设定最小支持度阈值为 0.4。

1) 计算单个商品的支持度，保留支持度高于 0.4 的商品作为频繁项集 1。

牛奶：4/5 = 0.8 面包：4/5 = 0.8 黄油：2/5 = 0.4

尿布：4/5 = 0.8 啤酒：3/5 = 0.6 鸡蛋：2/5 = 0.4

2）计算两个商品的支持度，保留支持度高于 0.4 的商品作为频繁项集 2。

{ 牛奶，面包 }：3/5 = 0.6　{ 牛奶，黄油 }：1/5 = 0.2　{ 牛奶，尿布 }：3/5 = 0.6

{ 牛奶，啤酒 }：2/5 = 0.4　{ 牛奶，鸡蛋 }：2/5 = 0.4　{ 面包，黄油 }：2/5 = 0.4

{ 面包，尿布 }：3/5 = 0.6　{ 面包，啤酒 }：2/5 = 0.4　{ 面包，鸡蛋 }：1/5 = 0.2

{ 黄油，尿布 }：1/5 = 0.2　{ 黄油，啤酒 }：1/5 = 0.2　{ 黄油，鸡蛋 }：0/5 = 0

{ 尿布，啤酒 }：3/5 = 0.6　{ 尿布，鸡蛋 }：2/5 = 0.4　{ 啤酒，鸡蛋 }：1/5 = 0.2

3）计算三个商品的支持度，保留支持度高于 0.4 的商品作为频繁项集 3。

{ 牛奶，面包，黄油 }：1/5=0.2　{ 牛奶，尿布，啤酒 }：2/5=0.4

{ 牛奶，尿布，鸡蛋 }：2/5=0.4　{ 尿布，啤酒，鸡蛋 }：1/5=0.2

{ 牛奶，啤酒，鸡蛋 }：1/5=0.2　{ 面包，黄油，尿布 }：1/5=0.2

{ 面包，黄油，啤酒 }：1/5=0.2　{ 黄油，尿布，啤酒 }：1/5=0.2

{ 面包，尿布，啤酒 }：2/5=0.4　{ 牛奶，面包，尿布 }：2/5=0.4

{ 牛奶，面包，鸡蛋 }：1/5=0.2　{ 面包，尿布，鸡蛋 }：1/5=0.2

{ 面包，牛奶，啤酒 }：1/5=0.2

4）生成关联规则。关联规则的一般形式是 $\{X\}$ => $\{Y\}$，其中 X 和 Y 是不相交的项集，并且 $X \cup Y$ 是一个频繁项集。并分别计算每个关联规则的置信度：$C(X,Y)=P(Y|X)$。

$$C(\{\text{牛奶, 尿布}\},\{\text{啤酒}\})=\frac{P(\{\text{牛奶, 尿布,啤酒}\})}{P(\{\text{牛奶, 尿布}\})}=\frac{0.4}{0.6}\approx 0.67$$

$$C(\{\text{牛奶,啤酒}\},\{\text{尿布}\})=\frac{P(\{\text{牛奶, 尿布,啤酒}\})}{P(\{\text{牛奶, 啤酒}\})}=\frac{0.4}{0.4}\approx 1$$

$$C(\{\text{尿布,啤酒}\},\{\text{牛奶}\})=\frac{P(\{\text{牛奶, 尿布,啤酒}\})}{P(\{\text{尿布, 啤酒}\})}=\frac{0.4}{0.6}\approx 0.67$$

根据关联规则可推测：买牛奶和啤酒的前提下一般会买尿布。

同理可知：

$$C(\{\text{牛奶,鸡蛋}\},\{\text{尿布}\})=\frac{P(\{\text{牛奶, 尿布,鸡蛋}\})}{P(\{\text{牛奶, 鸡蛋}\})}=\frac{0.4}{0.4}=1$$

$$C(\{\text{牛奶,尿布}\},\{\text{鸡蛋}\})=\frac{P(\{\text{牛奶, 尿布,鸡蛋}\})}{P(\{\text{尿布, 鸡蛋}\})}=\frac{0.4}{0.4}=1$$

根据关联规则可推测：买牛奶和鸡蛋的前提下一般会买尿布，买牛奶和尿布的前提下一般会买鸡蛋。

$$C(\{\text{面包,啤酒}\},\{\text{尿布}\})=\frac{P(\{\text{面包, 尿布,啤酒}\})}{P(\{\text{面包, 啤酒}\})}=\frac{0.4}{0.4}=1$$

根据关联规则可推测：买面包和啤酒的前提下一般会买尿布。

Apriori 算法的思想直观简单，易于理解和实现。它同时适用于离散数据和连续数据，具有较好的数据扩展性，通过剪枝技术减少候选项集的数量，提高算法的效率。但由于多次遍历数据集，因此降低了计算效率。

2. FP-Growth 关联分析算法

这是一种高效的关联分析算法，通过构建 FP 树（Frequent Pattern Tree）来挖掘数据中的频繁项集。它的核心思想是利用数据压缩和递归技术来高效地挖掘频繁项集。该算法的计算步骤如下。

1）扫描数据集，统计每项的频率，并根据频率降序排序。

2）将提供频繁项集的数据库压缩到一棵频繁模式 FP 树，其中每个节点代表一个项，节点上的计数表示该项的频率。

3）递归地挖掘 FP 树，找出频繁项集。

与 Apriori 算法相比，FP-Growth 算法不需要多次扫描数据集，因此大大提高了关联分析的效率，但 FP 树的构建需要具备一定的经验。此外，FP-Growth 算法主要适用于挖掘单维的布尔关联规则，对于多维或非布尔类型的数据处理能力有限。

【例 4-5】假设有一个小型超市的销售数据，记录了 5 份交易的商品。交易 1：{ 牛奶，面包，黄油 }，交易 2：{ 牛奶，尿布，啤酒，鸡蛋 }，交易 3：{ 面包，黄油，尿布，啤酒 }，交易 4：{ 牛奶，面包，尿布，鸡蛋 }，交易 5：{ 面包，牛奶，尿布，啤酒 }。（交易数据与例 4-4 相同。）

试基于 FP-Growth 算法找出商品之间的关联规则，分析哪些商品经常一起被购买。

解：

1）扫描数据集，统计每个项的频率，降序排列。

牛奶: 4 面包: 4 尿布: 4 啤酒: 3 鸡蛋: 2 黄油: 2

2）构建 FP 树。

首先，生成一个根节点（根节点无数据为 null）。

其次，遍历交易，每个交易中的商品按频率降序排列：

交易 1:{ 牛奶，面包，黄油 }

交易 2:{ 牛奶，尿布，啤酒，鸡蛋 } 交易 3:{ 面包，尿布，啤酒，黄油 }

交易 4:{ 牛奶，面包，尿布，鸡蛋 } 交易 5:{ 牛奶，面包，尿布，啤酒 }

然后，依次创建每个交易的 FP 树路径。如果路径上的某个节点已经存在，则增加该节点的计数；如果不存在，则创建新节点。FP 树的创建过程如图 4-7 所示。

交易 1:{ 牛奶，面包，黄油 }，生成的 FP 树如图 4-7a 所示。

交易 2:{ 牛奶，尿布，啤酒，鸡蛋 }，生成的 FP 树如图 4-7b 所示。

交易 3:{ 面包，尿布，啤酒，黄油 }，生成的 FP 树如图 4-7c 所示。

交易 4:{ 牛奶，面包，尿布，鸡蛋 }，生成的 FP 树如图 4-7d 所示。

交易 5:{ 牛奶，面包，尿布，啤酒 }，生成的 FP 树如图 4-7e 所示，此为完整的 FP 树。

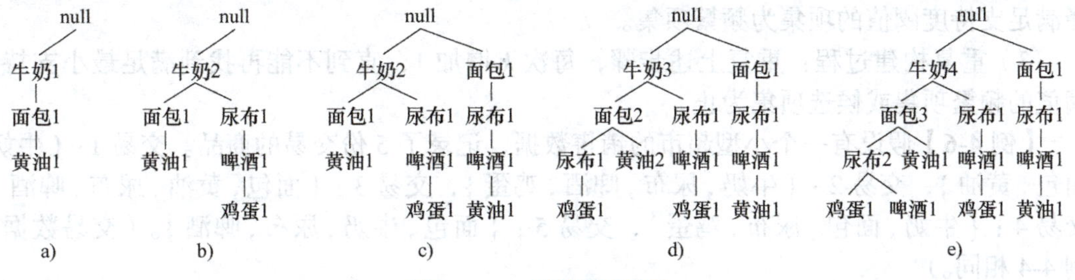

图 4-7 FP 树的创建过程

3）自底向上递归地挖掘生成的 FP 树，找到频繁项集。设置最小支持度阈值为 0.4（即要求出现频数 2 次及以上），得到频繁项集及出现频数。

从鸡蛋开始：

{ 鸡蛋 }2 { 鸡蛋，尿布 }2 { 鸡蛋，牛奶 }2 { 鸡蛋，尿布，牛奶 }2

从啤酒开始：

{ 啤酒 }3 { 啤酒，尿布 }3 { 啤酒，面包 }2 { 啤酒，牛奶 }2

{ 啤酒，尿布，面包 }2 { 啤酒，尿布，牛奶 }2

从黄油开始：

{ 黄油 }2 { 黄油 , 面包 }2

从尿布开始：

{ 尿布 }4 { 尿布 , 面包 }3 { 尿布 , 牛奶 }3 { 尿布 , 面包 , 牛奶 }2

从面包开始：

{ 面包 }4 { 面包 , 牛奶 }3

从牛奶开始：

{ 牛奶 }4

得到频繁项集与例 4-4 结果一致。

4）生成关联规则。采用如例 4-4 相同的方式生成关联规则并分析。

3. Eclat 关联分析算法

这是一种基于深度优先搜索的关联规则挖掘算法。Eclat 算法与 Apriori 和 FP-growth 算法采用水平数据结构的方式不同，它通过垂直数据格式来减少候选集的生成和测试。

水平数据结构（如 Apriori 和 FP-growth 算法所使用的）是将数据按照事务（或记录）进行组织，每个事务包含多个项（或属性）。在这种结构下，算法会扫描整个事务集，计算项集的支持度，并通过迭代的方式生成测试集和频繁项集。这种方法的缺点是当数据集很大时，计算量会显著增加，导致算法的效率降低。

垂直数据结构（如 Eclat 算法所采用的）则是将数据按照项进行组织，存储每个项出现的事务标识列表。这种结构使得在挖掘频繁项集时，可以直接通过项的事务标识列表进行集合运算，从而有效地减少计算量。Eclat 算法通过构建项的事务标识列表，并利用这些列表之间的交集运算来快速生成频繁项集。这种方法避免了在水平数据结构中需要多次扫描事务集的缺点，因此在处理大数据集时具有更高的效率。

Eclat 算法的计算步骤如下。

1）扫描数据集，转换数据格式：通过扫描一次数据集，将水平格式的数据转换成垂直格式。在垂直格式中，每个项与其对应的事务 ID（TID）相关联，形成一个项 -TID 对的列表。

2）构建频繁项集：设置最小支持度阈值，从 k=1 开始，使用频繁 k 项集来构造候选（k+1）项集。通过取频繁 k 项集的 TID 集的交集，计算对应的（k+1）项集的 TID 集，选择满足支持度阈值的项集为频繁项集。

3）重复构建过程：重复上述步骤，每次 k 增加 1，直到不能再找到满足最小支持度阈值的频繁项集或候选项集为止。

【例 4-6】假设有一个小型超市的销售数据，记录了 5 份交易的商品。交易 1：{ 牛奶 , 面包 , 黄油 }，交易 2：{ 牛奶 , 尿布 , 啤酒 , 鸡蛋 }，交易 3：{ 面包 , 黄油 , 尿布 , 啤酒 }，交易 4：{ 牛奶 , 面包 , 尿布 , 鸡蛋 }，交易 5：{ 面包 , 牛奶 , 尿布 , 啤酒 }。（交易数据与例 4-4 相同。）

试基于 Eclat 关联分析算法找出商品之间的关联规则，分析哪些商品经常一起被购买。

解：

1）构建垂直数据表示，并计算项集支持度。

项集 { 牛奶 } 对应的事务列表为 {1,2,4,5}，支持度为 4/5=0.8。

项集 { 面包 } 对应的事务列表为 {1,3,4,5}，支持度为 4/5=0.8。

项集 { 黄油 } 对应的事务列表为 {1,3}，支持度为 2/5=0.4。

项集 { 尿布 } 对应的事务列表为 {2,3,4,5}，支持度为 4/5=0.8。

项集 { 啤酒 } 对应的事务列表为 {2,3,5}，支持度为 3/5=0.6。

项集 { 鸡蛋 } 对应的事务列表为 {2,4}，支持度为 2/5=0.4。

2）挖掘频繁项集。设置支持度最小阈值为 0.4（即要求项集出现频数 2 次及以上）。

k=1，频繁项集：{ 牛奶 }、{ 面包 }、{ 尿布 }、{ 啤酒 }、{ 黄油 }、{ 鸡蛋 }。

k=2，频繁项集：

{ 牛奶 , 面包 } 对应交集事务列表为 {1,4,5}，支持度为 3/5=0.6。

{ 牛奶 , 尿布 } 对应交集事务列表为 {2,4,5}，支持度为 3/5=0.6。

{ 牛奶 , 啤酒 } 对应交集事务列表为 {2,5}，支持度为 2/5=0.4。

{ 牛奶 , 鸡蛋 } 对应交集事务列表为 {2,4}，支持度为 2/5=0.4。

{ 面包 , 黄油 } 对应交集事务列表为 {1,3}，支持度为 2/5=0.4。

{ 面包 , 尿布 } 对应交集事务列表为 {3,4,5}，支持度为 3/5=0.6。

{ 面包 , 啤酒 } 对应交集事务列表为 {3,5}，支持度为 2/5=0.4。

{ 尿布 , 啤酒 } 对应交集事务列表为 {2,4,5}，支持度为 3/5=0.6。

{ 尿布 , 鸡蛋 } 对应交集事务列表为 {2,4}，支持度为 2/5=0.4。

k=3，频繁项集：

{ 牛奶 , 面包 , 尿布 } 对应交集事务列表为 {4,5}，支持度为 2/5=0.4。

{ 牛奶 , 尿布 , 啤酒 } 对应交集事务列表为 {2,5}，支持度为 2/5=0.4。

{ 面包 , 尿布 , 啤酒 } 对应交集事务列表为 {3,5}，支持度为 2/5=0.4。

{ 牛奶 , 尿布 , 鸡蛋 } 对应交集事务列表为 {2,4}，支持度为 2/5=0.4。

计算的频繁项集与例 4-4 相同。

3）生成关联规则。采用如例 4-4 相同的方式生成关联规则并分析。

虽然 Eclat 算法能够快速地计算项集的支持度并构建频繁项集，但 Eclat 算法对数据集的初始排序要求较高，如果数据集没有按照合适的顺序进行排序，可能会影响算法的性能和效率。此外，当频繁项集的数量非常大时，Eclat 算法在进行交集操作时可能会消耗大量的内存，这可能会成为算法的瓶颈，影响算法在处理大规模数据集时的效率。

4. 二进制向量关联分析算法

这类算法将原始数据转换为二进制向量，并使用逻辑运算和矩阵运算来代替数据扫描，从而提高了关联分析的速度。该类算法的计算步骤如下。

1）定义项集和二进制向量的表示方法。例如，将项集中的每个项映射到一个二进制向量的特定位置，如果该位置上的项在数据集中出现，则将对应位置的值设为 1，否则设为 0。

2）计算项集之间的二进制向量内积。内积越大，说明两个项集之间的关联性越强。设定最小支持度阈值，筛选频繁项集。

3）进一步分析频繁项集之间的关系，生成关联规则。

【例 4-7】假设有一个小型超市的销售数据，记录了 5 份交易的商品。交易 1：{ 牛奶 , 面包 , 黄油 }，交易 2：{ 牛奶 , 尿布 , 啤酒 , 鸡蛋 }，交易 3：{ 面包 , 黄油 , 尿布 , 啤酒 }，交易 4：{ 牛奶 , 面包 , 尿布 , 鸡蛋 }，交易 5：{ 面包 , 牛奶 , 尿布 , 啤酒 }。（交易数据与例 4-4 相同。）

试基于二进制向量关联分析算法找出商品之间的关联规则，分析哪些商品经常一起被购买。

解：

1）将销售数据转换为二进制向量的形式，见表 4-6。

表 4-6 二进制销售数据

二进制	牛奶	面包	尿布	啤酒	黄油	鸡蛋
交易 1	1	1	0	0	1	0
交易 2	1	0	1	1	0	1
交易 3	0	1	1	1	1	0
交易 4	1	1	1	0	0	1
交易 5	1	1	1	1	0	0

2）计算项集之间的二进制向量内积，设置支持度阈值为 0.4（即频繁项集内积结果或大于等于 2），得到满足阈值的频繁项集：

$P(\{牛奶\})=[11011]\cdot[11011]=4$

$P(\{面包\})=[10111]\cdot[10111]=4$

$P(\{尿布\})=[01111]\cdot[01111]=4$

$P(\{啤酒\})=[01101]\cdot[01101]=3$

$P(\{黄油\})=[10100]\cdot[10100]=2$

$P(\{鸡蛋\})=[01010]\cdot[01010]=2$

$P(\{牛奶,面包\})=[11011]\cdot[10111]=3$

$P(\{牛奶,尿布\})=[11011]\cdot[01111]=3$

$P(\{牛奶,啤酒\})=[11011]\cdot[01101]=2$

$P(\{牛奶,鸡蛋\})=[11011]\cdot[01010]=2$

$P(\{面包,黄油\})=[10111]\cdot[01100]=2$

$P(\{面包,尿布\})=[10111]\cdot[01111]=3$

$P(\{面包,啤酒\})=[10111]\cdot[01101]=2$

$P(\{尿布,啤酒\})=[01111]\cdot[01101]=3$

$P(\{尿布,鸡蛋\})=[01111]\cdot[01010]=2$

$P(\{牛奶,面包,尿布\})=[11011]\cdot[10111]\cdot[01111]=2$

$P(\{牛奶,尿布,啤酒\})=[11011]\cdot[01111]\cdot[01101]=2$

$P(\{面包,尿布,鸡蛋\})=[10111]\cdot[01111]\cdot[01101]=2$

$P(\{牛奶,尿布,鸡蛋\})=[11011]\cdot[01111]\cdot[01010]=2$

得到的频繁项集与例 4-3 相同。

3）生成关联规则。采用如例 4-4 相同的方式生成关联规则并分析。

二进制向量算法表示方式简单直观，易于理解和实现，它利用向量内积运算来快速计算项集之间的相似性，节省了遍历消耗的时间和内存，适用于处理大规模数据集。然而，连续变量转换为二进制变量无法完全保留原始数据信息，这可能会影响关联规则挖掘的准确性。此外，二进制向量算法对噪声和异常值可能较为敏感，前期需要进行大量的数据预处理工作。

5. 矩阵的关联分析算法

这类算法使用矩阵数据结构来表示数据项之间的关系，并通过矩阵运算来挖掘关联规则。该算法用于根据事物的两个或多个重要属性进行分类关联分析。

基于矩阵的关联分析算法的基本步骤如下。

1）构建矩阵：根据分析目标，选择合适的变量或指标，并构建矩阵。矩阵的行和列分别代表不同的变量或指标，而矩阵中的元素则表示它们之间的关系或相似性度量。

2）计算关联度：采用适当的关联度计算方法，计算矩阵中每对变量或指标之间的关联度。这些关联度值将用于后续的分析。

3）关联分析：根据计算得到的关联度值，进行关联分析。

【例 4-8】 某电商平台记录了 5 种商品（A、B、C、D、E）在 4 个不同时间段（*T*1、*T*2、*T*3、*T*4）的销售额数据。A 的分别为 600,500,450,550、B 的分别为 500,400,480,420、C 的分别为 300,320,350,450、D 的分别为 750,700,650,600、E 的分别为 650,550,580,620。通过矩阵关联分析算法找出哪些商品在不同时间段内具有销售关联性。

解：

1）整理商品销售额数据，建立分析矩阵。计算商品各个时段的销售额平均值，将各个商品各个时段销售额与平均值进行比较，偏高标记为“H”，偏低标记为“L”，得到表 4-7。

表 4-7　销售额数据的分析矩阵

商品	*T*1	*T*2	*T*3	*T*4	平均值
A	600H	500L	450L	550H	525
B	500H	400L	480H	420L	450
C	300L	320L	350L	450H	355
D	750H	700H	650L	600L	675
E	650H	550L	580L	620H	600

2）构建关联矩阵。各个商品同一时间段标记相同表示具有关联性，具有关联性的时段越多，商品的销售关联性越强。关联矩阵见表 4-8，表中的元素表示商品销售额具有相同标记的时段。

表 4-8　销售商品的关联矩阵

商品	A	B	C	D	E
A	*T*1—*T*4	*T*1、*T*2	*T*2—*T*4	*T*1、*T*3	*T*1—*T*4
B	*T*1、*T*2	*T*1—*T*4	*T*2	*T*1、*T*4	*T*1、*T*2
C	*T*2—*T*4	*T*2	*T*1—*T*4	*T*3	*T*2—*T*4
D	*T*1、*T*3	*T*1、*T*4	*T*3	*T*1—*T*4	*T*1、*T*3
E	*T*3、*T*4	*T*1、*T*2	*T*2—*T*4	*T*1、*T*3	*T*1—*T*4

设置支持度阈值为 0.6（即商品至少要有 3 个时段销售标记相同才算频繁项集），得到频繁项集为

{A,C} 的支持度为 0.6　　{A,E} 的支持度为 1　　{C,E} 的支持度为 0.6

{A,C，E} 的支持度为 0.6

3）关联分析。并分别计算每个关联规则的置信度 $C(X,Y)=P(Y|X)$。

由 $C(\{A,C\},\{E\})=\dfrac{P(\{A,C,E\})}{P(\{A,C\})}=\dfrac{0.6}{0.6}\approx 1$，得 $\{A,C\} \Rightarrow \{E\}$ 为强关联规则。

可推断出：大部分时段，如果商品 A、C 销售额高，则商品 E 的销售额也高。

由 $C(\{C,E\},\{A\})=\dfrac{P(\{A,C,E\})}{P(\{C,E\})}=\dfrac{0.6}{0.6}\approx 1$，得 $\{C,E\} \Rightarrow \{A\}$ 为强关联规则。

可推断出：大部分时段，如果商品 C、E 销售额高，则商品 A 的销售额也高。

矩阵关联分析算法在解决资源和决策问题中具有重要作用。它有助于决策者将资源分配到最能产生绩效的部门或工作中，从而实现资源的优化配置。但其也存在一些局限性，例如对高维数据的处理可能较为困难，计算复杂度较高；同时，关联分析只能揭示变量之间的统计关系，而不能表达因果关系。

6. 分布式关联分析算法

这类算法利用多台计算机的计算和存储资源，并行处理数据，提高关联分析的效率。分布式关联分析算法主要用于在分布式计算环境中处理和分析大规模数据集，以高效地分析数据项之间的关联关系。

在分布式关联分析中，常见的算法有 MapReduceJoin、Sort-MergeJoin、BroadcastJoin 等。这些算法通过将计算任务分解为多个子任务，并在多台计算机上并行执行，从而实现快速、准确的关联分析。例如，MapReduceJoin 通过 MapReduce 分布式框架进行联接操作，适用于大规模数据的处理和分布式计算。Sort-MergeJoin 算法则是先对两个表进行排序，然后再进行合并操作，适用于需要联接的两个表已经有序的情况。BroadcastJoin 算法则是将小表的数据复制到所有节点上，然后与大表进行联接操作，适用于一个表的大小相对较小，而另一个表的大小相对较大的情况。

分布式关联分析算法通常涉及以下几个关键步骤。

1）数据划分：将原始数据集划分为多个子集，每个子集分配给一个或多个计算节点。

2）局部关联分析：在每个计算节点上，对分配到的子集进行局部关联分析，生成局部关联规则或频繁项集。

3）全局汇总：将各个节点上的局部结果进行汇总和合并，以生成全局的关联规则或频繁项集。

4）优化与剪枝：对全局结果进行优化和剪枝，以消除冗余规则和提高挖掘结果的质量。

分布式关联分析算法在大数据处理、云计算、物联网等领域具有广泛的应用。它们能够处理海量数据，发现数据中的隐藏关联，为决策支持、系统推荐、市场分析等提供有力支持。需要注意的是，分布式关联分析算法的实现和性能优化是一个复杂的过程，需要考虑数据分布、通信开销、负载均衡等多个因素。因此，在实际应用中，需要根据具体场景和需求选择合适的算法，并进行相应的优化和调整。

分布式关联分析算法的优势在于能够处理大规模数据集，提高计算效率和可扩展性。此外，分布式计算环境还具有容错性和高可用性，确保在节点故障或通信延迟等问题发生时，系统仍然能够正常运行。然而，分布式关联分析算法也面临一些挑战。数据划分和传输可能导致数据一致性和通信延迟的问题，增加了算法的复杂性和实现难度。此外，安全性和隐私保护也是分布式计算中需要关注的重要问题。

表 4-9 对比分析了不同的关联分析算法的特点和优缺点。选取数据关联分析方法时需要综合考虑数据类型与结构、计算效率与资源、可解释与可视化、领域知识和经验等因素，基于具体情况进行综合权衡选择。

表 4-9 关联分析算法的性能对比

关联分析算法	数据类型与算法的特点	优势	缺陷
Apriori 关联分析算法	数值型或标称型数据 频繁项集的子集是频繁的 非频繁项集的超集是非频繁的	易于实现 数据扩展性好 对小数据集有效	重复扫描数据，产生大量的候选项集 处理大数据集时效率较低。
FP-Growth 关联分析算法	挖掘单维数据的布尔关联规则构建 FP 树来避免重复扫描 对数据库进行两次扫描	两次扫描 候选项集少 较 Apriori 更高效	实现复杂，树构建需要经验 不善于分析对多维数据的非布尔关联规则
Eclat 关联分析算法	采用垂直数据结构 交集运算避免多次扫描 基于深度优先搜索的策略	项数较多但事务少时，Eclat 比 Apriori、FP-Growth 更高效	对数据集初始排序要求高 项数少但事务多时 Eclat 不具高效优势
二进制向量关联分析算法	将数据集转换为二进制向量，利用向量运算（如点积）来度量项之间的关联	计算速度快 适用于大规模数据集	无法捕获到复杂连续的关联关系 对数据噪声、异常值敏感 预处理要求较高。
矩阵的关联分析算法	通过矩阵运算处理大规模数据集，通常行代表事务，列代表项，值表示项在事务中的出现情况	能够高效处理大规模数据集 利用矩阵运算并行性加速计算。	高维非稀疏矩阵计算性能要求高 只能表达统计关系不解释因果关系
分布式关联分析算法	利用多台计算机或服务器并行处理大规模数据集，从而加速关联规则挖掘的过程	处理超大规模数据集 扩展性好	实现和维护复杂 需要处理网络通信、数据划分和合并等问题

4.4 案例分析

现有一个制造工厂一年的设备零部件维护记录数据集（见表 4-10），这个数据集记录了不同机器设备在特定时间内的维护情况。每一条记录都包含机器设备的 ID、维护的部件类型、维护的时间戳等信息。目标是发现哪些部件的维护之间存在关联，以便预测和优化未来的维护计划。

表 4-10 设备维护记录

设备 ID	维护零部件类型	维护时间戳
01	001-A	2022-3-15，2022-6-15，2022-8-20，2022-11-10
	001-B	2022-1-15，2022-4-15，2022-6-20，2022-9-15，2022-11-15
	001-C	2022-2-10，2022-5-15，2022-7-15，2022-11-10，2022-12-20
	001-D	2022-1-15，2022-3-20，2022-6-20，2022-8-15，2022-11-15
	001-E	2022-3-15，2022-6-15，2022-8-5，2022-10-20，2022-12-20
02	002-A	2022-2-20，2022-5-10，2022-7-15，2022-10-15，2022-12-10
	002-B	2022-3-15，2022-6-15，2022-9-15，2022-12-20
	002-C	2022-4-15，2022-8-15，2022-12-10
	002-D	2022-1-15，2022-2-20，2022-5-15，2022-9-10，2022-12-10
	002-E	2022-2-10，2022-4-15，2022-8-15，2022-12-10
	002-F	2022-2-10，2022-6-15，2022-9-15，2022-12-10

（续）

设备 ID	维护零部件类型	维护时间戳
03	003-A	2022-5-10，2022-10-15
	003-B	2022-5-10，2022-10-15
	003-C	2022-5-10，2022-10-15
04	004-A	2022-1-15，2022-4-20，2022-7-15，2022-11-10
	004-B	2022-2-20，2022-5-10，2022-7-15，2022-10-15，2022-12-10
	004-C	2022-2-20，2022-4-20，2022-7-15，2022-12-10
	004-D	2022-3-15，2022-5-15，2022-8-20，2022-11-10
05	005-A	2022-1-15，2022-4-20，2022-7-15，2022-11-10
	005-B	2022-2-20，2022-5-10，2022-7-15，2022-10-15，2022-12-10
	005-C	2022-3-15，2022-7-15，2022-11-10
	005-D	2022-1-15，2022-4-20，2022-7-15，2022-11-10
	005-E	2022-5-10，2022-10-15
	005-F	2022-7-15，2022-12-20
06	006-A	2022-1-15，2022-5-15，2022-9-15，2022-12-20
	006-B	2022-1-15，2022-4-15，2022-6-20，2022-9-15，2022-11-15
	006-C	2022-1-15，2022-4-15，2022-6-20，2022-9-10，2022-11-15
	006-D	2022-3-20，2022-6-15，2022-10-15，2022-12-10
	006-E	2022-3-20，2022-6-15，2022-10-15，2022-12-10
	006-F	2022-5-15，2022-11-10
	006-G	2022-2-20，2022-4-15，2022-6-20，2022-8-15，2022-10-20
07	007-A	2022-6-15，2022-12-20
	007-B	2022-3-20，2022-7-15，2022-11-15
	007-C	2022-3-20，2022-4-15，2022-8-15，2022-11-15
08	008-A	2022-2-20，2022-4-15，2022-6-20，2022-8-15，2022-10-20
	008-B	2022-2-10，2022-4-15，2022-8-15，2022-12-10
09	009-A	2022-1-15，2022-5-10，2022-10-15，2022-11-10
	009-B	2022-2-20，2022-5-10，2022-7-15，2022-10-15，2022-12-10
	009-C	2022-2-20，2022-7-15，2022-9-15，2022-11-15
…	…	…

这是一个数据关联关系分析的问题，这里采用 Apriori 算法进行分析。

首先，需要将原始数据转换为适合 Apriori 算法可以处理的格式。在这个案例中，可以根据时间戳，将每次维护的零部件类型看作一个项，将每次维护事件看作一个事务。这样，可以构建一个事务数据集，其中每个事务包含了一个或多个项（即维护的零部件类型）。转换后的数据见表 4-11（这里截取前 9 个设备的维护记录进行分析）。

表 4-11　格式转换后的维护数据

维护时间	事务	项（维护的零部件类型）
2022-1-15	T1	001-B，001-D，002-D，004-A，005-A，005-D，006-A，006-B，006-C，009-A
2022-2-10	T2	001-C，002-E，002-F，008-B

（续）

维护时间	事务	项（维护的零部件类型）
2022-2-20	T3	002-A，002-D，004-B，004-C，005-B，006-G，008-A，009-B，009-C
2022-3-15	T4	001-A，001-E，002-B，004-D，005-C
2022-3-20	T5	001-D，006-D，006-E，007-B，007-C
2022-4-15	T6	001-B，002-C，002-E，006-B，006-C，006-G，007-C，008-A，008-B
2022-4-20	T7	004-A，004-C，005-A，005-D
2022-5-10	T8	002-A，003-A，003-B，003-C，004-B，005-B，005-E，009-A，009-B
2022-5-15	T9	001-C，002-D，004-D，006-A，006-F
2022-6-15	T10	001-A，001-E，002-B，002-F，006-D，006-E，007-A
2022-6-20	T11	001-B，001-D，006-B，006-C，006-G，008-A
2022-7-15	T12	001-C，002-A，004-A，004-B，004-C，005-A，005-B，005-C，005-D，005-F，007-B，009-B，009-C
2022-8-15	T13	001-D，002-C，002-E，006-G，007-C，008-A，008-B
2022-8-20	T14	001-A，004-D
2022-9-10	T15	002-D，006-C
2022-9-15	T16	001-B，002-B，002-F，006-A，006-B，009-C
2022-10-15	T17	002-A，003-A，003-B，003-C，004-B，005-B，005-E，006-D，006-E，009-A，009-B
2022-10-20	T18	001-E，006-G，008-A
2022-11-10	T19	001-A，001-C，004-A，004-D，005-A，005-C，005-D，006-F，009-A
2022-11-15	T20	001-B，001-D，006-B，006-C，007-B，007-C，009-C
2022-12-10	T21	002-A，002-C，002-D，002-E，002-F，004-B，004-C，005-B，006-D，006-E，008-B，009-B
2022-12-20	T22	001-C，001-E，002-B，005-F，006-A，007-A

进一步分析零部件之间维护的关联关系。

设置零部件维护关联频繁项集的支持度阈值：两项和三项频繁项集的支持度阈值为 15%，即频繁项集同时维护的次数需要大于 3 次；四项和五项频繁项集的支持度阈值为 10%，即频繁项集同时维护的次数需要大于 2 次。

由支持度的计算公式 [式（4-35）] 可得到两项频繁项集及其支持度，结果见表 4-12。

表 4-12　两项频繁项集

序号	第一项	第二项	支持度	序号	第一项	第二项	支持度
1	001-B	001-B	22.7%	9	001-B	006-C	18.2%
2	002-A	004-B	22.7%	10	002-E	008-B	18.2%
3	002-A	005-B	22.7%	11	004-A	005-A	18.2%
4	002-A	009-B	22.7%	12	004-A	005-D	18.2%
5	004-B	005-B	22.7%	13	005-A	005-D	18.2%
6	004-B	009-B	22.7%	14	006-B	006-C	18.2%
7	005-B	009-B	22.7%	15	006-D	006-E	18.2%
8	006-G	008-A	22.7%	—	—	—	—

根据两项频繁项集可推断出关联规则，并根据式（4-36）计算规则的置信度，结果见表 4-13。

表 4-13　两项关联规则

序号	关联规则	置信度	序号	关联规则	置信度
1	001-B<=>001-B	1	9	001-B=>006-C	4/5
				006-C=>001-B	1
2	002-A<=>004-B	1	10	002-E<=>008-B	1
3	002-A<=>005-B	1	11	004-A<=>005-A	1
4	002-A<=>009-B	1	12	004-A<=>005-D	1
5	004-B<=>005-B	1	13	005-A<=>005-D	1
6	004-B<=>009-B	1	14	006-B=>006-C	4/5
				006-C=>006-B	1
7	005-B<=>009-B	1	15	006-D<=>006-E	1
8	006-G<=>008-A	1	—	—	—

由表 4-13 可见，得到 15 条两项之间的关联规则，这些关联规则同时具有较高的支持度和置信度，在制定维护计划时应注意对具有关联规则的两种零部件同时进行维护。

由支持度的计算公式 [式（4-35）] 可得到三项频繁项集及其支持度，见表 4-14。

表 4-14　三项频繁项集

序号	第一项	第二项	第三项	支持度
1	002-A	004-B	005-B	22.7%
2	002-A	004-B	009-B	22.7%
3	002-A	005-B	009-B	22.7%
4	004-B	005-B	009-B	22.7%
5	001-B	006-B	006-C	18.2%
6	004-A	005-A	005-D	18.2%

根据三项频繁项集可推断出表 4-15 所列的关联规则，根据式（4-36）可得置信度。

表 4-15　三项关联规则

序号	关联规则	置信度	序号	关联规则	置信度
1	{002-A，004-B}<=>005-B {002-A，005-B}<=>004-B {004-B，005-B}<=>002-A	1	4	{009-B，004-B}<=>005-B {009-B，005-B}<=>004-B {004-B，005-B}<=>009-B	1
2	{002-A，004-B}<=>009-B {002-A，009-B}<=>004-B {004-B，009-B}<=>002-A	1	5	{001-B，006-B}=>006-C {001-B，006-C}=>006-B {006-B，006-C}=>001-B	4/5 1 1
3	{002-A，005-B}<=>009-B {002-A，009-B}<=>005-B {005-B，009-B}<=>002-A	1	6	{004-A，005-A}=>005-D {004-A，005-D}=>005-A {005-A，005-D}=>004-A	1

由表 4-15 可见，得到 6 条三项之间的关联规则，这些关联规则同时具有较高的支持度和置信度，在制定维护计划时应注意对具有关联规则的三种零部件同时进行维护。

由支持度的计算公式 [式（4-35）] 可得到四项频繁项集及其支持度，见表 4-16。

表 4-16　四项频繁项集

序号	第一项	第二项	第三项	第四项	支持度
1	002–A	004–B	005–B	009–B	22.7%
2	001–B	001–D	006–B	006–C	13.6%
3	002–A	004–B	004–C	005–B	13.6%
4	002–A	004–B	004–C	009–B	13.6%
5	002–A	004–C	005–B	009–B	13.6%
6	004–B	004–C	005–B	009–B	13.6%

根据四项频繁项集可推断出表 4-17 所列的关联规则，根据式（4-36）可得置信度。

表 4-17　四项关联规则

<table>
<tr><th>序号</th><th>关联规则</th><th>置信度</th><th>序号</th><th>关联规则</th><th>置信度</th></tr>
<tr><td rowspan="4">1</td><td>{002–A，004–B，005–B}=>009–B</td><td rowspan="4">1</td><td rowspan="4">4</td><td>{002–A，004–B，004–C}=>009–B</td><td>1</td></tr>
<tr><td>{002–A，004–B，009–B}=>005–B</td><td>{002–A，004–B，009–B}=>004–C</td><td>3/5</td></tr>
<tr><td>{002–A，009–B，005–B}=>004–B</td><td>{002–A，009–B，004–C}=>004–B</td><td>1</td></tr>
<tr><td>{009–B，004–B，005–B}=>002–A</td><td>{009–B，004–B，004–C}=>002–A</td><td>1</td></tr>
<tr><td rowspan="4">2</td><td>{001–B，006–B，006–C}=>001–D</td><td>3/4</td><td rowspan="4">5</td><td>{002–A，004–C，005–B}=>009–B</td><td>1</td></tr>
<tr><td>{001–B，006–B，001–D}=>006–C</td><td>1</td><td>{002–A，004–C，009–B}=>005–B</td><td>1</td></tr>
<tr><td>{001–B，001–D，006–C}=>006–B</td><td>1</td><td>{002–A，009–B，005–B}=>004–C</td><td>3/5</td></tr>
<tr><td>{001–D，006–B，006–C}=>001–B</td><td>1</td><td>{009–B，004–C，005–B}=>002–A</td><td>1</td></tr>
<tr><td rowspan="4">3</td><td>{002–A，004–B，005–B}=>004–C</td><td>3/5</td><td rowspan="4">6</td><td>{004–C，004–B，005–B}=>009–B</td><td>1</td></tr>
<tr><td>{002–A，004–B，004–C}=>005–B</td><td>1</td><td>{004–C，004–B，009–B}=>005–B</td><td>1</td></tr>
<tr><td>{002–A，004–C，005–B}=>004–B</td><td>1</td><td>{004–C，009–B，005–B}=>004–B</td><td>1</td></tr>
<tr><td>{004–C，004–B，005–B}=>002–A</td><td>1</td><td>{009–B，004–B，005–B}=>004–C</td><td>3/5</td></tr>
</table>

由表 4-17 可见，得到 6 条四项之间的关联规则，这些关联规则大部分具有较高的支持度和置信度，在制定维护计划时应注意对具有关联规则的四种零部件同时进行维护。

在安排维护计划的时候需要注意关联规则置信度较低的规则，如 {002–A,004–B,005–B}=>004–C、{002–A,004–B,009–B}=>004–C、{002–A,009–B,005–B}=>004–C、{009–B,004–B,005–B}=>004–C，这些规则的置信度为 60%，即当前三项零部件同时需要维护时，第四项零部件有 40% 的概率不需要维护，需要综合考虑零部件运行的实际状况和经济性，动态调整维护计划。

由支持度的计算公式 [式（4-35）] 可得到五项频繁项集及其支持度，见表 4-18。

表 4-18　五项频繁项集

序号	第一项	第二项	第三项	第四项	第五项	支持度
1	002–A	004–B	004–C	005–B	009–B	13.6%

根据五项频繁项集可推断出表 4-19 所列的关联规则，根据式（4-36）可得置信度。

表 4-19 五项关联规则

序号	关联规则	置信度
1	{002–A，004–B，005–B，009–B}=>004–C	3/5
	{004–C，004–B，005–B，009–B}=>002–A	1
	{002–A，004–C，005–B，009–B}=>004–B	1
	{002–A，004–B，004–C，009–B}=>005–B	1
	{002–A，004–B，005–B，004–C}=>009–B	1

由表 4-19 可见，得到五项之间的关联规则，从置信度分析可以得出：当零部件 002–A，004–B，005–B，009–B 同时维护时，零部件 004–C 同时需要维护的概率为 60%；当零部件 004–C 与五项频繁项集中的任意三项同时需要维护时，剩余一项需要维护的概率为 100%。

值得注意的是，根据以上分析，往往容易得出结论：零部件 004–C 是这五个零部件是否需要同时维护的关键零部件，但实际上这是一个数据误区。因为由四项频繁项集和四项关联规则可知：零部件 002–A，004–B，005–B，009–B 总是同时进行维护，只要其中任意一项、两项或三项需要维护时，剩余零部件必定需要维护。因此这四项的维护是彼此密切相关的，这四项是否需要维护与零部件 004–C 是否需要维护无关。但这四项同时需要维护时，零部件 004–C 就有 60% 的概率需要维护。因此，在关联分析时需要注意关联规则项数之间的前后关系，避免陷入数据误区。

接下来，对不同设备之间的维护关系进行分析，从而获悉哪些设备大概率会一起维护，这也暗示着它们之间可能存在运行之间的关联关系，有助于进一步分析设备运行性能之间的相互影响。已知该工厂一年的维护共进行了 22 次，因此该数据集中有 22 个事务，为 22 项集。规定设备维护关联频繁项集的支持度阈值为 33.3%，即设备同时维护的概率达到 1/3 以上，则认为设备运行和维护之间具有关联关系。表 4-20 统计了设备关联的频繁项集。

表 4-20 设备维护关联频繁项集

序号	第一项	第二项	支持度
1	001	006	54.5%
2	002	006	50%
3	001	002	45.5%
4	004	005	41.0%
5	002	004	36.4%
6	002	005	36.4%

根据频繁项集可推断出表 4-21 所列的关联规则，根据式（4-36）可得置信度。

表 4-21 设备维护关联规则

序号	关联规则	置信度
1	{001}=>{006}	12/16
	{006}=>{001}	12/15
2	{002}<=>{006}	11/15
3	{001}=>{002}	10/16
	{002}=>{001}	10/15

（续）

序号	关联规则	置信度
4	{004}=>{005 } {005}=>{004}	9/11 9/10
5	{002}=>{004} {004}=>{002}	7/15 7/11
6	{002}=>{005} {005}=>{002}	7/9 7/10

由表 4-21 可推断，当设备 1 需要维护时，设备 6 和设备 2 分别有 75%、62.5% 的概率也需要维护；当设备 2 需要维护时，设备 1、设备 4、设备 5、设备 6 分别有 66.7%、46.7%、77.8%、73.3% 的概率也需要维护；当设备 4 需要维护时，设备 2、设备 5 分别有 63.6%、81.2% 的概率也需要维护；当设备 5 需要维护时，设备 2、设备 4 分别有 70%、90% 的概率也需要维护；当设备 6 需要维护时，设备 1、设备 2 分别有 80%、73.3% 的概率也需要维护。因此，在规划维护计划时应将具有强关联规则（置信度值较高）的设备同期维护。此外，设备维护之间具有较强关联规则的，可能存在设备运行的关联关系，可以进一步指导设备运行性能分析和生产规划。

4.5 本章小结

本章围绕工业大数据的分析，从工业大数据统计描述方法、工业大数据对象关系计算方法、工业大数据关联分析方法三方面介绍了工业大数据分析的内容。

工业大数据统计描述方法可分为集中趋势描述、离散趋势描述和分布趋势描述三类。

集中趋势描述指标有均值、中位数、众数、四分位数等。

离散趋势描述指标有方差、标准差、极差、四分位差、离散系数、异众比例等。

分布趋势描述指标有偏态系数、峰态系数等。

从数据的相似性和相关性两方面介绍了工业大数据对象关系计算方法。

数据相似性分析方法包括：标称属性相似性、二元属性相似性、数值属性相似性（欧几里得距离、曼哈顿距离、切比雪夫距离）、余弦相似度、Jaccard 相似系数等。

数据相关性分析方法包括：两个变量之间的相关性分析（皮尔逊相关系数、秩相关系数、斯皮尔曼秩相关系数、肯德尔秩相关系数、点二列相关系数）和多个变量之间的相关性分析（肯德尔和谐系数、组内相关系数、主成分分析、因子分析）。

此外，还介绍了工业大数据关联分析的基本概念和意义。

关联规则有效性的评价指标包括支持度、置信度、提升度。

关联分析方法包括 Apriori 算法、FP–Growth 算法、Eclat 算法、二进制向量算法、矩阵的关联分析算法、分布式关联分析算法等。

习　题

1. 简述工业大数据的统计描述方法及其分类。
2. 工业大数据的相似性分析方法有哪些？各有什么特点？
3. 工业大数据的相关性分析方法有哪些？各有什么特点？
4. 简述工业大数据关联分析及其有效性评价指标。

5. 工业大数据的关联分析方法有哪些？各有什么特点？

6. 某商店有 10 条商品销售记录。交易 1：{ 面包，牛奶，啤酒，尿布，玩具 }，交易 2：{ 面包，牛奶，鸡蛋，油，茶叶 }，交易 3：{ 面包，鸡蛋，玩具，冰激凌 }，交易 4：{ 牛奶，啤酒，尿布，鸡蛋，茶叶 }，交易 5：{ 面包，鸡蛋，尿布 }，交易 6：{ 牛奶，啤酒，玩具 }，交易 7：{ 鸡蛋，油 }，交易 8：{ 牛奶，冰激凌，玩具 }，交易 9：{ 啤酒，尿布，玩具 }，交易 10：{ 冰激凌，玩具 }。

根据销售记录进行关联分析，计算：

（1）销售的频繁项集及支持度。

（2）得到关联规则并计算各规则的置信度。

科学家科学史

“两弹一星”功勋科学家：孙家栋

第 5 章

工业大数据的分类与聚类

随着工业 4.0 和智能制造的兴起，工业大数据已成为推动制造业转型升级的重要力量。在海量数据中，如何有效地提取有价值的信息、优化生产流程、提高产品质量，成为企业关注的焦点。工业大数据分类、聚类及降维技术都是处理工业大数据的重要手段。它们可以帮助企业从海量的数据中提取有价值的信息，优化生产流程，提高产品质量。在未来的工业大数据应用中，这些技术将继续发挥重要作用，推动制造业的转型升级。本章将深入探讨工业大数据分类、聚类的作用及其相应的实现方法，同时介绍降维技术在工业大数据中的应用。

5.1 工业大数据的分类

5.1.1 分类分析的基本概念

分类算法是解决分类问题的方法，是数据挖掘、机器学习和模式识别中一个重要的研究领域。分类算法通过对已知类别训练集的分析，从中发现分类规则，以此预测新数据的类别。

分类任务的输入数据是记录的集合。每条记录也称作实例或样例，可以用二元组（x, y）表示。其中，x 是属性的集合；y 是一个特殊属性，表示样例的类标号，即样例的分类属性或目标属性。分类就是通过学习得到一个目标函数 f，属性集 x 通过目标函数映射到预先定义的类标号 y。目标函数也称分类模型（Classification Model）。数据分类过程一般包含两个阶段：一是构建分类模型的学习阶段，二是基于模型预测目标类标号的分类阶段。分类模型一般有两大用途：一是进行描述性建模，分类模型可以用作解释性工具来区别目标数据中的不同类别；二是进行预测性建模，即使用分类模型来预测未知记录的类标号。

分类技术实际上是一种根据输入数据集建立分类模型的系统方法。常用的分类技术包括支持向量机、决策树、朴素贝叶斯方法、k 近邻（KNN）算法、逻辑回归等。这些技术都使用某一种学习算法来确定分类模型，然后依据模型来拟合输入数据中类标号和属性集之间的联系。学习得到的模型不仅要能很好地拟合输入数据，还要确保能够正确预测未知样本的类标号。建立分类的方法一般包括两个步骤，如图 5-1 所示。首先，从目标数据取出一些数据作为训练集，据此进行学习算法的训练学习以建立分类模型；然后，将其余数据作为检验集，用于模型的检验。

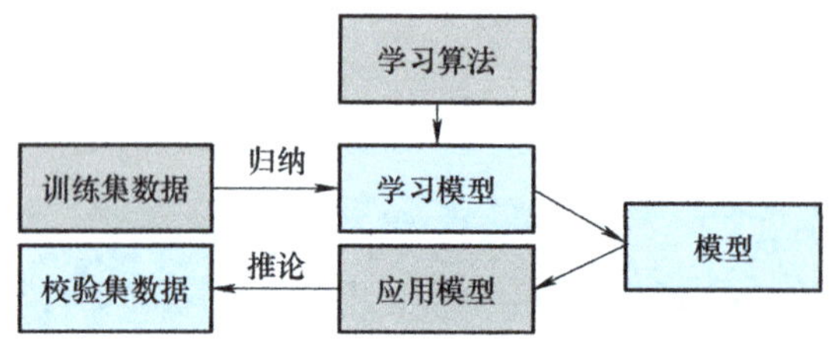

图 5-1 建立分类模型的一般方法

5.1.2 分类分析方法

主要的分类方法包括 k 近邻法、朴素贝叶斯法、决策树、逻辑回归、支持向量机等，下面分别予以介绍。

1. *k* 近邻法

k 近邻法（k–Nearest Neighbor classification，KNN 算法）是一种基本分类与回归的算法（这里只讨论分类算法）。它根据某个数据点周围的最近 k 个相邻的类别标签情况，赋予这个数据点一个类别。具体实施过程：给定一个数据点，计算它与数据集中其他数据点的距离；找出距离最近的 k 个数据点，作为该数据点的近邻数据点集合；根据这 k 个近邻数据点所归属的类别来确定当前数据点的类别。

如图 5-2 所示，采用欧氏距离，k 的值确定为 7，正方形表示类别 1，圆形表示类别 2，现在要确定灰色方块的类别。图中的虚线圆圈表示其 k 近邻所在的区域。在虚线圆圈里面，除了待定数据点外，其他数据点的分类情况为：类别 1 有 5 个，类别 2 有 2 个。采用投票法进行分类，根据多数原则，灰色数据点的分类确定为类别 1。

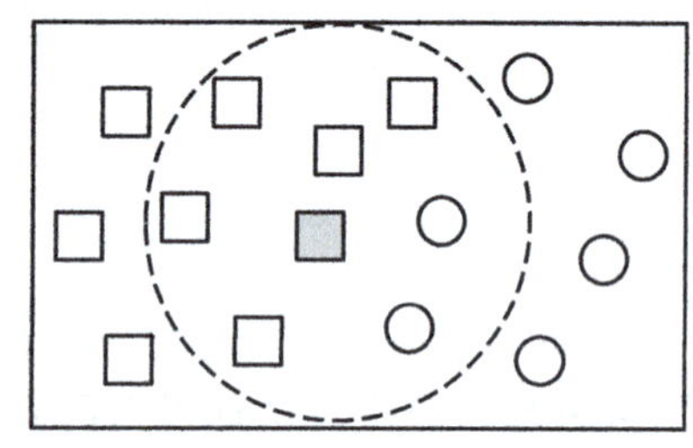

图 5-2 KNN 算法实例

在 KNN 算法中，两个数据点的距离是两个实例点相似程度的反映。可用的距离计算方法包括欧氏距离、夹角余弦等。距离越小（距离越近）表示两个数据点属于同一类别的可能性越大。下面为距离公式（$\boldsymbol{x}$ 为需要分类的数据点（向量），$\boldsymbol{p}$ 为近邻数据点）。

$$D(\boldsymbol{x},\boldsymbol{p})=\begin{cases}\sqrt{\sum_{i=1}^{n}(x_i-p_i)^2},\text{欧氏距离}\\ \dfrac{\boldsymbol{x}\cdot\boldsymbol{p}}{\|\boldsymbol{x}\|\cdot\|\boldsymbol{p}\|},\text{向量夹角余弦}\\ \sum_{i=1}^{n}|x_i-p_i|,\text{曼哈顿距离}\\ \max(|x_i-p_i|),\text{切比雪夫距离}\end{cases} \tag{5-1}$$

当 k 个近邻确定之后，当前数据点的类别确定，可以采用投票法或者加权投票法。投票法就是根据少数服从多数的原则，在近邻中，选择哪个类别的数据点越多，当前数据点就属于该类。而加权投票法，则根据距离的远近，对近邻的投票进行加权，距离越近权重越大，权重为距离二次方的倒数，最后确定当前数据点的类别。权重的计算公式为（k

个近邻的权重之和正好是 1）

$$W(\boldsymbol{x}, p_i) = \frac{\mathrm{e}^{-D(\boldsymbol{x}, p_i)}}{\sum_{i=1}^{k} \mathrm{e}^{-D(\boldsymbol{x}, p_i)}} \tag{5-2}$$

式中，KNN 算法的原理很容易理解，也容易实现。它无须进行参数估计，也不需要训练过程，有了标注数据之后，直接进行分类即可。它能够处理的情况不仅限于二分类问题，还包括具有多个类别的复杂场景，特别是在诊断设备或系统故障等应用中非常有效。

KNN 算法的主要缺点是计算量较大，对 k 值敏感，小样本下的性能差，算法的解释性差。在 KNN 算法中，k 值的选择非常重要。如果 k 值太小，则分类结果容易受到噪声数据点影响；而 k 值太大，则近邻中可能包含太多其他类别的数据点。上述加权投票法可以降低 k 值设定不适当的一些影响。根据经验法则，一般来讲，k 值可以设定为训练样本数的平方根。

KNN 算法在工业应用中非常广泛，如产品缺陷检测、协同过滤推荐、手写数字识别等领域。

2. 朴素贝叶斯法

朴素贝叶斯（Naive Bayes）法是基于贝叶斯定理与特征条件独立假设的分类方法，也是一种常用的监督学习方法。对于给定的训练数据集，首先基于特征条件独立假设学习输入与输出的联合概率分布；然后基于此模型，对给定的输入 $\boldsymbol{X}$，利用贝叶斯定理求出后验概率最大的输出 $\boldsymbol{Y}$。

贝叶斯定理中，设 $\boldsymbol{X}$ 表示属性，$\boldsymbol{Y}$ 表示类变量。如果类变量和属性之间的关系不确定，则可以把 $\boldsymbol{X}$ 和 $\boldsymbol{Y}$ 看作随机变量，用 $P(\boldsymbol{Y}|\boldsymbol{X})$ 来表示二者之间的关系。这个概率称作 $\boldsymbol{Y}$ 在条件 $\boldsymbol{X}$ 下的后验概率（Posterior Probability）。与之对应，$P(\boldsymbol{Y})$ 即为 $\boldsymbol{Y}$ 的先验概率（Prior Probabiliy）。同理，$P(\boldsymbol{X}|\boldsymbol{Y})$ 是在条件 $\boldsymbol{Y}$ 下 $\boldsymbol{X}$ 的后验概率，$P(\boldsymbol{X})$ 是 $\boldsymbol{X}$ 的先验概率。贝叶斯定理提供了利用 P($\boldsymbol{Y}$)、和 $P(\boldsymbol{X}|\boldsymbol{Y})$ 来计算后验概率 $P(\boldsymbol{Y}|\boldsymbol{X})$ 的方法。定理公式为

$$P(\boldsymbol{Y}|\boldsymbol{X}) = \frac{P(\boldsymbol{X}|\boldsymbol{Y})P(\boldsymbol{Y})}{P(\boldsymbol{X})} \tag{5-3}$$

朴素贝叶斯的工作原理：

设 D 是训练集及其相关联的类标号的集合。一般情况下，每个训练元组用一个 n 维属性向量 $\boldsymbol{X} = (x_1, x_2, \cdots, x_n)$ 表示，描述由 n 个属性 $\boldsymbol{A}_1, \boldsymbol{A}_2, \cdots, \boldsymbol{A}_n$ 对训练元组的 n 个测量。

假定有 m 个类 $\boldsymbol{C}_1, \boldsymbol{C}_2, \cdots, \boldsymbol{C}_m$。给定元组 $\boldsymbol{X}$，分类算法将预测 $\boldsymbol{X}$ 属于具有最高后验概率的类。也就是说，朴素贝叶斯分类法认为属于类 $\boldsymbol{C}_i$，当且仅当

$$P(\boldsymbol{C}_i|\boldsymbol{X}) > P(\boldsymbol{C}_j|\boldsymbol{X}) \qquad (1 \leqslant j \leqslant m, i \neq j) \tag{5-4}$$

将使 $P(\boldsymbol{C}_i|\boldsymbol{X})$ 的值最大的类 $\boldsymbol{C}_i$ 称为最大后验假设。由贝叶斯定理［式（5-3）］可知

$$P(\boldsymbol{C}_i|\boldsymbol{X}) = \frac{P(\boldsymbol{X}|\boldsymbol{C}_i)P(\boldsymbol{C}_i)}{P(\boldsymbol{X})} \tag{5-5}$$

由于 $P(\boldsymbol{X})$ 对所有的类来说是常数，想使 $P(\boldsymbol{C}_i|\boldsymbol{X})$ 最大，只需要 $P(\boldsymbol{X}|\boldsymbol{C}_i)P(\boldsymbol{C}_i)$ 最大即可。如果在类的先验概率未知的情况下，一般假设这些类都是等概率的，即 $P(\boldsymbol{C}_1) = P(\boldsymbol{C}_2) = \cdots = P(\boldsymbol{C}_m)$，据此使 $P(\boldsymbol{X}|\boldsymbol{C}_i)$ 或 $P(\boldsymbol{X}|\boldsymbol{C}_i)P(\boldsymbol{C}_i)$ 最大化。在此，类的先验概率 $P(\boldsymbol{C}_i) = |C_{i,D}|/|D|$。其中 $|C_{i,D}|$ 是训练集 D 中类的训练元组数。

数据集中如果有很多属性，计算 $P(\boldsymbol{X}|\boldsymbol{C}_i)$ 的开销可能会非常大。因此为了降低计算开销，可以假定类条件是独立的。给定元组的类标号，假定属性值之间相互独立，即各属性之间不存在依赖关系，因此有

$$P(\boldsymbol{X}|\boldsymbol{C}_i)=\prod_{k=1}^{n}P(\boldsymbol{X}_k|\boldsymbol{C}_i)=P(\boldsymbol{X}_1|\boldsymbol{C}_i)P(\boldsymbol{X}_2|\boldsymbol{C}_i)\cdots P(\boldsymbol{X}_n|\boldsymbol{C}_i) \tag{5-6}$$

式中的 $P(\boldsymbol{X}_1|\boldsymbol{C}_i)$、$P(\boldsymbol{X}_2|\boldsymbol{C}_i)$、…、$P(\boldsymbol{X}_n|\boldsymbol{C}_i)$ 可以由训练元组很方便地计算得到。

为了预测 X 的类标号，对每个类 $\boldsymbol{C}_i$，依次计算 $P(\boldsymbol{X}|\boldsymbol{C}_i)P(\boldsymbol{C}_i)$。该分类法预测元组 $\boldsymbol{X}$ 的类为 $\boldsymbol{C}_i$，当且仅当

$$P(\boldsymbol{C}_i|\boldsymbol{X})>P(\boldsymbol{C}_j|\boldsymbol{X}) \qquad (1\leqslant j\leqslant m, i\neq j) \tag{5-7}$$

预测结果的类标号就是使 $P(\boldsymbol{X}|\boldsymbol{C}_i)P(\boldsymbol{C}_i)$ 最大的类 $\boldsymbol{C}_i$。

3. 决策树

决策树是一种基本的分类与回归方法（这里只讨论分类算法），是具有树状结构的一个预测模型。它表示对象属性和对象类别之间的一种映射。决策树中的非叶子节点，表示对象属性的判断条件，其分支表示符合节点条件的所有对象，树的叶子节点表示对象所属的类别。

决策树可以转化为一系列规则（Rule），从而构成一个规则集（Rule Set）。

（1）决策树的构造过程

决策树的创建从根节点开始，首先需要确定一个属性，根据不同记录在该属性上的取值，对所有记录进行划分。接下来，对每个分支重复这个过程，即对每个分支，选择另外一个未参与树的创建的属性，继续对样本进行划分，一直到某个分支上的样本都属于同一类（或者隶属该路径的样本大部分都属于同一类）。

属性的选择也称为特征选择。特征选择的目的是使得分类后的数据集更“纯”，即数据子集里的样本主要属于某个类别。理想的情况是，通过特征的选择，能把不同类别的数据集贴上对应的类别标签。

为了衡量一个数据集的纯度，需要引入数据纯度函数。一个应用广泛的度量函数是信息增益（Information Gain）。信息熵（Information Entropy）表示的是信息源各可能事件发生的不确定性。非均匀分布时，不确定性最大，此时熵就最大。当选择某个特征对数据集进行分类时，分类后的数据集其信息熵会比分类前的要小，其差值表示为信息增益。信息增益可以用于衡量某个特征对分类结果的影响大小。

对于一个数据集，特征 A 作用之前的信息熵计算公式为

$$\text{Info}(D)=-\sum_{i=1}^{c}P_i\log_2(P_i) \tag{5-8}$$

式中，D 表示训练数据集；c 表示类别数量；P_i 表示类别 i 样本数量占所有样本的比例。

对于数据集 D，选择特征 A 作为决策树判断节点时，特征 A 作用后的信息熵为 $\text{Info}_A(D)$（特征 A 作用后的信息熵计算公式），计算公式为

$$\text{Info}_A(D)=-\sum_{j=1}^{k}\frac{|D_j|}{|D|}\times\text{Info}(D_i) \tag{5-9}$$

式中，k 表示样本 D 被划分为 k 个子集。

信息增熵表示数据集 D 在特征 A 的作用后，其信息减少的值，也就是信息熵的差值，其计算公式为

$$\text{Gain}(A)=\text{Info}(D)-\text{Info}_A(D) \tag{5-10}$$

在决策树的构建过程中，在需要选择特征值的时候，选择 Gain(A) 值最大的特征。

（2）决策树的剪枝

在决策树建立的过程中，很容易出现过拟合（Overfitting）现象。过拟合是指模型非常逼近训练样本，导致训练样本中不具有普遍性的模式被当作一般规律，降低了模型的泛化能力（Generalization）。当把该模型应用到新据上的时候，其预测效果不好。过拟合不利于模型的实际应用。

当决策树出现过拟合现象时，可以通过剪枝减轻过拟合。剪枝分为预先剪枝和后剪枝两种。预先剪枝是指在决策树构造过程中，使用一定的条件加以限制，在产生完全拟合的决策之前，就停止决策树的生长。预先剪枝的判断方法有很多，比如信息增益小于一定阈值的时候，通过剪枝使决策树停止生长。

后剪枝是在决策树构造完成之后，也就是所有的训练样本都可以用决策树划分到不同子类以后，按照自底向上的方向，修剪决策树。后剪枝有两种方式：一种是用新的叶子节点替换子树，该节点的预测类由子树数据集中的多数类决定；另一种是用子树中最常使用的分支代替子树。后剪枝一般能够产生更好的效果，因为预先剪枝可能过早地终止决策树的构造过程。

决策树的优点是规则性强，缺点是易产生过拟合。

4. 逻辑回归

逻辑回归（Logistic Regression）本质上是一种分类方法，主要用来解决二分类问题。逻辑回归与多元线性回归有很多相同之处，两者可以归于同一类模型，即广义线性回归模型（Generalized Linear Model）。这一类的模型形式类似，即样本特征的线性组合，它们之间最大的区别是因变量不同。如果因变量是连续的，即为多元线性回归；如果因变量是二项分布，即为逻辑回归。

为了了解逻辑回归，首先来了解逻辑函数（或称为 Sigmoid 函数）。其函数形式为 $g(z)=\dfrac{1}{1+\mathrm{e}^{-z}}$。这个函数的自变量的变化范围是 $(-\infty,\infty)$，函数值的变化范用是（0,1）。函数图像如图 5-3 所示。

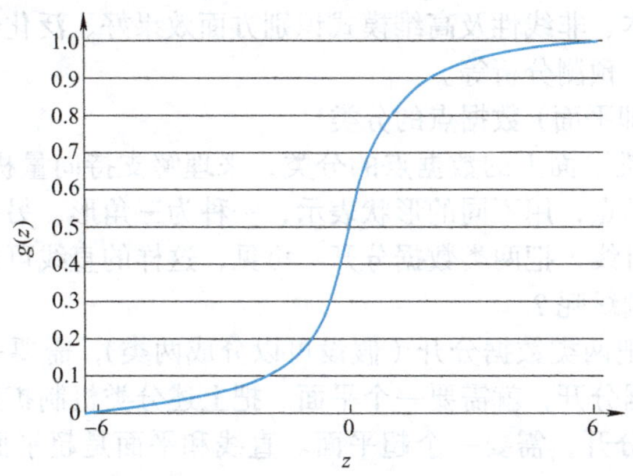

图 5-3　逻辑函数图像

逻辑回归分类器（Logistic Regression Classifier）是从训练数据中学习出的一个 0/1 分类模型。这个模型以样本特征（$x_1,x_2,\cdots,x_n$ 是某样本数据的各个特征，维度为 n）的线

性组合 $\theta_0+\theta_1x_1+\cdots+\theta_nx_n=\sum_{i=0}^{n}\theta_ix_i=\boldsymbol{\theta}^{\mathrm{T}}\boldsymbol{x}$ 作为自变量，使用逻辑函数将自变量映射到（0，1）上。

将上述线性组合代入逻辑函数，构造一个预测函数 $h_\theta(\boldsymbol{x})=g(\boldsymbol{\theta}^{\mathrm{T}}\boldsymbol{x})=\dfrac{1}{1+\mathrm{e}^{-\boldsymbol{\theta}^{\mathrm{T}}\boldsymbol{x}}}$。$h_\theta(\boldsymbol{x})$ 函数的值具有特殊的含义，它表示结果取 1 的概率。对于输入 $\boldsymbol{x}$，分类结果为类别 1 的概率为 $P(y=1\mid\boldsymbol{x},\theta)=h_\theta(\boldsymbol{x})$，分类结果为类别 0 的概率 $P(y=0\mid\boldsymbol{x},\theta)=1-h_\theta(\boldsymbol{x})$。

现在有一个新的数据点 $\boldsymbol{Z}$，新样本具有特征 $z_1,z_2,\cdots,z_n$；首先计算线性组合 $\theta_0+\theta_1z_1+\cdots+\theta_nz_n=\boldsymbol{\theta}^{\mathrm{T}}\boldsymbol{x}$，然后代入 $h_\theta(\boldsymbol{x})$，计算其函数值。如果函数值大于 0.5，那么类别为 1；否则类别为 0。这里假设统计样本是均匀分布的，所以设阈值为 0.5。

给定训练数据集，根据这些训练数据，计算分类器的参数，也就是各特征属性的加权参数 $\theta=(\theta_0\ \theta_1\ \theta_2\ \cdots\ \theta_n)$。具体的计算过程可以使用极大似然估计（Maximum Likelihood Estimation，MLE）、梯度上升（或下降）算法或者牛顿 – 拉弗森迭代算法。

逻辑回归分类器适用于数值型数据和类别型数据，其计算代价不高，容易理解和实现。逻辑回归分类器可以应用于很多领域。比如，要探讨电主轴发生的故障模式，可以选择两组电主轴样本，一组是故障组，另一组是健康组。两组电主轴样本有不同的工况模式。对问题进行建模的时候，因变量为是否故障，取值为“是”或者“否”，而自变量可以包括很多因素，比如转速、扭矩、切削力等。自变量可以是连续的，也可以是分类的。对采集的样本数据进行逻辑回归分析，获得每个数据点的各个特征属性的加权参数。根据权重的不同，就可以大致了解，到底哪些因素是电主轴发生故障的因素，即权重比较大的特征属性。当建立这样的逻辑回归模型，通过它就可预测，在不同的变量下，发生某种故障的概率有多大。

5. 支持向量机

支持向量机（Support Vector Machine，SVM）是一种二分类监督学习算法。SVM 的基本模型是定义在特征空间上的线性分类器，其决策边界是实例空间中距离最近的训练数据点（支持向量）具有最大间隔的线性超平面。对于线性不可分的情况，SVM 使用核函数通过非线性映射将原始输入空间映射到更高维的特征空间，使得数据在新空间中线性可分。因其在解决小样本、非线性及高维模式识别方面效果好、泛化性能高，被广泛应用于故障诊断、优化调度、预测分析等。

（1）二维空间（即平面）数据点的分类

下面通过一个二维平面上的数据点的分类，来理解支持向量机技术。如图 5-4 所示，在平面上有两种不同的点，用不同的形状表示，一种为三角形，另一种为正方形。现在要求在平面上绘制一条直线，把两类数据分开。可见，这样的直线可以绘制很多条，到底哪一条才是最合适的分割线呢？

在二维平面上，把两类数据分开（假设可以分成两类），需要一条直线。那么到了三维空间，要把两类数据分开，就需要一个平面。把上述分类机制扩展到基本情形，在高维空间里，把两类数据分开，需要一个超平面。直线和平面是超平面在二维和三维空间的表现形式。

（2）支持向量

需要找出分类函数 $f(\boldsymbol{x})=\boldsymbol{w}^{\mathrm{T}}\cdot\boldsymbol{x}+\boldsymbol{b}$。先将超平面上的点代入这个分类函数，得到 $f(\boldsymbol{x})=\boldsymbol{0}$；将超平面一侧的数据点代入分类函数，得到 $f(\boldsymbol{x})\geqslant 1$；将超平面另外一侧

的数据点代入分类函数，得到$f(x) \geqslant -1$。在二维平面上，这个分类函数对应一条直线$f(x) = ax + b$。

在二维平面上确定一条直线，就是确定上述方程中的 a 和 b。而在高维空间上确定一个超平面，则是需要确定 $\boldsymbol{w}$ 向量和 $\boldsymbol{b}$ 向量。那么，应该如何确定 $\boldsymbol{w}$ 和 $\boldsymbol{b}$ 呢？答案是寻找一个超平面，使它到两个类别数据点的距离都尽可能地大。这样的超平面为最优超平面。

在图 5-5 中，中间的那条直线到两类数据点的距离是相等的（图中双向箭头的长度表示距离 d）。为了确定这条直线，不需要所有的数据点（向量）参与决策，只需要图中显示为深灰色的数据点（向量）即可。这些向量唯一确定了数据划分的直线（超平面），它们称为支持向量。

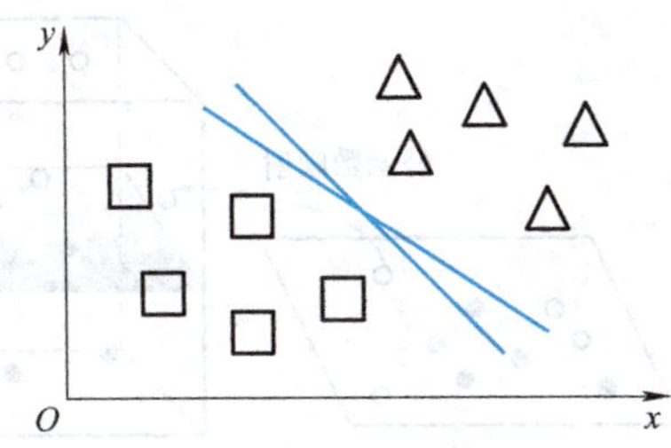

图 5-4　二维平面上的数据分类
（有无数条分割直线）

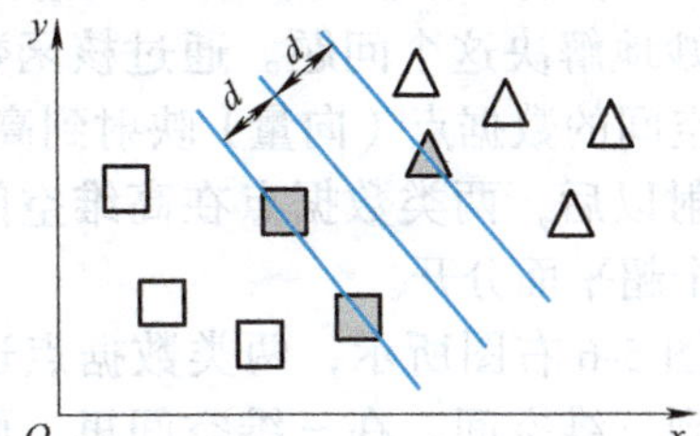

图 5-5　支持向量
（d 表示超平面到不同类别数据点的距离）

通过对上述实例的分析，了解到支持向量机是一个对高维数据进行分类的分类器。数据点分别被划分到两个不相交的半空间（Half Space），从而实现分类。划分两个半空间的是一个超平面。SVM 分类的主要任务是寻找到与两类数据点都具有最大距离的超平面，目的是使得把两类数据点分开的间限（Margin）最大化。

下面是对 SVM 分类的形式化描述。

1）SVM 问题模型。

$$\boldsymbol{w}^{\mathrm{T}} \cdot \boldsymbol{x}^{+} + b = +1 \boldsymbol{w}^{\mathrm{T}} \cdot \boldsymbol{x}^{+} + b = +1$$

$$\boldsymbol{w}^{\mathrm{T}} \cdot \boldsymbol{x}^{-} + b = -1 \boldsymbol{w}^{\mathrm{T}} \cdot \boldsymbol{x}^{-} + b = -1$$

$$\boldsymbol{w}^{\mathrm{T}} \cdot (\boldsymbol{x}^{+} - \boldsymbol{x}^{-}) = 2 \boldsymbol{w}^{\mathrm{T}} \cdot (\boldsymbol{x}^{+} - \boldsymbol{x}^{-}) = 2$$

将线性问题转化为求 max（margin）。

$$\text{margin} = \frac{\boldsymbol{w}^{\mathrm{T}} \cdot (\boldsymbol{x}^{+} - \boldsymbol{x}^{-})}{|\boldsymbol{w}|} = \frac{2}{|\boldsymbol{w}|} \tag{5-11}$$

可以看成由样本构成的向量$(\boldsymbol{x}^{+} - \boldsymbol{x}^{-})$，在分类超平面上的法向量上$\dfrac{\boldsymbol{w}^{\mathrm{T}}}{|\boldsymbol{w}|}$的投影。

2）假设训练数据。

假设训练数据为

$$(x_1, y_1), \cdots, (x_n, y_n) \in \mathbf{R}^d, y \in \{+1, -1\} \tag{5-12}$$

线性分类函数为

$$\boldsymbol{w}^{\mathrm{T}} \cdot \boldsymbol{x} + b = 0, \boldsymbol{w} \in \mathbf{R}^d, b \in \mathbf{R} \tag{5-13}$$

3）线性 SVM 问题建模。也就是将最优分类平面求解问题表示成约束优化问题。

最小化目标函数为

$$\varphi(\boldsymbol{w}) = \frac{1}{2}\|\boldsymbol{w}\|^2 = \frac{1}{2}(\boldsymbol{w}^{\mathrm{T}} \cdot \boldsymbol{w}) \tag{5-14}$$

约束条件为

$$y_i[(\boldsymbol{w}^{\mathrm{T}} \cdot \boldsymbol{x})+b] \geqslant 1, i=1,2,\cdots,n \tag{5-15}$$

对最优超平面进行计算，是一个二次规划问题。可以通过应用拉格朗日对偶性（Lagrange Duality），求解对偶问题得到最优解。具体细节请参考相关资料。

4）非线性 SVM 问题。

支持向量机功能强大，不仅能够处理线性分类，还能够处理非线性分类（使用核函数），并能容忍异常值（使用松弛变量）。

有时候两个数据点集，在低维空间中无法找到一个超平面来进行清晰的划分。例如，图 5-6 左图所示的二维平面上的两类数据点，找不到一条直线把它们划分开。SVM 数据分析方法中，有一个核（Kernel）函数，使用它可以巧妙地解决这个问题。通过核函数，可以把低维空间的数据点（向量）映射到高维空间。经过映射以后，两类数据点在高维空间里，可以用一个超平面分开。

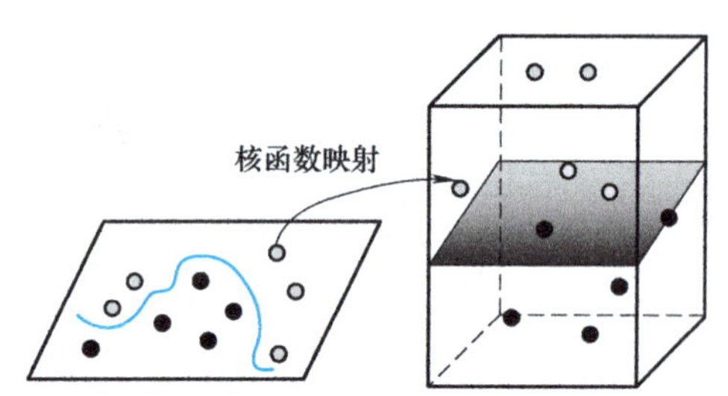

图 5-6　SVM 的核函数技巧示意图

如图 5-6 右图所示，两类数据点通过核函数映射到三维空间，在三维空间里，两类数据点可以用一个平面予以分开。

核函数 $K(x_i,x_j)$ 允许在高维空间进行点积运算，而不必直接计算高维空间中的坐标。常用的核函数包括：多项式核函数、高斯径向基核函数、指数径向基核函数、神经网络核函数等。表 5-1 列出了常用核函数的表达式与参数。

表 5-1　常用核函数的表达式与参数

函数	表达式	参数
多项式核函数	$K(x_i,x_j)=(\gamma(x_i \cdot x_j)+r)^d$	γ 为映射强度； r 为加权常数项； d 为核的阶数
高斯径向基核函数	$K(x_i,x_j)=\exp(-\gamma\Vert x_i-x_j\Vert^2)$	γ 为控制函数的宽度
指数径向基核函数	$K(x_i,x_j)=\exp(-\gamma\Vert x_i-x_j\Vert)$	γ 为控制函数的宽度
神经网络核函数	$K(x_i,x_j)=\tanh(\beta_0+\beta_1(x_i \cdot x_j))$	β_0,β_1 为调整曲线形状的参数

（3）异常值的处理

在 SVM 模型中，超平面是由少数几个支持向量确定的，未考虑 Outlier（离群值）的影响。下面通过一个实例说明异常值的影响。在下面的实例里，不同形状表示不同类别的数据点，深灰色的数据点则表示异常值，如图 5-7 所示。这个异常值将导致分类错误。目标是计算一个分割超平面，把分类错误降低到最小。

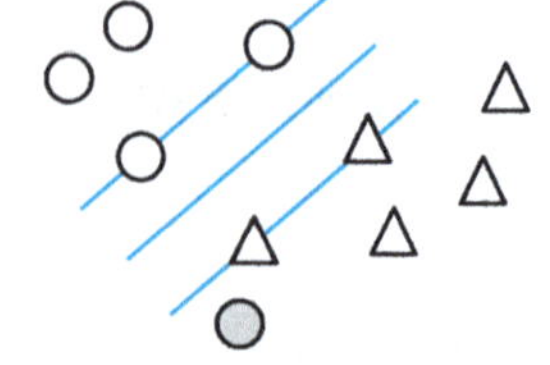

图 5-7　SVM 分类器中异常值的处理

上述的问题可通过在模型中引入松弛（Relax）变量来解决。松弛变量是为了纠正或约束少量“不安分”的或脱离集体不好归类的数据点的因子。引入松弛变量后，支持向量机的超平面的求解问题，仍然可以转化成一个二次规划问题来求解。在引入松弛变量的情况下，最优分类平面求解问题，可表示成如下的约束优化问题。

最小化目标函数为

$$\varphi(\boldsymbol{w})=\frac{1}{2}\|\boldsymbol{w}\|^{2}+C\sum_{i=1}^{n}\xi_{i}=\frac{1}{2}(\boldsymbol{w}^{\mathrm{T}}\cdot\boldsymbol{w})+C\sum_{i=1}^{n} \tag{5-16}$$

约束条件为

$$y((\boldsymbol{w}^{\mathrm{T}}\cdot\boldsymbol{x})+b)\geqslant 1-\xi_{i},\xi_{i}\geqslant 0,i=1,2,\cdots,n \tag{5-17}$$

正则化参数 C 可以理解为允许划分错误的权重。当 C 越大时，表示越不容许出错；而当 C 较小的时候，则允许少量样本划分错误。

5.1.3 分类器评估方法

模型评估用来在不同的模型类型、调节参数、特征组合中选择适合的模型，因此，需要设计一个模型评估的流程来估计训练得到的模型对于非样本数据的泛化能力，并且还需要恰当的模型评估度量手段来衡量模型的性能表现。分类问题可以采用的评价指标有准确率（Accuracy）、精确率（Precision）、召回率（Recall）和 F1 分数（F1-score）等。

1. 混淆矩阵

混淆矩阵（Confusion Matrix）的每一列代表了预测类别，每一列的总数表示预测为该类别的数据的数目；每一行代表了数据的真实归属类别，每一行的数据总数表示该类别的数据实际的数目。每一列中的数值表示真实数据被预测为该类的数目。

以二分类为例，假设类别 1 为正，类别 0 为负，那么对于数据测试结果有下面 4 种情况。

真正值（True Positive，TP）：预测类别为正，实际类别为正。

假正值（False Positive，FP）：预测类别为正，实际类别为负。

假负值（False Negative，FN）：预测类别为负，实际类别为正。

真负值（True Negative，TN）：预测类别为负，实际类别为负。

其中，TP 和 TN 表示分类器分类正确的样本，FP 和 FN 表示分类器分类错误的样本。

混淆矩阵见表 5-2。

表 5-2　混淆矩阵

情况		预测类别	
		1	0
实际类别	1	TP	FN
	0	FP	TN

2. 评价指标定义

准确率（Accuracy）：表示分类器预测正确的样本数占总体样本数的比例。计算公式为

$$\mathrm{acc}=\frac{\mathrm{TP}+\mathrm{TN}}{\mathrm{TP}+\mathrm{FP}+\mathrm{TN}+\mathrm{FN}} \tag{5-18}$$

在有些情况下，数据集实际类别并不平衡，更关心稀有类别的预测情况。由于准确率将每个类别看作同等重要的，这时准确率对模型的评估不再有效。在这种情况下，可以使用精确率和召回率评估模型。

精确率（Precision）：表示在分类器预测类别为正的样本中，实际类别为正的样本的概率。计算公式为

$$p=\frac{\mathrm{TP}}{\mathrm{TP}+\mathrm{FP}} \tag{5-19}$$

召回率（Recall）：表示在实际类别为正的样本中，被分类器预测类别为正的样本的概率。计算公式为

$$r=\frac{\mathrm{TP}}{\mathrm{TP}+\mathrm{FN}} \tag{5-20}$$

考虑极端情况，如果分类器将所有样本都预测为正，那么模型具有极高的召回率，但是精确率却极低；反之，如果分类器仅将一个实际类别为正的样本预测为正，其余样本预测为负，那么模型具有很高的精确率，但是召回率却极低。因此，有时候需要综合考虑精确率和召回率，最常用的方法就是 F1-score。

F1-score 综合考虑了精确率和召回率，是它们的加权调和平均值。当精确率和召回率的权重相同时，得到的调和平均值称为 F1-score，计算公式为

$$\mathrm{F1-score}=\frac{2\times p\times r}{p+r}=\frac{2\times\mathrm{TP}}{2\times\mathrm{TP}+\mathrm{FP}+\mathrm{FN}} \tag{5-21}$$

3. ROC 曲线和 AUC

ROC（Receiver Operating Characteristic）全称是“接受者操作特征”。ROC 曲线下方的面积就是 AUC（Area Under the Curve）。AUC 用于衡量“二分类问题”机器学习算法的性能（泛化能力）。首先介绍几个相关概念。

真正率（TPR）：也叫灵敏度，表示在实际类别为正的样本中，预测类别为正的样本比重，计算公式和召回率计算公式一致：

$$\mathrm{TPR}=\frac{\mathrm{TP}}{\mathrm{TP}+\mathrm{FN}}$$

假正率（FPR）：也叫特异度，表示在实际类别为负的样本中，预测类别为正的样本比重，计算公式为

$$\mathrm{FPR}=\frac{\mathrm{FP}}{\mathrm{FP}+\mathrm{TN}}$$

截断点（Cut Off Value）：判断标准，是判定样本预测为正或负的界值。例如，如果截断点为 0.5，分类器预测一个样本类别为正的概率为 0.7，那么该样本预测类别即为正；如果截断点为 0.8，那么该样本的预测类别为负。

ROC 曲线对所有可能的截断点做计算，显示灵敏度和特异度之间的相互关系。首先，通过改变截断点，获得多个灵敏度与特异度序对，然后，以特异度为横坐标、灵敏度为纵坐标，作图得到的曲线称为 ROC 曲线。其曲线一定经过（0，0）和（1，1）两点，分别代表灵敏度为 0、特异度为 0 和灵敏度为 1、特异度为 1 的坐标点。

对于一个理想的分类模型，ROC 曲线表现为从原点垂直上升至左上角，然后水平到达右上角的一个直角折线。而完全无价值的分类模型，表现在图上是一条从原点到右上角的对角线，这条线也被称作机会线。

但对于大多数分类模型来说，预测类别为正的概率分布和预测为负的分布是重叠的。任何截断点都将导致一些实际类别为负的样本被错分为正类，或一些实际类别为正的样本被错分为负类，或两种情况兼有。

ROC 曲线下方的面积 AUC 可以用于评估分类模型的平均性能。理想的分类模型的 AUC 为 1，随机的分类模型的 AUC 为 0.5。AUC 越接近 1，认为分类模型的平均性能越好。

在 Sklearn 中，sklearn.metrics.roc_curvey 和 sklearn.metrics.roc_auc_score 分别实现了 ROC 和 AUC 的相关计算：

```
fpr, tpr, thresholds=roc_curve(y_true, y_scores)
```

```
auc =roc_auc_score(y_ture, y_scores)
```

其中，参数 y_ture 为样本实际类别；参数 y_scores 为目标分数，即在通常情况下使用样本被预测为正类的概率。

具体计算过程如下：将 y_scores 中的值按照降序排序，再将每一个值作为截断点（threshold），能够得到若干组的 FPR 和 TPR 值。例如，假设正类标签记为 1，负类标签记为 0，有 4 个样本，真实标签为 y_true=[0 0 1 1]，分类器预测这 4 个样本为正类的概率为 y_scores=[0.1 0.4 0.35 0.8]，当选取 0.4 作为截断点（threshold）时，第 2 个和第 4 个样本被预测为正类，其余为负类，混淆矩阵见表 5-3。

表 5-3　示例的混淆矩阵

情况		预测类别	
		1	0
实际类别	1	1	1
	0	1	1

$$FPR=\frac{FP}{FP+TN}=\frac{1}{1+1}=0.5 \quad (5\text{-}22)$$

$$TPR=\frac{TP}{TP+FN}=\frac{1}{1+1}=0.5 \quad (5\text{-}23)$$

其他组 FPR 和 TPR 的计算过程类似。利用这些 FPR 和 TPR 值，可以绘制 ROC 曲线，计算 AUC 的值。

5.2 工业大数据的聚类

聚类是针对给定的样本，依据它们特征的相似度或距离，将其归并到若干个“类”或“簇”的数据分析方法。一个类是给定样本集合的一个子集。直观上，相似的样本聚集在相同的类，不相似的样本分散在不同的类。这里，样本之间的相似度或距离起着重要作用。

聚类的目的是通过得到的类或簇来发现数据的特点或对数据进行处理，在数据挖掘、模式识别等领域有着广泛的应用。聚类属于无监督学习，因为只是根据样本的相似度或距离将其进行归类，而类或簇事先并不知道。

5.2.1 聚类分析的基本概念

本小节介绍聚类的基本概念，包括样本之间的相似度或距离、类或簇，以及类与类之间的距离。

1. 相似度或距离

聚类的对象是观测数据或样本集合。假设有 n 个样本，每个样本由 m 个属性的特征向量组成。样本集合可以用矩阵 $\boldsymbol{X}$ 表示：

$$\boldsymbol{X}=(x_{ij})_{m\times n}=\begin{bmatrix} x_{11} & x_{12} & \cdots & x_{1n} \\ x_{21} & x_{22} & \cdots & x_{2n} \\ \vdots & \vdots & & \vdots \\ x_{m1} & x_{m2} & \cdots & x_{mn} \end{bmatrix}$$

其中，矩阵的第 j 列表示第 j 个样本（j=1,2,⋯,n）；第 i 行表示第 i 个属性（i=1,2,⋯,m）；矩阵元素 x_{ij} 表示第 j 个样本的第 i 个属性值。

聚类的核心概念是相似度（Similarity）或距离（Distance），有多种相似度或距离的定义。因为相似度直接影响聚类的结果，所以其选择是聚类的根本。具体哪种相似度更合适取决于应用问题的特性。

在聚类中，可以将样本集合看作向量空间中点的集合，以该空间的距离表示样本之间的相似度。常用的距离有闵可夫斯基距离、马哈拉诺比斯距离等。

（1）闵可夫斯基距离

给定样本集合 $\boldsymbol{X}$，$\boldsymbol{X}$ 是 m 维实数向量空间 R^m 中点的集合，其中 $\boldsymbol{x}_i,\boldsymbol{x}_j \in X$，$\boldsymbol{x}_i=(x_{1i},x_{2i},\cdots,x_{mi})^{\mathrm{T}}$，$\boldsymbol{x}_j=(x_{1j},x_{2j},\cdots,x_{mj})^{\mathrm{T}}$，样本 $\boldsymbol{x}_i$ 与样本 $\boldsymbol{x}_j$ 的闵可夫斯基距离（Minkowski Distance）定义为

$$d_{ij}=\left(\sum_{k=1}^{m}|x_{ki}-x_{kj}|^p\right)^{\frac{1}{p}} \tag{5-24}$$

其中，$p \geqslant 1$。当 p=2 时称为欧氏距离（Euclidean Distance），公式为

$$d_{ij}=\left(\sum_{k=1}^{m}|x_{ki}-x_{kj}|^2\right)^{\frac{1}{2}} \tag{5-25}$$

当 p=1 时称为曼哈顿距离（Manhattan distance），公式为

$$d_{ij}=\sum_{k=1}^{m}|x_{ki}-x_{kj}| \tag{5-26}$$

当 $p=\infty$ 时称为切比雪夫距离（Chebyshev Distance），取各个坐标数值差的绝对值的最大值，即

$$d_{ij}=\max_k|x_{ki}-x_{kj}| \tag{5-27}$$

闵可夫斯基距离越大，相似度越小；距离越小，相似度越大。

（2）马哈拉诺比斯距离

马哈拉诺比斯距离（Mahalanobis Distance）简称马氏距离，是另一种常用的相似度，考虑各个分量（特征）之间的相关性并与各个分量的尺度无关。马哈拉诺比斯距离越大，相似度越小；距离越小，相似度越大。

给定一个样本集合 $\boldsymbol{X}$、$\boldsymbol{X}=(x_{ij})_{m\times n}$，其协方差矩阵记作 $\boldsymbol{S}$。样本 $\boldsymbol{x}_i$ 与样本 $\boldsymbol{x}_j$ 之间的马哈拉诺比斯距离 d_{ij} 定义为

$$d_{ij}=[(\boldsymbol{x}_i-\boldsymbol{x}_j)^{\mathrm{T}}S^{-1}(\boldsymbol{x}_i-\boldsymbol{x}_j)]^{\frac{1}{2}} \tag{5-28}$$

其中，$\boldsymbol{x}_i=(x_{1i},x_{2i},\cdots,x_{mi})^{\mathrm{T}}$；$\boldsymbol{x}_j=(x_{1j},x_{2j},\cdots,x_{mj})^{\mathrm{T}}$。

当 S 为单位矩阵时，即样本数据的各个分量互相独立且各个分量的方差为 1 时，马氏距离就是欧氏距离，所以马氏距离是欧氏距离的拓展。

（3）相关系数

样本之间的相似度也可以用相关系数（Correlation Coefficient）来表示。相关系数的绝对值越接近 1，表示样本越相似；越接近 0，表示样本越不相似。

样本 $\boldsymbol{x}_i$ 与样本 $\boldsymbol{x}_j$ 之间的相关系数为

$$r_{ij} = \frac{\sum_{k=1}^{m}(x_{ki}-\bar{x}_i)(x_{kj}-\bar{x}_j)}{\left[\sum_{k=1}^{m}(x_{ki}-\bar{x}_i)^2\sum_{k=1}^{m}(x_{kj}-\bar{x}_j)^2\right]^{\frac{1}{2}}} \tag{5-29}$$

其中，$\bar{x}_i = \frac{1}{m}\sum_{k=1}^{m}x_{ki};\bar{x}_j = \frac{1}{m}\sum_{k=1}^{m}x_{kj}$。

（4）夹角余弦

样本之间的相似度也可以用夹角余弦来表示。夹角余弦越接近 1，表示样本越相似；越接近 0，表示样本越不相似。

样本 $\boldsymbol{x}_i$ 与样本 $\boldsymbol{x}_j$ 之间的夹角余弦为

$$S_{ij} = \frac{\sum_{k=1}^{m}x_{ki}x_{kj}}{\left(\sum_{k=1}^{m}x_{ki}^2\sum_{k=1}^{m}x_{kj}^2\right)^{\frac{1}{2}}} \tag{5-30}$$

由上述定义可以看出，用距离度量相似度时，距离越小，样本越相似；用相关系数度量时，相关系数越大，样本越相似。注意，不同相似度度量得到的结果并不一定一致，如图 5-8 所示。

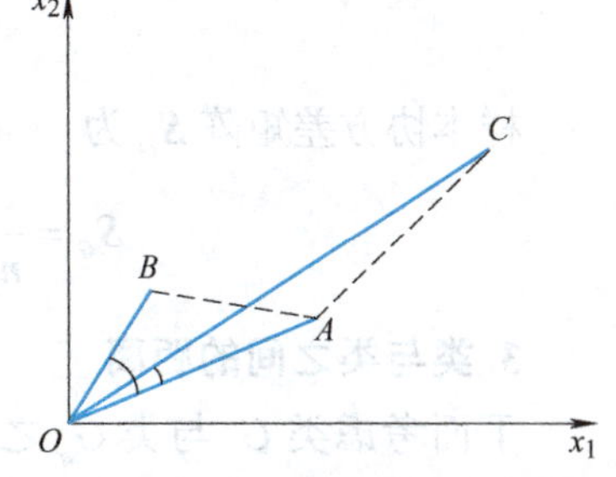

图 5-8　距离与相关系数的关系

从图 5-8 可以看出，如果从距离的角度看，A 和 B 比 A 和 C 更相似；但从相关系数的角度看，A 和 C 比 A 和 B 更相似。所以，进行聚类时，选择适合的距离或相似度非常重要。

2. 类或簇

通过聚类得到的类或簇本质是样本的子集。如果一个聚类方法假定一个样本只能属于一个类或类的交集为空集，那么该方法称为硬聚类（Hard Clustering）方法；否则，如果一个样本可以属于多个类或类的交集不为空集，那么该方法称为软聚类（Soft Clustering）方法。这里只考虑硬聚类方法。

用 G 表示类或簇（Cluster），用 $\boldsymbol{x}_i$, $\boldsymbol{x}_j$ 表示类中的样本，用 n_G 表示 G 中样本的个数，用 d_{ij} 表示样本 $\boldsymbol{x}_i$ 与样本 $\boldsymbol{x}_j$ 之间的距离。类或簇有多种定义，下面给出几个常见的定义。

定义 1：设 T 为给定的正数，若对于集合 G 中任意两个样本 $\boldsymbol{x}_i$, $\boldsymbol{x}_j$，有

$$d_{ij} \leqslant T \tag{5-31}$$

则称 G 为一个类或簇。

定义 2：设 T 为给定的正数，若对集合 G 的任意样本 $\boldsymbol{x}_i$，一定存在 G 中的另一个样本 $\boldsymbol{x}_j$，使得

$$d_{ij} \leqslant T \tag{5-32}$$

则称 G 为一个类或簇。

定义 3：设 T 为给定的正数，若对集合 G 中任意一个样本 $\boldsymbol{x}_i$，G 中的另一个样本 $\boldsymbol{x}_j$ 满足

$$\frac{1}{n_G-1}\sum_{x_j\in G}d_{ij} \leqslant T \tag{5-33}$$

则称 G 为一个类或簇。

定义 4：设 T 和 V 为给定的两个正数，如果集合 G 中任意两个样本 $\boldsymbol{x}_i$, $\boldsymbol{x}_j$ 的距离 d_{ij} 满足

$$\frac{1}{n_G(n_G-1)}\sum_{x_i\in G}\sum_{x_j\in G}d_{ij}\leqslant T \tag{5-34}$$

$$d_{ij}\leqslant V \tag{5-35}$$

则称 G 为一个类或簇。

以上 4 个定义中，定义 1 是最常用的，并且可由它推出其他 3 个定义。

类的特征可以通过不同角度来刻画，常用的特征有下面 3 种。

1）类的均值 $\bar{\boldsymbol{x}}_G$，又称为类的中心

$$\bar{\boldsymbol{x}}_G=\frac{1}{n_G}\sum_{i=1}^{n_G}\boldsymbol{x}_i \tag{5-36}$$

式中，n_G 是类 G 的样本个数。

2）类的直径 D_G 是类中任意两个样本之间的最大距离，即

$$D_G=\max_{\boldsymbol{x}_i,\boldsymbol{x}_j\in G}d_{ij} \tag{5-37}$$

3）类的样本散布矩阵（Scatter Matrix）$\boldsymbol{A}_G$ 为

$$\boldsymbol{A}_G=\sum_{i=1}^{n_G}(\boldsymbol{x}_i-\bar{\boldsymbol{x}}_G)(\boldsymbol{x}_i-\bar{\boldsymbol{x}}_G)^{\mathrm{T}} \tag{5-38}$$

样本协方差矩阵 $\boldsymbol{S}_G$ 为

$$\boldsymbol{S}_G=\frac{1}{n_G-1}\boldsymbol{A}_G=\frac{1}{n_G-1}\sum_{i=1}^{n_G}(\boldsymbol{x}_i-\bar{\boldsymbol{x}}_G)(\boldsymbol{x}_i-\bar{\boldsymbol{x}}_G)^{\mathrm{T}} \tag{5-39}$$

3. 类与类之间的距离

下面考虑类 G_p 与类 G_q 之间的距离 $D(p,q)$，也称为连接（Linkage）。类与类之间的距离也有多种定义。

设类 G_p 包含 n_p 个样本，G_q 包含 n_q 个样本，分别用 $\bar{\boldsymbol{x}}_p$ 和 $\bar{\boldsymbol{x}}_q$ 表示 G_p 和 G_q 的均值，即类的中心。

（1）最短距离或单连接（Single Linkage）

定义类 G_p 的样本与类 G_q 的样本之间的最短距离为两类之间的距离：

$$D_{pq}=\min\{d_{ij}\mid\boldsymbol{x}_i\in G_p,\boldsymbol{x}_j\in G_q\} \tag{5-40}$$

（2）最长距离或完全连接（Complete Linkage）

定义类 G_p 的样本与类 G_q 的样本之间的最长距离为两类之间的距离：

$$D_{pq}=\max\{d_{ij}\mid\boldsymbol{x}_i\in G_p,\boldsymbol{x}_j\in G_q\} \tag{5-41}$$

（3）中心距离

定义类 G_p 与类 G_q 的中心 $\bar{\boldsymbol{x}}_p$ 与 $\bar{\boldsymbol{x}}_q$ 之间的距离为两类之间的距离：

$$D_{pq}=d_{\bar{x}_p\bar{x}_q} \tag{5-42}$$

（4）平均距离

定义类 G_p 与类 G_q 任意两个样本之间距离的平均值为两类之间的距离：

$$D_{pq}=\frac{1}{n_pn_q}\sum_{x_i\in G_p}\sum_{x_j\in G_q}d_{ij} \tag{5-43}$$

5.2.2　聚类分析方法

1. 层次聚类

层次聚类假设类别之间存在层次结构，将样本聚到层次化的类中。层次聚类又有聚合（Agglomerative）或自下而上（Bottom-Up）聚类、分裂（Divisive）或自上而下（Top-Down）聚类两种方法。因为每个样本只属于一个类，所以层次聚类属于硬聚类。

聚合聚类开始将每个样本各自分到一个类，之后将相距最近的两类合并，建立一个新的类，重复此操作直到满足停止条件为止，得到层次化的类别。分裂聚类开始将所有样本分到一个类，之后将已有类中相距最远的样本分到两个新的类，重复此操作直到满足停止条件为止，得到层次化的类别。

（1）聚合聚类的要素

对于给定的样本集合，开始将每个样本分到一个类；然后按照一定规则，如类间距离最小，将满足规则条件的两个类进行合并；如此反复进行，每次减少一个类，直到满足停止条件为止，如所有样本聚为一类。

由此可知，聚合聚类需要预先确定下面 3 个要素。

1）距离或相似度。

2）合并规则。

3）停止条件。

（2）聚合聚类的具体过程

根据这些要素的不同组合，就可以构成不同的聚类方法。距离或相似度可以是闵可夫斯基距离、马哈拉诺比斯距离、相关系数、夹角余弦。合并规则一般是类间距离最小，类间距离可以是最短距离、最长距离、中心距离、平均距离。停止条件可以是类的个数达到阈值（极端情况类的个数是 1）或类的直径超过阈值。

如果采用欧氏距离为样本之间的距离度量；类间距离最小为合并规则，其中最短距离为类间距离；类的个数是 1，即所有样本聚为一类为停止条件。那么，聚合聚类的算法过程如下。

输入：n 个样本组成的样本集合及样本之间的距离。

输出：对样本集合的一个层次化聚类。

1）计算 n 个样本两两之间的欧氏距离 $\{d_{ij}\}$，记作矩阵 $\boldsymbol{D}=(d_{ij})_{n\times n}$。

2）构造 n 个类，每个类只包含一个样本。

3）合并类间距离最小的两个类，其中最短距离为类间距离，构建一个新类。

4）计算新类与当前各类的距离。若类的个数为 1，终止计算；否则，回到步骤 3）。

可以看出，聚合层次聚类算法的复杂度是 $O(n^3m)$，其中 m 是样本的维数，n 是样本个数。

2. k 均值聚类

k 均值聚类是基于样本集合划分的聚类算法。k 均值聚类将样本集合划分为 k 个子集，构成 k 个类，将 n 个样本分到 k 个类中，每个样本到其所属类的中心的距离最小。每个样本只能属于一个类，所以 k 均值聚类是硬聚类。下面分别介绍 k 均值聚类的模型、策略、算法，讨论算法的特性及相关问题。

（1）k 均值聚类模型

给定 n 个样本的集合 $X=\{\boldsymbol{x}_1,\boldsymbol{x}_2,\cdots,\boldsymbol{x}_n\}$，每个样本由一个特征向量表示，特征向量的

维数是 m。k 均值聚类的目标是将 n 个样本分到 k 个不同的类或簇中，这里假设 $k<n$。k 个类 $G_1,G_2,\cdots,G_k$ 形成对样本集合 X 的划分，其中 $G_i\cap G_j=\varnothing$，$\bigcup_{i=1}^{k}G_i=X$。用 C 表示划分，一个划分对应一个聚类结果。

划分 C 是一个多对一的函数。事实上，如果把每个样本用一个整数 i 表示，每个类也用一个整数 l 表示，那么划分或者聚类可以用函数 $l=C(i)$ 表示，其中 $i\in\{1,2,\cdots,n\},l\in\{1,2,\cdots,k\}$。所以，$k$ 均值聚类的模型是一个从样本到类的函数。

（2）k 均值聚类策略

k 均值聚类归结为样本集合 X 的划分，或者从样本到类的函数的选择问题。k 均值聚类的策略是通过损失函数的最小化选取最优的划分或函数 C^*。

首先，采用欧氏距离二次方作为样本之间的距离 $d(\boldsymbol{x}_i,\boldsymbol{x}_j)$：

$$d(\boldsymbol{x}_i,\boldsymbol{x}_j)=\sum_{k=1}^{m}(x_{ki}-x_{kj})^2=\|\boldsymbol{x}_i-\boldsymbol{x}_j\|^2 \tag{5-44}$$

然后，定义样本与其所属类的中心之间的距离的总和为损失函数，即

$$W(C)=\sum_{l=1}^{K}\sum_{C(i)=l}\|\boldsymbol{x}_i-\bar{\boldsymbol{x}}_l\|^2 \tag{5-45}$$

式中，$\bar{\boldsymbol{x}}_l=(\bar{x}_{1l},\bar{x}_{2l},\cdots,\bar{x}_{ml})^{\mathrm{T}}$ 是第 l 个类的均值或中心，$n_l=\sum_{i=1}^{n}I(C(i)=l)$，$I(C(i)=l)$ 是指示函数，取值为 1 或 0。函数 $W(C)$ 也称为能量，表示相同类中的样本相似的程度。

k 均值聚类就是求解最优化问题：

$$C^*=\arg\min_{C}W(C)=\arg\min_{C}\sum_{l=1}^{k}\sum_{C(i)=l}\|\boldsymbol{x}_i-\bar{\boldsymbol{x}}_l\|^2 \tag{5-46}$$

相似的样本被聚到同类时，损失函数值最小，这个目标函数的最优化能达到聚类的目的。但是，这是一个组合优化问题，n 个样本分到 k 类，所有可能分法的数目是

$$S(n,k)=\frac{1}{k!}\sum_{l=1}^{k}(-1)^{k-1}\binom{k}{l}k^n \tag{5-47}$$

这个数字是指数级的。事实上，k 均值聚类的最优解求解问题是 NP 难问题，现实中采用迭代的方法求解。

（3）k 均值聚类算法

k 均值聚类的算法是一个迭代的过程，每次迭代包括两个步骤：首先选择 k 个类的中心，将样本逐个指派到与其最近的中心的类中，得到一个聚类结果；然后更新每个类的样本的均值，作为类的新的中心。重复以上步骤，直到收敛为止。具体过程如下。

首先，对于给定的中心值 $(\boldsymbol{m}_1,\boldsymbol{m}_2,\cdots,\boldsymbol{m}_k)$，求一个划分 C，使得目标函数极小化：

$$\min_{c}\sum_{l=1}^{k}\sum_{C(i)=l}\|\boldsymbol{x}_i-\boldsymbol{m}_l\|^2 \tag{5-48}$$

在类中心确定的情况下，将每个样本分到一个类中，使样本和其所属类的中心之间的距离总和最小。求解结果，将每个样本指派到与其最近的中心 $\boldsymbol{m}_l$ 的类 G_l 中。

然后，对给定的划分 C，再求各个类的中心 $(m_1,m_2,\cdots,m_k)$，使得目标函数极小化：

$$\min_{m_1,m_2,\cdots,m_k}\sum_{l=1}^{k}\sum_{C(i)=l}\|\boldsymbol{x}_i-\boldsymbol{m}_l\|^2 \tag{5-49}$$

在划分确定的情况下，使样本和其所属类的中心之间的距离总和最小。求解结果，对于每个包含 n_l 个样本的类 G_l，更新其均值 $\boldsymbol{m}_l$：

$$\boldsymbol{m}_l = \frac{1}{n_l}\sum_{C(i)=l} \boldsymbol{x}_i, l = 1,2,\cdots,k \tag{5-50}$$

重复以上两步，直到划分不再改变，得到聚类结果。k 均值聚类算法具体如下。

输入：n 个样本的集合 X。

输出：样本集合的聚类 C^*。

1）初始化。令 $t=0$，随机选择 k 个样本点作为初始聚类中心 $\boldsymbol{m}^{(0)} = (\boldsymbol{m}_1^{(0)},\cdots,\boldsymbol{m}_l^{(0)},\cdots,\boldsymbol{m}_k^{(0)})$。

2）对样本进行聚类。对固定的类中心 $\boldsymbol{m}^{(t)} = [\boldsymbol{m}_1^{(t)},\cdots,\boldsymbol{m}_l^{(t)},\cdots,\boldsymbol{m}_k^{(t)}]$，其中 $\boldsymbol{m}_l^{(t)}$ 为类 G_l 的中心，计算每个样本到类中心的距离，将每个样本指派到与其最近的中心的类中，构成聚类结果 $C^{(t)}$。

3）计算新的类中心。对聚类结果 $C^{(t)}$，计算当前各个类中的样本的均值，作为新的类中心 $\boldsymbol{m}^{(t+1)} = (\boldsymbol{m}_1^{(t+1)},\cdots,\boldsymbol{m}_l^{(t+1)},\cdots,\boldsymbol{m}_k^{(t+1)})$。

4）如果迭代收敛或符合停止条件，输出 $C^* = C^{(t)}$；否则，令 $t = t+1$，返回步骤 2）。

k 均值聚类算法的复杂度是 $O(mnk)$，其中 m 是样本维数，n 是样本个数，k 是类别个数。

（4）k 均值聚类算法特性

1）总体特点。k 均值聚类有以下特点：基于划分的聚类方法；类别数 k 事先指定；以欧氏距离二次方表示样本之间的距离，以中心或样本的均值表示类别；以样本和其所属类的中心之间的距离的总和为最优化的目标函数；得到的类别是平坦的、非层次化的；算法是迭代算法，不能保证得到全局最优。

2）收敛性。k 均值聚类属于启发式方法，不能保证收敛到全局最优，初始中心的选择会直接影响聚类结果。注意，类中心在聚类的过程中会发生移动，但是往往不会移动太大，因为在每一步，样本被分到与其最近的中心的类中。

3）初始类的选择。选择不同的初始中心会得到不同的聚类结果。对于初始中心的选择，可以用层次聚类对样本进行聚类，得到 k 个类时停止，然后从每个类中选取一个与中心距离最近的点。

4）类别数 k 的选择。k 均值聚类中的类别数 k 的值需要预先指定，而在实际应用中最优的 k 值是不知道的。解决这个问题的一个方法是尝试用不同的 k 值聚类，检验各自得到的聚类结果的质量，推测最优的 k 值。聚类结果的质量可以用类的平均直径来衡量。一般地，类别数变小时，平均直径会增加；类别数变大超过某个值以后，平均直径会不变，而这个值正是最优的 k 值。图 5-9 说明了类别数与平均直径的关系。实验时，可以采用二分查找法，快速找到最优的 k 值。

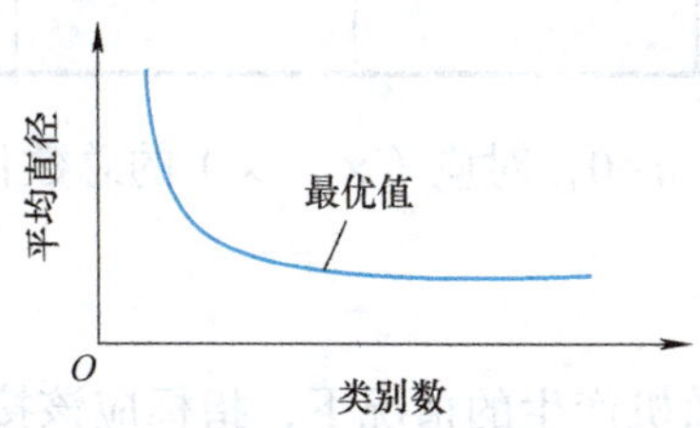

图 5-9 类别数与平均直径的关系

5.2.3 聚类评估

1. 调整兰德指数

$$\mathrm{RI}=\frac{a+b}{C_{n_{\text{samples}}}^{2}} \tag{5-51}$$

式中，a 为实际类别中属于同一类，预测类别中也属于同一类的样本对数；b 为实际类别中不属于同一类，预测类别中也不属于同一类的样本对数；$C_{n_{\text{samples}}}^{2}$ 为数据中可以组合的总对数。

RI 的取值范围为 [0，1]，值越大意味着聚类效果与真实情况越吻合。

例如，给定 6 个数据样本，设它们对应的实际类别 Label_true=[0,0,0,1,1,1]，聚类后的预测类别 Label_pred=[3,3,1,1,2,2]。表 5-4 统计了每一对样本间实际类别与预测类别结果的对照情况。其中，符号“√”代表属于同一类别，“×”代表不属于同一类别。

表 5-4　样本对之间聚类对照表示例 1

样本	1	2	3	4	5
0	(√, √)	(√, ×)	(×, ×)	(×, ×)	(×, ×)
1		(√, ×)	(×, ×)	(×, ×)	(×, ×)
2			(×, √)	(×, ×)	(×, ×)
3				(√, ×)	(√, ×)
4					(√, √)

a 对应（√，√）的总数目，a=2；b 对应（×，×）的总数目，b=8；$C_{n_{\text{samples}}}^{2}=C_{6}^{2}=15$。可得 $\mathrm{RI}=\frac{2}{3}$。

但是，对于随机聚类的结果，特别是在类别值与样本值相近的情况下，随机聚类的 RI 值却不能接近于 0。

例如，给定实际类别 Label_true=[0,0,1,1,2,2]，随机聚类后得到的预测类别 Label_pred=[0,1,2,3,4,5]，每一对样本间实际类别与预测类别结果的对照情况见表 5-5。

表 5-5　样本对之间聚类对照表示例 2

样本	1	2	3	4	5
0	(√, ×)	(×, ×)	(×, ×)	(×, ×)	(×, ×)
1		(×, ×)	(×, ×)	(×, ×)	(×, ×)
2			(√, ×)	(×, ×)	(×, ×)
3				(×, ×)	(×, ×)
4					(√, ×)

对应（√，√）的总数目 a=0，对应（×，×）的总数目 b=12，$C_{n_{\text{samples}}}^{2}=C_{6}^{2}=15$，可得 $\mathrm{RI}=\frac{4}{5}$。

为了实现“在聚类结果随机产生的情况下，指标应该接近零”，提出了调整兰德系数（Adjusted Rand Index，ARI），它具有更高的区分度。

$$\mathrm{ARI}=\frac{\mathrm{RI}-E\,|\,\mathrm{RI}\,|}{\max(\mathrm{RI})-E\,|\,\mathrm{RI}\,|} \tag{5-52}$$

ARI 的取值范围为 [−1,1]，其值越大意味着聚类结果与真实情况越吻合。从广义的角度来讲，ARI 衡量的是两个数据分布的吻合程度。

2. 互信息评分

互信息（Mutual Information，MI）可用来衡量两个数据分布的吻合程度。假设 U 与 V 是对 N 个样本标签的分配情况，则两种分布的熵分别为

$$H(U)=-\sum_i P(i)\log(P(i)) \tag{5-53}$$

$$H(V)=-\sum_j P'(j)\log(P'(j)) \tag{5-54}$$

式中，U 为样本实际类别分配情况；V 为样本聚类后的标签预测情况；$P(i)=\frac{|U_i|}{N}$ 为类别 i 在训练集中所占比例；$P'(j)=\frac{|V_j|}{N}$ 为簇 j 在训练集中所占比例。

$$\mathrm{MI}(U,V)=\sum_i\sum_j P(i,j)\log\left(\frac{P(i,j)}{P(i)P'(j)}\right) \tag{5-55}$$

式中，$P(i,j)=\frac{|U_i\cap V_j|}{N}$ 为来自于类别 i 被分配搭配簇 j 的样本的数目占训练集的比例。

$$\mathrm{NMI}(U,V)=\frac{\mathrm{MI}(U,V)}{\sqrt{H(U)H(V)}} \tag{5-56}$$

$$\mathrm{AMI}=\frac{\mathrm{MI}-E\,|\,\mathrm{MI}\,|}{\max(H(U),H(V)-E\,|\,\mathrm{MI}\,|)} \tag{5-57}$$

利用互信息可以衡量实际类别与预测类别的吻合程度，NMI 是对 MI 进行的标准化，AMI 的处理规则与 ARI 相同，以使随机聚类的评分接近于 0。NMI 的取值范围为 [0，1]，AMI 的取值范围为 [−1,1]，其值越大意味着聚类结果与真实情况越吻合。

3. 同质性、完整性及调和平均

同质性（Homogeneity）：每个结果簇中只包含单个类别（实际类别）成员。

$$\mathrm{Homogeneity}=1-\frac{H(C\,|\,K)}{H(C)} \tag{5-58}$$

$$H(C|K)=-\sum_{c=1}^{|C|}\sum_{k=1}^{|K|}\frac{n_{c,k}}{n}\times\log\left(\frac{n_{c,k}}{n_k}\right) \tag{5-59}$$

$$H(C)=-\sum_{c=1}^{|C|}\frac{n_c}{n}\times\log\left(\frac{n_c}{n}\right) \tag{5-60}$$

式中，n_k 是簇 k 包含的样本数目；n_c 是类别 C 包含的样本数目；$n_{c,k}$ 是来自类别 C 却被分配到簇 k 的样本的数目。

完整性（Completeness）：给定类别（实际类别）的所有成员都被分配到同一个簇（聚类得到的结果簇）中。

$$\mathrm{Completeness}=1-\frac{H(K\,|\,C)}{H(K)} \tag{5-61}$$

$$H(K|C)=-\sum_{c=1}^{|C|}\sum_{k=1}^{|K|}\frac{n_{c,k}}{n}\times\log\left(\frac{n_{c,k}}{n_c}\right) \tag{5-62}$$

$$H(K)=-\sum_{k=1}^{|K|}\frac{n_k}{n}\times\log\left(\frac{n_k}{n}\right) \tag{5-63}$$

4. Fowlkes–Mallows 评分

精确率和召回率的几何平均数 $\text{FMI}=\frac{\text{TP}}{\sqrt{(\text{TP}+\text{FP})(\text{TP}+\text{FN})}}$。

用符号“√”代表属于同一类别，“ × ”代表不属于同一类别，则

TP 为在实际类别中属于同一类，在预测类别中也属于同一类的样本对数，即（√，√）。

FP 为在实际类别中属于同一类，在预测类别中不属于同一类的样本对数，即（√，×）。

FN 为在实际类别中不属于同一类，在预测类别中属于同一类的样本对数，即（×，√）。

例如，给定实际类别 Label_true=[0,0,0,1,1,1]，随机聚类后得到的预测类别 Label_pred=[3,3,1,1,2,2]，每一对样本间实际类别与预测类别结果的对照情况见表 5-6。

表 5-6 样本对之间聚类对照表

样本	1	2	3	4	5
0	（√，√）	（√，×）	（×，×）	（×，×）	（×，×）
1		（√，×）	（×，×）	（×，×）	（×，×）
2			（×，√）	（×，×）	（×，×）
3				（√，×）	（√，×）
4					（√，√）

经计算可得：TP=2，FP=4，FN=1，FMI=0.471。

FMI 的取值范围为 [0,1]，其值越大意味着聚类效果越好。它的缺点是需要事先知道真实类别。

5. 轮廓系数

轮廓系数 S 为

$$S=\frac{b-a}{\max(a,b)} \tag{5-64}$$

式中，a 为某样本与同类别中其他样本的平均距离；b 为某样本与不同类别中距离最近的样本的平均距离。

上述是单个样本的轮廓系数（Silhouette Coefficient）。对于一个样本集合，它的轮廓系数是所有样本轮廓系数的平均值。轮廓系数的范围为 [−1,1]，同类别样本距离越近且不同类别样本距离越远，分数越高。

6. Calinski–Harabasz 指数

Calinski–Harabasz 指数为

$$s(k)=\frac{T_r(\boldsymbol{B}_k)}{T_r(\boldsymbol{W}_k)}\times\frac{N-K}{K-1} \tag{5-65}$$

$$W_k = \sum_{q=1}^{k} \sum_{x \in C_q} (x - C_q)(x - C_q)^{\mathrm{T}} \tag{5-66}$$

$$B_k = \sum_{q} n_q (C_q - C)(C_q - C)^{\mathrm{T}} \tag{5-67}$$

式中，B_k 为簇之间的协方差矩阵；W_k 为簇内部数据的协方差矩阵；N 为训练集样本数；K 为簇个数；C_q 为簇 q 的中心样本；C 为训练集的中心样本；n_q 为簇 q 的样本数目；T_r 为矩阵的迹。

簇之间的协方差越大，簇与簇之间的界限越明显，聚类效果也就越好；簇内部数据的协方差越小，同一簇内包含的样本越相似，聚类效果也就越好。对应的，$s(k)$ 越大，聚类效果越好。

5.3 工业大数据的降维

5.3.1 主成分分析

主成分分析（Principal Component Analysis，PCA）法是一种使用广泛的数据降维算法。通过正交变换将一组可能存在相关性的变量转换为一组线性不相关的变量，转换后的这组变量称为主成分。主成分分析是由卡尔·皮尔森（Karl Pearson）对非随机变量引入的，之后哈罗德·霍特林（Harold Hotelling）将此方法推广到随机变量。

1. 基本思想

主成分分析法的基本思想是设法将原来具有一定相关性的指标 $X_1,X_2,\cdots,X_p$，（比如 p 个指标）重新组合成一组较少个数的互不相关的综合指标 F_m 来代替原来的指标。那么综合指标应该如何提取，使其既能最大限度地反映原指标所代表的信息，又能保证新指标之间互不相关（信息不重叠）。通常，数学上的处理就是将原来的 p 个指标线性组合，作为新的综合指标。

设 F_1 表示原指标的第一个线性组合所形成的主成分指标，即 $F_1=a_{11}X_1+a_{12}X_2+\cdots+a_{1p}X_p$，由数学知识可知，每一个主成分所提取的信息量可用其方差来度量，其方差 Var（F_1）越大，表示 F_1 包含的信息量越多。通常，希望第一主成分 F_1 所含的信息量最大，因此在所有的线性组合中选取的 F_1 应该是 $X_1,X_2,\cdots,X_p$ 的所有线性组合中方差最大的，故称 F_1 为第一主成分。如果第一主成分不足以代表原来 p 个指标的信息，再考虑选取第二个主成分指标 F_2，为有效地反映原指标信息，F_1 已有的信息就不需要再出现在 F_2 中了，即 F_2 与 F_1 要保持独立、不相关，用数学语言表达就是其协方差 $\mathrm{Cov}(F_1, F_2)=0$，所以 F_2 是与 F_1 不相关的 $X_1,X_2,\cdots,X_p$ 的所有线性组合中方差最大的，故称 F_2 为第二主成分。依此类推，构造出 $F_1,F_2,\cdots,F_m$，即为原变量指标 $X_1,X_2,\cdots,X_p$ 的第一，第二，…，第 m 主成分。

$$\begin{cases} F_1 = a_{11}X_1 + a_{12}X_2 + \cdots + a_{1p}X_p \\ F_2 = a_{21}X_1 + a_{22}X_2 + \cdots + a_{2p}X_p \\ \quad \vdots \\ F_m = a_{m1}X_1 + a_{m2}X_2 + \cdots + a_{mp}X_p \end{cases} \tag{5-68}$$

由以上分析可见，主成分分析法的主要任务有两个。

1）确定各主成分 F_i（$i=1,2,\cdots,m$）关于原指标 $X_j(j=1,2,\cdots,p)$ 的表达式，即系数 $a_{ij}(i=1,$

$2,\cdots,m$；$j=1,2,\cdots,p$)。从数学上可以证明，原指标协方差矩阵的特征根是主成分的方差，所以前 m 个较大特征根就代表前 m 个较大的主成分方差值；原指标协方差矩阵前 m 个较大的特征值 λ_i（这样选取才能保证主成分的方差依次增大）所对应的特征向量就是相应主成分 F_i 表达式的系数 $\boldsymbol{a}_i$，为了加以限制，系数 $\boldsymbol{a}_i$ 启用的是 λ_i 对应的单位化的特征向量，即有 $\boldsymbol{a}_i^{\mathrm{T}}\boldsymbol{a}_i=1$。

2）计算主成分载荷。主成分载荷反映主成分 F_i 与原指标 X_j 之间的相互关联程度，计算公式为

$$P(Z_k,x_i)=\sqrt{\lambda_k}a_{ki},\quad i=1,2,\cdots,p;k=1,2,\cdots,m \tag{5-69}$$

2. 主要计算步骤

主成分分析的具体步骤如下。

（1）计算协方差矩阵

计算数据的协方差矩阵

$$\Sigma=(s_{ij})_{p\times p}$$

式中，

$$s_{ij}=\frac{1}{n-1}\sum_{k=1}^{n}(x_{ki}-\bar{x}_i)(x_{kj}-\bar{x}_j)\quad ,i,j=1,2,\cdots,p \tag{5-70}$$

（2）求出 Σ 的特征值 λ_i 及相应的正交化单位特征向量 $\boldsymbol{a}_i$

Σ 的前 m 个较大的特征值 $\lambda_1\geqslant\lambda_2\geqslant\cdots\geqslant\lambda_m>0$，就是前 m 个主成分对应的方差，λ_i 对应的单位特征向量 $\boldsymbol{a}_i$ 就是主成分 F_i 关于原指标的系数，则原指标的第 i 个主成分为

$$F_i=\boldsymbol{a}_i^{\mathrm{T}}X \tag{5-71}$$

主成分的方差（信息）贡献率 α_i 用来反映信息量的大小，其表达式为

$$\alpha_i=\lambda_i\Big/\sum_{i=1}^{m}\lambda_i \tag{5-72}$$

（3）选择主成分

最终要选择几个主成分，即 $F_1,F_2,\cdots,F_m$ 中 m 的确定是通过方差（信息）累计贡献率 $G(m)$ 来确定的，有

$$G(m)=\sum_{i=1}^{m}\lambda_i\Big/\sum_{k=1}^{p}\lambda_k \tag{5-73}$$

当累计贡献率大于 85% 时，就认为能足够反映原指标的信息了，对应的 m 就是抽取的前 m 个主成分。

（4）计算主成分载荷

主成分载荷是反映主成分 F_i 与原指标 X_j 之间相互关联程度的。原指标 $X_j(j=1,2,\cdots,p)$ 在诸主成分 $F_i(i=1,2,\cdots,m)$ 上的载荷 $l_{ij}(i=1,2,\cdots,m$；$j=1,2,\cdots,p)$ 为

$$l_{ij}=\sqrt{\lambda_i}a_{ij}\quad ,i=1,2,\cdots,m;j=1,2,\cdots,p \tag{5-74}$$

（5）计算主成分得分

计算样品在 m 个主成分上的得分为

$$F_i=a_{i1}X_1+a_{i2}X_2+\cdots+a_{ip}X_p \tag{5-75}$$

实际应用时，指标的量纲往往不同，所以在主成分计算之前应先消除量纲的影响。消除数据的量纲有很多方法，常用的是将原始数据标准化，即做如下数据变换：

$$x_{ij}^* = \frac{x_{ij} - \bar{x}_j}{s_j}, \quad i = 1,2,\cdots,n; j = 1,2,\cdots,p \tag{5-76}$$

式中，$\bar{x}_j = \frac{1}{n}\sum_{i=1}^{n} x_{ij}$；$s_j^2 = \frac{1}{n-1}\sum_{i=1}^{n}(x_{ij} - \bar{x}_j)^2$。

根据数学公式可知，一方面，任何随机变量做标准化变换后，其协方差与其相关系数是相同的，即标准化后的变量的协方差矩阵就是其相关系数矩阵；另一方面，根据协方差的公式可以推得标准化后的协方差就是原变量的相关系数，即标准化后的变量的协方差矩阵就是原变量的相关系数矩阵。也就是说，在标准化前后，变量的相关系数矩阵不变化。

因此，为消除量纲的影响，将变量标准化后再计算其协方差矩阵，就是直接计算原变量的相关系数矩阵。所以，主成分分析的实际常用计算步骤如下。

1）计算相关系数矩阵。

2）求出相关系数矩阵的特征值 λ_i 及相应的正交化单位特征向量 $\boldsymbol{a}_i$。

3）选择主成分。

4）计算主成分得分。

3. 主成分分析法的优缺点

（1）主成分分析法的优点

1）可消除评估指标之间的相关影响。主成分分析法在对原始指标变量进行变换后形成了彼此相互独立的主成分。实践证明指标间的相关程度越高，主成分分析效果越好。

2）可减少指标选择的工作量。对于其他评估方法，由于难以消除评估指标间的相关影响，所以选择指标时要花费不少精力，而主成分分析法由于可以消除这种相关影响，所以在指标选择上相对容易些。

3）可减少计算量。主成分分析中各主成分是按方差大小依次排列顺序的，在分析问题时，可以舍弃一部分主成分，只取前面方差较大的几个主成分来代表原指标，从而减少计算量。用主成分分析法做综合评估时，由于选择的原则是累计贡献率大于或等于 85%，因此不会为节省工作量把关键指标漏掉而影响评估结果。

4）完全无参数限制。在主成分分析的计算过程中完全不需要人为设定参数或是根据任何经验模型对计算进行干预，最后的结果只与数据有关，与用户是无关的。

（2）主成分分析法的缺点

1）在主成分分析中，首先应保证所提取的前几个主成分的累计贡献率达到一个较高的水平（即变量降维后的信息量须保持在一个较高的水平上），其次对这些被提取的主成分必须都能够给出符合实际背景和意义的解释（否则主成分将空有信息量而无实际含义）。

2）主成分含义的解释一般多少带有模糊性，不像原始变量的含义那么清楚、确切，这是变量降维过程中不得不付出的代价。因此，提取的主成分个数 m 通常应明显小于原指标个数 p（除非 p 本身较小），否则维数降低的“利”可能抵不过主成分含义没有原指标清楚的“弊”。

3）当主成分的因子负荷的符号有正有负时，综合评价函数意义就不明确了。

4）有时数据的分布并不满足高斯分布。在非高斯分布的情况下，主成分分析法得出的主元可能并不是最优的。

5.3.2　主成分追踪

假定存在一个数据矩阵 $\boldsymbol{X} \in \mathbf{R}^{m \times n}$，其中，$m$ 是变量个数，n 是指采样观测值的数目，

$\boldsymbol{X}$ 可以被分解为两个部分：

$$\boldsymbol{X}=\boldsymbol{A}+\boldsymbol{E} \tag{5-77}$$

式中，$\boldsymbol{A}$ 是一个低秩矩阵；$\boldsymbol{E}$ 是一个稀疏矩阵。这两个矩阵中元素的幅值大小在数据矩阵分解时未作限制。图 5-10 形象地表示了主成分追踪（Principal Component Pursuit，PCP）法的分解原理。

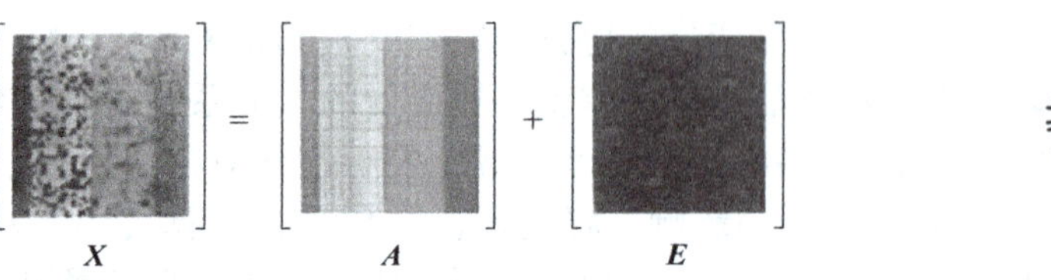

彩图

图 5-10　PCP 分解示意

PCP 的目标是从数据矩阵中精确地分解出包含重要过程信息的低秩矩阵和包含数据中可能存在的异常值，即 PCP 的目标是求解一个如式（5-78）所示的优化问题。

$$\begin{aligned} \min \quad & \operatorname{rank}(\boldsymbol{A})+\lambda\|\boldsymbol{E}\|_0 \\ \text{s.t.} \quad & \boldsymbol{X}=\boldsymbol{A}+\boldsymbol{E} \end{aligned} \tag{5-78}$$

式中，$\|\boldsymbol{E}\|_0$ 是矩阵 $\boldsymbol{E}$ 的 l_0 范数，是矩阵 $\boldsymbol{E}$ 中所有非零元素的个数；λ 是一个平衡两个因子的参数。

式（5-78）是一个求解困难的非凸优化问题。为了将式（5-78）转换为一个可求解的凸优化函数，使矩阵的核范数可近似代替计算矩阵的秩，矩阵的范数 l_1 可近似代替计算矩阵的 l_0 范数，可以将式（5-78）中的目标函数写成式（5-79）所示的形式，使目标函数转换为凸优化函数。

$$\begin{aligned} \min \quad & \|\boldsymbol{A}\|_*+\lambda\|\boldsymbol{E}\|_1 \\ \text{s.t.} \quad & \boldsymbol{X}=\boldsymbol{A}+\boldsymbol{E} \end{aligned} \tag{5-79}$$

式中，$\|\boldsymbol{A}\|_*$ 代表矩阵 $\boldsymbol{A}$ 的核范数，通过计算矩阵 $\boldsymbol{A}$ 的奇异值之和获得；$\|\boldsymbol{E}\|_1$ 表示矩阵 $\boldsymbol{E}$ 的 l_1 范数，通过计算矩阵 $\boldsymbol{E}$ 中所有非零元素的绝对值之和获得；λ 是一个平衡 $\|\boldsymbol{A}\|_*$ 和 $\|\boldsymbol{E}\|_1$ 两个范数因子的参数，可以利用公式 $\lambda=\dfrac{1}{\sqrt{\max(n,m)}}$ 求解。

求解式（5-79）所示的凸优化函数，可以采用多种方法，例如，迭代阈值方法（Iterative Thresholding Method）、加速邻近梯度法（Accelerated Proximal Gradient Method）、对偶方法（Dual Method）等。这里只介绍一种不确定增广拉格朗日算子（Inexact Augmented Lagrange Multiplier，IALM）法。

增广拉格朗日算子法一般被用来求解式（5-80）所示的优化问题：

$$\begin{aligned} \min \quad & f(\boldsymbol{X}) \\ \text{s.t.} \quad & h(\boldsymbol{X})=0 \end{aligned} \tag{5-80}$$

式中，f：$\mathbf{R}^n \to \mathbf{R}$；$h$：$\mathbf{R}^n \to \mathbf{R}^m$。根据式（5-81）定义增广拉格朗日函数为

$$L(\boldsymbol{X},\boldsymbol{Y},\mu)=f(\boldsymbol{X})+\langle \boldsymbol{Y},h(\boldsymbol{X})\rangle+\frac{\mu}{2}\|h(\boldsymbol{X})\|_F^2 \tag{5-81}$$

式中，μ 是一个正数标量。

对于式（5-81），$f(\boldsymbol{X})=\|\boldsymbol{A}\|_*+\lambda\|\boldsymbol{E}\|_1$，$h(\boldsymbol{X})=\boldsymbol{X}-\boldsymbol{A}+\boldsymbol{E}$，则新的拉格朗日函数为

$$L(\boldsymbol{A},\boldsymbol{E},\boldsymbol{Y},\mu)=\|\boldsymbol{A}\|_*+\lambda\|\boldsymbol{E}\|_1+\langle \boldsymbol{Y},\boldsymbol{X}-\boldsymbol{A}-\boldsymbol{E}\rangle+\frac{\mu}{2}\|\boldsymbol{X}-\boldsymbol{A}-\boldsymbol{E}\|_F^2 \tag{5-82}$$

利用不确定增广拉格朗日算子法求解式（5-82）中的拉格朗日函数，总结如算法（利用 IALM 算法求解 PCP 问题）如下所示。

算法 5-1　利用 IALM 算法求解 PCP 问题

输入：数据矩阵 $\boldsymbol{X}\in\mathbf{R}^{m\times n}$，参数 λ

初始化：$\boldsymbol{A}_0=\mathbf{0}$，$\boldsymbol{E}_0=\mathbf{0}$，$\boldsymbol{Y}_0=\mathbf{0}$，$\mu_0=10^{-8}$，$\rho=1.1$，$\max_\mu=10^{10}$，$\varepsilon=10^{-6}$

迭代直到收敛

$\boldsymbol{A}_{k+1}=\arg\min\dfrac{1}{\mu_k}\|\boldsymbol{A}_k\|_*+\dfrac{1}{2}\left\|\boldsymbol{A}_k-\left(\boldsymbol{X}-\boldsymbol{E}_k+\dfrac{\boldsymbol{Y}_k}{\mu_k}\right)\right\|_F^2$

$\boldsymbol{E}_{k+1}=\arg\min\dfrac{\lambda}{\mu_k}\|\boldsymbol{E}_k\|_1+\dfrac{1}{2}\left\|\boldsymbol{E}_k-\left(\boldsymbol{X}-\boldsymbol{A}_{k+1}+\dfrac{\boldsymbol{Y}_k}{\mu_k}\right)\right\|_F^2$

$\boldsymbol{Y}_{k+1}=\boldsymbol{Y}_k+\mu_k(\boldsymbol{X}-\boldsymbol{A}_{k+1}-\boldsymbol{E}_{k+1})$

$\mu_{k+1}=\min(\rho\mu_k,\max_\mu)$

收敛条件：$\|\boldsymbol{X}-\boldsymbol{A}_{k+1}-\boldsymbol{E}_{k+1}\|_\infty<\varepsilon$

输出：解$(\boldsymbol{A}_k,\boldsymbol{E}_k)$

利用迭代收敛的方法求解凸优化函数，算法 5-1 的求解需要利用定理 5-1 和定理 5-2。

定理 5-1　对于一个向量 $\boldsymbol{y}\in\mathbf{R}^n$ 和一个阈值 τ，软收缩算子（Soft Shrinkage Operator）可以描述为

$$S_\tau[\boldsymbol{y}_i]=\operatorname{sign}(\boldsymbol{y}_i)(|\boldsymbol{y}_i|-\tau)_+ \tag{5-83}$$

定理 5-2　假设有一个秩为 r 的数据矩阵 $\boldsymbol{X}\in\mathbf{R}^{n\times m}$ 及一个参数 τ，则奇异值收缩算子（Singular Value Shrinkage Operator）可以描述为

$$\boldsymbol{D}_\tau(\boldsymbol{X})=\boldsymbol{U}\boldsymbol{S}_\tau[\Sigma]\boldsymbol{V}^{\mathrm{T}} \tag{5-84}$$

式中，$\boldsymbol{S}_\tau[\Sigma]=\operatorname{diag}((\sigma_i-\tau)_+)$，$\boldsymbol{U}\boldsymbol{S}\boldsymbol{V}^{\mathrm{T}}$ 通过对矩阵 $\boldsymbol{X}$ 进行奇异值分解得到 $\Sigma=\operatorname{diag}(\{\sigma_i\}_{1\leqslant i\leqslant r})$。

因此，根据定理 5-1，可以得到矩阵 $\boldsymbol{E}$ 的计算公式为

$$\boldsymbol{E}_{k+1}=\boldsymbol{S}_{\frac{\lambda}{\mu_k}}\left(\boldsymbol{X}-\boldsymbol{A}_{k+1}+\frac{\boldsymbol{Y}_k}{\mu_k}\right) \tag{5-85}$$

根据定理 5-2，可以得到矩阵 $\boldsymbol{A}$ 的计算公式为

$$\boldsymbol{A}_{k+1}=\boldsymbol{D}_{\frac{1}{\mu_k}}\left(\boldsymbol{X}-\boldsymbol{E}_k+\frac{\boldsymbol{Y}_k}{\mu_k}\right) \tag{5-86}$$

5.4 案例分析

5.4.1　基于 SVM 的故障诊断案例

1. 案例基本情况介绍

支持向量机（SVM）理论是基于结构风险最小化原则的，它在解决小样本、高维度及非线性问题时表现出了极为独特的优势，所构造的模型具备极好的泛化能力。自支持向量机理论提出以来，它在故障诊断与识别领域得到了广泛的应用。支持向量机理论在伺服刀架的故障诊断方面有较好的适用性。

本案例在数控刀架可靠性试验系统上进行故障诊断。试验系统采用了电液伺服控制

的液压加载方法，可以通过对数控刀架的静、动态载荷实际工况的模拟，实现对数控刀架的自动控制、信号实时采集、数据存储、切削力模拟加载等功能。数控刀架可靠性试验系统如图 5-11 所示。

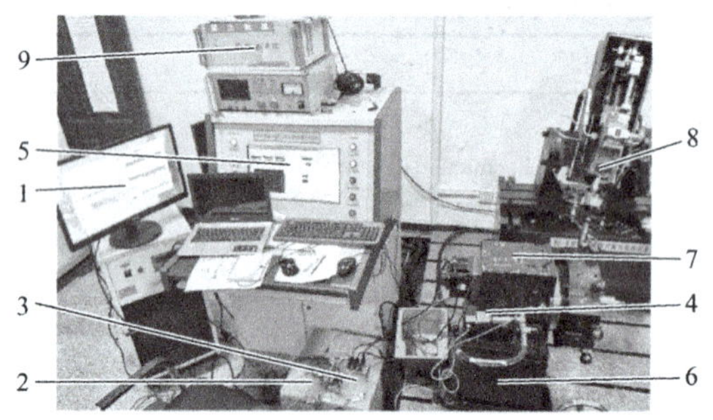

图 5-11　数控刀架可靠性试验系统

1—信号采集系统显示器　2—24 V 电源　3—数字采集卡　4—数显式压力变送器　5—上位机控制界面　6—刀架安装台　7—数控刀架　8—伺服加载机构　9—伺服加载控制器

在不同时序环节中，数控刀架的关键子系统不尽相同，故障模式也不相同。因此，对数控刀架的故障数据进行统计分析，确定数控刀架的典型故障类型，开展数控刀架在时序环节 *T*1 中的接近开关松开故障、时序环节 *T*2 中的撞刀故障、时序环节 *T*3 中的齿盘啮合偏离故障和油管道泄漏故障，以及时序环节 *T*4 中的刀具夹持松动 5 个典型故障的试验。具体试验状态如图 5-12 ～图 5-14 所示。

a) *T*1的接近开关松开故障试验

b) *T*2的模拟撞刀故障试验

图 5-12　时序环节 *T*1 和 *T*2 的故障试验

a) *T*3的齿盘啮合偏离故障试验

b) *T*3的油管道泄漏故障试验

图 5-13　时序环节 *T*3 的故障试验

图 5-14　时序环节 *T*4 的刀具夹持松动故障试验

2. 诊断流程

SVM 诊断算法的步骤如图 5-15 所示，其中的适应度值为诊断结果的准确率。

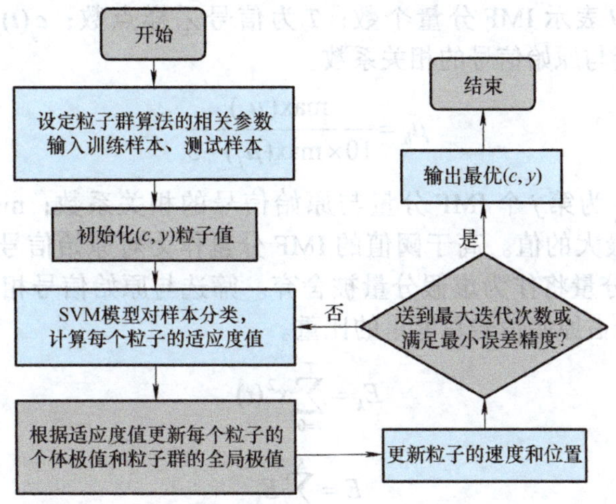

图 5-15 算法步骤

由于数控刀架的故障样本较少，且故障发生的时间间隔较长，因此，SVM 方法可以很好地解决刀架小样本故障诊断问题。本案例选择高斯核函数作为支持向量机的核函数，利用 SVM 方法在不同时序环节分别诊断各子系统的状态，再综合 4 个时序环节的诊断结果，实现数控刀架整个周期的故障诊断。具体流程如图 5-16 所示。

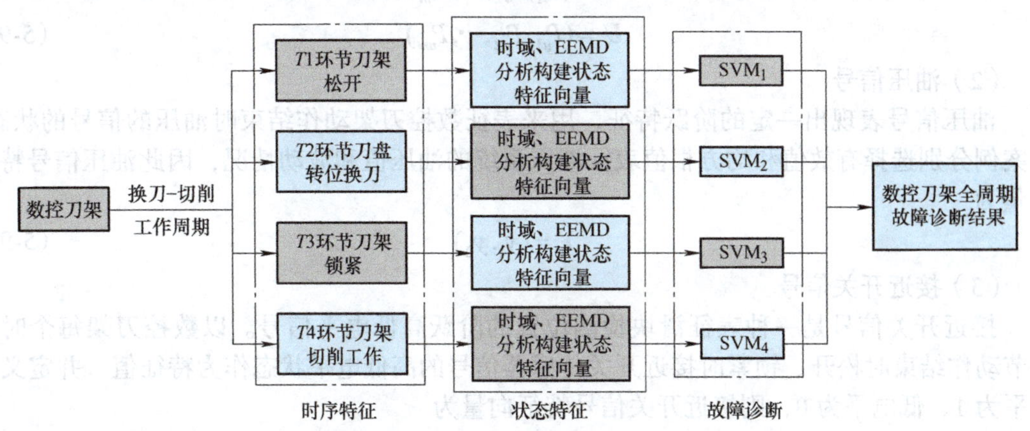

图 5-16 数控刀架 SVM 故障诊断方法流程

基于时序环节对数控刀架信号进行特征提取。按照数控刀架关键子系统的敏感信号，将信号处理分为 4 类，即振动信号、电流信号、油压信号和接近开关信号。

（1）振动和电流信号

根据数控刀架工作过程中振动信号 $\boldsymbol{V}$ 和电流信号 $\boldsymbol{U}$ 的特征分析可知，这两个信号具有较强的冲击成分，为非平稳非线性信号。因此，采用适用非平稳信号的集合经验模态分解（Ensemble Empirical Mode Decomposition，EEMD）方法对振动和电流进行时频分析。在对原始信号进行 EEMD 处理后，信号分解为 J 个互不相关、近似正交的 IMF 分量。每个 IMF 分量与原始信号的相关系数为

$$\mu_j = \frac{\sum_{t=0}^{T} x(t)c_j(t)}{\sqrt{\sum_{t=0}^{T} x^2(t)}\sqrt{\sum_{t=0}^{T} c_j^2(t)}} \tag{5-87}$$

式中，$j=1,2,\cdots,J$，J 表示 IMF 分量个数；T 为信号采样点数；$c_j(t)$ 为第 j 个 IMF 分量；μ_j 为第 j 个 IMF 分量与原始信号的相关系数。

$$\mu_h = \frac{\max(\mu_j)}{10\times\max(\mu_j)-3} \tag{5-88}$$

式中，μ_h 为阈值；μ_j 为第 j 个 IMF 分量与原始信号的相关系数；$\max(\mu_j)$ 为所有 IMF 与原始信号相关系数最大的值。高于阈值的 IMF 分量作为对原始信号敏感的分量被保留，而低于阈值的 IMF 分量将作为虚假分量被舍弃。筛选与原始信号相关性高的 IMF 分量，求得这些分量的能量占原始信号总能量的比重。

$$E_k = \sum_{t=0}^{T} x^2(t) \tag{5-89}$$

$$E = \sum_{K=1}^{K} E_k \tag{5-90}$$

$$P_k = \frac{E_k}{E} \tag{5-91}$$

式中，$k=1,2,\cdots,K$，K 表示相关系数高于阈值的 IMF 分量的个数；E_k 为第 k 个 IMF 分量的能量值。因此，振动特征、电流特征为

$$\boldsymbol{V} = (P_{v1}, P_{v2}, \cdots, P_{vm}) \tag{5-92}$$

$$\boldsymbol{U} = (P_{u1}, P_{u2}, \cdots, P_{um}) \tag{5-93}$$

（2）油压信号

油压信号表现出一定的阶跃特征，用来表征数控刀架动作结束时油压的信号的状态。本案例分别选择有效值和均方根值表征液压系统的油压值和波动情况，因此油压信号特征向量为

$$\boldsymbol{Y} = (y_1, y_2) \tag{5-94}$$

（3）接近开关信号

接近开关信号是一种表征滑块检测位置的阶跃高低电平信号。以数控刀架每个时序环节动作结束时松开、锁紧时接近开关传感器信号的高低电平状态作为特征值，并定义高定平为 1、低电平为 0，则接近开关信号特征向量为

$$\boldsymbol{X} = (x_{sk}, x_{sj}) \tag{5-95}$$

综上所述，对以上 4 种特征信号的数据处理和特征提取，构建了数控刀架基于故障数据处理及特征提取的高维特征向量 $\boldsymbol{T}_1$ ～ $\boldsymbol{T}_4$。每个时序环节数控刀架的工作状态特征矩阵可通过敏感信号特征表示。

$$\begin{cases} \boldsymbol{T}_1 = (\boldsymbol{V}\ \ \boldsymbol{Y}\ \ \boldsymbol{X}) \\ \boldsymbol{T}_2 = (\boldsymbol{V}\ \ \boldsymbol{U}) \\ \boldsymbol{T}_3 = (\boldsymbol{V}\ \ \boldsymbol{Y}\ \ \boldsymbol{X}) \\ \boldsymbol{T}_4 = (\boldsymbol{V}) \end{cases} \tag{5-96}$$

3. 诊断结果及分析

对 5 个故障试验进行数据处理和特征提取后，采用 SVM 对 5 个故障进行诊断。每个环节的训练样本与测试样本的占比分别为 60% 和 40%。基于 SVM 的数控刀架各时序环节的诊断结果如图 5-17 ～图 5-20 所示。

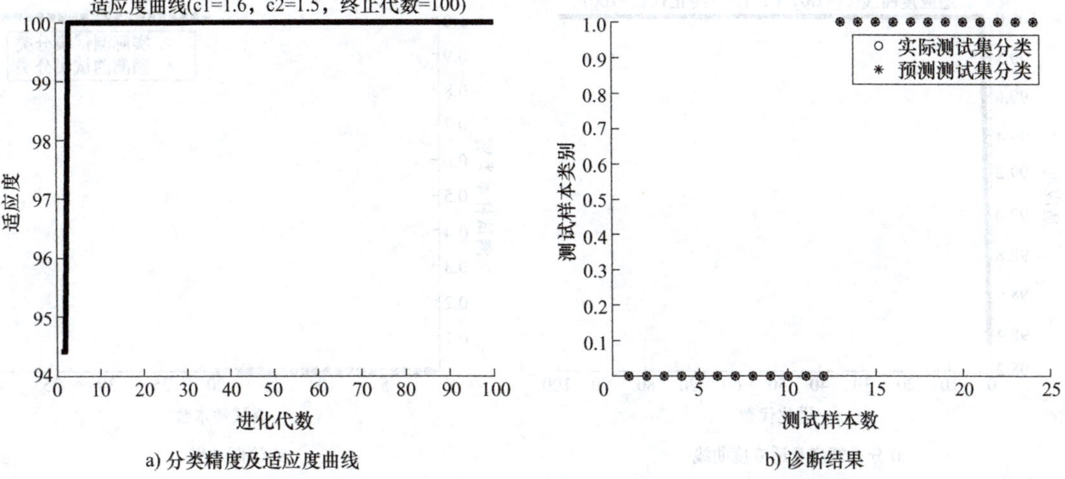

a) 分类精度及适应度曲线　　b) 诊断结果

图 5-17　时序环节 *T*1 的 SVM 诊断结果

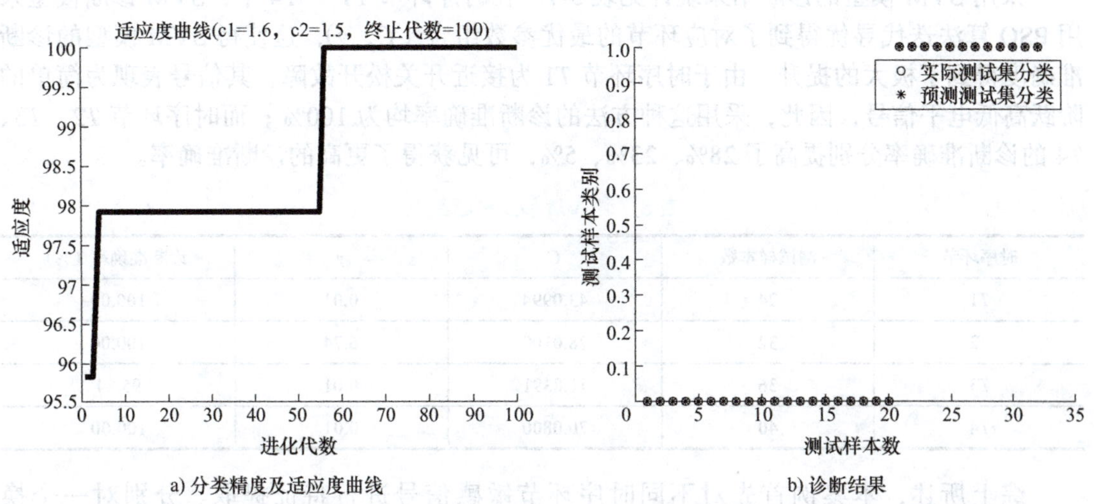

a) 分类精度及适应度曲线　　b) 诊断结果

图 5-18　时序环节 *T*2 的 SVM 诊断结果

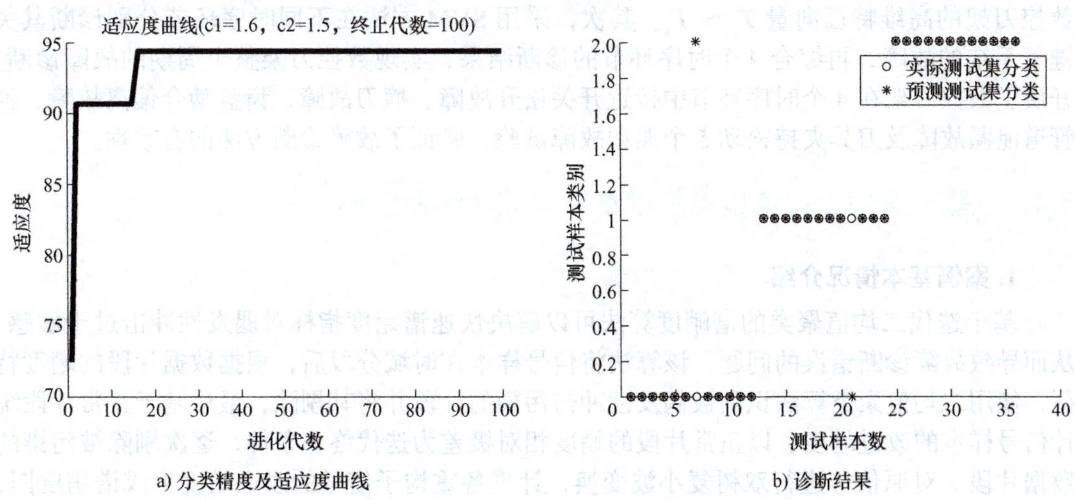

a) 分类精度及适应度曲线　　b) 诊断结果

图 5-19　时序环节 *T*3 的 SVM 诊断结果

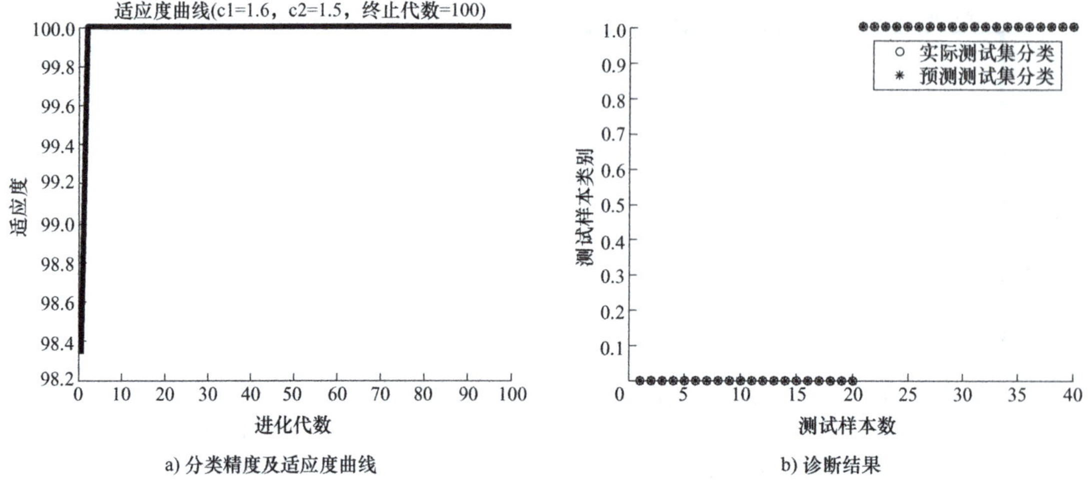

a) 分类精度及适应度曲线　　b) 诊断结果

图 5-20　时序环节 *T*4 的 SVM 诊断结果

采用 SVM 模型的诊断结果统计见表 5-7。在时序环节 *T*1 ～ *T*4 中，SVM 诊断模型采用 PSO 算法迭代寻优得到了对应环节的最优参数组合（C，γ），这使得 SVM 模型的诊断准确度得到了极大的提升。由于时序环节 *T*1 为接近开关松开故障，其信号表现为简单的阶跃高低电平信号，因此，采用这种方法的诊断准确率均为 100%；而时序环节 *T*2、*T*3、*T*4 的诊断准确率分别提高了 28%、23%、5%，可见获得了更高的诊断准确率。

表 5-7　SVM 模型诊断结果

时序环节	测试样本数	C	γ	诊断准确率（%）
*T*1	24	43.0994	0.01	100.00
*T*2	32	78.0100	6.74	100.00
*T*3	36	11.8391	0.01	95.84
*T*4	40	70.0800	0.01	100.00

综上所述，本案例首先对不同时序环节敏感信号进行特征提取。分别对一个换刀－切削周期中的振动、电流、油压信号及接近开关信号进行处理与特征提取，构建了数控刀架的高维特征向量 $\boldsymbol{T}_1$ ～ $\boldsymbol{T}_4$。其次，采用 SVM 方法在不同时序环节分别诊断其关键子系统的故障，再综合 4 个时序环节的诊断结果，实现数控刀架整个周期的故障诊断。开展了数控刀架在 4 个时序环节中接近开关松开故障、撞刀故障、齿盘啮合偏离故障、油管道泄漏故障及刀具夹持松动 5 个典型故障试验，验证了故障诊断方法的有效性。

5.4.2 基于迭代 *k* 均值聚类的滚动轴承故障诊断案例

1. 案例基本情况介绍

基于迭代二均值聚类的谱峭度算法可以解决快速谱峭度指标对偶发性冲击过于敏感，从而导致故障诊断错误的问题。该算法将信号样本在时域分段后，根据数据片段的峭度特征，使用二均值聚类算法识别被偶发性冲击污染的片段并将其剔除，最后基于正常片段统计信号样本的改进峭度。以正常片段的峭度相对极差为迭代终止条件，逐次剔除被污染的数据片段。对原信号进行双树复小波变换，计算各重构子信号的改进峭度生成谱峭度图，检测最大改进峭度值对应频段进行包络分解分析诊断轴承故障。

谱峭度（Spectral Kurtosis，SK）是一种高阶统计量，用于计算每根谱线的峭度值。它对信号中的瞬态冲击成分非常敏感，能够有效地从含有背景噪声的信号中识别瞬态冲击及其在频带中的分布。

双树复小波变换（DTCWT）则保留了复小波变换的优良特性，采用双树滤波器形式，保证了信号的完全重构性，并具有近似移不变性、混叠减少和较低计算成本等优点。如小波包变换对应于小波变换，双树复小波包变换（DTCWPT）相对于双树复小波变换可以在高频区域实现更加精细的频率分辨率。

本案例采用凯斯西储大学的滚动轴承故障数据集。实验装置如图 5-21 所示。实验轴承型号为 6203-2RS JEM SKF 深沟球轴承，滚珠个数为 8。故障类型为滚动体故障，故障直径为 0.1778mm、采样频率为 12kHz、轴承电动机的转速约为 1772r/min，滚动轴承的各器件故障特征频率见表 5-8。实验信号时域和频域波形如图 5-22 所示，时域信号中明显存在两个不同强度的偶发性冲击。

图 5-21　凯斯西储大学滚动轴承实验装置

表 5-8　滚动轴承器件故障特征频率

故障位置	外圈	内圈	滚动体	保持架
频率 /Hz	90.17	146.09	58.88	11.27

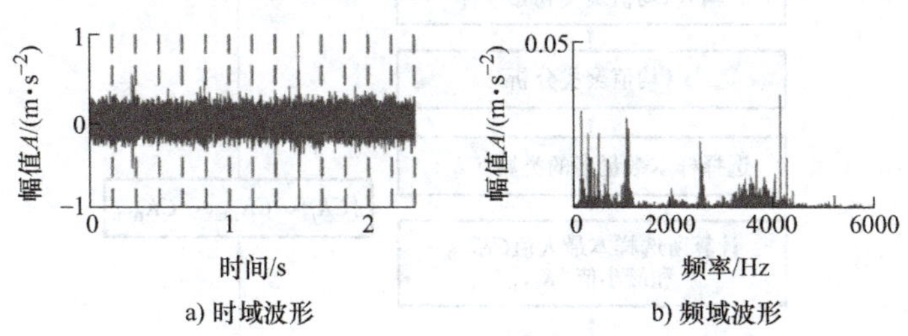

图 5-22　滚动轴承滚动体故障信号及其频谱

2. 诊断流程

k 均值聚类是一种常用的聚类算法，目的是将所给数据集按照数据类型分为多个子集，实现步骤如下。

1）定义数据集 $\boldsymbol{X}=\{X_1,X_2,\cdots,X_n\}$，从数据集中随机选择 k 个初始聚类中心 $\boldsymbol{Z}=(Z_1,Z_2,\cdots,Z_k)$。

2）计算在给定数据集中聚类中心与其他各点之间的欧氏距离，表达式为

$$\mathrm{dis}(X_i,Z_j)=\sum_{j=1}^{k}\sum_{i=1}^{n}\left\|X_i-Z_j\right\|^2 \tag{5-97}$$

3）将样本归类到与其最近的聚类中心所属类别中。

4）计算各子集数据均值，并将其作为新的聚类中心。计算公式如下：

$$\bar{Z}_k = \frac{\sum\limits_{X_i \in Z_k} X_i}{|Z_k|} \tag{5-98}$$

式中，Z_k 代表第 k 个类簇；$\bar{Z}_k$ 表示第 k 个类簇的均值；$|Z_k|$ 表示第 k 个类簇中数据对象的数量。

5）直到类簇中心在下次迭代中不变为止。

作为无监督聚类算法中的代表，k 均值聚类算法的物理解释明确且十分有效，但是合理确定聚类簇数 k 对聚类效果的好坏有很大影响。当 k=2 时，该分布分为两类，如图 5-23 所示。

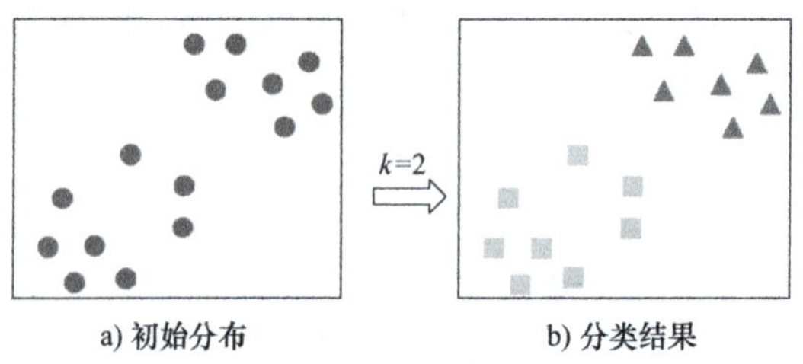

图 5-23　k 均值聚类分析

基于迭代 k 均值聚类的改进谱峭度方法可以解决监测信号中偶发性冲击的干扰，以及在不同强度冲击干扰下 k 均值聚类簇数难以预先确定的问题。具体的诊断流程如图 5-24 所示。

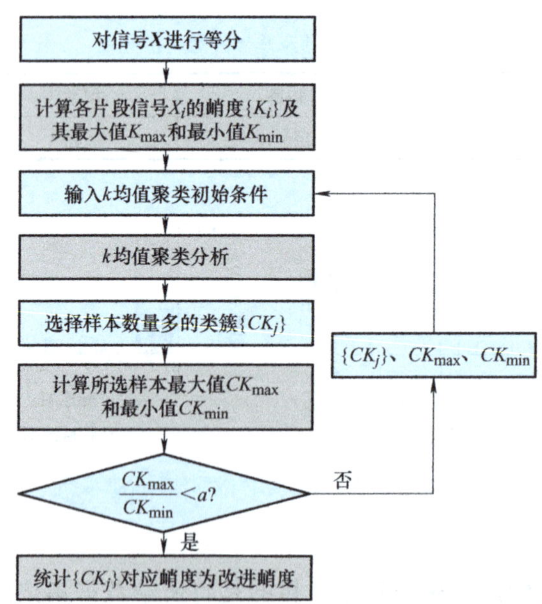

图 5-24　基于迭代 k 均值聚类的改进谱峭度

1）将信号 $\boldsymbol{X}$ 分割为 m 个等长片段信号 $X_i(i=1,2,\cdots,m)$，并计算片段经典峭度 $\{K_i\}$ 作为其特征值，峭度最大值 K_{max} 和最小值 K_{min} 为初始聚类中心。

2）对 $\{K_i\}$ 进行迭代 k 均值聚类分析，识别正常片段。其中，迭代算法终止条件按如下步骤确定：输入 $\{K_i\}$、K_{max}、K_{min} 为初始条件（$\{K_i\}$ 为初始数据集）；进行 k 均值聚类分析，直到类簇中心不变为止，返回分类结果；通过选择样本数量多的类簇 $\{CK_j\}(j<i)$ 剔除含偶发性冲击异常片段；将选择的样本 $\{CK_j\}$ 中峭度最大值 CK_{max} 除以其最小值 CK_{min}，若比值小于阈值 a，直接输出 $\{CK_j\}$，否则将 $\{CK_j\}$、CK_{max}、CK_{min} 返回步骤 1）更新初始条件。

3）统计选择样本 $\{CK_j\}$ 对应正常片段信号峭度为改进峭度。通过计算基于 DTCWPT 分解的各子带信号改进峭度值生成谱峭度图，检测最大改进峭度值对应的共振频带参数，包络分析诊断滚动轴承故障。

3. 诊断结果及分析

用经典快速谱峭图方法对实验信号进行分析，结果如图 5-25a 所示。可以看出，两个偶发性冲击的中心频率位于 1625Hz 和 3250Hz。图 5-25a 中，峭度的最大值为 5.2，对应于中心频率为 1625Hz，带宽为 250Hz 的带通滤波共振频带。图 5-25b 中，滤波时域信号存在明显偶发性冲击干扰。由于实验信号中偶发性冲击的强度相比仿真信号中偶发性冲击弱，因此其峭度值相对较小。图 5-25c 中平方包络谱中无故障特征信息。

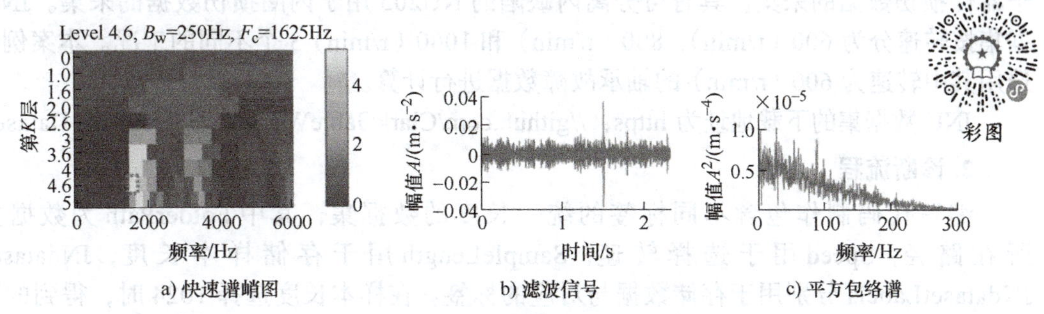

图 5-25　经典快速谱峭图处理结果

对实验信号进行分析，DTCWPT 分解级数为 5，分段数 m=14，阈值 a=1.5。生成改进谱峭度如图 5-26a 所示，其最大改进峭度值为 3.54，对应的共振频带中心频率为 1218.75Hz，带宽为 187Hz。与经典快速谱峭图中峭度最大值 5.2 对比，可以发现已消除偶发性冲击影响。图 5-26b 中滤波时域信号存在周期性冲击。图 5-26c 中平方包络谱滚动体故障频率 BSF=58.88Hz，占主导地位。

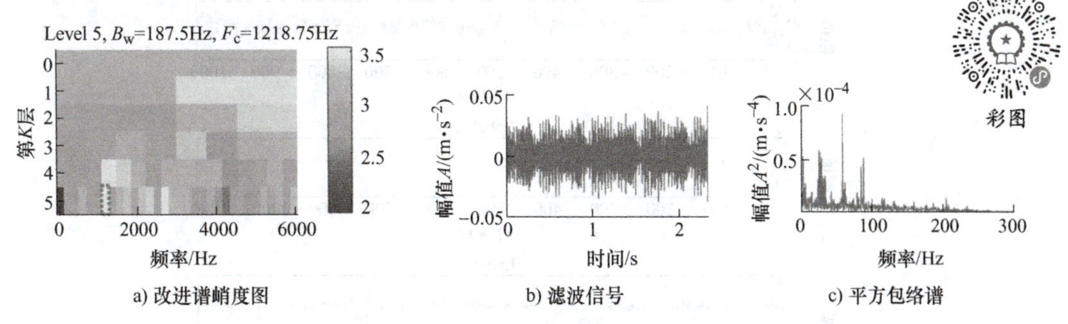

图 5-26　处理结果

综上所述，基于 k 均值聚类的峭度指标可以解决快速谱峭图方法中峭度指标对偶发性冲击过于敏感的缺陷。基于迭代 k 均值聚类的改进谱峭度方法可以在多个不同强度偶发性冲击干扰下确定 k 均值聚类簇数，克服了峭度指标易受偶发性冲击干扰的缺陷，能够在强偶发性冲击和多个不同强度偶发性冲击干扰下有效识别滚动轴承故障特征。

5.4.3 PCA 在故障诊断任务中的应用案例

1. 案例基本情况介绍

主成分分析（PCA）是一种广泛使用的线性降维技术。它通过坐标变换将高维数据映射到低维空间，但不仅是简单地减少数据维数。在这个过程中，PCA 首先计算数据的协方差矩阵，然后从中提取主成分，这些主成分是新的、相互正交的维度。这些主成分捕捉了数据中最大方差的方向，因此，它们综合了原始数据中最重要的特征信息。这种方法不仅简化了数据，而且在减少维度的同时尽量保留了数据的结构和重要信息。

本案例选择江南大学（JNU）的公共轴承数据集。在 JNU 数据集中，使用加速度计（PCBMA352A60）测量一维振动信号。然后将一维振动信号经传感器信号调节器（PCB ICP 型号 480C02）放大后转换为信号记录器。采样频率为 50kHz、采样时间为 20s。在 JNU 数据集中，轴承的损伤是用钢丝切割机人工制造的。JNU 数据集一共采集了 4 类轴承损伤数据。其中，具有可分离外圈滚子轴承的 N205 用于正常数据、外圈损伤数据和滚子器件损伤数据的采集。具有可分离内缺陷的 NU205 用于内圈损伤数据的采集。JNU 数据集按转速分为 600（r/min）、800（r/min）和 1000（r/min）3 个不同的工况。本案例主要选用其中转速为 600（r/min）的轴承故障数据进行计算。

JNU 数据集的下载地址为 https：//github.com/ClarkGableWang/JNU-Bearing-Dataset。

2. 诊断流程

编写代码制作包含不同标签的统一长度的数据集，其中 FolderPath 为数据文件所在路径，Speed 用于选择转速，SampleLength 用于存储样本长度，JNdataset 与 JNdatasetLabels 分别用于存储数据与对应的标签。在样本长度选择 1024 时，得到的数据集 JNdataset 共 2930 个样本，标签分别为 0、1、2、3，对应 n、ib、ob 及 tb 的数据。图 5-27 所示是本案例选用数据的振动信号幅值图。

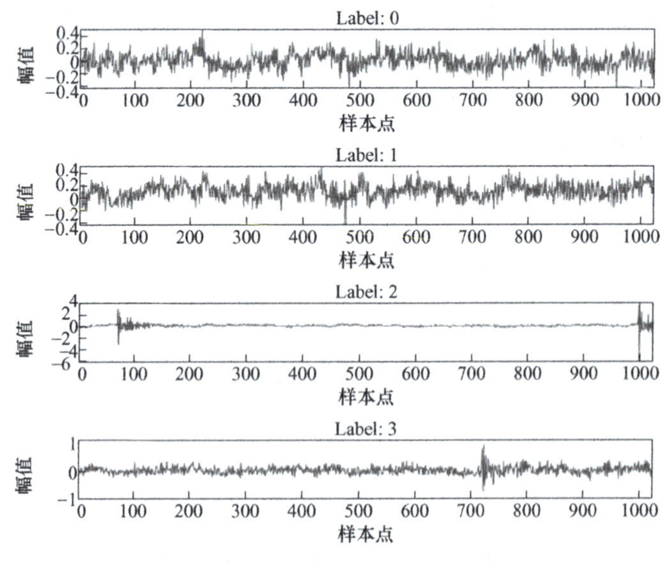

图 5-27 振动信号幅值图

在数据预处理阶段，PCA 主要用于降低噪声影响和特征缩放。通过 PCA，可以将数据投影到主成分上，从而去除原始数据不同维度中方差较小的成分，这些通常包含较多的噪声信息。

本案例应用 PCA 对工业数据降噪。为了使得 PCA 降噪的效果更明显，首先制作添加高斯噪声的数据集，随后应用 PCA 对数据集降噪，采用 SNR 是否提高用来衡量降噪效果。

（1）制作添加高斯噪声的数据集

添加高斯噪声到每个样本中，本案例设置高斯噪声的标准差 noiseStd=0.5。原始样本与添加噪声后的数据如图 5-28 所示。

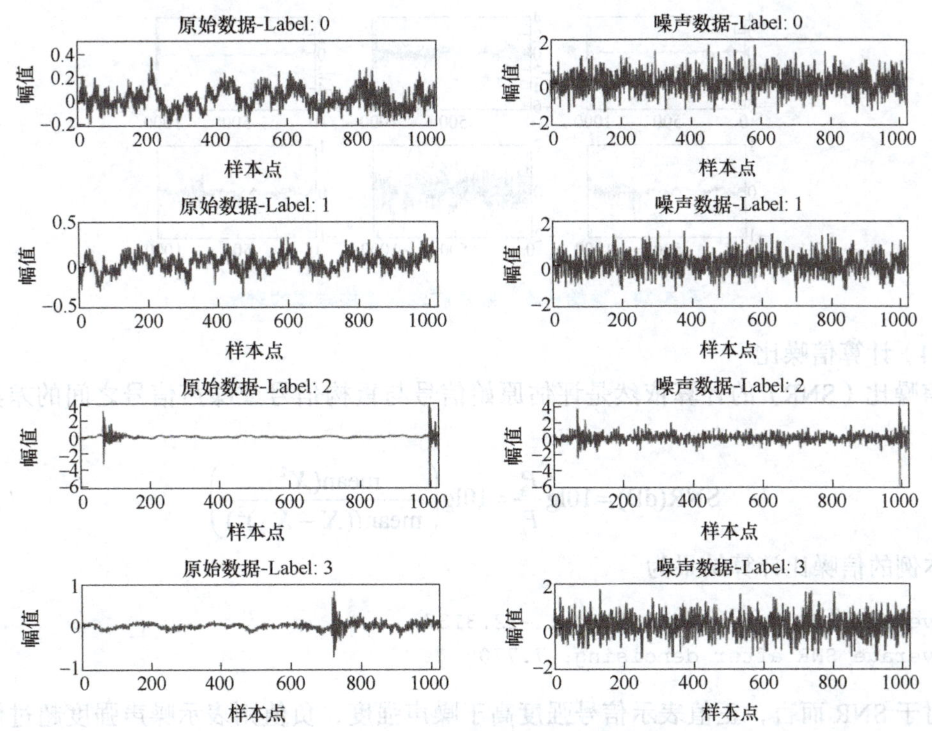

图 5-28　原始样本与噪声样本对比

（2）使用 PCA 降噪

原始样本中各个成分具有相同的物理意义和量纲，因此在应用 PCA 降噪时未通过标准化。首先计算原始数据 $\boldsymbol{X}$ 的协方差矩阵，其公式为

$$\boldsymbol{C}=\frac{1}{n-1}\boldsymbol{X}^{\mathrm{T}}\boldsymbol{X} \tag{5-99}$$

随后求解特征值和特征向量，特征向量代表数据的主成分方向，而特征值的大小反映了每个主成分在数据中的方差贡献。

（3）选择主成分及重构数据

选择主要的成分通常基于它们的方差贡献。常见的做法是选择累积贡献达到某个阈值（本例为 95%）的最少成分数，这些成分被认为包含了数据的主要信号。使用选定的主成分来重构数据，较小的、与噪声相关联的成分被舍弃，减少了噪声的影响。假设保留了前 k 个主成分，则重构的数据 $\boldsymbol{X}_{\mathrm{re}}$ 可以表示为

$$\boldsymbol{X}_{\mathrm{re}}=\boldsymbol{X}\cdot\mathbf{coeff}_{[:,1:k]}\cdot\mathbf{coeff}^{\mathrm{T}}_{[:,1:k]} \tag{5-100}$$

式中，**coeff** 是包含所有主成分的矩阵。原始样本、噪声样本与重构样本的比较如图 5-29 所示。

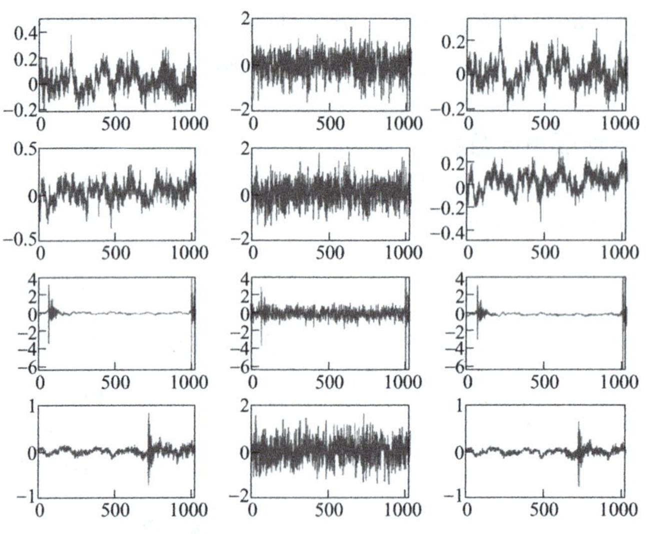

图 5-29 原始样本、噪声样本与重构样本的对比

（4）计算信噪比

信噪比（SNR）的计算依然是评估原始信号与重构信号或噪声信号之间的差异，公式为

$$\mathrm{SNR(dB)}=10\lg\frac{P_s}{P_n}=10\lg\left(\frac{\mathrm{mean}(\boldsymbol{X}^2)}{\mathrm{mean}((\boldsymbol{X}-\boldsymbol{X}_{re})^2)}\right) \tag{5-101}$$

本例的信噪比计算结果为

```
Average SNR before denoising: -12.3132
Average SNR after denoising: 7.7708
```

对于 SNR 而言，正值表示信号强度高于噪声强度，负值则表示噪声强度超过信号强度。在本案例中，降噪前的负 SNR 表明噪声水平非常高，甚至超过了信号本身。通过降噪处理后，SNR 转为正值，这表示信号的清晰度和质量得到了极大的改善，说明了 PCA 应用于工业数据降噪的有效性。此外，本案例只是说明 PCA 应用在数据降噪方面的一种情况，具体的降噪方法与主成分选择等内容需要结合具体任务进一步分析。

工业数据的时间相关性往往是至关重要的，由于 PCA 的特性直接对工业数据的样本（高维样本）进行降维通常伴随着信息的显著损失，可能导致一些重要的信息或细节被忽略，从而影响对数据的全面理解和分析的准确性。

因此，采用 PCA 方法进行数据降维时，对原始数据进行恰当的特征工程可能有助于提高模型的性能和解释性。对于时间序列数据，这可能包括从原始时间序列中提取统计特征、频域特征及深度学习网络特征等信息。

在应用 PCA 之前，标准化数据是一个关键步骤，以确保每个特征对结果的贡献是均等的。标准化涉及调整数据的尺度，使得每个特征的均值为 0、标准差为 1。这一步对 PCA 尤为重要，因为 PCA 通过分析协方差矩阵或相关矩阵来识别数据中的主要方向（主成分），而未标准化的数据可能会因尺度差异而偏向方差较大的特征。

3. 诊断结果及分析

作为对比，本案例先使用 1DCNN 对原始数据进行故障诊断，然后再结合 PCA 特征降维进一步完善故障诊断。

首先对数据集进行划分（本案例未划分验证集），随后将其转换为适合深度学习的格式。本案例中使用的 1DCNN 伪代码如下。

```
算法 5-2：基于时间序列的 1DCNN 模型训练
输入：
    JNdataset：包含 n_samples × 1024 个样本的时间序列数据矩阵
    JNdatasetLabels：与 JNdataset 中每个样本相对应的标签
参数：
    numClasses = 4          // 分类类别的数量
    kernelSize = 3          // 卷积层的核大小
    miniBatchSize = 128     // 训练中每个小批次的大小
    maxEpochs = 10          // 训练的最大轮次数
过程：
1. 划分数据集
  – 根据 JNdatasetLabels 使用分层抽样随机将 JNdataset 划分为 70% 训练集和 30% 测试集
2. 准备数据
  – 将训练集和测试集的子集转换为单元数组，每个单元包含来自 JNdataset 的 1024 个元素向量
  – 将标签向量转换为分类格式，以适应分类层的要求
3. 定义网络架构
  – 序列输入层，输入大小为 1024
  – 重复模块 a—d 共四次，过滤器数量依次为 [32,64,128,256]
    a. 1D 卷积层，使用 same 填充和由 kernelSize 指定的滤波器大小
    b. 批归一化层
    c. ReLU 激活层
    d. 最大池化 1D 层，尺寸为 2，步幅为 2，使用 same 填充
  – 全局平均池化 1D 层
  – 全连接层，128 个神经元，后接 ReLU 激活
  – 全连接层，64 个神经元，后接 ReLU 激活
  – 全连接层，numClasses 个神经元
  – Softmax 输出层
  – 分类输出层
4. 配置训练选项
  – 使用 adam 优化器
  – 根据可用性设置执行环境为 cpu 或 gpu
  – 设置学习率调整策略为 piecewise
  – 启用训练进度可视化
5. 训练网络
  – 使用准备好的训练数据和标签
  – 应用定义的网络架构和训练配置
  – 使用大小为 miniBatchSize 的小批次进行最多 maxEpochs 轮次的训练
输出：
    训练进度信息和最终模型精度指标
```

通过上述代码及训练集得到的训练结果如图 5-30 所示。

随后通过测试集得到平均准确率 Test Accuracy 为 0.61547，对应的混淆矩阵如图 5-31 所示。

直接使用振动数据进行故障诊断任务，仅在类别 n 即正常样本能够取得较好的结果，此外模型在区分 n 与 ib、n 与 tb 时存在明显的困难，类别 ob 的误分类结果较为分散，主要集中在 ib 与 tb，即无效分类。

本案例通过对原始振动数据提取时频特征，再将特征经过 PCA 降维，随后通过

1DCNN 对降维后的数据进行分类，总流程仅作为故障诊断案例的参考，具体问题应结合任务需求进一步分析。

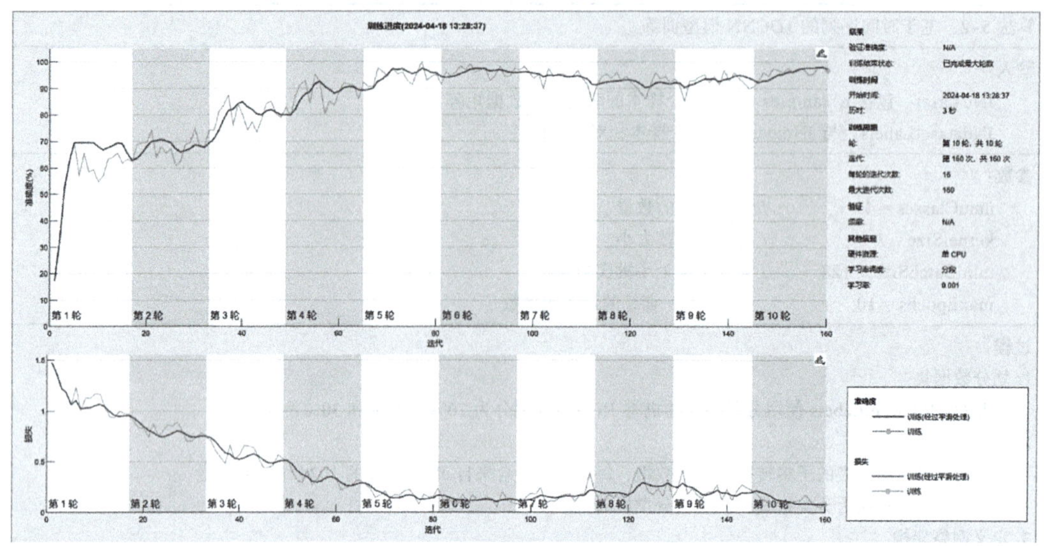

图 5-30　经 1DCNN 训练的结果

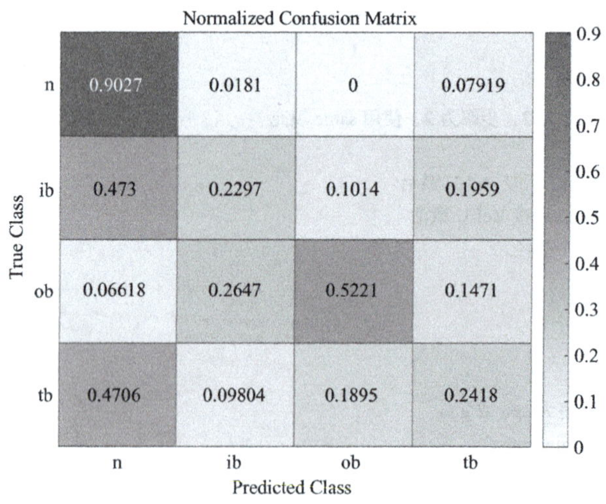

图 5-31　经 1DCNN 训练的测试集混淆矩阵

首先对原始数据提取特征，基于特征数据集进行故障诊断任务。本例提取的主要特征见表 5-9。

表 5-9　时频域特征

特征		含义
时域特征	均值（meanVal）	数据的平均值，反映了信号的中心点
	标准差（stdVal）	数据的标准差，描述信号的波动大小
	方均根值（rmsVal）	信号的方均根值，常用于评估信号的总体能量
	峰峰值（p2pVal）	信号的最大值和最小值之差，描述信号的极值范围
	峰值因子（crestFactor）	信号的最大绝对值与方均根值的比率，用于评估信号波形的尖锐程度
	偏度（skewnessVal）	描述信号概率分布的不对称性
	峰度（kurtosisVal）	反映信号概率分布的尖峭或平坦程度

（续）

特征		含义
频域特征	傅里叶变换值（fftVal）	信号的快速傅里叶变换的绝对值，表示信号在各个频率上的强度
	能量（energy）	信号的总能量，通过 FFT 各频点能量的平方和来计算
	频谱质心（spectralCentroid）	加权平均的频率值，反映频谱能量的“重心”
	频谱带宽（spectralBandwidth）	度量频谱质心周围能量分布的宽度
	频谱平坦度（spectralFlatness）	用于度量频谱的形状，值越大表示频谱越平坦，能量分布越均匀

训练及测试过程同上。图 5-32 所示为时频数据构成的训练集经过 1DCNN 训练的结果。

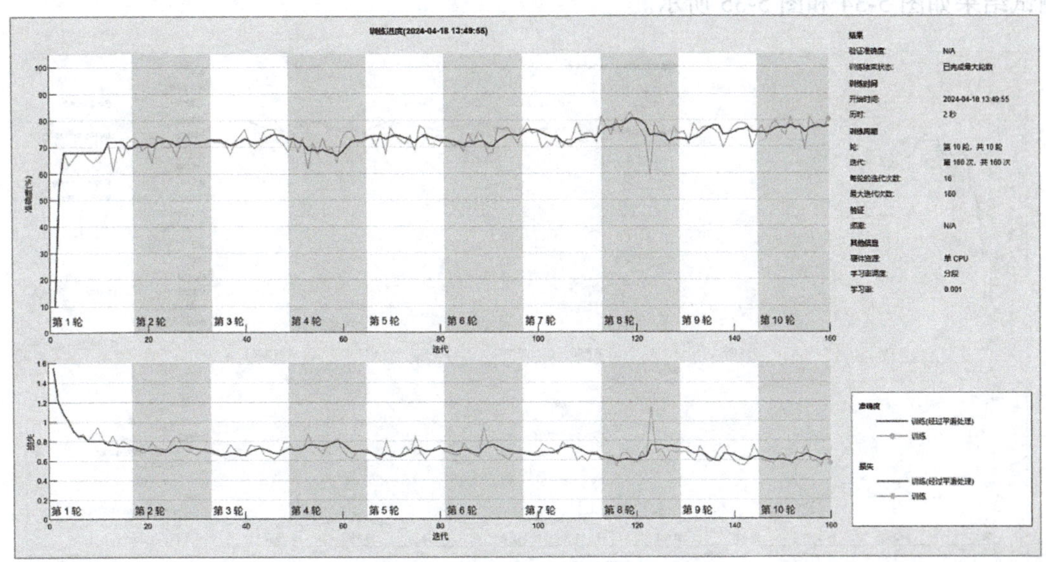

图 5-32　时频特征数据训练结果

测试集的平均准确率 Test Accuracy 为 0.77474，图 5-33 所示为测试集所获得的混淆矩阵。

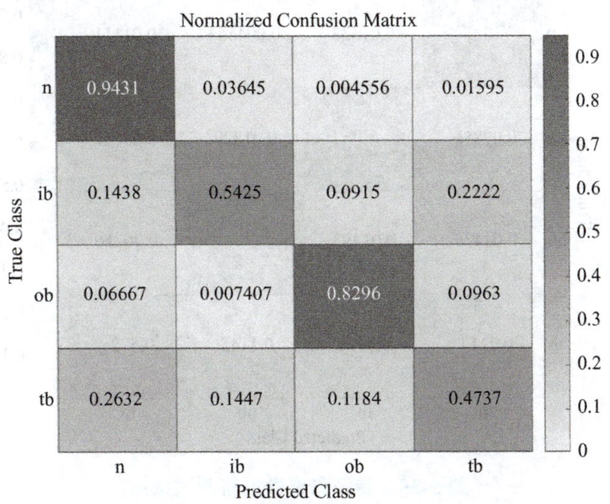

图 5-33　时频特征数据测试结果

与之前的模型相比，可以看到整体性能有了显著提升，特别是对于 ib 和 ob 类别的预测准确率提高，n 类别的准确率始终保持在较高水平，而对于 tb 类别的识别虽然仍不是特别准确，但已经有了一定程度的改进。

随后，使用 PCA 对特征数据降维，本例使用 PCA 降至 6 维。首先，对训练集特征进行标准化处理，将特征缩放到具有零均值和单位方差的过程。这样做的目的是使特征之间具有可比性，特别是在准备进行 PCA 降维时这一步骤是必要的。

$$\text{featuresStd} = \frac{\text{features} - \mu}{\sigma} \tag{5-102}$$

式中，μ 为每个特征的平均值；σ 为每个特征的标准差。

随后应用 PCA 将主成分数量设置为 6，制作降维数据集后，通过 1DCNN 的训练及测试结果如图 5-34 和图 5-35 所示。

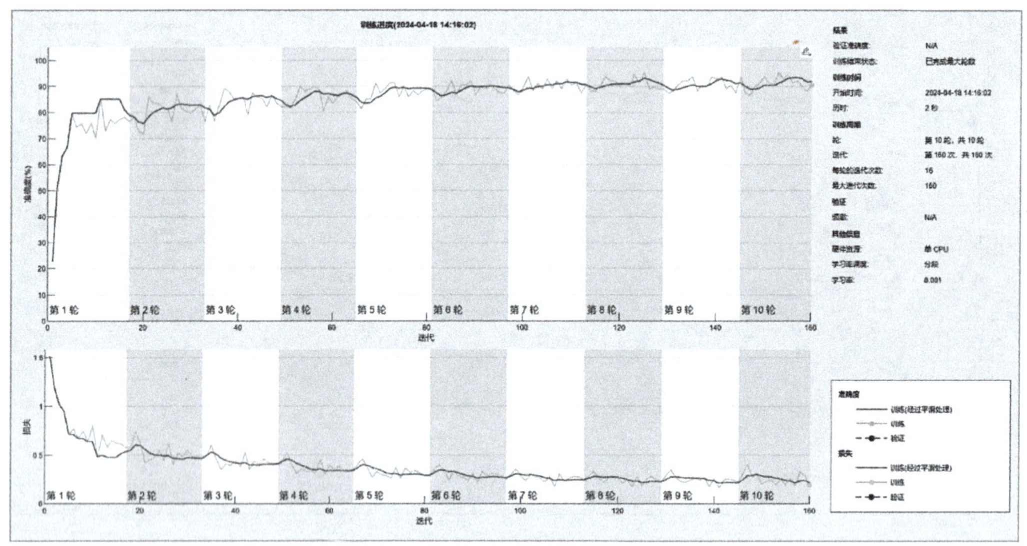

图 5-34　特征降维数据集训练过程

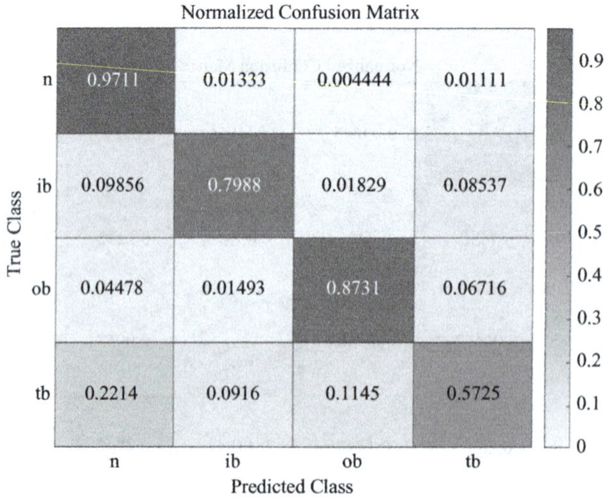

图 5-35　特征降维数据集测试结果

测试集的平均准确率 Test Accuracy 为 0.86462。通过混淆矩阵可以看出，经过特征降维的较原始数据的分类效果有一定的提升，类别 n 的准确率为 97.11%，相较于未经 PCA（见图 5-34）的 94.31% 有所提升，ib 类别的分类性能由 54.3% 显著提升至 79.88%，此外，ob、tb 类别的分类性能也有一定幅度的提高。也就是说，PCA 降维对工业数据的故障诊断任务有效。除直接对特征数据进行 PCA 降维，也可以将 PCA 降维后的数据添加至特征数据集，将 PCA 作为一种特征提取方法来提高模型的分类性能。

将 PCA 应用于基于神经网络的故障诊断任务的中间环节，对分类过程进行可视化，通过对不同层的降维可视化，可以了解不同神经网络层对故障诊断任务的贡献度。下面的案例是基于特征的数据集进行训练及可视化的。

应用主成分分析（PCA）来可视化基于神经网络的故障诊断任务中不同层的输出，特别是在故障诊断任务中对特定卷积层（conv1d_2）的输出进行降维和可视化。

首先，提取经过特定中间卷积层（名称为 conv1d_2 且具有 128 个过滤器）的测试数据集的激活值，这一层产生了 128 个不同的特征映射（通道）。这些激活值代表了网络学习到的中间级特征。接下来，将这些激活值整理成一个二维数组，其中的行对应于网络层的每个过滤器，列对应于不同的测试样本。这样，该数组编码了整个测试集通过该层时的激活特征。

使用 PCA 方法，将这个高维空间的数据降至两个主成分，这两个主成分捕获了大部分激活数据的变异性。选择前两个主成分进行可视化，这是因为它们提供了最丰富的信息并且易于在二维平面上表示。最后，使用散点图（见图 5-36）展示这些主成分，其中每个点代表一个测试样本，颜色和标记与样本的真实标签相对应。通过这种方式，可以直观地观察不同类别的样本在经过网络层处理后的分布情况。如果不同的类别在图上清晰地分离，这表明网络层有效地提取了区分这些类别的特征。这种可视化帮助理解和解释神经网络在故障诊断任务中每一层的贡献度，以及网络如何逐步提取越来越有区分度的特征。

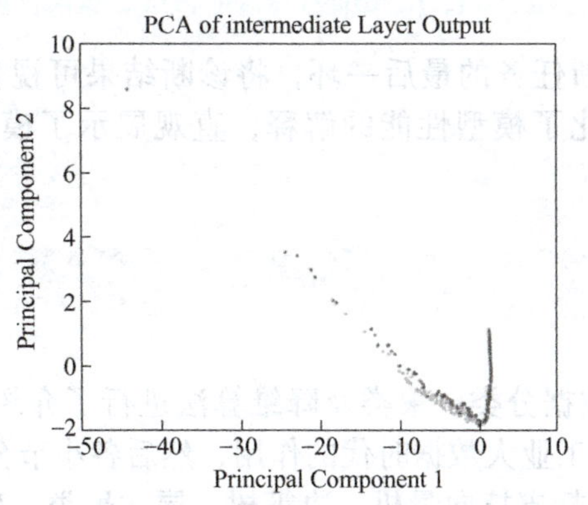

图 5-36　con_2 中间变量通过 PCA 降维的可视化结果

通过 PCA 可视化卷积层的输出，可以初步判断该层在网络中的作用，是否有效地提取了有用的特征，并为理解神经网络内部的操作提供了直观的视角。在这个过程中，也可以使用 PCA 降维对全连接层（fc、fc_1 和 fc_2）输出进行可视化。为了展现这些层在处理故障诊断数据方面的效果，使用主成分分析（PCA）将每层的高维特征映射到二维空间，以便于可视化。

从图 5-37 可以观察到，fc、fc1、fc2 中不同类别的整体分布边界逐渐清晰，这意味着模型在多维特征空间中学习到了有效的边界，但在二维空间中局部分布仍存在较多重叠，这些点对应的原始数据在模型中的分类能力有待提高。在实际应用中，这种 PCA 可视化结果帮助于决定是否需要调整模型结构或训练过程，以便更好地捕捉和分离不同的类别。

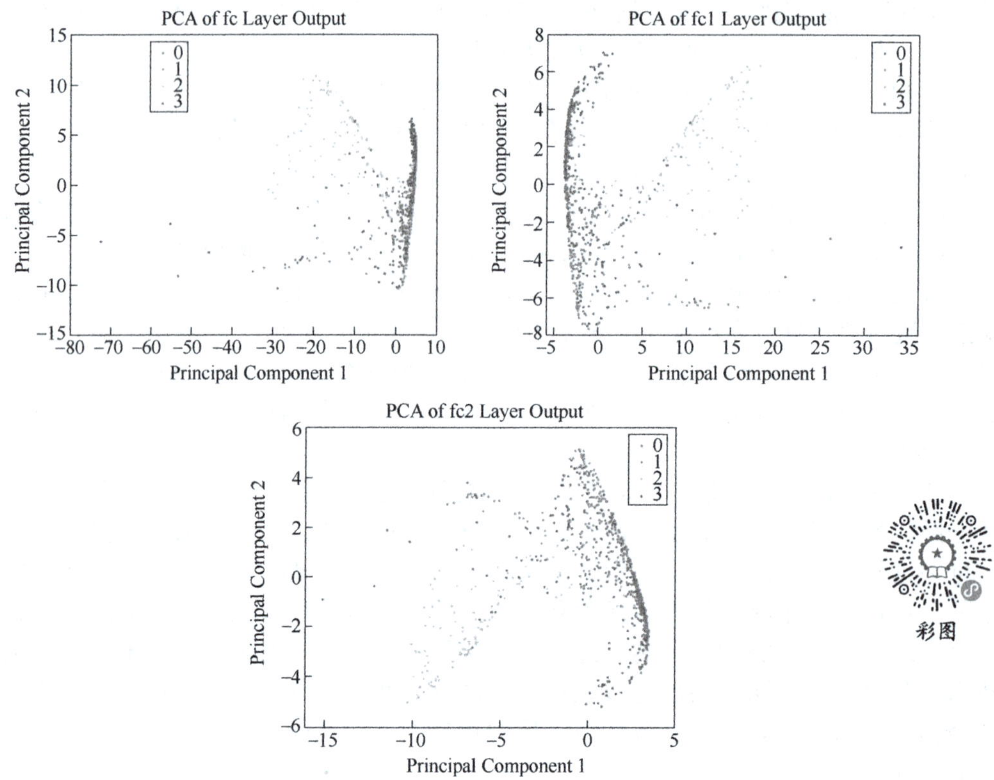

图 5-37 fc、fc1、fc2 中间变量通过 PCA 降维的可视化结果

PCA 应用于故障诊断任务的最后一环，将诊断结果可视化，评估模型的最终性能，对于分类结果的降维简化了模型性能的解释，直观展示了模型的准确性和可能的误差模式。

5.5 本章小结

本章主要对工业大数据分类、聚类及降维算法进行了介绍。各节首先分别详细介绍了方法的基本定义及其在工业大数据时代的作用，然后各小节分别对分类、聚类及降维算法进行了详细的介绍，包括支持向量机、决策树、层次聚类、k 均值聚类、主成分分析等算法。同时，对分类算法与聚类算法的评价指标进行了阐述。本章最后通过算法实例对各个算法在工业大数据故障诊断中的应用进行描述，从而可以使读者更好地理解算法的基本流程和应用于故障诊断中的目的。

习 题

1. 在工业大数据中，分类算法通常用于解决哪些问题？请给出一个工业大数据中分类应用的实例。

2. 聚类算法在工业大数据中有哪些典型应用？为什么聚类分析对工业数据分析很重要？

3. 在使用 k 均值聚类时，如何选择合适的 k 值？对于 k 均值聚类算法，如何确定初始聚类中心？

4. 支持向量机（SVM）和决策树在哪些场景下表现更佳？

5. 如何根据混淆矩阵计算分类的准确率、召回率和 F1 分数？

6. 层次聚类和 k 均值聚类在哪些场景下表现更佳？如何选择合适的聚类算法？

7. 互信息评分是如何用于评价聚类算法的？互信息评分高意味着什么？

8. 数据标准化和归一化在分类和聚类中的作用是什么？

9. 如何对分类结果进行可视化？聚类结果的常用可视化方法有哪些？

10. 如何对分类算法（如 SVM、决策树）进行参数调优？参数调优对模型性能有何影响？

科学家科学史

“两弹一星”功勋科学家：杨嘉墀

第 6 章

工业大数据挖掘与知识图谱

PPT 课件

6.1 工业大数据深度学习

6.1.1 深度学习的基本概念

深度学习是机器学习的一个分支和新的研究领域，它使用多层的人工神经网络来模拟人类的学习过程。在如今可用数据量激增、计算能力增强以及计算成本降低的条件下，它可以用大规模的数据和计算资源从大量的数据中自动提取特征，而不需要人工设计或选择，并进行分类、回归、生成等任务。

深度学习的概念最早可以追溯到 20 世纪 50 年代，当时一些科学家提出了神经网络的基本模型，如感知器和自适应线性元。但是，由于计算能力的限制和理论上的困难，神经网络的研究在当时并没有取得很大的进展，直到 20 世纪 80 年代，反向传播算法的提出使得神经网络可以训练多层结构，从而开启了深度学习的第一次繁荣期。然而，随着神经网络层数的增加，反向传播算法也面临着梯度消失、过拟合和计算效率等问题，导致深度学习的发展陷入了低谷，而其他的机器学习算法，如支持向量机和决策树等，开始占据主流地位。

直到 21 世纪初，深度学习才重新焕发了生机，这得益于大数据的出现、计算能力的提升和新的训练方法的发明。一些著名的深度学习模型，如深度信念网络、卷积神经网络、循环神经网络、长短期记忆网络、生成对抗网络等，相继被提出，并在各个领域取得了令人瞩目的成果。现今，深度学习已经广泛应用于图像识别、语音识别、自然语言处理、计算机视觉、机器翻译、自动驾驶、医疗诊断、游戏智能等方面，极大地推动了人工智能的发展和创新。

6.1.2 深度学习算法

1. 卷积

（1）卷积的定义

卷积，亦称为褶积，是一种在分析数学领域中应用广泛的操作。它在信号处理和图像处理等领域很常见，通常涉及一维或二维的卷积运算。

在信号处理领域，一维卷积通常被用来分析信号随时间的累积效应。设想一个在每

个时间点 t 发出信号 x_t 的发生器，其信号强度按比例 w_k 衰减，这意味着在 k–1 个时间单位后，信号强度变为初始值的 w_k 倍。例如，如果 $w_1=1, w_2=1/2, w_3=1/4$，那么在时间点 t 接收到的信号 y_t 就是当前信号与之前信号衰减后的累积，即

$$\begin{aligned} y_t &= 1\times x_t + \frac{1}{2}\times x_{t-1} + \frac{1}{4}\times x_{t-2} \\ &= w_1\times x_t + w_2\times x_{t-1} + w_3\times x_{t-2} \\ &= \sum_{k=1}^{3} w_k X_{t-k+1} \end{aligned} \tag{6-1}$$

通常将 $w_1, w_2, \cdots$，这一序列称作滤波器或卷积核。假定滤波器的长度是 K，那么它与信号序列 $x_1, x_2, \cdots$ 进行卷积运算为

$$y_t = \sum_{k=1}^{K} w_k x_{t-k+1} \tag{6-2}$$

假定输出信号 y_t 的索引 t 是从 K 开始的。这样，信号序列 $\boldsymbol{x}$ 与滤波器 $\boldsymbol{w}$ 的卷积可以定义为

$$\boldsymbol{y} = \boldsymbol{w} * \boldsymbol{x} \tag{6-3}$$

式中，* 表示卷积运算。一般情况下滤波器的长度 K 远小于信号序列 $\boldsymbol{x}$ 的长度。

可以设计不同的滤波器来提取信号序列的不同特征。比如，当令滤波器 $\boldsymbol{w}=[1/K,\cdots,1/K]$ 时，卷积相当于信号序列的简单移动平均（窗口大小为 $\boldsymbol{w}$）；当令滤波器 $\boldsymbol{w}=[1,-2,1]$ 时，可以近似实现对信号序列的二阶微分，即

$$x''(t) = x(t+1) + x(t-1) - 2x(t) \tag{6-4}$$

图 6-1 给出了两个滤波器的一维卷积示例。可以看出，两个滤波器分别提取了输入序列的不同特征。滤波器 $\boldsymbol{w}=[1/3,1/3,1/3]$ 可以检测信号序列中的低频信息，而滤波器 $\boldsymbol{w}=[1,-2,1]$ 可以检测信号序列中的高频信息。

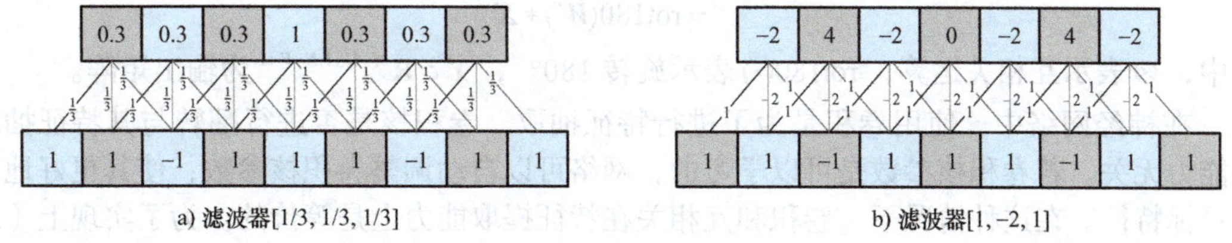

a) 滤波器[1/3, 1/3, 1/3]　　b) 滤波器[1, −2, 1]

图 6-1　一维卷积示例

卷积也经常用在图像处理中。因为图像为一个二维结构，所以需要将一维卷积进行扩展。给定一个图像 $\boldsymbol{x}\in\mathbf{R}^{M\times N}$ 和一个滤波器 $\boldsymbol{W}\in\mathbf{R}^{U\times V}$，一般 $U \ll M, V \ll N$，其卷积为

$$y_{ij} = \sum_{u=1}^{U}\sum_{v=1}^{V} w_{uv} x_{i-u+1,\, j-v+1} \tag{6-5}$$

为了简单起见，这里假设卷积的输出 y_{ij} 的下标 (i, j) 从 (U,V) 开始。

输入信息 $\boldsymbol{X}$ 和滤波器 $\boldsymbol{W}$ 的二维卷积定义为

$$\boldsymbol{Y} = \boldsymbol{W} * \boldsymbol{X} \tag{6-6}$$

式中，* 表示二维卷积运算。图 6-2 所示为二维卷积示例。

在图像处理中常用的均值滤波（Mean Filter）就是一种二维卷积，将当前位置的像素值设为滤波器窗口中所有像素的平均值，即 $w_{uv}=1/(UV)$。

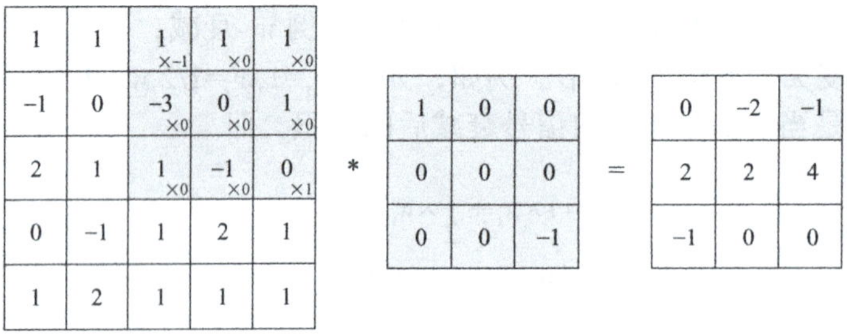

$$
\begin{array}{|c|c|c|c|c|}
\hline
1 & 1 & 1_{\times -1} & 1_{\times 0} & 1_{\times 0} \\
\hline
-1 & 0 & -3_{\times 0} & 0_{\times 0} & 1_{\times 0} \\
\hline
2 & 1 & 1_{\times 0} & -1_{\times 0} & 0_{\times 1} \\
\hline
0 & -1 & 1 & 2 & 1 \\
\hline
1 & 2 & 1 & 1 & 1 \\
\hline
\end{array}
\ * \
\begin{array}{|c|c|c|}
\hline
1 & 0 & 0 \\
\hline
0 & 0 & 0 \\
\hline
0 & 0 & -1 \\
\hline
\end{array}
\ = \
\begin{array}{|c|c|c|}
\hline
0 & -2 & -1 \\
\hline
2 & 2 & 4 \\
\hline
-1 & 0 & 0 \\
\hline
\end{array}
$$

图 6-2　二维卷积示例

在图像处理中，卷积经常作为特征提取的有效方法。一幅图像在经过卷积操作后得到的结果称为特征映射（Feature Map）。

（2）互相关

卷积和互相关是机器学习和图像处理中两个重要的概念。它们都涉及将一个核（也称为滤波器）与一个输入（例如图像或信号）进行滑动操作。卷积的主要功能是提取特征，卷积核的大小和形状决定了要提取的特征类型。例如，一个 3×3 的卷积核可以用来提取边缘特征。互相关的主要功能是衡量两个序列之间的相似度。例如，可以通过一个序列与另一个序列的互相关来计算它们之间的匹配程度。卷积和互相关非常相似，但它们之间有一个关键的区别：卷积核在进行滑动操作之前是否需要翻转。给定一个图像 $\boldsymbol{X} \in \mathbf{R}^{M \times N}$ 和卷积核 $\boldsymbol{W} \in \mathbf{R}^{U \times V}$，它们的互相关为

$$
y_{ij} = \sum_{u=1}^{U} \sum_{v=1}^{V} w_{uv} x_{i+u-1, j+v-1} \tag{6-7}
$$

互相关和卷积的区别仅在于卷积核是否进行翻转，因此互相关也可以称为不翻转卷积。

式（6-7）可以表述为

$$
\begin{aligned}
\boldsymbol{Y} &= \boldsymbol{W} \otimes \boldsymbol{X} \\
&= \mathrm{rot}180(\boldsymbol{W}) * \boldsymbol{X}
\end{aligned} \tag{6-8}
$$

式中，$\otimes$ 表示互相关运算；$\mathrm{rot}180(\cdot)$ 表示旋转 180°，$\boldsymbol{Y} \in \mathbf{R}^{M-U+1, N-V+1}$ 为输出矩阵。

在神经网络中，使用卷积是为了进行特征抽取，卷积核是否进行翻转与其特征抽取的能力无关。若卷积核参数是可以学习的，网络可以自动调整卷积核参数，使其更好地匹配目标特征。在这种情况下，卷积和互相关在特征提取能力上是等价的。为了实现上（或描述上）的方便，通常用互相关来代替卷积。这是因为互相关不需要翻转卷积核，因此在实现上更简单。此外，互相关更符合人们对相似度计算的直观理解，因此在描述上也更方便。事实上，很多深度学习工具中卷积操作其实都是互相关操作。例如，在 TensorFlow 和 PyTorch 中，卷积操作在默认情况下都是互相关操作。

（3）卷积的变种

在卷积的标准定义基础上，引入卷积核的滑动步长和零填充，从而增加卷积的多样性，使其更灵活地进行特征抽取。滑动步长可以控制卷积核在输入上的移动步幅，而零填充则可以调整输入的尺寸，使其适应不同的任务和网络结构。这些技术的灵活应用使卷积在深度学习中成为一项强大的工具。

步长（Stride）是指卷积核在滑动时的时间间隔。图 6-3a 给出了步长为 2 的卷积示例。

零填充（Zero Padding）是在输入向量两端进行补零。图 6-3b 给出了在输入的两端各

补一个零后的卷积示例。

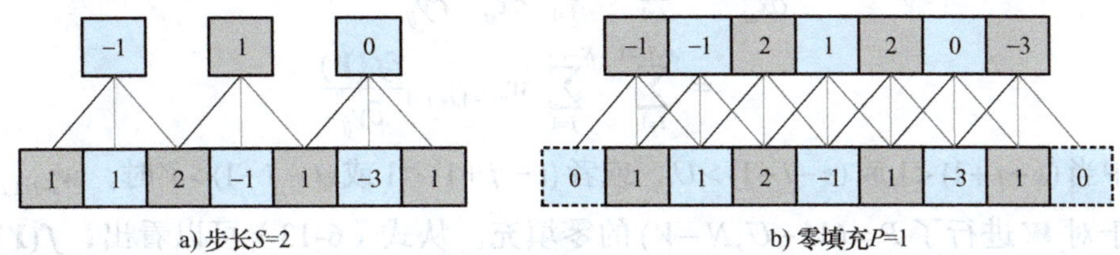

图 6-3　卷积的步长和零填充

假设卷积层的输入神经元个数为 M、卷积大小为 K、步长为 S，在输入两端各填补 P 个 0，那么该卷积层的神经元数量为 $(M-K+2P)/S+1$。

一般常用的卷积有以下 3 类。

1）窄卷积（Narrow Convolution）：步长 $S=1$，两端不补零 $P=0$，卷积后的输出长度为 $M-K+1$。

2）宽卷积（Wide Convolution）：步长 $S=1$，两端补零 $P=K-1$，卷积后的输出长度为 $M+K-1$。

3）等宽卷积（Equal-Width Convolution）：步长 $S=1$，两端补零 $P=(K-1)/2$，卷积后的输出长度为 M。图 6-3b 就是一个等宽卷积示例。

（4）卷积的数学性质

翻转卷积是具有交换性的，在不限制两个卷积信号的长度时，即 $\boldsymbol{x}*\boldsymbol{y}=\boldsymbol{y}*\boldsymbol{x}$。对于互相关，也同样具有一定的"交换性"。

首先介绍宽卷积（Wide Convolution）的定义。给定一个二维图像 $\boldsymbol{X}\in\mathbf{R}^{M\times N}$ 和一个二维卷积核 $\boldsymbol{W}\in\mathbf{R}^{U\times V}$，对图像 $\boldsymbol{X}$ 进行零填充，两端各补 $U-1$ 和 $V-1$ 个 0，得到全填充（Full Padding）的图像 $\boldsymbol{X}\in\mathbf{R}^{(M+2U-2)\times(N+2V-2)}$。图像 $\boldsymbol{X}$ 和卷积核 $\boldsymbol{W}$ 的宽卷积定义为

$$\boldsymbol{W}\tilde{\otimes}\boldsymbol{X}\triangleq\boldsymbol{W}\otimes\hat{\boldsymbol{X}} \tag{6-9}$$

式中，$\tilde{\otimes}$ 表示宽卷积运算。

当输入信息和卷积核有固定长度时，它们的宽卷积依然具有交换性，即

$$\mathrm{rot180}(\boldsymbol{W})\tilde{\otimes}\boldsymbol{X}=\mathrm{rot180}(\boldsymbol{X})\tilde{\otimes}\boldsymbol{W} \tag{6-10}$$

式中，rot180(•) 表示旋转 180°。

假设 $\boldsymbol{Y}=\boldsymbol{W}\otimes\boldsymbol{X}$，其中 $\boldsymbol{X}\in\mathbf{R}^{M\times N},\boldsymbol{W}\in\mathbf{R}^{U\times V},\boldsymbol{Y}\in\mathbf{R}^{(M-U+1)\times(N-V+1)}$，函数 $f(\boldsymbol{Y})\in\mathbf{R}$ 为一个标量函数，则

$$\begin{aligned}\frac{\partial f(\boldsymbol{Y})}{\partial w_{uv}}&=\sum_{i=1}^{M-U+1}\sum_{j=1}^{N-V+1}\frac{\partial y_{ij}}{\partial w_{uv}}\frac{\partial f(\boldsymbol{Y})}{\partial y_{ij}}\\&=\sum_{i=1}^{M-U+1}\sum_{j=1}^{N-V+1}x_{i+u-1,j+v-1}\frac{\partial f(\boldsymbol{Y})}{\partial y_{ij}}\\&=\sum_{i=1}^{M-U+1}\sum_{j=1}^{N-V+1}\frac{\partial f(\boldsymbol{Y})}{\partial y_{ij}}x_{u+i-1,v+j-1}\end{aligned} \tag{6-11}$$

从式（6-11）可以看出，$f(\boldsymbol{Y})$ 关于 $\boldsymbol{W}$ 的偏导数为 $\boldsymbol{X}$ 和 $\partial f(\boldsymbol{Y})/\partial\boldsymbol{Y}$ 的卷积，即

$$\frac{\partial f(\boldsymbol{Y})}{\partial\boldsymbol{W}}=\frac{\partial f(\boldsymbol{Y})}{\partial\boldsymbol{Y}}\otimes\boldsymbol{X} \tag{6-12}$$

同理得到，

$$
\begin{aligned}
\frac{\partial f(\boldsymbol{Y})}{\partial x_{st}} &= \sum_{i=1}^{M-U+1} \sum_{j=1}^{N-V+1} \frac{\partial y_{ij}}{\partial x_{st}} \frac{\partial f(\boldsymbol{Y})}{\partial y_{ij}} \\
&= \sum_{i=1}^{M-U+1} \sum_{j=1}^{N-V+1} w_{s-i+1,t-j+1} \frac{\partial f(\boldsymbol{Y})}{\partial y_{ij}}
\end{aligned} \tag{6-13}
$$

其中当$(s-i+1)<1$或$(s-i+1)>U$，或者$(t-j+1)<1$或$(t-j+1)>V$时，$w_{s-i+1,t-j+1}=0$。即相当于对$\boldsymbol{W}$进行了$P=(M-U,N-V)$的零填充。从式（6-13）可以看出，$f(\boldsymbol{Y})$关于$\boldsymbol{X}$的偏导数为$\boldsymbol{W}$和$\partial f(\boldsymbol{Y})/\partial \boldsymbol{Y}$的宽卷积。式（6-13）中的卷积是真正的卷积而不是互相关，为了一致性，用互相关表示，即

$$
\begin{aligned}
\frac{\partial f(\boldsymbol{Y})}{\partial \boldsymbol{X}} &= \text{rot180}\left(\frac{\partial f(\boldsymbol{Y})}{\partial \boldsymbol{Y}}\right) \otimes \boldsymbol{W} \\
&= \text{rot180}(\boldsymbol{W}) \tilde{\otimes} \frac{\partial f(\boldsymbol{Y})}{\partial \boldsymbol{Y}}
\end{aligned} \tag{6-14}
$$

式中，rot180(•)表示旋转180°。

2. 卷积神经网络

卷积神经网络一般由卷积层、汇聚层和全连接层构成。

（1）用卷积来代替全连接

在全连接前馈神经网络中，如果第l层有M_l个神经元，第l–1层有M_{l-1}个神经元，连接边有$M_l \times M_{l-1}$个，也就是说权重矩阵有$M_l \times M_{l-1}$个参数。当M_l和M_{l-1}都很大时，权重矩阵的参数非常多，训练的效率会非常低。如果采用卷积来代替全连接，第l层的净输入$\boldsymbol{z}^{(l)}$为第l–1层活性值$\boldsymbol{a}^{(l-1)}$和卷积核$\boldsymbol{w}^{(l)} \in \mathbf{R}^K$的卷积，即

$$
\boldsymbol{z}^{(l)} = \boldsymbol{w}^{(l)} \otimes \boldsymbol{a}^{(l-1)} + b^{(l)} \tag{6-15}
$$

式中，卷积核$\boldsymbol{w}^{(l)} \in \mathbf{R}^K$为可学习的权重向量；$b^{(l)} \in \mathbf{R}$为可学习的偏置。

根据卷积的定义，卷积层有两个很重要的性质。

1）在卷积神经网络中，每个卷积层的神经元只与前一层中的一个小区域内的神经元相连，这种结构称为局部连接。例如，在第（l–1）层，连接数量从全连接的$M_l \times M_{l-1}$变到$M_l \times K$（其中K是卷积核的大小）。

2）权重共享是指在同一层中，所有神经元使用相同的卷积核$\boldsymbol{w}^{(l)}$作为参数。这意味着每个卷积核只负责捕捉输入数据中的一种局部特征，如果要检测多种特征，则需要多个不同的卷积核。

因此，卷积层的参数数量仅由卷积核的维度K和偏置项$b^{(l)}$决定，总共有K+1个参数，与神经元的数量无关。同时，第l层的神经元数量是根据$M=M_{l-1}-K+1$来确定的，而不是随意选择的。这些设计减少了模型的复杂性，同时保持了对重要特征的检测能力。

全连接层和卷积层的对比如图6-4所示。

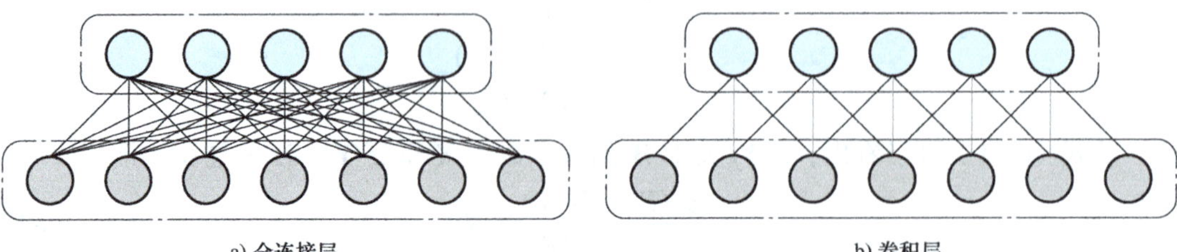

a) 全连接层　　b) 卷积层

图 6-4　全连接层和卷积层的对比

（2）卷积层

卷积层的主要职能是从图像的小区域中抽取特征，而各种不同的卷积核则扮演着各式特征探测器的角色。前面提到的卷积层，其神经元排列与全连接层相似，均为一维形式。鉴于卷积神经网络主要用于图像处理，且图像本身具有二维结构，为了更有效地挖掘图像的局部信息，神经元通常被安排成三维结构。其大小为 M（高度）$\times N$（宽度）$\times D$（深度），由 D 个 $M \times N$ 大小的特征映射构成。特征映射是指通过卷积从图像或其他数据中提炼出的特征集。每一张特征映射都代表了从图像中提取的一种特定特征类别。为了增强卷积网络捕捉图像特征的能力，通常会在每个层级引入多种特征映射。在输入层级，特征映射直接对应于原始图像。对于灰度图像，存在单一的特征映射，因此输入层的深度 D=1；而对于彩色图像，会有 3 个特征映射对应于 RGB 各色彩通道，此时输入层的深度 D=3。卷积层的结构如下。

1）输入特征映射组：$\boldsymbol{X} \in \mathbf{R}^{M \times N \times D}$ 为三维张量（Tensor），其中每个切片（Slice）矩阵 $\boldsymbol{X}^d \in \mathbf{R}^{M \times N}$ 为一个输入特征映射，其中 $1 \leqslant d \leqslant D$。

2）输出特征映射组：$\boldsymbol{Y} \in \mathbf{R}^{M' \times N' \times P}$ 为三维张量，其中每个切片矩阵 $\boldsymbol{Y}^p \in \mathbf{R}^{M' \times N'}$ 为一个输出特征映射。其中，$1 \leqslant p \leqslant P$。

3）卷积核：$\boldsymbol{W} \in \mathbf{R}^{U \times V \times P \times D}$ 为四维张量，其中每个切片矩阵 $\boldsymbol{W}^{p,d} \in \mathbf{R}^{U \times V}$ 为一个二维卷积核。其中，$1 \leqslant p \leqslant P$，$1 \leqslant d \leqslant D$。

图 6-5 所示为卷积层的三维结构表示。

为了计算输出特征映射 $\boldsymbol{Y}^p$，用卷积核 $\boldsymbol{W}^{p,1}$，$\boldsymbol{W}^{p,2}$，…，$\boldsymbol{W}^{p,D}$ 分别对输入特征映射 $\boldsymbol{X}^1, \boldsymbol{X}^2, \cdots, \boldsymbol{X}^D$ 进行卷积，然后将卷积结果相加，并加上一个标量偏置 b^p 得到卷积层的净输入 $\boldsymbol{Z}^p$，再经过非线性激活函数后得到输出特征映射 $\boldsymbol{Y}^p$：

$$\begin{aligned}\boldsymbol{Z}^p &= \boldsymbol{W}^p \otimes \boldsymbol{X} + b^p = \sum_{d=1}^{D} \boldsymbol{W}^{p,d} \otimes \boldsymbol{X}^d + b^p \\ \boldsymbol{Y}^p &= f(\boldsymbol{Z}^p)\end{aligned} \tag{6-16}$$

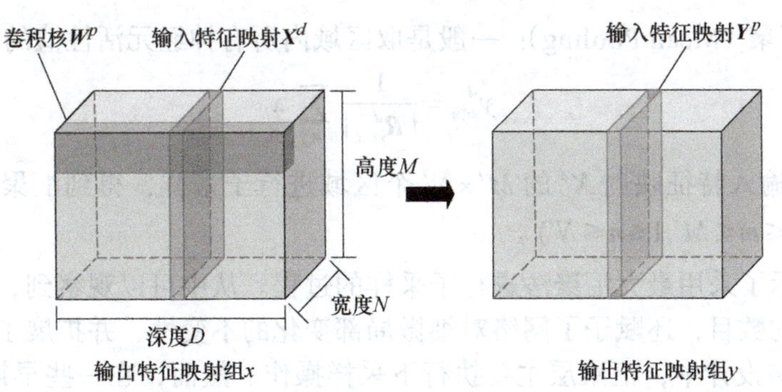

图 6-5　卷积层的三维结构表示

式中，$\boldsymbol{W}^p \in \mathbf{R}^{U \times V \times D}$ 为三维卷积核；$f(\cdot)$ 为非线性激活函数，一般采用 ReLU 函数。

整个计算过程如图 6-6 所示。如果希望卷积层输出 P 个特征映射，可以将上述计算过程重复 P 次，得到 P 个输出特征映射 $\boldsymbol{Y}^1, \boldsymbol{Y}^2, \cdots, \boldsymbol{Y}^P$。

在输入为 $\boldsymbol{X} \in \mathbf{R}^{M \times N \times D}$、输出为 $\boldsymbol{Y} \in \mathbf{R}^{M' \times N' \times P}$ 的卷积层中，每一个输出特征映射都需要 D 个卷积核及 1 个偏置。假设每个卷积核的大小为 $U \times V$，那么共需要 $P \times D \times (U \times V) + P$ 个参数。

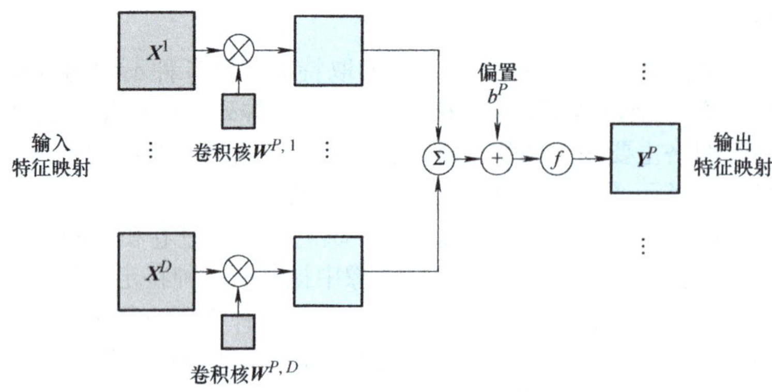

图 6-6　卷积层中从输入特征映射 X 到输出特征映射 P 的计算过程

（3）汇聚层

汇聚层，亦称为子采样层或池化层，主要负责筛选重要特征并减少其总数，进而降低模型参数的数量。尽管卷积层能有效减少网络的连接数，但并不会大幅降低特征映射中的神经元数量。这可能导致分类器的输入维度过高，增加了过拟合的风险。为此，在卷积层后添加汇聚层，以减少特征的维度并防止过拟合。另外，增加卷积的步长也是降低特征维度的一种方法。假设汇聚层的输入特征映射组为$\boldsymbol{X} \in \mathbf{R}^{M\times N\times D}$，对于其中每一个特征映射$\boldsymbol{X}^d \in \mathbf{R}^{M\times N}(1\leqslant d\leqslant D)$，将其划分为很多区域$\boldsymbol{R}^d_{m,n}(1\leqslant m\leqslant M',1\leqslant n\leqslant N')$，这些区域可以重叠，也可以不重叠。汇聚（Pooling）是指对每个区域进行下采样（Down Sampling）得到一个值，作为这个区域的概括。常用的汇聚函数有两种。

1）最大汇聚（Maximum Pooling 或 Max Pooling）：对于一个区域$\boldsymbol{R}^d_{m,n}$，选择这个区域内所有神经元的最大活性值作为这个区域的表示，即

$$y^d_{m,n} = \max_{i\in \boldsymbol{R}^d_{m,n}} x_i \tag{6-17}$$

式中，x_i 为区域 $\boldsymbol{R}^d_k$ 内每个神经元的活性值。

2）平均汇聚（Mean Pooling）：一般是取区域内所有神经元活性值的平均值，即

$$y^d_{m,n} = \frac{1}{|\boldsymbol{R}^d_{m,n}|}\sum_{i\in \boldsymbol{R}^d_{m,n}} x_i \tag{6-18}$$

对每一个输入特征映射 $\boldsymbol{X}^d$ 的 $M'\times N'$ 个区域进行子采样，得到汇聚层的输出特征映射 $\boldsymbol{Y}^d=\{y^d_{m,n}\}(1\leqslant m\leqslant M',1\leqslant n\leqslant N')$。

图 6-7 展示了采用最大汇聚法进行子采样的过程。从中可以观察到，汇聚层不仅显著降低了神经元的数目，还赋予了网络对细微局部变化的不变性，并扩展了其感知范围。在现代的卷积网络设计中，汇聚层主要执行下采样操作。然而，在一些早期的网络架构中，例如 LeNet–5，汇聚层有时也会采用非线性激活函数，比如

$$\boldsymbol{Y}'^d = f(w^d \boldsymbol{Y}^d + b^d) \tag{6-19}$$

式中，$\boldsymbol{Y}'^d$ 表示汇聚层的输出结果；$f(\cdot)$ 是应用于激活的非线性函数；而 w^d 和 b^d 是可训练的权重和偏置值。标准的汇聚层通常会将每个特征映射分割成大小为 2×2 的独立区块，并采用最大汇聚法来进行下采样。此外，汇聚层可以被视为一种特别的卷积层，其使用的卷积核尺寸为 $K\times K$、步长为 $S\times S$，并采用最大值或平均值函数作为卷积核。如果采样区域过大，可能导致神经元数量的急剧下降和过多信息的丢失。

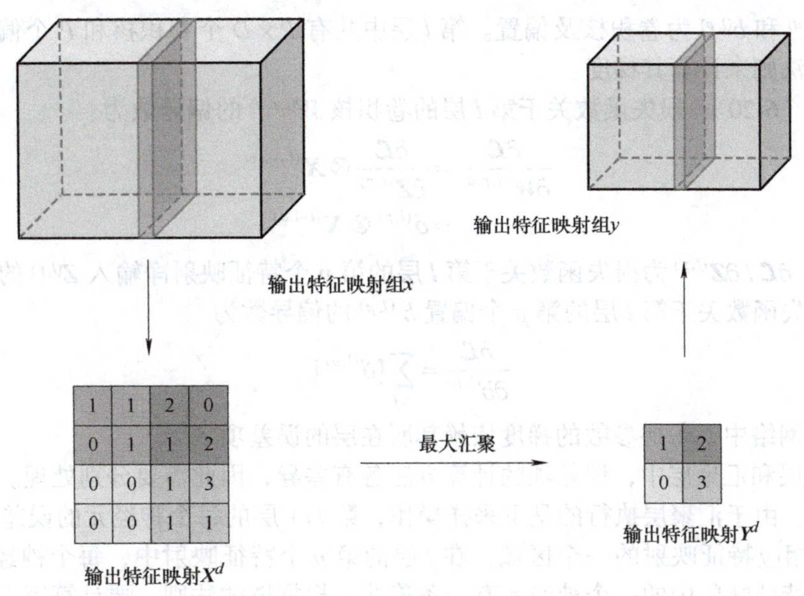

图 6-7　汇聚层中最大汇聚过程示例

（4）卷积网络的整体结构

一个标准的卷积神经网络由交替的卷积层、汇聚层和全连接层构成。如图 6-8 所示，这种网络通常包含若干卷积块，每个块由 M 个卷积层和 b 个汇聚层组成（其中 M 的值一般为 2 ～ 5，b 的值为 0 或 1）。在整个网络中，可以有 N 个这样的卷积块串联起来，后面紧跟着 K 个全连接层（N 的取值范围较广，可以是 1 ～ 100 或更多；K 通常为 0 ～ 2）。

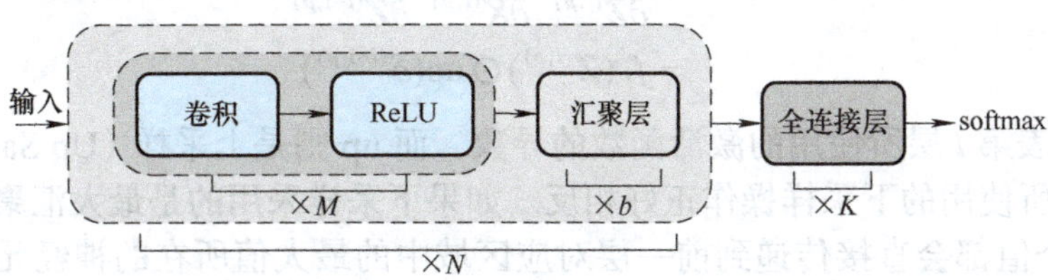

图 6-8　常用的卷积网络整体结构

现代卷积神经网络的发展趋势是采用较小的卷积核尺寸，例如 1×1 和 3×3，构建更多层次的深度结构，层数通常超过 50 层。同时，随着卷积操作变得更加多样化（例如，采用不同的步长），汇聚层的重要性逐渐减弱。因此，在许多现代流行的卷积网络架构中，汇聚层的使用比例正在下降，趋向于完全由卷积层构成的网络。

3. 参数学习

在卷积神经网络中，参数学习依赖于卷积核的权重和偏置值。这与全连接前馈网络相似，其中误差反向传播算法用于训练参数。在全连接网络里，梯度的计算是通过每层的误差项进行反向传播完成的。而在卷积网络中，由于存在卷积层和汇聚层两种具有不同功能的层，参数学习主要集中在卷积层的权重和偏置上。这样，只需关注卷积层中参数的梯度计算即可。第 l 层为卷积层，第 l–1 层的输入特征映射为 $\boldsymbol{X}^{(l-1)} \in \mathbf{R}^{M\times N\times D}$，通过卷积计算得到第 l 层的特征映射净输入 $\boldsymbol{Z}^{(l)} \in \mathbf{R}^{M\times N\times D}$。第 l 层的第 $p(1 \leqslant p \leqslant P)$ 个特征映射净输入为

$$\boldsymbol{Z}^{(l,p)} = \sum_{d=1}^{D} \boldsymbol{W}^{(l,p,d)} \otimes \boldsymbol{X}^{(l-1,d)} + b^{(l,p)} \tag{6-20}$$

式中，$\boldsymbol{W}^{(l,p,d)}$ 和 $b^{(l,p)}$ 为卷积核及偏置。第 l 层中共有 $P\times D$ 个卷积核和 P 个偏置，可以分别使用链式法则来计算其梯度。

根据式（6-20），损失函数关于第 l 层的卷积核 $\boldsymbol{W}^{(l,p,d)}$ 的偏导数为

$$\begin{aligned}\frac{\partial \mathcal{L}}{\partial \boldsymbol{W}^{(l,p,d)}} &= \frac{\partial \mathcal{L}}{\partial \boldsymbol{Z}^{(l,p)}} \otimes \boldsymbol{X}^{(l-1,d)} \\ &= \delta^{(l,p)} \otimes \boldsymbol{X}^{(l-1,d)}\end{aligned} \tag{6-21}$$

式中，$\boldsymbol{\delta}^{(l,p)}=\partial \mathcal{L}/\partial \boldsymbol{Z}^{(l,p)}$ 为损失函数关于第 l 层的第 p 个特征映射净输入 $\boldsymbol{Z}^{(l,p)}$ 的偏导数。同理可得，损失函数关于第 l 层的第 p 个偏置 $b^{(l,p)}$ 的偏导数为

$$\frac{\partial \mathcal{L}}{\partial b^{(l,p)}} = \sum_{i,j}[\delta^{(l,p)}]_{i,j} \tag{6-22}$$

在卷积网络中，每层参数的梯度依赖其所在层的误差项 $\boldsymbol{\delta}^{(l,p)}$。

在卷积层和汇聚层中，误差项的计算方法各有差异，因此需要分别处理。当第 l+1 层是汇聚层时，由于汇聚层执行的是下采样操作，第 l+1 层的每个神经元的误差项 $\boldsymbol{\delta}$ 会对应到第 l 层的相应特征映射的一个区域。在 l 层的第 p 个特征映射中，每个神经元都与 l+1 层的第 p 个特征映射中的一个神经元有一条连接。根据链式法则，要计算第 l 层的一个特征映射的误差项 $\boldsymbol{\delta}^{(l,p)}$，只需将 l+1 层对应特征映射的误差项 $\boldsymbol{\delta}^{(l+1,p)}$ 进行上采样操作（使其大小与第 l 层相同），然后与 l 层特征映射的激活值偏导数进行逐元素相乘，就可以得到 $\boldsymbol{\delta}^{(l,p)}$。第 l 层的第 p 个特征映射的误差项 $\boldsymbol{\delta}^{(l,p)}$ 的具体推导过程为

$$\begin{aligned}\delta^{(l,p)} &\triangleq \frac{\partial \mathcal{L}}{\partial \boldsymbol{Z}^{(l,p)}} \\ &= \frac{\partial \boldsymbol{X}^{(l,p)}}{\partial \boldsymbol{Z}^{(l,p)}} \frac{\partial \boldsymbol{Z}^{(l+1,p)}}{\partial \boldsymbol{X}^{(l,p)}} \frac{\partial \mathcal{L}}{\partial \boldsymbol{Z}^{(l+1,p)}} \\ &= f_l'(\boldsymbol{Z}^{(l,p)}) \odot \mathrm{up}(\delta^{(l+1,p)})\end{aligned} \tag{6-23}$$

式中，$f_l(\cdot)$ 代表第 l 层所使用的激活函数的导数，而 up 则是上采样（Up Sampling）函数，这与汇聚层中所使用的下采样操作正好相反。如果下采样采用的是最大汇聚，那么误差项 $\boldsymbol{\delta}^{(l+1,p)}$ 中的每个值都会直接传递到前一层对应区域中的最大值所在的神经元，而该区域中的其他神经元的误差项则都被设为 0。如果下采样采用的是平均汇聚，那么误差项 $\boldsymbol{\delta}^{(l+1,p)}$ 中的每个值则会被平均分配到前一层对应区域中的所有神经元上。当 l+1 层为卷积层时，假设特征映射的净输入 $\boldsymbol{Z}^{(l+1)}$，其中第 p（$1\leqslant p\leqslant P$）个特征映射的净输入为

$$\boldsymbol{Z}^{(l+1,p)} = \sum_{d=1}^{D} \boldsymbol{W}^{(l+1,p,d)} \otimes \boldsymbol{X}^{(l,d)} + b^{(l+1,p)} \tag{6-24}$$

式中，$\boldsymbol{W}^{(l+1,p,d)}$ 和 $b^{(l+1,p)}$ 分别代表第 l+1 层的卷积核和偏置。在第 l+1 层中，总共有 $P\times D$ 个卷积核和 P 个偏置。对于第 l 层的第 d 个特征映射，其误差项 $\boldsymbol{\delta}^{(l,d)}$ 的具体推导过程为：

$$\begin{aligned}\delta^{(1,d)} &\triangleq \frac{\partial \mathcal{L}}{\partial \boldsymbol{Z}^{(l,d)}} \\ &= \frac{\partial \boldsymbol{X}^{(l,d)}}{\partial \boldsymbol{Z}^{(l,d)}} \frac{\partial \mathcal{L}}{\partial \boldsymbol{X}^{(l,d)}} \\ &= f_l'(\boldsymbol{Z}^{(l,d)}) \odot \sum_{p=1}^{P}\left(\mathrm{rot}\,180(\boldsymbol{W}^{(l+1,p,d)}) \tilde{\otimes} \frac{\partial \mathcal{L}}{\partial \boldsymbol{Z}^{(l+1,p)}}\right) \\ &= f_l'(\boldsymbol{Z}^{(l,d)}) \odot \sum_{p=1}^{P}\left(\mathrm{rot}\,180(\boldsymbol{W}^{(l+1,p,d)}) \tilde{\otimes} \delta^{(l+1,p)}\right)\end{aligned} \tag{6-25}$$

6.1.3 经典网络模型

1. LeNet 模型

LeNet 模型是最早的卷积神经网络模型之一。LeNet 包含了卷积神经网络中的全部基本结构，即卷积层、激活函数、池化层和全连接层。在计算机视觉任务中展现了出色的性能，其性能与支持向量机（Support Vector Machines，SVM）相媲美。LeNet 在手写数字识别任务中能够以低于 1% 的错误率完成识别任务。总体来看，LeNet 的结构分为两部分，分别是卷积密集块和全连接密集块。其架构如图 6-9 所示。卷积密集块由两个卷积块组成，每个卷积块由卷积层、Sigmiod 激活函数、均值池化层构成。卷积层中使用 5 × 5 的卷积核将输入图像映射到多个二维特征图。

卷积神经网络由多个卷积层和池化层交替构成，最后接一个全连接层。卷积层的作用是提取输入图像的特征；池化层的作用是降低特征的维度和数量，从而减少网络的复杂度和过拟合风险。在图 6-9 中，第一个卷积层将输入图像转换为 6 个通道的特征图，第二个卷积层将 6 个通道的特征图转换为 16 个通道的特征图。每个卷积层后面都跟着一个池化层，使用 2 × 2 的池化核和步长为 2 的下采样操作，将特征图的大小减半。卷积层和池化层的输出是二维的特征图，为了将其输入到全连接层，需要将其展平为一维的向量。

全连接密集块包含 3 个全连接层，其输出通道数分别为 120、84 和 10。若网络模型完成的是分类任务，则最后一个全连接层的输出维度与类别数相同。因为 LeNet 被用于手写数字识别，其最后一层的输出维度对应 0 ～ 9。

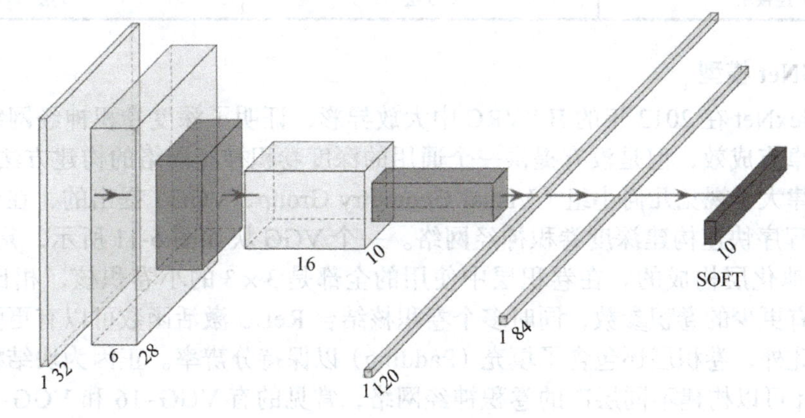

图 6-9　LeNet 架构

2. AlexNet 模型

在 LeNet 提出后的很长一段时间里，神经网络并没有占据主导地位。直到 2012 年提出的 AlexNet 在当年的 ILSVRC（ImageNet Large-Scale Visual Recognition Challenge）竞赛中获得了冠军，开起了研究神经网络的热潮。AlexNet 在 LeNet 的基础上将激活函数替换为 ReLU 激活函数，并且有更深的层次。AlexNet 主要由 5 个卷积层和 3 个全连接层构成。更多的卷积层可以捕捉到更多的特征，捕捉到的特征图如图 6-10 所示。底层的卷积层捕捉到了边缘、纹理等特征，为更高层的特征表示提供了基础。ImageNet 数据集为 3 通道的彩色图像，尺寸为 224 × 224 × 3。为了处理如此大的图像，AlexNet 第一层的卷积核大小为 11 × 11，之后的卷积核大小缩小为 5 × 5 和 3 × 3，池化层的池化核也改为 3 × 3、滑动步长为 3 的最大池化。其与 LeNet 的结构对比见表 6-1。尽管 AlexNet 与 LeNet 结构相似，但是 ReLU 激活函数和最大池化的引入使 AlexNet 的计算速度得到提升，并且避免了梯度消失的问题。更为重要的是，AlexNet 使用 GPU（Graphics Processing Unit）加速了训练。能够表征更大特征空间的参数量结合高效的训练是 AlexNet 性能优异的重要原因。

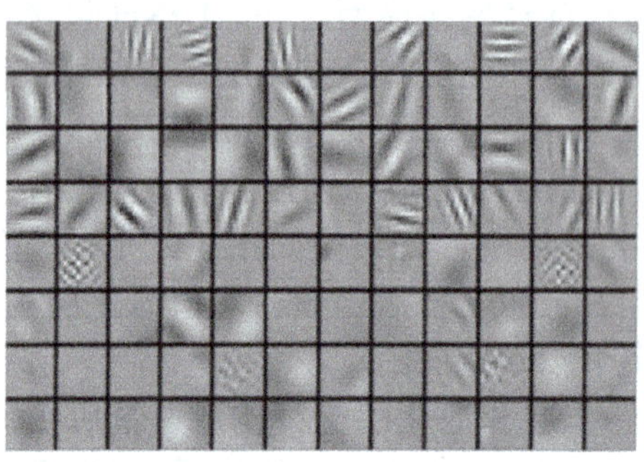

图 6-10　AlexNet 第一层卷积层捕捉到的特征

表 6-1　AlexNet 与 LeNet 的结构对比

模型架构	LeNet	AlexNet
输入层	28×28	3×256×256
卷积层	5×5，2 层；11×11，1 层	5×5，1 层；3×3，3 层
池化层	均值池化	最大池化
全连接层	3 层	3 层

3. VGGNet 模型

尽管 AlexNet 在 2012 年的 ILSVRC 中大放异彩，证明了深度卷积神经网络处理计算机视觉任务卓有成效，但是没有提供一个通用的深度卷积神经网络的构建方法。VGGNet 模型是由牛津大学视觉几何小组（Visual Geometry Group，VGG）提出的，在引入块结构后通过循环程序快速构建深度卷积神经网络。一个 VGG 块如图 6-11 所示，是由卷积层、激活函数和池化层构成的。在卷积层中使用的全部是 3×3 的小卷积核，相比于 11×11 的大卷积核有更少的卷积参数，同时多个卷积核结合 ReLU 激活函数可以有更强的非线性表达能力。此外，卷积层还包含了填充（Padding）以保持分辨率。正因为块结构的可重复性，VGGNet 可以构建不同层次的卷积神经网络，常见的有 VGG-16 和 VGG-19。表 6-2 展示不同层次的 VGGNet 架构。VGGNet 的优势在于块结构的引入简化了深度卷积神经网络的构建。但是，随着网络模型深度的增加，神经网络的参数量也随之增加。

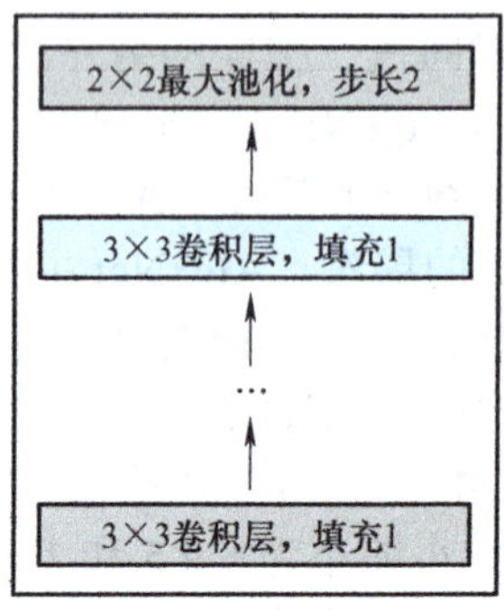

图 6-11　一个 VGG 块的基本结构

表 6-2　VGG-11、VGG-13、VGG-16、VGG-19 架构

VGG-11	VGG-13	VGG-16	VGG-19
Input（224×224×3）			
1×conv3-128	2×conv3-64	2×conv3-64	2×conv3-64
Max-Pooling			
1×conv3-128	2×conv3-128	2×conv3-128	2×conv3-128
Max-Pooling			
2×conv3-256	2×conv3-256	3×conv3-256	4×conv3-256
Max-Pooling			
2×conv3-512	2×conv3-512	3×conv3-512	4×conv3-256
Max-Pooling			
2×conv3-512	2×conv3-512	3×conv3-512	4×conv3-512
Max-Pooling			
FC-4096			
FC-4096			
FC-1000			
softmax			

4. GoogLeNet 模型

卷积神经网络的性能与其网络结构的深度和宽度密切相关。一般来说，增加网络的深度和宽度可以提高网络的表达能力和学习能力，但是也会带来巨大的参数量和计算量，容易导致网络过拟合和训练困难的问题。为了解决这些问题，GoogLeNet 提出了一种创新的网络结构，称为 Inception 架构。Inception 架构的核心思想是将全连接和普通的卷积的连接方式改为稀疏的连接方式，即在每个卷积层中使用多个不同大小的卷积核和池化操作，然后将它们的输出拼接在一起，形成一个更丰富的特征表示。这样既可以保持网络的稀疏性，减少参数量和计算量，又可以充分利用 GPU 的并行计算能力，提高网络的性能。

GoogLeNet 的深度有 22 层。Inception 基本模块如图 6-12 所示，对前一层网络的输出使用不同大小的卷积核提取特征，获得不同感受野的特征，然后将特征进行通道上的融合，达到多尺度的作用。为了方便对齐特征图后融合特征，分别对卷积核大小为 1、3、5 的卷积进行 0、1、2 大小的补零操作，保证卷积后的特征图大小一致，卷积操作后可以直

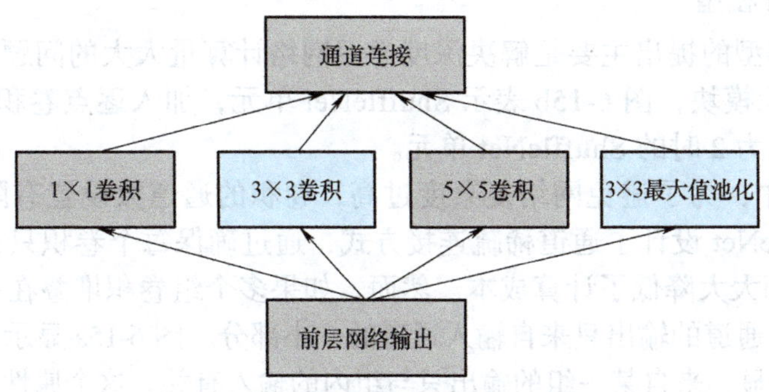

图 6-12　Inception 基本模块

接在通道维度上对特征进行叠加。由于 5×5 的卷积计算量太大，因此使用 1×1 的卷积核进行降维，改进后的 Inception 模块如图 6-13 所示。Inception 模块允许网络在每个块中的多个卷积过滤器大小之间进行选择，将这些模块堆叠在一起，偶尔使用步幅为 2 的最大池化层将网格的分辨率减半。GoogLeNet 基于 Inception 模块进行设计，同时为了避免产生梯度消失，网络设计了另外两个辅助的 softmax 分类层，用于在网络中部收集梯度并回传梯度，辅助的分类层在测试时会被移除。

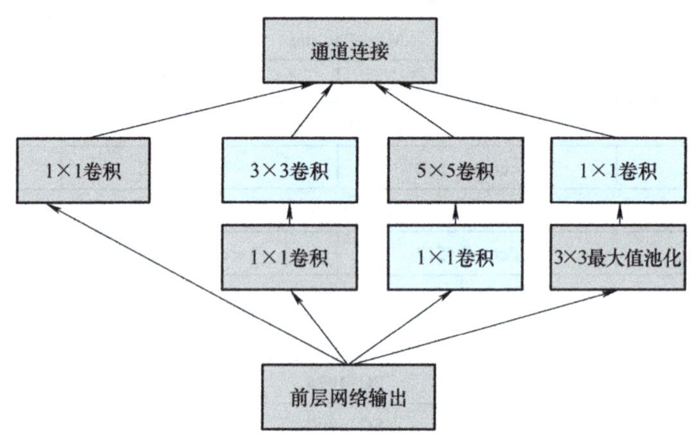

图 6-13 降维版 Inception 模块

5. ResNet 模型

随着网络模型深度的增加，反向传播过程中存在着梯度消失和梯度爆炸问题，这导致模型难以训练。甚至会出现网络模型的误差在训练过程中先降低再上升的现象。为了解决以上问题，何恺明等人在 2015 年提出了 ResNet 模型——残差神经网络。常见的 ResNet 结构有 ResNet-18、ResNet-34、ResNet-50、ResNet-101 和 ResNet-152。其中 ResNet-18 和 ResNet-34 属于结构相似的浅层网络，其余的结构属于深层结构。ResNet 同 VGGNet 一样由块结构组成，不同的是 ResNet 中的块结构在标准神经网络的基础上加入了跳跃连接，称为残差块（Residual Block），如图 6-14 所示。

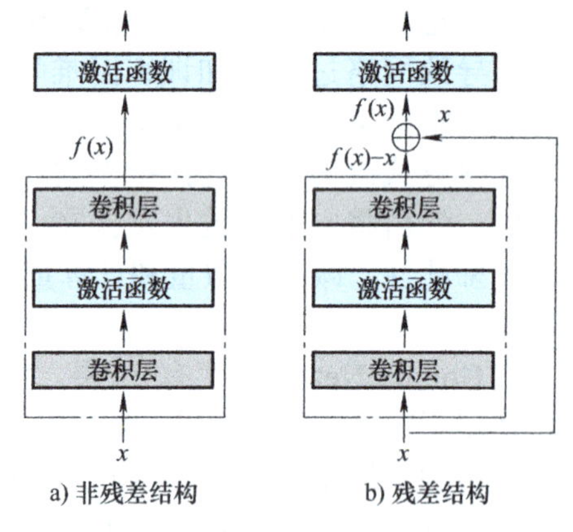

图 6-14 非残差结构和残差结构

6. ShuffleNet 模型

ShuffleNet 模型的提出主要是解决深度学习网络计算量太大的问题。图 6-15a 表示具有深度卷积的单元模块；图 6-15b 表示 ShuffleNet 单元，加入逐点卷积和通道重排操作；图 6-15c 表示步长为 2 时的 ShuffleNet 单元。

在小型网络中，为了避免网络复杂度过高，卷积的通道数设置有限，这会导致网络精度下降。ShuffleNet 设计了通道稀疏连接方式，通过确保每个卷积只在相应的输入通道组上运行，组卷积大大降低了计算成本。然而，如果多个组卷积堆叠在一起，就有一个副作用，即来自某个通道的输出只来自输入通道的一小部分。图 6-15a 显示了两个堆叠的组卷积层的情况。很明显，来自某一组的输出只与组内的输入有关。这个属性阻止了通道组之间的信息流，并削弱了表示能力。如果允许组卷积获得来自不同组的输入数据（见图 6-15b），那么输入通道和输出通道将完全相关。具体来说，对于上一组层生成的特征图，可以首先将每个组中的通道划分为几个子组，然后向下一层中的每个组提供不同的子组。这可以通过通道洗牌操作有效而优雅地实现（见图 6-15c）。假设一个卷积层，g 个组的输出有 $g\times n$ 个通道，首先将输出通道维度重塑为（g，n），然后将其转平，作为下一层的输入。即使这两个卷积有不同数量的组，该操作仍然会生效。此外，通道洗牌也是可微的，这意味着它可以嵌入到网络结构中进行端到端训练。

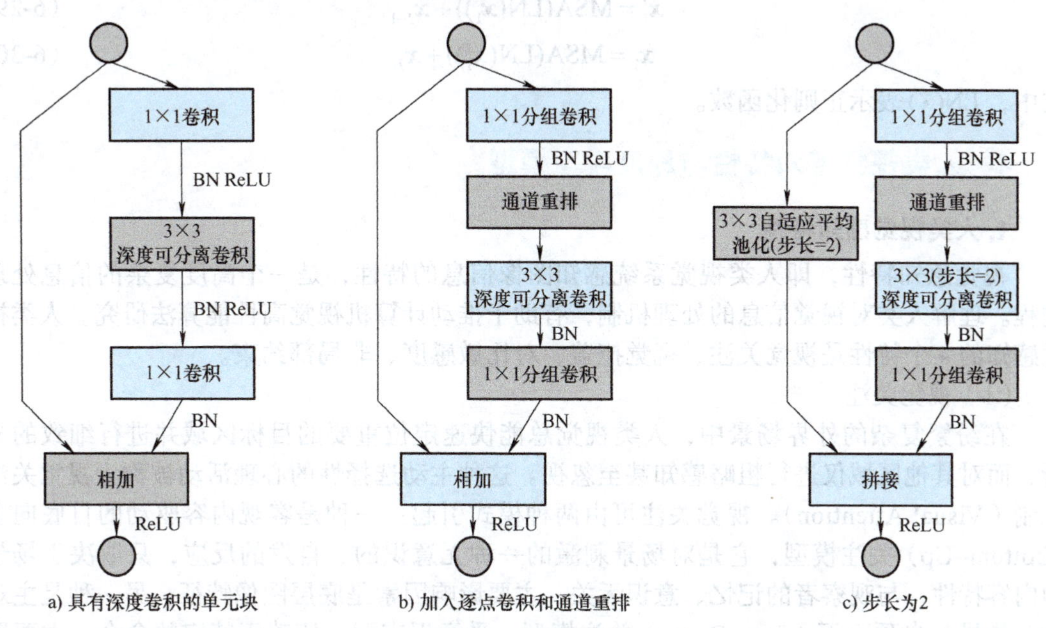

图 6-15 ShuffleNet 单元

7. Vision Transformer 模型

基于 Vision Transformer（ViT）的深度学习模型在自然语言处理（Natural Language Processing，NLP）任务中取得成功之后，在计算机视觉任务中也显示出了巨大的优势，如图像分类、目标检测和超分辨。例如，在图像分类中，传统的 CNN 模型，如 VGGNet 和 ResNet，在 ImageNet 上的准确率分别为 71.62% 和 78.63%，而基于 Transformer 的模型，如 ViT-Large（ViT-L），准确率可以达到 85.63%。CNN 的关键组成部分是卷积层，其权值通常以三维卷积核的形式表示。Vision Transformer 主要由编码器（Encoder）构成，而编码器由多头自注意力机制（Multi-head Self-attention，MSA）和多层感知器（Multi-Layer Perceptron，MLP）模块组成，其权值基本上是矩阵。

Vision Transformer 的输入通常是带有标记的一维序列。为了处理二维图像 $x\in\mathbf{R}^{H\times W\times C}$，Vision Transformer 将输入的图像重塑为一连串扁平化的二维方块 $x_p\in\mathbf{R}^{(N\times p^2-C)}$，其中 H（Hight）和 W（Width）是原始图像的分辨率，C（Channel）是通道数，P^2 是每个二维方块的分辨率，N=HW/P^2 是二维方块的数量，这决定了 Vision Transformer 输入的序列长度。Vision Transformer 第一层的输入可表示为

$$\boldsymbol{x}_0=\left[x_{\text{class}};x_p^1W,x_p^2W,\cdots,x_p^NW\right]+E_{\text{pos}} \tag{6-26}$$

MSA 模块可表示为

$$\text{MSA}(x_1)=\text{soft}\max\left(\frac{\boldsymbol{Q}_1\boldsymbol{K}_1^{\text{T}}}{\sqrt{D}}\right)\boldsymbol{V}\boldsymbol{W}_1^{\text{msa}} \tag{6-27}$$

式中，$\boldsymbol{Q}_1=\boldsymbol{x}_1\boldsymbol{W}_1^q,\boldsymbol{K}_1=\boldsymbol{x}_1\boldsymbol{W}_1^k,\boldsymbol{V}=\boldsymbol{x}_1\boldsymbol{W}_1^V$。

MLP 模块由两个线性层和一个 GEIU 层组成，包含参数 $\boldsymbol{W}^1\in\mathbf{R}^{D\times D_h},\boldsymbol{W}^2\in\mathbf{R}^{D\times D_h}$ 和 $\boldsymbol{b}\in\mathbf{R}^D$。

$$\mathrm{MLP}(x_1)=\mathrm{GELU}(\boldsymbol{x}_1\boldsymbol{W}^1+\boldsymbol{b}^1)\boldsymbol{W}^2+\boldsymbol{b}^2 \tag{6-28}$$

一个典型的一层的 Vision Transformer 可以通过上述公式组合而成，形式为

$$\boldsymbol{x}_1'=\mathrm{MSA}(\mathrm{LN}(\boldsymbol{x}_1))+\boldsymbol{x}_{l-1} \tag{6-29}$$

$$\boldsymbol{x}_1=\mathrm{MSA}(\mathrm{LN}(\boldsymbol{x}_1'))+\boldsymbol{x}_l \tag{6-30}$$

式中，$\mathrm{LN}(\cdot)$表示正则化函数。

6.1.4 人类视觉感知特性与深度学习模型

1. 人类视觉感知特性

视觉感知特性，即人类视觉系统感知图像信息的特性，是一个高度复杂的信息处理过程。理解人类对视觉信息的处理机制，有助于推动计算机视觉高性能算法研究。人类视觉感知的 4 个特性是视觉关注、视觉掩盖、对比敏感度、非局部约束。

（1）视觉关注

在纷繁复杂的外界场景中，人类视觉总能快速定位重要的目标区域并进行细致的分析，而对其他区域仅进行粗略感知甚至忽视。这种主动选择性的心理活动被称为视觉关注机制（Visual Attention）。视觉关注可由两种模式引起：一种是客观内容驱动的自底向上（Bottom-Up）关注模型，它是对场景刺激的一种无意识的、自发的反应，只取决于场景的内容特性，与观察者的记忆、意识无关，主要影响因素是底层图像特征；另一种是主观命令指导的自顶而下（Top-Down）关注模型，受意识支配、依赖于特定的命令，主要影响因素是高层的语义。

（2）视觉掩盖

视觉信息间的相互作用或相互干扰将引起视觉掩盖效应。常见的掩盖效应有：①由于边缘存在强烈的亮度变化，人眼对边缘轮廓敏感，而对边缘的亮度误差不敏感，即对比度掩盖；②图像纹理区域存在较大的亮度及方向变化，人眼对该区域信息的分辨率下降，即纹理掩盖；③视频序列相邻帧间内容的剧烈变动（如目标运动或者场景变化）导致人眼分辨率的剧烈下降，即时域的运动掩盖及切换掩盖。

视觉掩盖效应使人眼无法察觉到一定阈值以下的失真，该阈值被称为恰可识别失真（Just Noticeable Distortion）。恰可识别失真阈值在实际图像处理中具有重要的指导意义。该阈值可以帮助人眼筛选出能察觉的信息而忽略其余不可察觉的信息，从而减少图像处理的复杂度，且在一定条件下能改善图像的显示质量。

（3）对比敏感度

由于视觉系统具有鲁棒性，无法分辨一定程度以内的边缘模糊，这种对边缘模糊的分辨能力称为对比敏感度，即视觉系统能觉察到的对比度阈值的倒数。具体公式是：对比敏感度 =1/ 对比度阈值。对比度阈值越低，对比敏感度越高，视觉功能越好。

（4）非局部约束

格式塔心理学强调了很多在视觉感知中的非局部性约束特征，如相似性、相近性、连续性和闭合性等。人的视觉感知往往会将符合这些特征的图像信息组织到一起，而通常情况下这些特征也是区分对象是否属于同一目标的显著标志。

2. 受人类视觉感知特性启发的深度学习模型

人类视觉感知的 4 个特性与深度学习网络之间形成了密切关系，具体表现在以下几个方面。

（1）视觉关注和视觉掩盖与调节注意力模型的联系

视觉关注机制体现了人类视觉系统主动选择关注内容并加以集中处理的视觉特性，该特性能有效提升图像内容筛选、目标检索等图像处理能力。视觉掩盖能力能够区分出哪些信号是视觉系统能察觉、感兴趣的，哪些信号是视觉系统无法察觉、可忽略的。二者结合，能对有效信息增强和对无效信息减弱，有助于提高人类对视觉信息的分析能力。在深度学习中，注意力机制已然成为最广为流行的概念和实用工具。注意力机制模型根据实现原理，可分为调节注意力（Scaling Attention，SLA）和点积注意力（Dot-Product Attention，DPA）。其中，SLA 强调重要的特征通道和特征空间，而忽略不重要的特征。例如，挤压激励（SE）模块使用全局平均池化和一个线性层来计算每个通道的比例因子，然后相应地强化有效通道而弱化无意义通道。因此，SLA 有效地刻画了人类视觉的视觉关注和视觉掩盖两个感知特性。SLA 结构如图 6-16 所示。

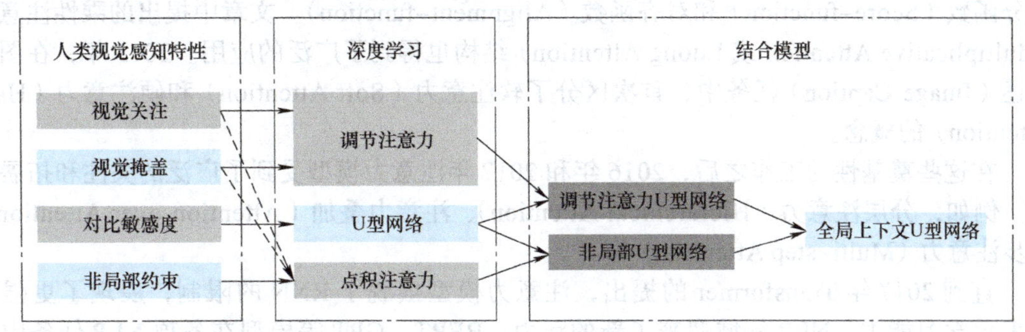

图 6-16　SLA 结构

（2）对比敏感度与 U 型网络的联系

对比敏感度说明人类视觉系统非常关注物体的边缘，往往通过边缘信息获取目标物体的具体形状、解读目标物体等。U 型网络通过跳接结构，将能够表达边缘、纹理的细节信息传递到高阶特征中，从而帮助解码器更好地修复目标的细节。U 型网络的这种特性，反映的是物体的边缘、形状、纹理等信息对于人类视觉信息理解的重要性。因此，U 型网络在一定程度上刻画了人类视觉对比敏感度的特征。

（3）非局部约束与点积注意力的联系

大量人类视觉研究发现，人脑处理视觉信息时并不仅局限于局部区域的信息。人眼对全局的、语义的、简单结构的形状整体更容易产生印象，而非局部细节信息。DPA 通过点积计算形式，获得询问特征向量任意一个位置与键（Key）特征向量中全部位置之间的相关性，从而捕获位置与位置之间（像素与像素之间）的长距离依赖关系，实现全局上下文信息的建模。同时，学习到的全局上下文信息通过 softmax 得到空间上的注意力图，也可以起到对有效信息增强和无效信息弱化的作用。DPA 的全局上下文建模在一定程度上体现了人眼视觉关注、视觉掩盖和非局部约束等多个特征。

6.1.5　注意力机制与深度学习模型

视觉注意力机制是人类视觉所特有的大脑信号处理机制。人类视觉通过快速扫描全局图像，获得需要重点关注的目标区域，也就是一般所说的注意力焦点，而后对这一区域投入更多注意力资源，以获取更多所需要关注目标的细节信息，而抑制其他无用信息。这是人类利用有限的注意力资源从大量信息中快速筛选出高价值信息的手段，是人类在长期进化中形成的一种生存机制。人类视觉注意力机制极大地提高了视觉信息处理的效率与准确性。计算机视觉中的注意力机制从本质上讲和人类的选择性视觉注意力机制类似，核心目标也是从众多信息中选择出对当前任务目标更关键的信息。

1. 注意力机制研究进展

2015—2017 年，自从注意力机制被提出后，它就成为 NLP 的基本模型，各种各样的注意力模型被提出。在机器翻译（Machine Translation）、文本摘要（Text summarization）、文本理解 / 问答（Text Comprehend（Q&A））、文本分类（Text Classification）等任务中也被广泛应用。

注意力模型是在 2015 年 ICLR 发表的文章中首次被提出的。文章提出了经典的注意力结构用于机器翻译，被称为加性注意力（Additive Attention 或 Bahdanau Attention），并形象直观地展示了注意力带来源语与目标语的对齐效果，解释深度模型到底学到了什么。

2015 年，EMNLP 在基础注意力模型的基础上，探索了一些变化操作，尝试了不同的打分函数（Score-function）和对齐函数（Alignment-function）。文章中提出的乘性注意力（Multiplicative Attention 或 Luong Attention）结构也得到了广泛的应用。2015 年，在图像描述（Image Caption）任务中，首次区分了软注意力（Soft Attention）和硬注意力（Hard Attention）的概念。

在这些奠基性的工作之后，2016 年和 2017 年注意力模型受到了广泛的关注和拓展应用。例如，分层注意力（Hierarchical Attention）、注意力叠加（Attention over Attention）、多步注意力（Multi-step Attention）等。

直到 2017 年 Transformer 的提出，注意力模型摆脱了 RNN 的限制，展现了更强大的表示学习能力，NLP 领域迎来了新的活力，BERT、GPT 等模型在各项 NLP 任务中取得了优异的效果。2017 年，NeurIPS 文章提出了 Transformer 结构，涉及自注意力（Self-attention）和多头注意力（Multi-head Attention）等注意力机制。基于 Transformer 的网络可以完全替代序列对齐（Sequence-aligned）的循环网络，实现了 RNN 无法实现的并行化，并且使得长距离的语义依赖和表达更加准确。由于自注意力模型缺乏时序关系学习，后续又提出了具有相对位置编码能力的通用 Transformer（Universal Transformer）和更长距离位置编码的 Transformer-XL。

最早在计算机视觉应用形成一定影响力并得到广泛应用的是 2017 年提出的挤压激励网络（Squeeze-and-Excite Networks，SENet）和 2018 年提出的非局部网络（Non-Local Network，NLNet）。SENet 的实质是通道注意力模型，通过全局平均池化的方式聚合通道的全局信息。SENet 在 2017 年的 ImageNet 2017 分类比赛上获得了冠军，比之前有了较大的性能提升。NINet 采样自注意力模型，能够对每个位置间的长距离依赖关系进行有效建模。但由于其巨大的内存消耗和较高的计算复杂度，近几年很多非局部注意力改进模型根据结合律法则对 NLNet 进行了优化。

2. 注意力模型基本框架

注意力机制最早在 NLP 应用中被提出并发展，且大多模型都构建在 RNN 网络上。随着 Transformer 模型的提出，注意力模型开始采用编 / 解码器网络而脱离了 RNN 的局限。之后，注意力模型被广泛应用于计算机视觉领域。视觉注意力模型与 NLP 注意力模型略有不同，具体地包含 3 个部分（见图 6-17）。

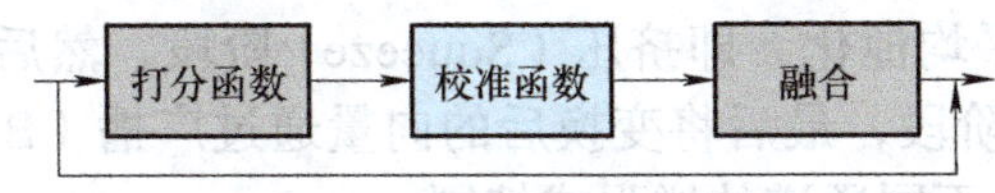

图 6-17 注意力模型的基本框架

打分函数（Score Function），用于计算度量环境向量与当前输入向量的相似性，或找到当前环境下应该关注哪些输入信息。

校准函数（Alignment Function），在 NLP 中通常被称为对齐函数，计算注意力图（即注意力权重），通常都使用 sigmoid 函数起到门限（gate）作用，或 softmax 函数进行归一化。

融合（Fusion），即注意力权重 / 图以什么方式作用于输入，一般采用元素相加（Element-wise Addition）或元素相乘（Element-wise Product）。

根据注意力模型基本框架的 3 个部分的变化，可对不同注意力模型进行不同形式的分类。

（1）硬注意力和软注意力

根据融合方式的不同，注意力模型可分为硬注意力（Hard Attention）和软注意力（Soft Attention）。硬注意力通过强化学习的方式完成，是一个不可微分的过程。它是一个随机采样过程，采样的概率分布即为校准函数输出的注意力图。因此，硬注意力的输出是某一个特定区域的输入向量。软注意力是一个带权求和的过程，对应权重是校准函数计算的注意力图。由于软注意力是可微分的，可以通过反向传播进行优化并直接嵌入到模型中进行训练，因此它得到了广泛的应用。后文提及的所有注意力模型都属于软注意力范畴。

（2）全局注意力和局部注意力

校准函数一般采用 sigmoid 函数或 softmax 函数。根据参与校准函数的集合不同，可分为全局注意力（Global Attention）和局部注意力（Local Attention）。前者是全部输入成分参与校准函数；后者则选择一部分区域进行校准，局部区域的选择方式有单调校准和预测校准两种。由于基于 CNN 的模型对局部特征的学习能力已经足够强，复杂化的局部注意力带来的效果增益并不明显。

（3）调节注意力、点积注意力和全局上下文注意力

不同注意力模型的差异主要体现在打分函数。打分函数在一定程度上决定了该注意力模型的基本特性，这对注意力 U 型网络的设计提供了重要依据。根据打分函数的不同，注意力模型可分为调节注意力（Scaling Attention，SLA）、点积注意力（Dot-Product Attention，DPA）和全局上下文注意力（Global Context Attention，GCA）。

1）调节注意力（SLA）。调节注意力（NLP 领域中也被称为 Alignment-based Attention）也可以采用图 6-18 所示的框架进行描述。其中打分函数的特点是：通过某种特征统计或变换模型计算关注 focus 区域，例如卷积层（可变行卷积、残差注意力模型等）或池化层（挤压激励网络、CBAM、BAM 等）。与 DPA 模型相比，SLA 是只基于键（Key）特征对图像中的显著性区域进行增强，其他区域相应地进行抑制，从而使得输出的特征具有更强的区分性。

以挤压激励网络（SENet）为例，该网络使用了通道的 SLA 模型，其网络结构如图 6-18 所示。SENet 认为，特征图的每个通道对应一种滤波器的滤波结果，即图片的某种特定模式的特征。对于最终的分类结果，这些模式的重要性是不同的：有些模式更重要，因此其全局的响应更大；有些模式不相关，其全局的响应较小。根据不同通道的特征的全局响应值，进行响应的增强或抑制，就可以起到在通道上进行注意力分配的作用。首

先对输入特征进行全局平均池化，即挤压（Squeeze）阶段，然后对得到的特征进行线性变换，即激励（Excite）阶段，最后将变换后的向量通过广播（Broadcast）乘到原来的特征图上。这样就完成了对不同通道的增强或抑制。

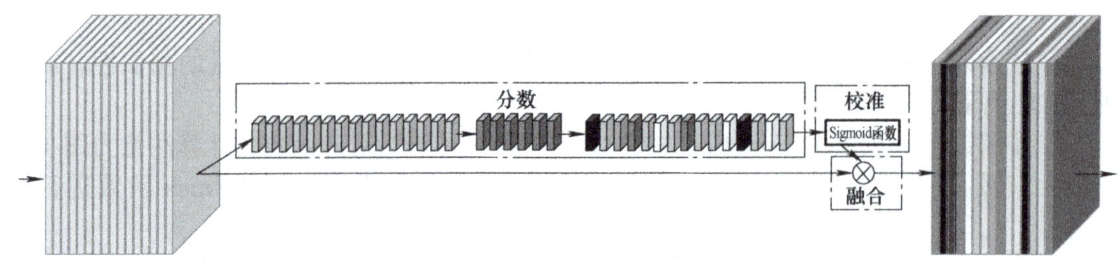

图 6-18　挤压激励网络中的注意力模型

残差注意力（Residual Attention）网络的提出是为了改善分类网络的性能。深层网络具有更大的视野域，能够看到更广范围的信息，因此能够更好地表达图片的主体内容。相比之下，浅层网络只能看到每个位置及其邻域的信息，因此对于被分类的物体关注度较低。为了解决这个问题，可以将网络较深层的信息作为一种掩码（即注意力图），作用在较浅层的特征上，以增强那些对最终分类结果有帮助的浅层特征，并抑制不相关的干扰特征。这样能够提升分类网络的性能。

如图 6-19 所示，软掩膜支路（Soft Mask Branch）通过两次长步进下采样和两次长步进上采样作为打分函数，来提前获得更大的视野域，然后经过一个混合注意力（Mixed Attention）模型得到注意力图，并且将其作用在原来的特征上。因此，该模型是通过 Bottom–Up、Top–Down 的前向传播方法来得到注意力图的，由于更大的视野域可以看到更多的内容，从而获得更多的注意力信息，使得输出的特征有更强的区分度。本章还提出了一个堆叠的网络结构，即残差注意力网络，中间多次采用这种注意力模块进行快速下采样和上采样。由于在视觉领域开启了前向传播的注意力机制的先河，之后的注意力机制都是采用这种前向传播过程中得到的注意力图进行增强，并且一般为了优化方便都会以残差的方式进行。

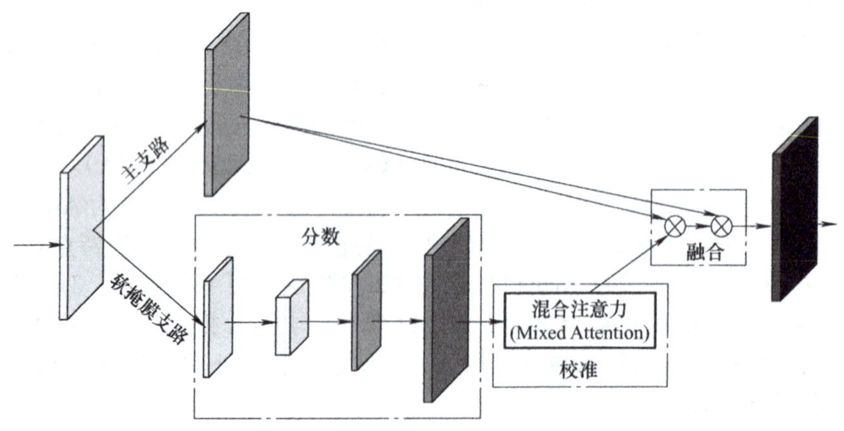

图 6-19　残差注意力网络中的注意力模型

2）点积注意力（DPA）。与 SLA 不同，在 DPA 中，通常包含 3 个特征向量，即询问（Query）向量、键（Key）向量和值（Value）向量。在自注意力模型中，$\boldsymbol{Q}$、$\boldsymbol{K}$、$\boldsymbol{V}$ 分别是输入特征通过 3 个不同卷积层得到的特征矩阵再经过拉伸变形得到的特征向量。将 $\boldsymbol{Q}$

和 ***K*** 进行点积计算，可获得每个询问向量每个位置（Point，或 Pixel）与键向量的相关性。相关性矩阵经过 softmax 归一化后，得到注意力图。

自注意力机制（Self-Attention Mechanism）是一种在深度学习中用于捕捉特征序列中不同位置之间相互依赖关系的重要技术。自注意力机制通过构建查询（Query）***Q***、键（Key）***K*** 和值（Value）***V*** 特征向量，计算每个查询向量与所有键向量的相关性，从而生成注意力权重，并最终对值向量进行加权求和，实现特征的增强表示。具体网络结构如图 6-20 所示。在自注意力机制中，输入特征首先通过 3 个不同的线性变换层得到 ***Q***、***K***、***V*** 特征矩阵。对于每一个查询向量，利用点积计算其与所有键向量的相关性，形成相关性矩阵。该矩阵经过 softmax 归一化后得到注意力图，从而表示每个位置与其他位置之间的权重关系。注意力图再与值向量相乘，生成最终的加权特征表示。这一过程体现了注意力模型中的打分和校准功能。

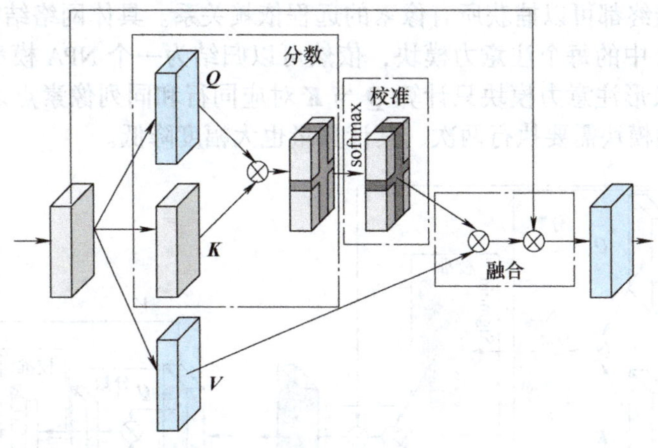

图 6-20　自注意力模型

在注意力模型的基本框架中，点积过程对应于注意力模型中的打分函数和校准函数。通过将注意力图与 ***V***（值）进行矩阵相乘，可以得到增强的输出特征图。这个过程对应于注意力模型基本框架中的融合方式。

以双重注意力网络（Dual Attention Network，DANet）为例，其结构如图 6-21 所示。DANet 实现了自适应地集成局部特征和全局依赖。在传统的扩张 FCN 之上附加两种类型的注意力模块，分别模拟空间和通道维度中的语义相互依赖性。

位置注意力模块（Position Attention Module）通过对各个位置处的特征进行加权和，从而有选择性地聚合每个位置的特征。

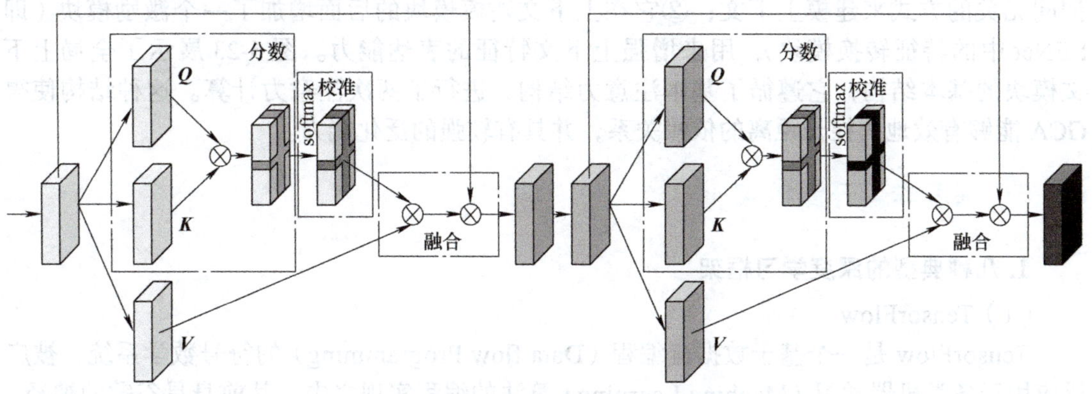

图 6-21　双重注意力网络（DANet）中的注意力模型

由图 6-21 的左图可以看出，位置注意力模块实质上是一个自注意力模型。通道注意力模块（channel attention module）用来模拟通道相互依赖性。由图 6-21 的右图中可以看出，通道注意力模块的实质也是自注意力模型，其中 ***Q–K–V*** 就是输入本身，且得到的注意力图大小为 $C \times C$，C 为输入特征通道数，表现的是通道之间的相互关系。通过在局部特征上对丰富的上下文依赖关系建模，显著改善了分割结果。将两个注意模块的输出相加以进一步改进特征表示，这有助于更精确地分割结果。

在自注意力模型中，针对每个像素点生成不同的权重值，对特征图进行加权处理，但计算量将大大增加。例如，对于一个 1024×1024 的特征图，其计算的注意力图大小为（1024×1024）×（1024×1024）。交叉形注意力网络（Criss-Cross Attention Network，CCNet）提出了一种有效的解决方案，即对于每个像素，CCNet 先通过一个交叉注意力模块来获取其周围像素在交叉路径上的上下文信息，然后连续执行两次这样的注意力模块操作，每个像素最终都可以捕获所有像素的远程依赖关系。具体网络结构如图 6-22 所示。可以看出，CCNet 中的每个注意力模块，依然可以归结为一个 NPA 模型。不同于自注意力模型，一个交叉形注意力模块只计算 ***Q*** 与 ***K*** 对应同行和同列像素点之间的长距离依赖关系。即使这样的模块需要执行两次，其计算量也大幅度降低。

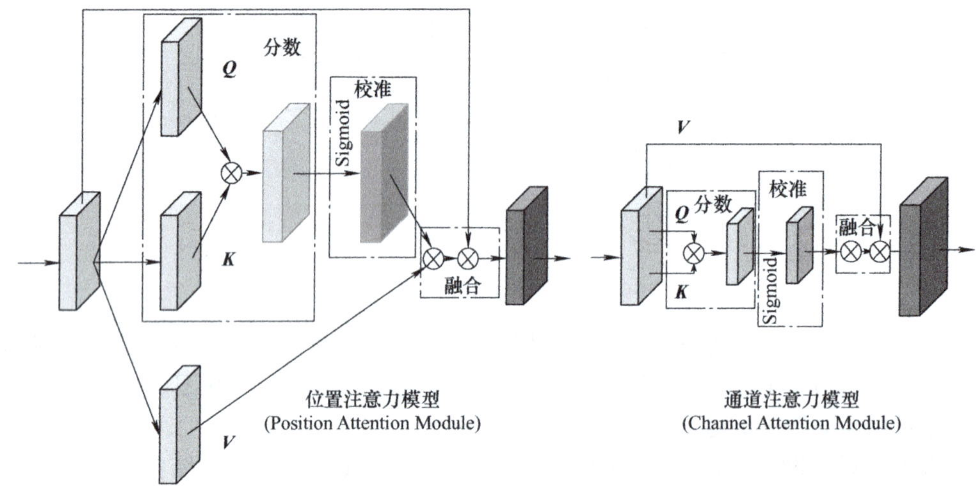

图 6-22 交叉形注意力网络（CCNet）中的注意力模型

3）全局上下文注意力（GCA）是一种与前面两种注意力模型不同的方法。它有以下两个特点：①它不像 SLA 那样，需要根据询问来聚合上下文信息，而是采用了一种与询问无关的方式来建模上下文；②它在上下文建模模块的后面增加了一个激励模块（即 SENet 中的特征转换模块），用来增强上下文特征的表达能力。图 6-23 展示了全局上下文模块的基本结构，它遵循了基本注意力结构，进行了两次注意力计算。这种结构使得 GCA 能够有效地捕捉长距离的依赖关系，并具有较强的泛化能力。

6.1.6 深度学习开源框架

1. 几种典型的深度学习框架

（1）TensorFlow

TensorFlow 是一个基于数据流编程（Data flow Programming）的符号数学系统，被广泛应用于各类机器学习（Machine Learning）算法的编程实现之中。其前身是谷歌的神经

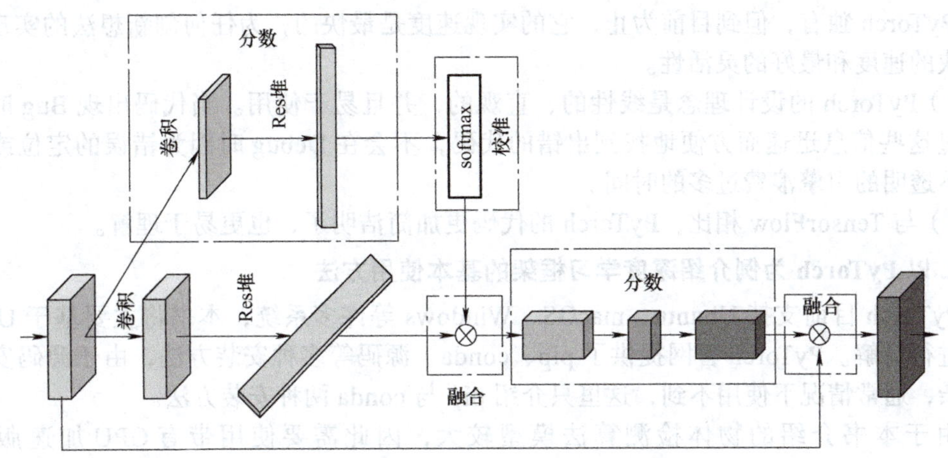

图 6-23　全局上下文注意力（GCA）模型结构（图中简化了 ReLU 和 Layer 规范化层）

网络算法库 DistBelief。TensorFlow 拥有多层级结构，可部署于各类服务器、PC 终端和网页，并支持 GPU 和 TPU 高性能数值计算，被广泛应用于谷歌内部的产品开发和各领域的科学研究。

TensorFlow 具有许多优点，比如：支持所有的流行语言，如 Python、C++、Java、R 和 Go 等；可以在多种平台上工作，甚至是移动平台和分布式平台；受到所有云服务（如 AWS、Google 和 Azure 等）的支持；允许模型部署到工业生产中，并且容易使用；有非常好的社区支持。

TensorFlow 的缺点在于系统设计较为复杂，接口变动较快，兼容性较差，并且由于其构造的图是静态的，导致图必须先编译再执行，不利于算法的预研等。

（2）Caffe

Caffe（Convolutional Architecture for Fast Feature Embedding）发布于 2013 年，其核心语言是 C++。Caffe 的优点是设计清晰、实现高效，尤其是对于 C++ 的支持，使工程师可以方便地在各种工程应用中部署 Caffe 模型。它曾经占据了神经网络框架的半壁江山。

Caffe 的主要缺点是灵活性不足。在 Caffe 中，实现一个神经网络新层，需要利用 C++ 来完成前向传播与反向传播的代码，并且需要编写 CUDA 代码实现在 GPU 端的计算。总体上讲 Caffe 更偏底层，这显然与当前深度学习框架动态图、灵活性的发展趋势不符。

（3）PyTorch

PyTorch 是一个在学术研究领域广受欢迎的深度学习框架，也是一个相对较新的框架。Facebook 的人工智能研究团队开发了 PyTorch，以解决在使用其前身数据库软件 Torch 时遇到的一些问题。因此，PyTorch 采用了许多研究人员、开发人员和数据科学家所熟知的原生 Python 编程风格。此外，它还支持动态计算图，这一特性对于处理时间序列和自然语言处理数据的研究人员和工程师具有很大的吸引力。

PyTorch 是 Torch 的 Python 版，2017 年年初被推出后，PyTorch 很快成为 AI 研究人员的热门选择并受到推崇。由于其灵活、动态的编程环境和用户友好的界面，PyTorch 是快速实验的理想选择。

PyTorch 拥有众多的优势，例如：

1）Torch 利用反向自动求导技术，能够实时地改变神经网络的行为。虽然这项技术并非 PyTorch 独有，但到目前为止，它的实现速度是最快的，为任何创新想法的实现提供了最快的速度和最好的灵活性。

2）PyTorch 的设计理念是线性的、直观的，并且易于使用。当代码出现 Bug 时，可以通过这些信息迅速而方便地找到出错的代码，不会在 Debug 时因为错误的定位或者异步和不透明的引擎浪费过多的时间。

3）与 TensorFlow 相比，PyTorch 的代码更加简洁明了，也更易于理解。

2. 以 PyTorch 为例介绍深度学习框架的基本使用方法

PyTorch 目前支持 Ubuntu、macOS、Windows 等许多系统，本书将主要基于 Ubuntu 系统进行讲解。PyTorch 官网提供了 pip、conda、源码等多种安装方法，由于源码安装较为复杂，通常情况下使用不到，这里只介绍 pip 与 conda 两种安装方法。

由于本书介绍的物体检测算法模型较大，因此需要使用带有 GPU 加速版本的 PyTorch。在安装 PyTorch 之前，需要有一台带有 GPU 的机器，并从 NVIDIA 官网下载安装相应的显卡驱动，在终端中输入以下命令，若显示 GPU 的内存、使用情况等信息，可以证明驱动已装好。

```
nvidia-smi
```

在安装完显卡驱动后，还需要安装 CUDA（Compute Unified Device Architecture）。CUDA 是 NVIDIA 推出的通用并行计算架构，类似于 PyTorch 等深度学习框架，它可以调用 GPU 来解决复杂的计算问题。

为了实现更高效的 GPU 并行计算，还需要安装 cuDNN 库。cuDNN 库是由 NVIDIA 开发的专用于深度神经网络的 GPU 加速库。如果对 CUDA 和 cuDNN 的安装不太熟悉，可以参考官网上的安装教程。在完成上述步骤后，就可以使用 pip 或者 conda 安装 PyTorch 了。

（1）pip 安装

pip 是一个通用的 Python 包管理工具，它方便地实现了 Python 包的查找、下载、安装和卸载。如果想使用 pip 来安装 PyTorch，可以参考官网上的教程。使用 pip 安装 PyTorch 的指令为

```
pip3 install torch
```

安装后，在终端输入“python3”，再输入以下指令：

```
>>> import torch
>>> torch.cuda.is_available() # 判断当前 GPU 是否可用
True
```

如果没有报错，则表明 PyTorch 安装成功。

（2）Anaconda 的安装及 conda 的使用

conda 是一个开源的软件管理包系统和环境管理系统，可以安装多个版本的软件包，并在其间自由切换。相比于 pip，conda 的功能更强大，可以提供多个 Python 环境，并且解决包依赖的能力更强。可以通过安装 Anaconda 来使用 conda。安装 Anaconda 后需要在 Anaconda Prompt 新建环境及安装对应版本的 Python，这里以 Python3.8 为例：

```
conda create -n pytorch python=3.8
```

可在 PyTorch 官网找到并安装适合版本的 Pytorch 版本，命令如下：

```
conda install pytorch==1.12.1 torchvision==0.13.1 torchaudio==0.12.1
cudatoolkit=11.3 -c pytorch
```

3. PyTorch 实战案例

首先，需要对数据进行加载和预处理。这里利用 torchvision 包下载 CIFAR10 数据集，并使用 transforms 模块对数据进行预处理。

```
import torch
from torchvision import datasets, transforms

# 定义数据预处理操作
transform = transforms . Compose([
    transforms. RandomHorizontalFLip(), # 数据增强：随机翻转图片
    transforms. RandomCrop( size: 32, padding=4), # 数据增强：随机裁剪图片
     transforms. ToTensor(), # 将 PIL.Image 或者 numpy.ndarray 数据类型转化为
torch.FloadTensor, 并归一化到 [0.0, 1.0]
    transforms. NormaLize( mean: (0.4914, 0.4822, 0.4465), std: (0.2023,
0.1994, 0.2010)) # 标准化（这里的均值和标准差是 CIFAR10 数据集的）
])

# 下载并加载训练数据集
trainset = datasets. CIFAR10(root=' ./data', train=True, download=True,
transform=transform)
trainLoader = torch. utils. data. DataLoader(trainset, batch_ size=64,
shuffle=True,num _workers=2)

# 下载并加载测试数据集
testset = datasets .CIFAR10(root=' ./data', train=False, downLoad=True,
transform=transform)
testloader = torch. utils .data. DataLoader(testset, batch_ size=64,
shuffle=False, num_workers=2)
```

在上述代码中，首先设定了一系列的数据预处理步骤，然后利用 datasets.CIFAR10 下载并预处理 CIFAR10 数据集，最后使用 torch.utils.data.DataLoader 创建数据加载器，该加载器能在训练过程中批量获取数据。

接着，将定义卷积神经网络模型。在本案例中，将使用两个卷积层和两个全连接层。

```
import torch.nn as. nn
import torch. nn. functional as F

2 个用法
class Net(nn.Module):
    def __ init__(self):
        super(Net, seLf).__init, __ ()
        self . conv1 = nn. Conv2d( in_channels:3, out_channels:6, kernel_
size:5) # 输入通道数 3，输出通道数 6，卷积核大小 5
        self.pool = nn. MaxPool2d( kernel_size: 2, stride: 2) #最大池化，核
        大小 2，步长 2
        self .conv2 = nn. Conv2d( in_channels:6, out_channels:16, kemnel_
size:5) # 输入通道数 6，输出通道数 16，卷积核大小 5
```

```
            self.fc1 = nn.Linear(16*5*5, out_features: 120) # 全连接层，输入维度
16*5*5，输出维度 120
            self.fc2 = nn.Linear(in_features: 120,out_features: 84) # 全连接层，
输入维度 120，输出维度 84
            self.fc3 = nn.Linear( in_features: 84, out_features: 10) # 全连接层，
输入维度 84，输出维度 10 （CIFAR10 有 10 类）

        def forward(self, x):
            x = self.pooL(F.relu(self.conv1(x))) # 第一层卷积 +ReLU 激活函数 + 池
        化层
            x = self.pooL(F.reLu(seLf.conv2(x))) # 第二层卷积 +ReLU 激活函数 + 池
        化层
            x = x.view(-1, 16*5*5) # 将特征图展平
            x = F.relu(self.fc1(x)) # 第一层全连接 +ReLU 激活函数
            x = F.relu(self.fc2(x)) # 第二层全连接 +ReLU 激活函数
            x = self.fc3(x) # 第三层全连接
            return X
        # 创建网络
    net = Net()
```

在上述代码中，首先采用 nn.Module 来构建网络模型，接着在 _ _init_ _ 方法中设定网络的各层结构，最后在 forward 方法中规定网络的前向传播过程。

现在已经拥有了数据和模型，接下来就需要设定损失函数和优化器了。损失函数的作用是衡量模型预测结果与真实标签之间的差异，优化器的任务则是优化模型的参数以降低损失。在本案例中，将采用交叉熵损失函数（Cross Entropy Loss）和随机梯度下降优化器（Stochastic Gradient Descent，SGD）。

```
import torch.optim.as optim
# 定义损失函数
criterion = nn.CrossEntropyLoss()
# 定义优化器
optimizer = optim.SGD(net.parameters(),lr=0.001, momentum=0.9)
```

在上述代码中，首先利用 nn.CrossEntropyLoss 来设定损失函数，接着使用 optim.SGD 来设定优化器。这里需要把网络的参数传给优化器，并设定学习率和动量。

准备工作完成后，开始对网络进行训练。在训练过程中，首先执行网络的前向传播以得到输出，然后计算输出与真实标签之间的损失，接下来通过后向传播来计算梯度，最后利用优化器来更新模型的参数。

```
for epoch. in range(2): # 在数据集上训练两遍
running_loss = 0.0
for i, data in enumerate(trainloader, 0):
# 获取输入数据
inputs, labels = data
# 梯度清零
optimizer. zero_grad()
# 前向传播
outputs = net(inputs)
# 计算损失
```

```
loss = criterion (outputs, labels)
# 反向传播
loss. backward()
# 更新参数
optimizer . step()
# 打印统计信息
running_loss += loss. item()
if i % 2000 == 1999:    # 每 2000 个批次打印一次
        print(' [%d, %5d] loss: %.3f' %
                  (epoch + 1, i + 1, running_loss / 2000))
        running_loss = 0.0
print('Finished Training')
```

在上述代码中，首先对数据集进行了两轮训练。在每一轮训练中，都会遍历数据加载器，获取一组数据，然后通过网络进行前向传播以得到输出，接着计算损失，执行反向传播，最后更新参数。此外，还会在每 2000 个批次后输出一次损失信息，以便了解训练的进程。

训练结束后，需要在测试集上评估网络的性能。这有助于了解模型在未曾接触过的数据上的表现，从而评估其泛化能力。

```
# 加载一些测试图片
dataiter = iter(testloader)
images, labels = dataiter.next()
# 打印图片
imshow(torchvision. utils . make_ grid(images))
# 显示真实的标签
print( ' GroundTruth: ', ' ' .join('%5s' % classes[labels[j]] for j in
range(4)))
# 让网络做出预测
outputs = net(images)
# 预测的标签是最大输出的标签
_,predicted = torch. max(outputs, 1)
# 显示预测的标签
print('Predicted: ', ' ' .join('%5s' % classes[predicted[j]] for j in
range(4)))
# 在整个测试集上测试网络
correct =0
total=0
with torch. no_grad() :
    for data in testLoader:
        images, labels = data
        outputs = net (images)
        _,predicted = torch. max(outputs. data, 1)
        total += labels. size (0)
        correct += (predicted == labels) . sum() .item()

print('Accuracy of the network on the 10000 test images: %d %%' % (
        100 * correct / total))
```

在上述代码中，首先加载了一些测试图片，并显示了它们的真实标签。接着，让网络对这些图片进行预测，并显示预测的标签。最后，在整个测试集上评估网络的性能，并显示网络在测试集上的准确率。

在完成网络的训练并进行了测试之后，可能会想要保存训练好的模型，以便于未来使用或者进行进一步的训练。

```
# 保存模型
torch. save(net. state_ dict(), f: ' ./cifar_net.pth')
# 加载模型
net = Net()# 创建新的网络实例
net.load_state_dict(torch. load(' ./cifar_net.pth'))# 加载模型参数
```

利用 torch.save 函数，将已经训练好的模型参数（通过 net.state_dict 获取）存储到文件中。当需要载入模型时，首先需要创建一个新的模型实例，然后使用 load_state_dict 方法将参数载入到模型中。

需要注意的是，load_state_dict 方法载入的是模型的参数，而非模型本身。因此，在载入模型参数之前，需要先创建一个模型实例，这个模型实例需要与保存的模型有着相同的结构。

6.2 工业知识图谱

6.2.1 知识图谱的概念

知识图谱是一种新兴的知识表示和管理方法，它在学术界还没有统一的定义。根据 Wikipedia 的说法，知识图谱是谷歌公司开发的一种知识库，它能够从语义层面上对网络数据进行组织和处理，从而提高智能搜索的效果。在特定的行业领域，通过数字化的方式对行业知识进行表达和管理，可以实现业务决策的自动化和优化，提升行业的竞争力和创新力。在这样的技术和工业发展的双重驱动下，知识图谱作为一种新兴的知识表示和组织模型，受到了工业界的广泛关注和应用。由于知识的规模和复杂度都非常高，知识图谱的构建工作还需要依赖图数据库、知识管理工具、大数据平台等工程化的系统和工具，以支持知识的存储和处理。此外，知识的来源往往是多样的，包括大数据的分析、现有知识库的整合和专家的贡献，因此，知识图谱的构建工作还需要大量的人工的参与和协作，难度非常大。知识图谱示例如图 6-24 所示。

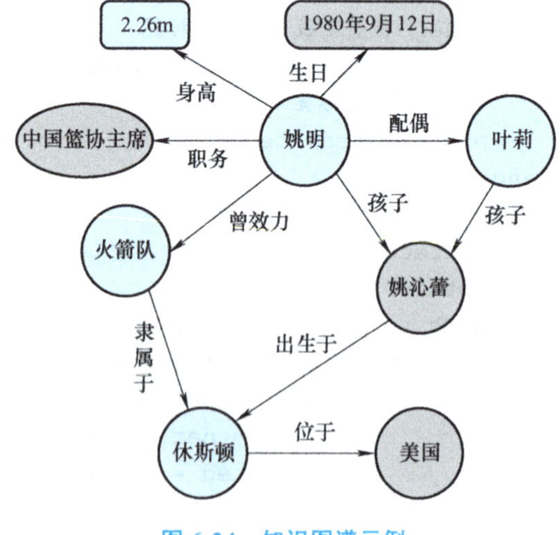

图 6-24 知识图谱示例

6.2.2 知识图谱的分类

知识图谱的分类方式有很多，按照知识图谱的覆盖范围，可以将其划分为通用知识图谱和行业知识图谱。

通用知识图谱是一种将全网信息转化为结构化知识的技术，它能够从海量的网页中提取出最重要的几千万个实体和它们的浅层知识，用实体、属性名、属性值三元组的形式来表示它们。这些知识不仅包括了现有的实体库的内容，还包括了新闻等文本中时效性很强的知识，这就需要用到信息抽取技术来自动地从文本中抽取出实体和关系。在这些应用场景中，通常只需要把知识图谱中的百科知识展示给用户，而不涉及复杂的推理或逻辑语言描述的规则类知识。

行业知识图谱是一种针对特定领域的知识表示和管理方法，它的核心目标是实现领域信息的标准化和规范化。例如，在商品领域，商品信息本身就具有知识卡片的结构，包含了商品的名称、属性、分类、评价等多方面的信息。由于行业知识图谱涉及领域内的深层次的知识，仅依靠三元组的形式是无法完全表达的，还需要借助逻辑语言来描述领域规则和约束。因此，在行业知识图谱的构建和应用中，推理能力是至关重要的。推理可以利用规则在离线环境下生成新的知识，也可以在在线环境下支持复杂的查询和分析。

6.2.3　工业知识图谱的重要性

工业知识图谱是一种将工业领域的数据、知识和智能化应用有机结合的技术，它能够为工业企业提供以下几方面的价值。

（1）提高数据质量和利用率

工业知识图谱可以对工业数据进行语义化的标注、组织和管理，从而提高数据的可读性、可信度和可查询性，同时也可以通过知识推理和融合，发现数据之间的隐含关系和价值，为数据分析和决策提供更多的支持。

（2）优化产品设计和制造过程

工业知识图谱可以将产品的设计、制造、装配和服务等过程中涉及的各种知识（如规范、标准、方法、经验等）进行形式化的描述和存储，从而实现知识的快速检索和复用，帮助工程师提高设计效率和创新能力，同时也可以通过知识图谱对产品的质量、性能、成本等进行评估和优化，提升产品的竞争力。

（3）实现智能化的服务和运维

工业知识图谱可以利用工业物联网、大数据、人工智能等技术，对产品的运行状态、故障原因、维修方案等进行实时的监测和分析，从而实现智能的故障预警、诊断和排除，降低运维成本和风险；同时，也可以通过知识图谱提供智能的客服、推荐、营销等服务，增加用户的满意度和忠诚度。

（4）促进工业领域的创新和发展

工业级知识图谱可以整合工业领域的各种知识资源，包括专家知识、科研成果、专利文献、行业动态等，从而构建一个开放的知识共享和交流的平台，促进知识的传播和创新，推动新技术、新材料、新工艺的应用和转化，为工业领域的可持续发展提供动力。

6.2.4　知识图谱的构建

知识图谱的构建流程如图 6-25 所示，知识图谱的构建是从各种类型的数据（包括结构化、半结构化、非结构化数据）出发，利用一系列自动或半自动的技术手段，从原始数据库和第三方数据库中抽取出知识实体，并将它们存储在知识库的数据层和模式层中，形成结构化的知识。这一过程涉及知识提取、知识表示、知识融合、知识推理 4 个过程，每一次更新迭代都需要经过这 4 个过程。结构化数据是指按照一定的格式和规则组织的数据，如表格、图表、列表等。结构化数据的优点是易于存储和查询，但缺点是不能表达复杂的语义和关系。

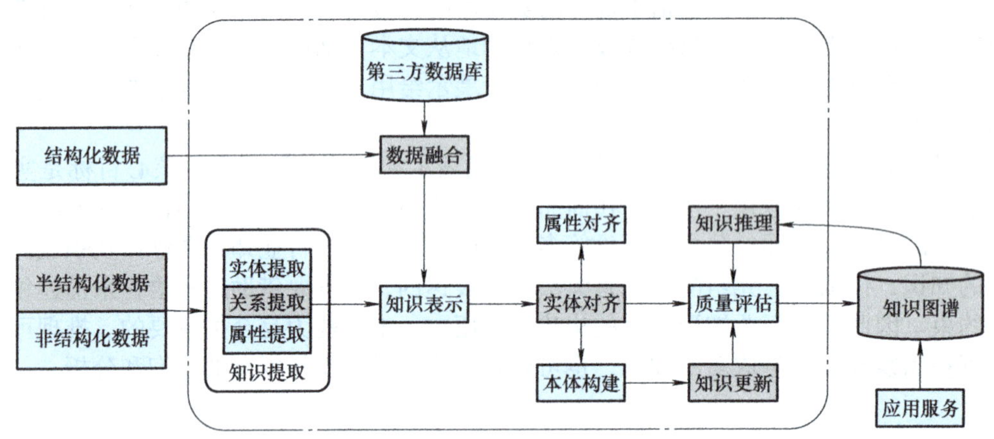

图 6-25 知识图谱的技术架构

（1）知识提取

知识提取是指从结构化、半结构化或非结构化的数据中识别出实体、关系和属性等知识元素。知识提取的技术有很多种，如信息抽取、本体学习、机器学习、深度学习等，它们各有优势和局限，需要根据不同的数据特点和知识需求进行选择和组合。知识提取的目标是让知识具有以下几个特点：高质量，即知识能够反映客观世界的真实情况，没有错误和冗余；高覆盖率，即知识能够涵盖尽可能多的领域和方面，没有遗漏和缺失；高时效性，即知识能够及时地更新和变化，与客观世界保持一致；高准确性，即知识能够准确地回答用户的问题，没有歧义和误导。

（2）知识表示

知识表示是一种将客观世界的知识用符号和语言来描述的技术，它能够让人类和机器共享和利用知识。知识表示的方法有很多种，比如用逻辑公式、图形结构、框架模型等来表示知识。知识表示的目标是让知识具有以下几个特点：可读性，即知识能够被人类和机器理解；可扩展性，即知识能够随着新知识的增加而更新和完善；可推理性，即知识能够支持逻辑推理和知识发现；可互操作性，即知识能够与其他知识系统进行交流和协作。

（3）知识融合

通过知识提取，实现了从非结构化和半结构化数据中获取实体、关系及实体属性信息的目标，然而，这些结果中可能包含大量的冗余和错误信息，数据之间的关系也是扁平化的，缺乏层次性和逻辑性，因此有必要对其进行清理和整合。知识融合包括两部分内容：实体链接和知识合并。通过知识融合，可以消除概念的歧义，剔除冗余和错误概念，从而确保知识的质量。

（4）知识推理

知识推理是一种利用知识图谱的知识，发现新的知识或者检验已有知识真伪的技术。知识推理可以仿照人类的逻辑思维，从已知的事实出发，推出未知的或者隐藏的结论。知识推理的方法有很多种，比如用规则来推理、用图的形式来推理、用分布式的向量来推理、用神经网络来推理等。知识推理的应用场景有很多，比如用知识来回答问题、用知识来补全知识图谱、用知识来评估知识图谱的质量等。

6.3 案例分析

6.3.1 基于知识图谱的民机持续适航案例智能推荐框架

基于知识图谱的民机持续适航案例智能推荐框架如图 6-26 所示，这里采用了 Neo4j 图数据库进行可视化展示，将民机持续适航案例通过网页形式展示。

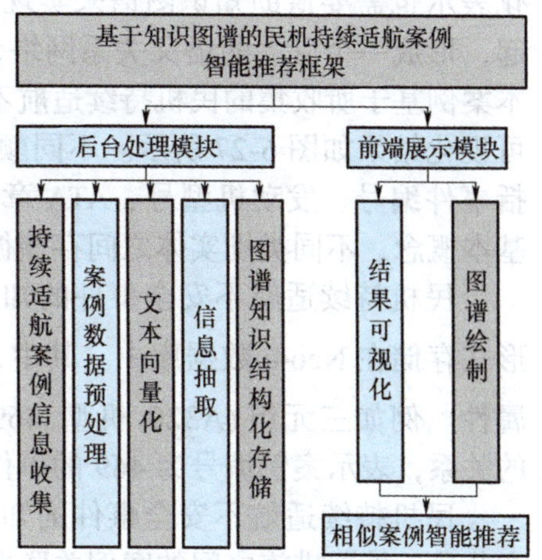

图 6-26 基于知识图谱的民机持续适航案例智能推荐框架

结果可视化模块和图谱绘制模块作为前端展示；其余模块则是后台处理模块，对知识图谱的数据进行相应的操作。其中，信息抽取模块还可以细分为实体识别、关系抽取、属性抽取和关键字提取等；对于图谱知识结构化存储模块，是将民机持续适航案例作为信息直接存入到文本中，同时使用相关的数据库 Neo4j 来进行相关的知识存储。

1. 案例数据预处理

在后台处理模块中，案例数据预处理主要包括实体三元组、实体嵌入、关系稀疏矩阵 3 部分。具体预处理步骤如下所示。

民机持续适航案例数据可以形式化描述为 $G=\{V,E,R\}$。其中，V 表示案例数据中的实体节点集合，$v_i \in V$；E 表示带关系标签的边集合，$(v_i,r,v_j)\in E$；R 是关系类型集合，$r\in R$。

首先对案例中的实体和关系类型进行编号，方便数据处理并保证其唯一性。例如三元组 (A320, 机型 ,469)，其中 A320 和 469 表示实体编号，“机型”表示关系编号，该多元组表示实体 A320 和 469 之间存在关系为相同的机型。由于本案例中实体节点的表示是离散且没有顺序的，所以使用词袋模型对实体进行编码，并按实体编号顺序生成实体嵌入矩阵 $\boldsymbol{G}$。

接着将任意实体节点的所有邻域实体分为两类：以节点 i 作为尾实体的所有头实体集合 $N_{i_1}^r$，对应关系集合为 r_1；以节点 i 作为头实体的所有尾实体集合 $N_{i_2}^r$，对应关系集合为 r_2。通过查找嵌入矩阵 $\boldsymbol{G}$ 获得相应的嵌入子矩阵 $\boldsymbol{g}_1$、$\boldsymbol{g}_2$。

最后生成实体的关系稀疏矩阵 $\boldsymbol{p}$，根据节点 i 的实体集合信息和关系集合信息，构造节点 i 的关系稀疏矩阵，关系稀疏矩阵的行数代表案例数据中的所有实体、列数代表与当前实体相关联的边数、值表示该边的关系类型。假设三元组 (4512,52,546) 是实体节点 546 的第 2 条边，则实体节点 546 的前向稀疏矩阵 $\boldsymbol{p}$ 中，第 4512 行第 2 列的值为 52。

2. 相似案例可视化

在前端展示模块中，最终通过知识图谱实现相似案例的智能推荐结果。由于民机持续适航案例存在相似机型发生相同的事件、同一机型发生不同事件、不同事件对应同一 ATA（Air Transport Association of America）等情况。因此，本案例优先确定了相似机型，随后再实现相似案例的智能推荐。

6.3.2 基于 Neo4j 的民机持续适航案例的知识图谱可视化展示

安全是评判和衡量民航业的关键核心。近年来，民机持续适航案例呈现多元化的发展趋势。包括发动机滑油部件损伤、人员操作不当、防冰排雨等，各种原因导致的可能存在安全隐患的事件，民航安全引起广泛关注，民航非计划事件知识图谱的构建对于提升民航不安全事件的应急处置能力具有重大意义。

知识图谱技术是一条实现民航领域智能化的路径，民机持续适航不安全事件的智能化表示也需要借助知识图谱来实现。知识图谱能够把大量不同种类的事件信息链接在一起，形成一个巨大的语义关系网络，能够有效帮助人们从“关系”的角度分析处置问题。本案例基于所收集的民机持续适航不安全事件构建相应的知识图谱，部分数据的知识图谱可视化结果如图 6-27 所示。不同颜色的节点表示不同类型的实体，该知识图谱的实体包括事件编号、发动机型号、ATA 章节号、故障部件、故障现象、使用时间等事件描述的基本概念，不同类别实体之间存储彼此的关系。

民机持续适航不安全事件的知识图谱以三元组的一般形式表示，以 $K=\{E_i,R,E_j\}$ 的形式存储在 Neo4j 数据库中。其中，E_i 和 E_j 分别表示实体单元，R 表示实体之间的关系属性。例如三元组 (A320, 机型 ,469) 中，A320 和 469 是两个实体，“机型”为两者之间的关系，表示案例编号为 469 的事件，所发生的机型为 A320。

民机持续适航不安全事件的知识图谱建立了事件案例编号、发生地点、机型、ATA 章节号、处置措施之间的案例关联性，使得各个概念之间的关系可视化，实现知识的关联和挖掘，将民机持续适航案例信息串联起来，打破了数据孤岛问题，为民机持续适航不安全事件的应急处置管理奠定了数据和技术基础。

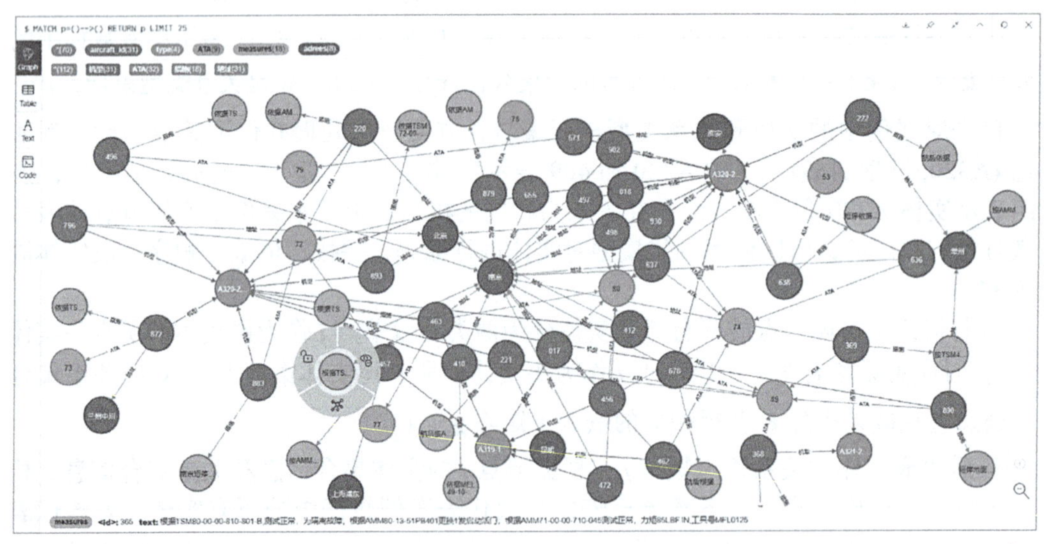

图 6-27　民机持续适航案例部分数据的知识图谱可视化结果

彩图

6.3.3　实验结果与分析

利用民机持续适航不安全事件知识图谱可以辅助民航业进行大数据分析与决策，基于民机持续适航不安全事件知识图谱进行语义挖掘，从而发现民机持续适航不安全事件之间存在的关联。

1. 相似机型相似性分析示例

由于国产民机 C919、ARJ21 等机型暂无充足的持续适航案例可参考，因此，采用优先确定相似机型的方法，实现特定机型民机的案例相似推荐。

（1）数据描述

这里收集整理了 12 组较常见的机型相关数据进行相似机型的判断，应用支线飞机实例进行了验证，得到相应的相似机型判断结果。相似机型可为新机型的市场定位、设计研制、维修成本预计、维修规划与管理等提供重要参考。主要支线飞机的相关数据见表 6-3。

表 6-3　主要支线飞机的相关数据

型号	载客数	翼展 /m	机长 /m	机高 /m	最大起飞总重 /t	最大巡航速 / 马赫	航程 /km	发动机最大推力 /kN
777-300	550	60.9	73.9	18.5	297.55	0.84	11135	
C919	168	35.8	38	12	72	0.785	5555	
A320-100	180	34.1	37.57	11.76	78	0.82	6200	
A318-100	117	34.1	31.45	12.56	68	0.78	5750	
A319-100	142	34.1	33.84	11.76	75.5	0.78	6950	
a321-100	220	34.1	44.51	11.76	93.5	0.78	5960	
737-300	118	28.3	28.6	11.3	49.19	0.74	3440	84.5
737-400	168	28.9	36.5	11.1	68.05	0.74	4005	97.9
737-600	122	34.3	31.2	12.6	66	0.785	5648	91.6
737-700	140	35.8	33.6	12.5	70.08	0.785	6230	1166
737-800	175	35.8	39.5	12.5	79.01	0.785	5665	121.4
737-900ER	192	35.8	42.1	12.5	85.13	0.78	4996	121.4

（2）数据库的建立

将相似机型的原始数据中的基本属性导入 Neo4j 在线图数据库中，绘制成一张机型知识图谱，包括机型的载客数、翼展、机长、机高、最大起飞总重、最大巡航速、航程、发动机最大推力，共计 8 个属性值。具体机型知识图谱显示如图 6-28 所示。例如，当单击 C919 图标时，下方显示出该机型的所有相关属性值。

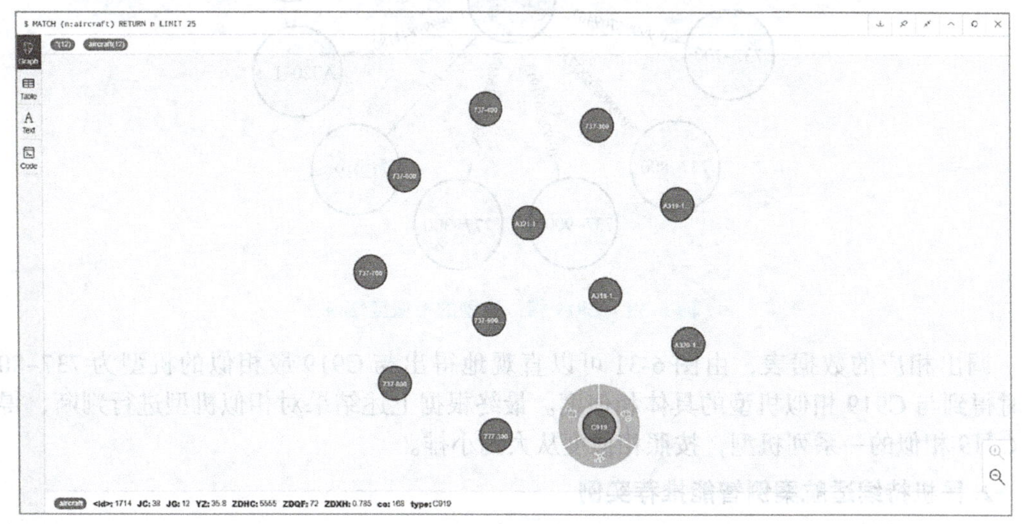

图 6-28　机型知识图谱

（3）结果

由 Neo4j 输入查询语言，通过计算后得到相似机型的结果展示，如图 6-29 所示。

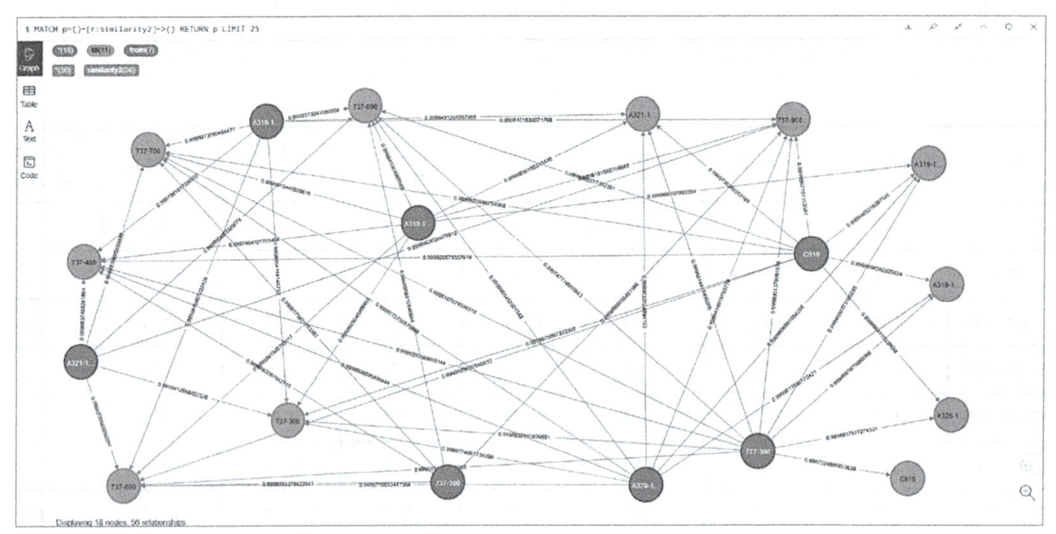

图 6-29 相似机型可视化结果

从相似机型中，指定 C919 为目标机型，判断其他机型与之的相似度数值，生成 C919 与其他支线机型的相似度列表，并生成相关的图表示，如图 6-30 所示。可以得出与 C919 相似的 12 种机型。

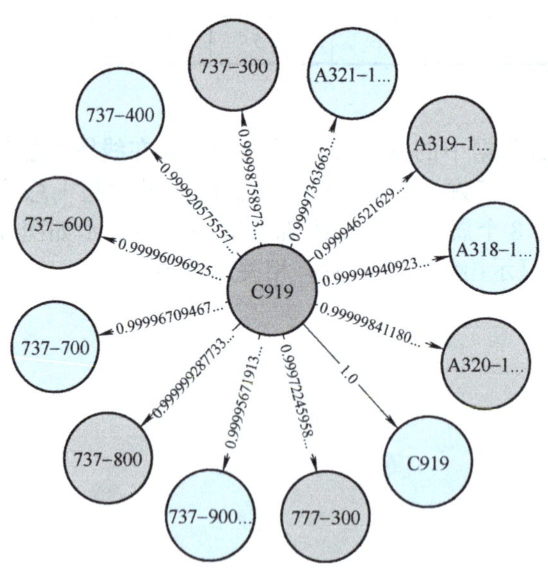

图 6-30 C919 相似机型的相似度结果

调出相应的数据表，由图 6-31 可以直观地得出与 C919 最相似的机型为 737-800，同时得到与 C919 相似机型的具体相似度。最终根据上述结果对相似机型进行判断，得到与 C919 相似的一系列机型，按照相似度从大到小排。

2. 民机持续适航案例智能推荐实例

（1）数据描述

筛选某航空公司近两年共计 246 条关于飞机的维修记录作为样本数据，每一条故障日志由 5 个属性组成，包括机号、机型、ATA 章节号、发生地点、措施。在实验中，手动剔除部分敏感信息，确保信息的安全性。部分实验数据见表 6-4，其中每一行代表一条案例信息。

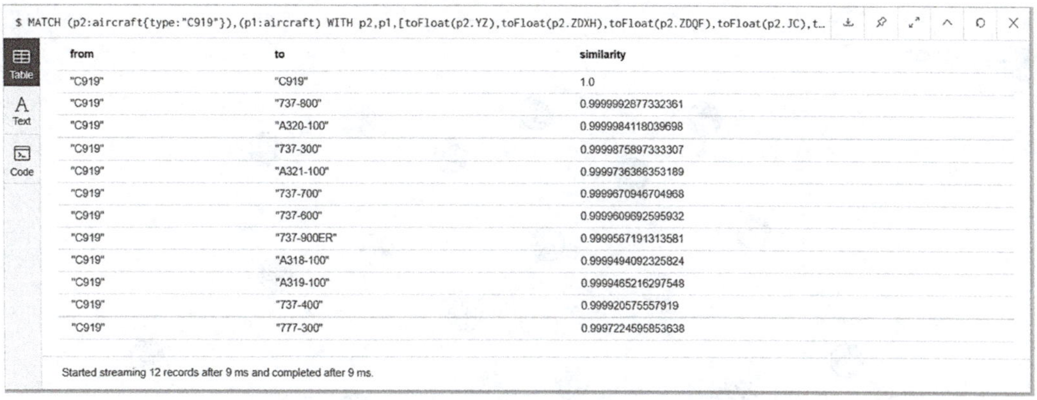

```
$ MATCH (p2:aircraft{type:"C919"}),(p1:aircraft) WITH p2,p1,[toFloat(p2.YZ),toFloat(p2.ZDXH),toFloat(p2.ZDQF),toFloat(p2.JC),t...
```

Table　Text　Code

from	to	similarity
"C919"	"C919"	1.0
"C919"	"737-800"	0.9999992877332361
"C919"	"A320-100"	0.9999984118039698
"C919"	"737-300"	0.9999875897333307
"C919"	"A321-100"	0.9999736366353189
"C919"	"737-700"	0.9999670946704968
"C919"	"737-600"	0.9999609692595932
"C919"	"737-900ER"	0.9999567191313581
"C919"	"A318-100"	0.9999494092325824
"C919"	"A319-100"	0.9999465216297548
"C919"	"737-400"	0.999920575557919
"C919"	"777-300"	0.9997224595853638

Started streaming 12 records after 9 ms and completed after 9 ms.

图 6-31　C919 相似机型的相似度结果列表

表 6-4　案例原始数据表

序号	机号	机型	ATA 章节号	发生地点	措施
1	803	A320-214	24	厦门	APU 发电机保留，航后更换发电机，撤销故障保留
2	410	A321-200	49	天津	航后根据 FIM49-90 启动 APU 确认故障现象为 APU 引气压力有波动，供电和空调均正常。打开 APU 舱检查发现 IGV 叶片断了 7 根，后续申请换发。TASK 801 隔离，检查 APU 磁堵干净，检查 APU 滑油散热器较脏，根据 AMM49-94-41，清洁散热器，起动 APU，测试正常，撤销 LH56732 提出的推迟，并撤销 20180029 的故障保留，计量编号为 MHFM075A
3	220	A319-200	49	天津	航后根据 AMM 定检完成，按 B6472 更换 APU 工作，试车正常，按 49-94-21 更换 APU 滑油温度传感器，按 WDM49-94-21-2 测量线束阻值，并按 AMM49-61-12 与 B-1580 对调 ECU，测试正常。力矩为 70in/lb，磅表编号为 MHFM136A
4	879	A320-100	28	泉州	因 B6366 飞机机腹中央油箱 &apu 燃油排放口损伤，从本机串排放口；排放口为 D2827003900600；封圈 M25988-4-215 南京有存储的替换件、封圈 NSA8203-013 浦东有存储的替换件，已订件
5	655	A321-200	36	乌市	乌市短停，APU 引气故障，引气活门打不开，MEL 放行了。航后更换负载活门的总压电门和压差电门，检查测试正常。请继续监控
6	638	A320-200	25	泉州	前客舱有异味。航后检查前货舱有海鲜味，清洁前货舱，更换循环气滤，检查正常。APU 舱无滑油渗漏
7	368	737-300	49	福州	航后按 FIM49-60 TASK 801 完成 APU BITE，结果正常，按 AMM49-11-01 检查相关线路及插头正常。检查好
…	…	…	…	…	…
245	872	737-400	33	杭州	航后更换左侧固定着陆灯灯泡，测试工作正常
246	496	737-700	21	杭州	航后测试 1 # 2 # CPC 工作正常且无故障记录，清洁增压面板增压控制器，并更换升降速率表，按 AMM05-51-91 测试增压泄漏正常，测试三种增压方式均正常

（2）数据库的建立

将案例数据以表格形式按照对应的基本属性导入 Neo4j 图数据库中，进行数据记录，形成实体，且包含各个属性，如图 6-32 所示。

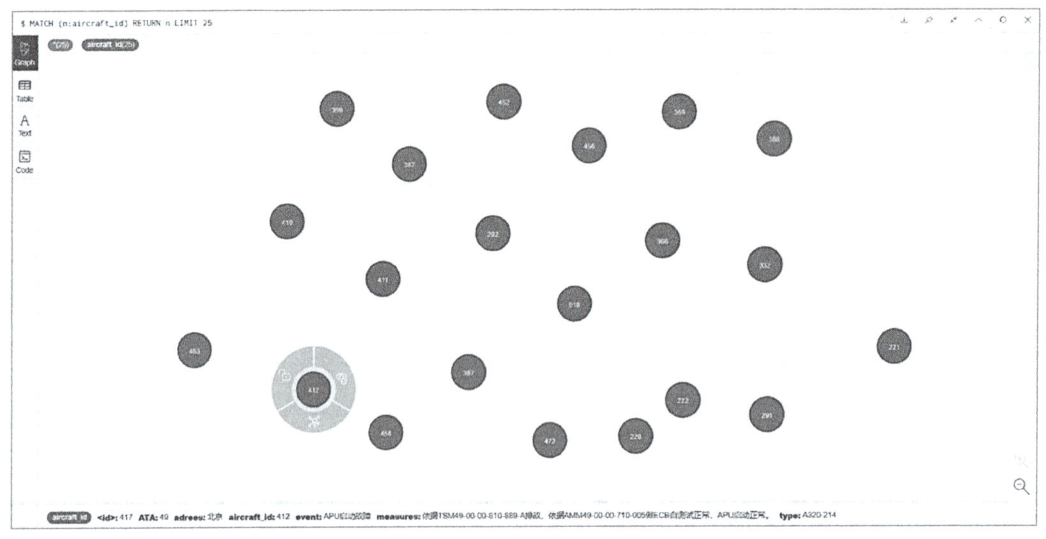

图 6-32 民机持续适航案例库

由图 6-32 可以看出，每个持续适航案例自动生成一个编号，代表案例编号，每个案例包括 5 个属性，在图数据库中已体现出来。例如，机号为 412、机型为 A320-214 的飞机在北京发生 APU 启动故障，随后进行排故处理，APU 启动成功。在图数据库中，通过实体、关系属性进行了表示。

（3）结果

本案例分别进行了同一机型所产生的民机不安全事件相似案例、同一 ATA 章节号的持续适航相似案例，以及相似机型的持续适航案例相似案例智能推荐实验，相关结果展示如下。

1）同一机型的相似案例智能推荐。结果可视化如图 6-33 所示。

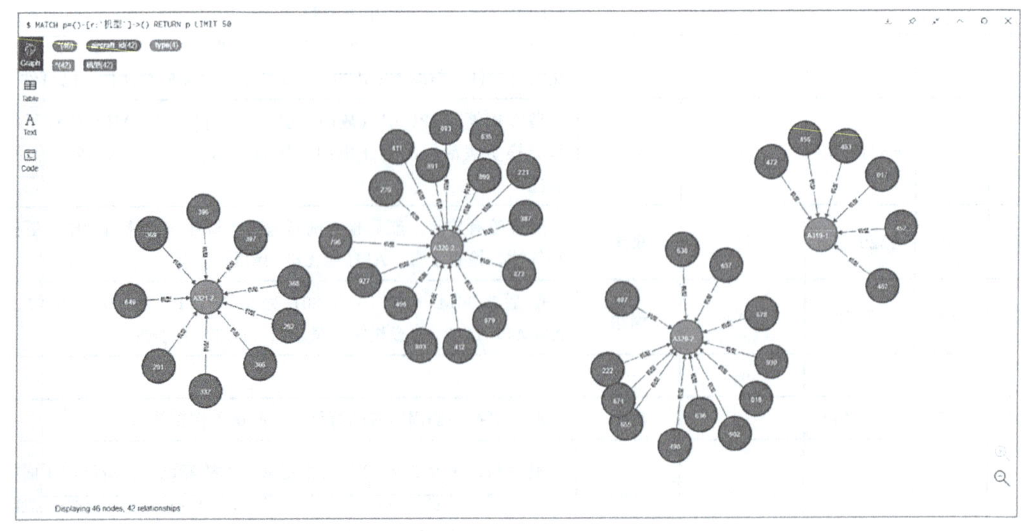

图 6-33 同一机型的相似案例可视化结果

由图 6-33 可以得出直观的结论，在处理好的持续适航案例中，有哪些持续适航不安全事件案例对应的是同一种机型，清楚地展示了具体有哪些事件。通过单击相应的机号，可以得到该事件的相关属性，同时可以关联其他事件，得到相似案例的智能推荐结果。

2）同一 ATA 章节号的相似案例智能推荐。结果可视化如图 6-34 所示。

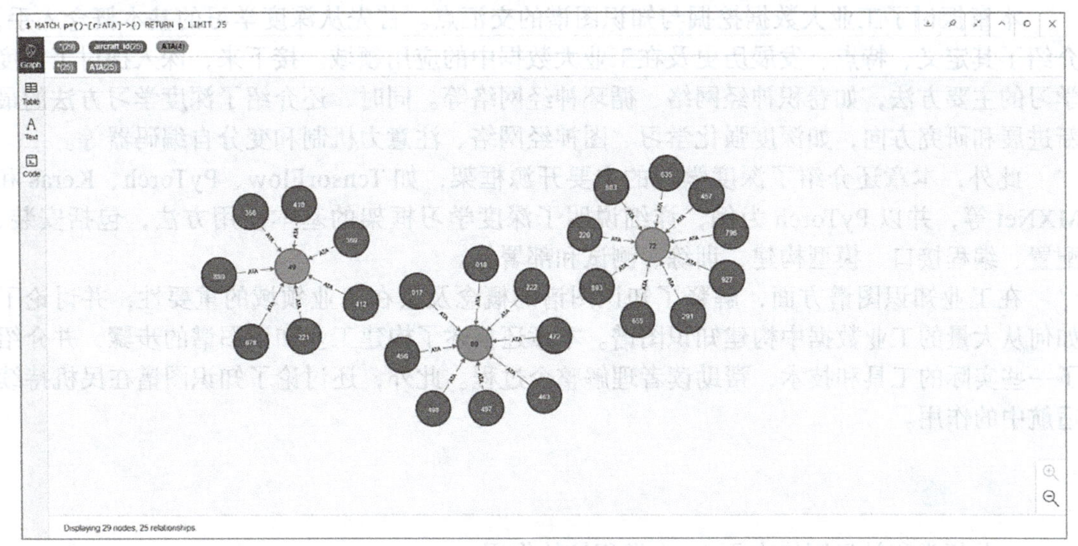

图 6-34　相同 ATA 章节号的相似案例可视化结果

由图 6-34 中可以得出具有同一 ATA 章节号的相关事件，图中仅展示部分数据，可以看出 49、80、72 ATA 章节号发生故障的事件较多，事件案例具有一定的相似性。

彩图

3）相似机型的相似案例智能推荐。结果可视化如图 6-35 所示。

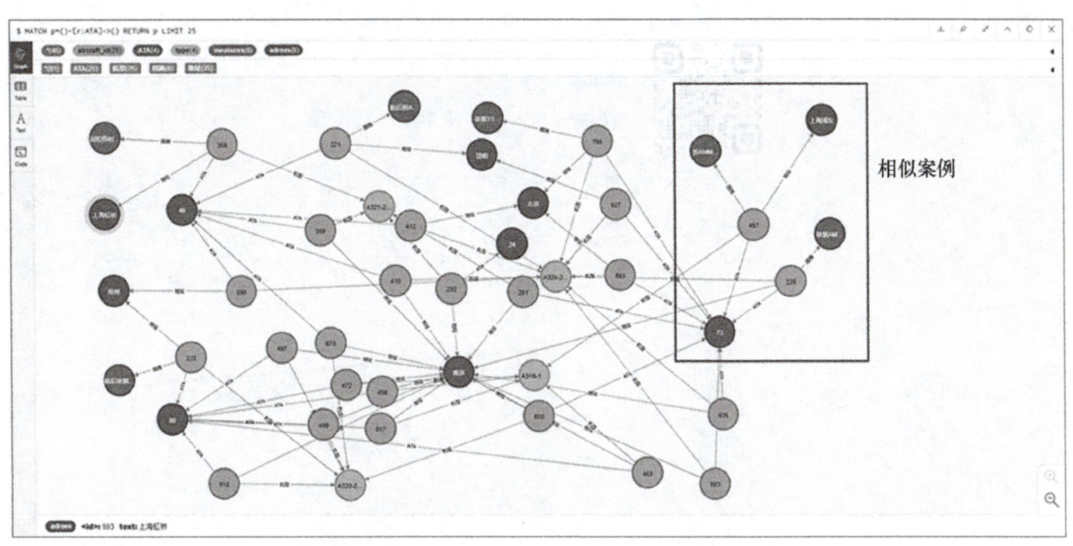

图 6-35　相似机型的相似案例可视化结果

由图 6-35 可以看出相似机型的相似案例结果。例如“案例 1：机号：220，机型 A320–214，ATA 为 72，发生地点：上海浦东”和“案例 2：机号：457，机型 A319–100，ATA 为 72，发生地点：南京”两个案例具有相同的 ATA 章节号，且具备相似的机型，判断两个案例具有一定的相似性，案例处置措施可参考。

6.4 本章小结

本章探讨了工业大数据挖掘与知识图谱的交汇点。首先从深度学习的基本概念入手，介绍了其定义、特点、发展历史及在工业大数据中的应用领域。接下来，深入探讨了深度学习的主要方法，如卷积神经网络、循环神经网络等。同时，还介绍了深度学习方法的最新进展和研究方向，如深度强化学习、图神经网络、注意力机制和变分自编码器等。

此外，本章还介绍了深度学习的主要开源框架，如 TensorFlow、PyTorch、Keras 和 MXNet 等，并以 PyTorch 为例，详细说明了深度学习框架的基本使用方法，包括安装、配置、编程接口、模型构建、训练、测试和部署等。

在工业知识图谱方面，解释了知识图谱的概念及其在工业领域的重要性，并讨论了如何从大量的工业数据中构建知识图谱。本章还描述了构建工业知识图谱的步骤，并介绍了一些实际的工具和技术，帮助读者理解整个过程。此外，还讨论了知识图谱在民机持续适航中的作用。

习 题

1. 分析卷积神经网络中用 1×1 卷积核的作用。
2. 证明式（6-4）可以近似为离散信号序列 $x(t)$ 关于 t 的二阶微分。
3. 对于二维卷积，设计一种滤波器来近似实现对二维输入信号的二阶微分。
4. 基于知识图谱的搜索、推荐与问答，与传统没有知识图谱的搜索、推荐与问答分别有什么区别？
5. 列举出知识图谱中可以定义的 3 种实体、3 种关系。

科学家科学史

“两弹一星”功勋科学家：钱学森

第7章 工业大数据的可视化

可视化利用人类视觉认知的高通量特点，通过图形的形式表现数据的内在规律及其传递、表达的过程，充分结合了人的智能和机器的计算分析能力，是人们理解复杂现象、诠释复杂数据的重要手段和途径。数据可视化更关注数据和图形，由此建立数据可视化领域模型。其中，数据聚焦于工业大数据的采集、清理、预处理、分析和挖掘；图形聚焦于光学图像的接收、提取信息、加工变换、模式识别及存储显示；可视化聚焦于将工业大数据转换成图形，并进行交互处理。可视化为工业大数据分析所得到的结果提供了高效的展示手段，有助于发现工业大数据中蕴含的规律。

工业大数据可视化技术将抽象的复杂信息以直观、形象的方式展现出来。本章重点介绍工业大数据可视化的基本内容、可视化流程，以及工业大数据可视化常用方法，最后给出工业大数据可视化的案例分析。

7.1 数据可视化概述

数据可视化属于人机交互、图形学、图像学、统计分析、地理等多种学科的交叉学科，综合数据处理、算法设计、软件开发、人机交互等多种知识和技能，通过图像、图表、动画等形式展现数据，诠释数据间的关系与趋势，提高阅读和理解数据的效率。

7.1.1 数据可视化的背景

数据可视化从本质上来说是指一切能够把抽象、枯燥或难以理解的内容——包括看似毫无意义的数据、信息、知识等，以一种容易理解的视觉方式展示出来的技术。因此，它是一种技术，是一个统称，如科学可视化、信息可视化、知识可视化、思维可视化、可视化分析等，一系列只要存在这种视觉化的转变关系的都可以纳入数据可视化的范畴。

1. 科学可视化

科学可视化（Scientific Visualization）最初称为“科学计算之中的可视化”，是可视化领域发展最早、最成熟的一个学科，可以追溯到真空管计算机时代，计算机图形学在其中扮演了关键性的角色，帮助人们更好地理解科学技术概念和科学数据结果。科学可视化比数据可视化出现的时间更早，其处理对象一般是类似于勘测、测量得到的数据、科学计算过程中得到的数据及计算所得，侧重三维真实世界的可视化表达。更具体的来说，科学可视化的处理对象普遍是拥有几何性质的物理数据，如具有结构特征的微观世界的分子、具有方位和大小属性的宏观世界的天体，以及复杂的地理数据等。科学可视化的主要应用领域是自然科学，比如物理、化学、地球科学、天文学、医学及生物学等学科，通过对科学技术数据和模型进行解释、操作与处理来使科学工作者寻找其中的模式、特点、关系及异常情况。

2. 信息可视化

信息可视化（Information Visualization）在 1989 年由斯图尔特 · 卡德（Stuart K. Card）、约克 · 麦金利（Jock D. Mackinlay）和乔治 · 罗伯逊（George G. Robertson）提出。它的研究对象是大规模非数值型信息资源，是本身没有几何属性和明显空间特征的抽象、非结构化的数据集合，其研究重点放在了如何寻找到合适的可视化隐喻，把抽象、非结构化的数据信息转换为有效的可视化形式，且数据有可能是不断变化的。由此可知，信息可视化的产物要能通过人的视觉、听觉、触觉甚至其他感官传达到大脑，并使其立即理解大量的信息，所以它注定比科学可视化技术要求更高，也更关注人的接受能力，也就更多地涉及除计算机图形学以外的心理学、视觉设计、人机交互及商业方法等相关领域。

3. 知识可视化

知识可视化（Knowledge Visualization）在 2004 年由 M. J. 埃普拉（M. J. Eppler）和 R. A. 伯卡德（R. A. Burkard）提出。知识可视化被认为是在信息可视化的基础上发展起来的、使用视觉描述来推动群体知识的传达和创意创造的新生领域，旨在提高视觉特征在至少两个人之间的知识传播和创新的作用，因此，所有可以用来建构和传达复杂知识的图解方法都可以被定义为知识可视化。知识可视化不仅传达事实信息，见地、经验成果、思想意识、期待、看法和预计展望等都可以是其传达的对象，并由此帮助他人正确地重构、记忆和应用这些知识。

4. 思维可视化

思维可视化（Thinking Visualization）类似于知识可视化，它的早期形态可以理解为“草图”。从理论上来说，思维可视化出现在知识可视化之后，现已被广泛应用于教学、互联网等一切需要分析逻辑思维、理清思路的各个学科和工作领域。例如在设计领域被广泛使用的思维导图（Mind Map），帮助人们运用放射性的思考方式来解决问题。如果知识里加入了主观的见解、观点和意见等，就有了思想的含义，具有了思维的意义，而这种具有了“思维意义”的知识又构成了一种新的知识，能被人理解和传播。所以，思维可视化是应该包含于知识可视化之内的，而这两者也理应被纳入信息可视化的范围之中。

5. 可视化分析

可视化分析（Visual Analytics）也被称作可视分析学，于 2004 年由国家可视化和分析中心组织的工作小组提出，它的定义是由交互式可视化界面支持的分析推理科学。它是科学和信息可视化领域发展的产物，其最终目标是从包含大量自然科学、合乎司法的商业数据的异构信息源获得对问题的洞察或产生决策，其间包含分析推理科学、数据表示与转换、可视化与交互技术、知识产生、决策支持等。可视化分析强调结合计算机的优势和人的智慧，即采用有效的自动化分析方法的同时，允许经验丰富的用户（如分析师、决策者）将其自身的背景知识和想法与之融合，从而获得两全其美的结果。

7.1.2 数据可视化的应用

1. 产品设计仿真

在智能制造产品的设计过程中离不开仿真工具的使用，仿真使得在没有硬件的情况下也可以快速进行验证，在提高安全性的同时达到可视化的效果。在机器人系统中仿真工具得到了广泛应用，如图 7-1 所示的基于 Gazebo 的机器人仿真可视化，包括机器人结构设计、运动控制、轨迹规划与高层次逻辑 AI 等工作的原理层面的有效性。通过可视化平台可以初步判断和观察系统运行的正确性，同时快速、实时地得到期望性能与实际性能间差距的反馈。

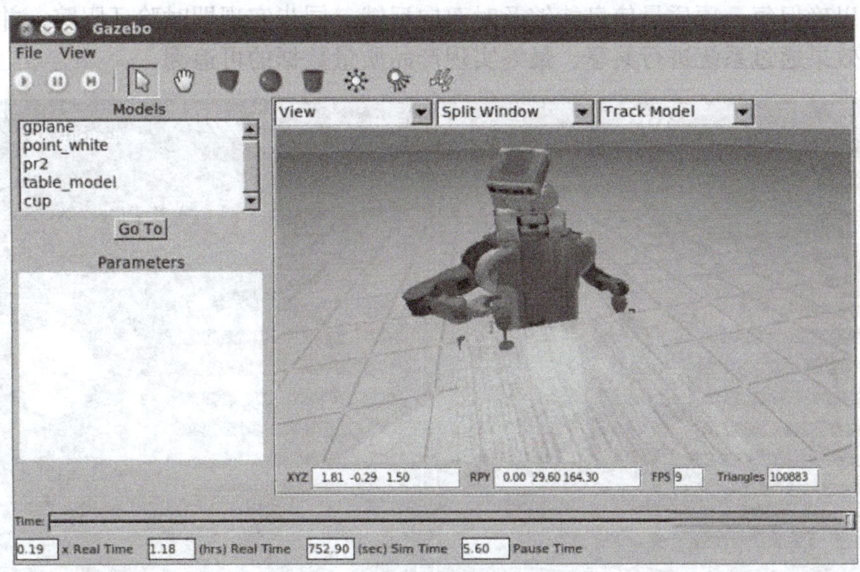

图 7-1　机器人设计仿真

2. 设备智能运维

随着科学技术的发展，云计算、大数据技术不断成熟，实现可视化、数字化正是实现“智能制造”的关键所在。在智能制造系统中，每天都会产生大量的数据，多个生产制造环节依托数据的产生、数据的变化进行生产流转。设备智能运维系统界面如图 7-2 所示，通过可视化实时监测设备安全状态参数，管理者可通过客户端实现设备的透明化监测管理，掌控设备的健康状况及能效情况；当系统诊断出安全异常时可精确定位，管理者通过可视化面板可以迅速排查故障，有效防止安全事故的发生。

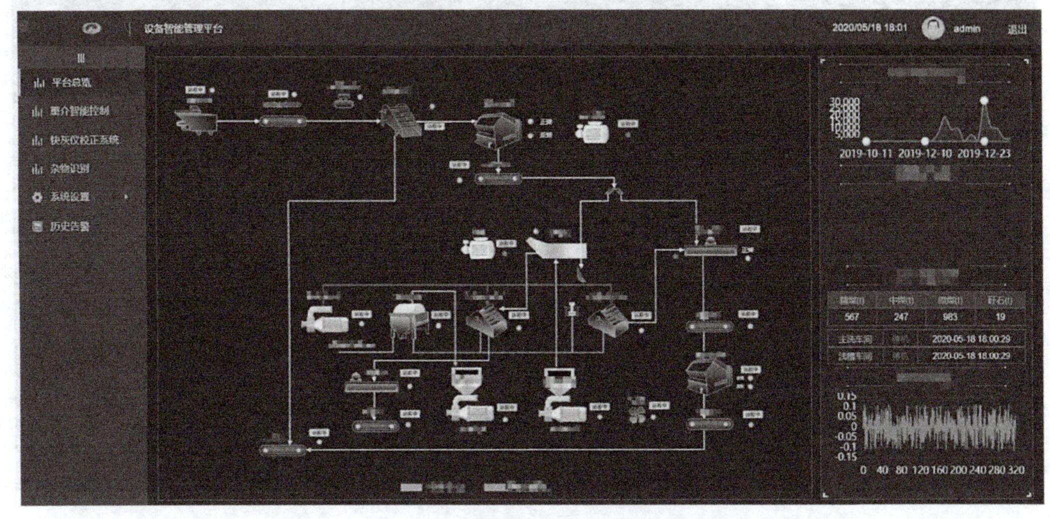

图 7-2　设备智能运维系统界面

3. 产品质量控制

产品质量控制可视化是利用可视化工具等直观地反映产品质量的情况。将可视化运用到产品质量管理中，形成产品质量可视化报表，如图 7-3 所示。质量可视化将质量标准、检验方法、检验记录、数据趋势、重点问题跟踪在现场展示，使车间人员、管理人员对车间的质量现状一目了然，对提高质量控制水平、减少人为造成的产品质量问题效果显著，可以确保每一项质量信息能够及时双向反馈，同步实现即时验证跟踪，并对整改措施、整改效果通过系统进行共享，最终实现产品质量数据的可追溯。

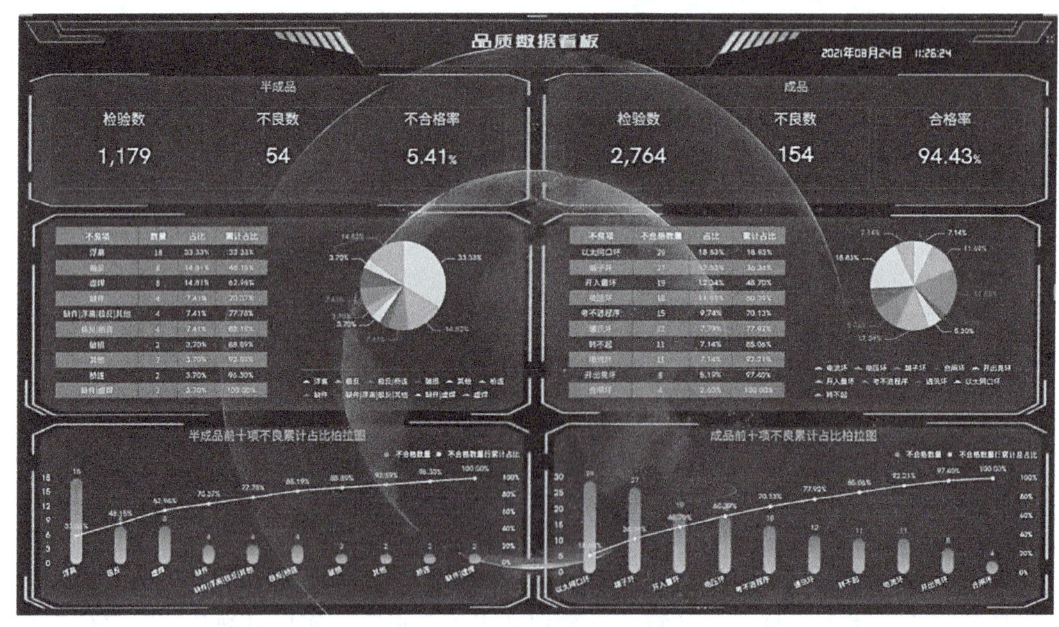

图 7-3 产品质量控制

4. 生产计划调度

基于可视化的生产调度系统是管理生产的重要手段，它以实时订单数据作为基础，进行数据采集、分析、处理，用户可通过客户端查看和操作，如图 7-4 所示。系统基于局

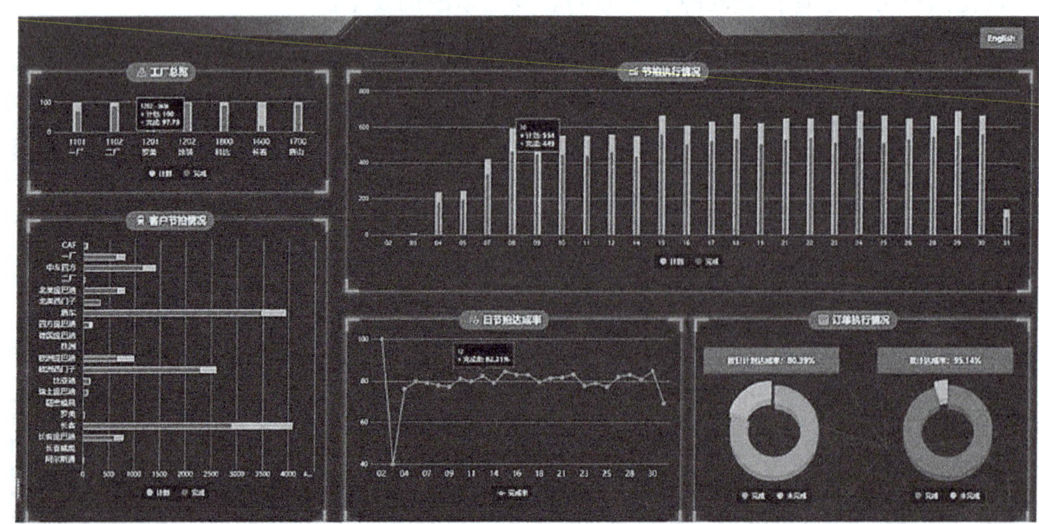

图 7-4 生产计划调度

域网建立统一的数据库，通过分布式管理实现产品调度全过程信息可视化，从而全面分析产品质量、订单处理能力、产线性能和生产效率等，对提高产品质量和企业效益具有重要意义。

7.2 工业大数据可视化流程

工业大数据可视化流程如图 7-5 所示，该流程将整个可视化过程划分成模拟、预处理、映射、绘制、解释 5 个步骤。工业大数据经由这一流水线依次被加工处理，直至成为能够为人员所理解的视觉信息。每个步骤的作用如下。

1）模拟：是对物理现实的数学模拟，它将自然现象的变化通过复杂的多维数据反映出来，或通过观察实践形成一系列反映研究目标或对象的数据集。

2）预处理和映射：两部分通常合并在一起，是整个“流水线”的关键，数据集经过该步骤的处理被映射成有一定含义的几何数据，即用一定的几何空间关系表示计算或模拟数据体。

3）绘制：通过形状、颜色、明暗处理、动画等手段，将隐藏在大数据集中的有用信息呈现给观察者。

4）解释：对获取的有用信息进行分析说明，便于人员的理解。

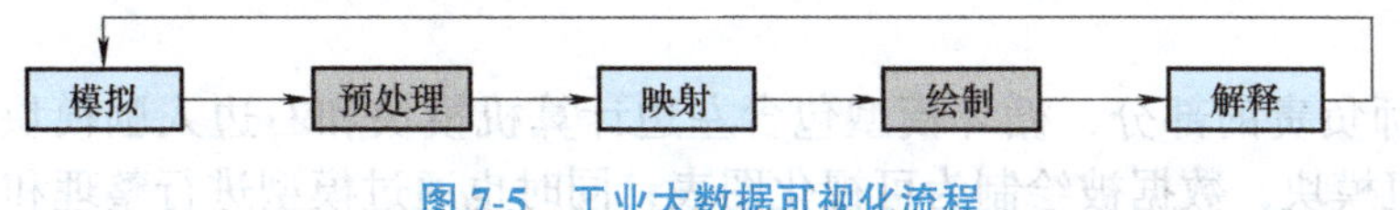

图 7-5　工业大数据可视化流程

工业大数据可视化有 3 类基本模型，分别为顺序模型、循环模型和分析模型。

7.2.1　顺序模型

顺序模型指按照工业大数据技术应用过程区分的可视化模型，该模型通常包括数据感知、数据预处理、数据分析、数据挖掘、数据表示、数据修饰、数据交互 7 个步骤，如图 7-6 所示。其中，数据感知、数据预处理、数据分析、数据挖掘属于原始数据的转换环节，数据表示、数据修饰属于数据的视觉转换环节，数据交互属于界面交互环节。这里重点讨论后两个环节。

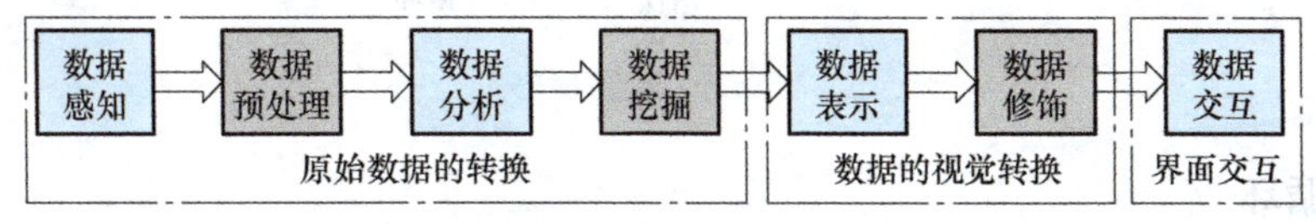

图 7-6　顺序模型

1. 数据的视觉转换

顺序模型中数据的视觉转换包括数据表示和数据修饰。数据表示即选择一个基本的视觉模型将数据表述出来，相当于一个“草图”。这个步骤基本决定了可视化效果的雏形，需要结合数据的维度考虑合适的表示方法，可采取列表、树状结构或其他方法；同时，这也是对前面数据转换过程的审查和检验，特别是数据的获取和过滤。所以，表示是可视化过程中的关键性步骤。数据修饰即改善这个“草图”，尽可能使之变得更清晰有趣。这个步骤就像对“草图”上色，以突出重点，弱化一些辅助信息，使数据的表示简单清晰却又内涵丰富、实用美观。

2. 界面交互

顺序模型中的界面交互即数据交互。交互提供了一种让用户对内容及其属性进行操作的方便途径。交互的操作者，可能是负责数据可视化的工程师，也可能是使用该可视化的用户，有些情况下他们是同一人。例如，当对某一属性进行研究时，用户可以隐藏其他属性，专注于某特定区域的研究。而对于三维空间的可视化效果，用户可以通过交互操作进行视角的变化，从而对数据有更全面的认识。

不仅如此，用户的心理感受也值得注意，之前的所有步骤主要由计算机完成，而在交互阶段，用户的地位由被动变为主动，由接受转为去发现、去思考，界面交互为他们提供了控制数据和探索数据的可能，这样才能真正意义上将计算机智能和人的智慧结合起来。

7.2.2 循环模型

随着可视化技术的深入发展，“用户交互”和“信息反馈”在可视化中的地位愈加重要，因此循环模型被提出。分析者通过分析任务获取需求信息，在信息可视化界面中借助各种交互操作来搜索信息，然后通过记录、聚类、分类、关联、计算平均值、设置假设、寻找证据等抽象方法提取出信息中含有的模式，可通过操纵可视化界面设定假设、读取事实、分析对比、观察变化等，实现对模式的分析，进而解决相应的问题。在对问题进行分析推理过程中创造新知识，并且形成决策，或者开始进一步的行动，带着任务需求开始新一轮的循环。

在分析师负责的部分，循环模型包含左边计算机模块和右边人脑模块，如图 7-7 所示。在计算机模块，数据被绘制为可视化图表，同时也通过模型进行整理和挖掘；在人脑模块中，提出了 3 层循环：探索循环、验证循环和知识产生循环。

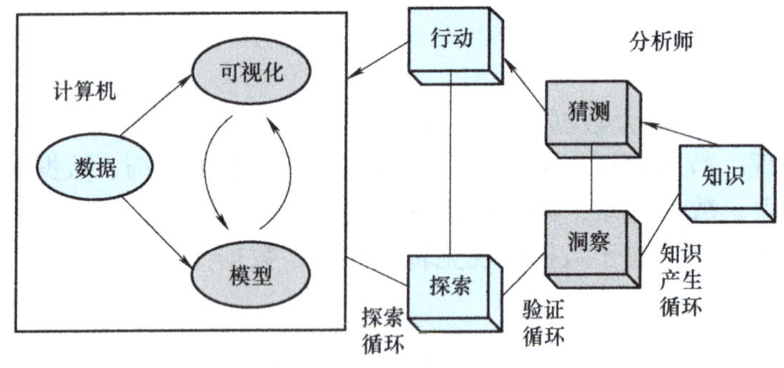

图 7-7 循环模型

1. 探索循环

探索循环描述分析师如何与可视化分析系统进行交互，以产生新的可视化模型和分析数据。分析师通过互动和观察反馈来探索数据，在探索循环中所采取的行动依赖于发现具体的分析目标。如果缺少具体的分析目标，探索循环会成为搜索的结果，这可能会导致新的分析目标。即使探索回路受控于分析目标，由此产生的结果并不一定与之有关，但也可以洞察解决不同任务的思路或打开新的分析方向。

2. 验证循环

验证循环引导探索循环确认假设或者是形成新的假设。为了验证具体的假设，需要进行验证性分析，并且验证循环会转向揭示假说是否正确。在问题域的上下文中，当分析师从验证循环的角度进行搜索时，可以得到答案。见解可能会导致新的假设，需要进一步调查。当评估一个或多个值得信赖的见解时，分析师会获得额外的知识。

3. 知识产生循环

分析师通过他们在问题领域的知识来形成猜测，并通过制定和验证假设来获取新的知识。当分析师信任所收集的见解时，他们在问题领域所获取的新知识可能会影响在后续的分析过程中制定新的假设。在视觉分析过程中分析师试图找到现有的假设或学习有关问题域的新知识。一般来说，循环模型中的知识可以被定义为“合理信仰”。

总之，在探索循环中，人们通过模型输出和可视化图表寻找数据中可能存在的模式，基于此采取一系列行动，如改变参数、修改表达方式，从而得到新的模型输出和新的可视化图表。而在验证循环中，人们通过模型洞察到数据的特点，不断收集验证循环中已被验证的猜测，总结为知识，最终形成知识产生循环。

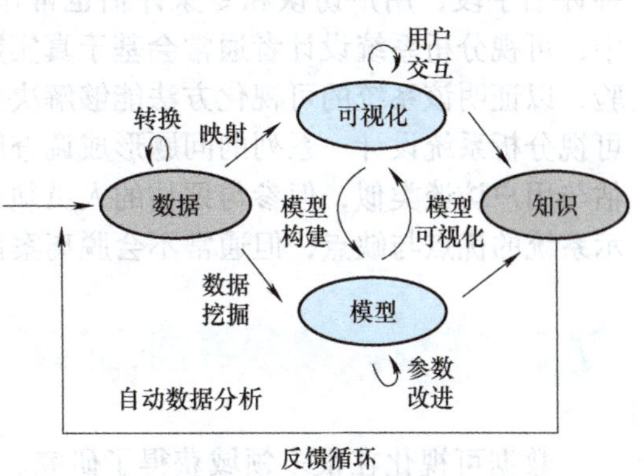

图 7-8　分析模型

7.2.3　分析模型

构建可视分析系统可以大致分为提出可视分析任务、构建可视分析模型、设计可视化方法、实现可视化视图、完成可视分析原型系统，以及进行可视分析评测 6 个关键步骤。其中，可视分析模型是连接前后步骤的枢纽，如图 7-8 所示，其涉及以下方面：一是分析推理技术，使用户获得深刻见解，直接支持评价、计划和决策的行为；二是可视化表示和交互技术，充分利用人眼的宽带通道的视觉能力立即来观察、浏览和理解大量信息；三是数据表示和交换，它以支持可视化和分析的方式转化所有类型的异构和动态数据；四是支持分析结果的产生、演示和传播，它能与各种用户交流有适当背景资料的信息。

常见的可视分析模型基本都以信息可视化模型为基础。该模型把流水线式的可视化流程升级为回路，用户可以对回路中的任何一个流程进行直接操作。现在大多数可视化流程都是仿照这个模型，很多系统在实现上可能会有些差异。这个模型从原始数据出发，描述了人与可视化视图交互的全部流程，如图 7-9 所示，主要包含数据转换、视觉映射和视图转换 3 个主要阶段。

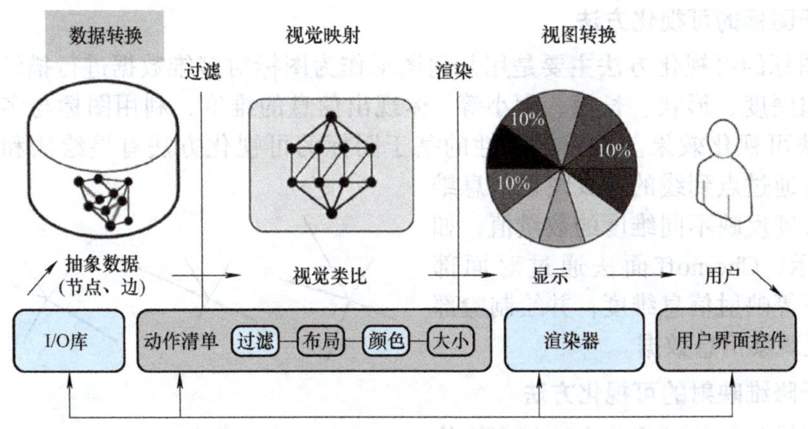

图 7-9　可视化视图交互流程

下面具体介绍构建可视分析系统的 6 个步骤：①提出可视分析任务，描述要通过可视分析来解决哪些问题，完成哪些需求；②构建可视分析模型，设计并绘制可视分析系统的架构图；③设计可视化方法，从理论角度设计多个用于完成可视分析任务的视图，包括但不限于视觉编码；④实现可视化视图，选择合适的技术，将自己设计好的可视化方法分别实现出来；⑤完成可视分析原型系统，使用多种交互技术，将可视化视图融合为系统；⑥进行可视分析评测，对实现好的系统进行评价和测试。

可视分析评测是 6 个步骤中的最后一个，但它十分关键。如果离开了严谨的分析评测，可视分析系统的设计者将会很难验证系统的有效性和实用性。案例研究是最常见的一种评估手段，用户访谈和专家评估也常作为辅助性的评估手段出现。在案例研究的过程中，可视分析系统设计者通常会基于真实数据，以可视分析任务为驱动完成一定数量的试验，以证明该系统的可视化方法能够解决实际问题且易于用户使用。用户访谈往往会围绕可视分析系统设计一系列的问题形成调查问卷，邀请目标用户在体验系统后作答。专家评估与用户访谈类似，但参与评估的人员须是相关领域的专家。这两种方法都能够有效地揭示系统的优点与缺点，但通常不会脱离案例研究单独使用。

7.3 工业大数据可视化的常用方法

数据可视化在很多领域获得了研究、应用和长足进步，在从研究范围（广度）、研究精细化（深度）方面不断拓展学科边界的过程中，逐渐收敛成为若干热点领域。本节以数据特征进行划分，介绍其中 4 类常用的数据可视化方法。

7.3.1 多维数据可视化

1. 基于几何的可视化方法

1）平行坐标：使用平行竖直的线来代表不同的维度，在坐标轴上描绘多维数据的数值并连接数轴上的坐标点，进而在二维空间内展示多维数据。有学者提出了基于平行坐标系的多维数据可视化方法，以交互方式对数据进行筛选，通过更改显示比例优化可视化效果。

2）散点图矩阵：通过二维坐标系中的某一组点来展示变量间的关系，将各个维度数据两两组合，按规律排列绘制成散点图。

3）Andrews 曲线法：通过坐标系展示可视化效果，将多维数据通过周期函数反映为坐标系曲线中，用户通过观察曲线，感知数据聚类等情况。

2. 基于图标的可视化方法

基于图标的可视化方法主要是用几何图形作为图标对多维数据进行描绘，图标的特征属性（如硬度、形状、长短、大小等）体现出信息的维度，利用图标与多维数据之间的联系反映可视化效果。具有代表性的基于图标的可视化方法有星绘法和 Chernoff 面法。星绘法通过点到线的方式映射信息维度，线段长度反映不同维度的数量值，如图 7-10 所示；Chernoff 面法通过对面部形状、特征等映射信息维度，并绘制脸部图，可直观观察信息数据。

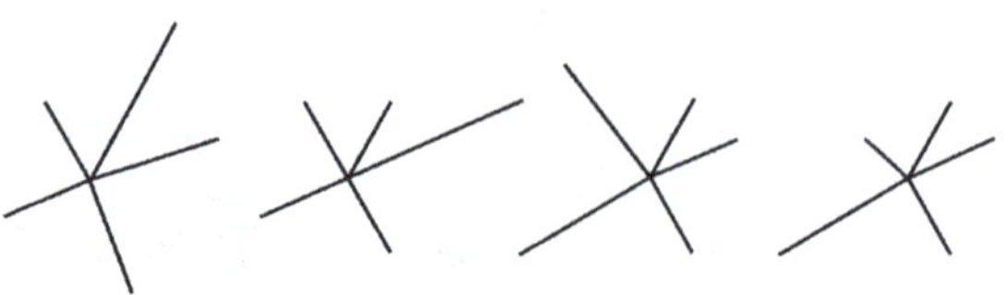

图 7-10 星绘法

3. 基于降维映射的可视化方法

基于降维映射的可视化方法把多维信

息数据看作某一维度中的点，根据维度属性确定点的坐标，在保持信息数据间关系不改变的前提下，将点映射到可视的低维空间中。在降维时，选择性省略掉部分信息数据，最终在二或三维空间中呈现出数据集。此类方法主要涉及主成分分析、自组织映射、等距映射等方法。降维映射一般分为线性降维（如主成分分析）和非线性降维（如等距映射），通过特征选择与提取来实现。特征选择通过选择具有代表性的特征属性（简称优势维）进行降维映射；特征提取则是重组多维度属性来构建优势维度，实现降维映射，这类提取适合没有代表性特征属性的数据集。

7.3.2 时间序列数据可视化

时间序列数据可视化是指随着时间的发展采集信息数据，运用可视化技术手段将其进行呈现。呈现出的可视化方式主要有 3 种。

1）线形图：通过最开始的点展示不同时间段数据的变化，在可视化过程中数据呈现较多时间维度，根据不同维度建立相应图标进行排列，观察数据的变化，如图 7-11 所示。

2）堆积图：这类图主要对所有时间序列进行叠加，如图 7-12 所示。出现负数时，堆积图无法处理所有的时间序列，这极大地降低了可视化的呈现效果。

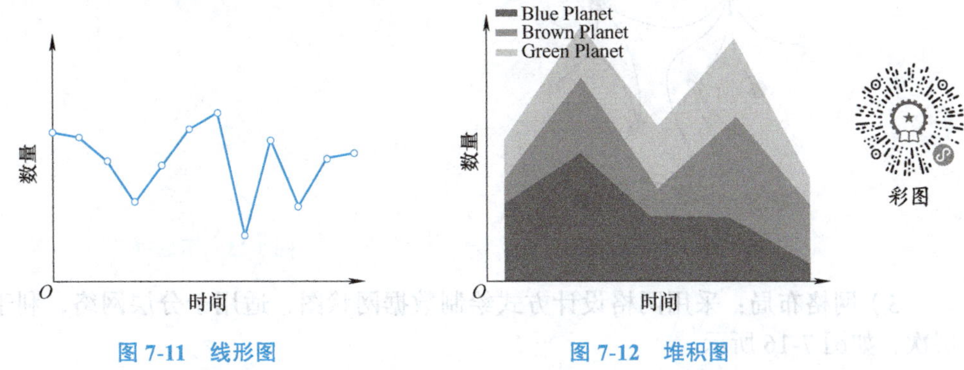

图 7-11　线形图　　　　图 7-12　堆积图

3）地平线图：随着时间变化清楚地观察到数据的变化率，颜色的深浅表示正向、负向的变动效果，如图 7-13 所示。

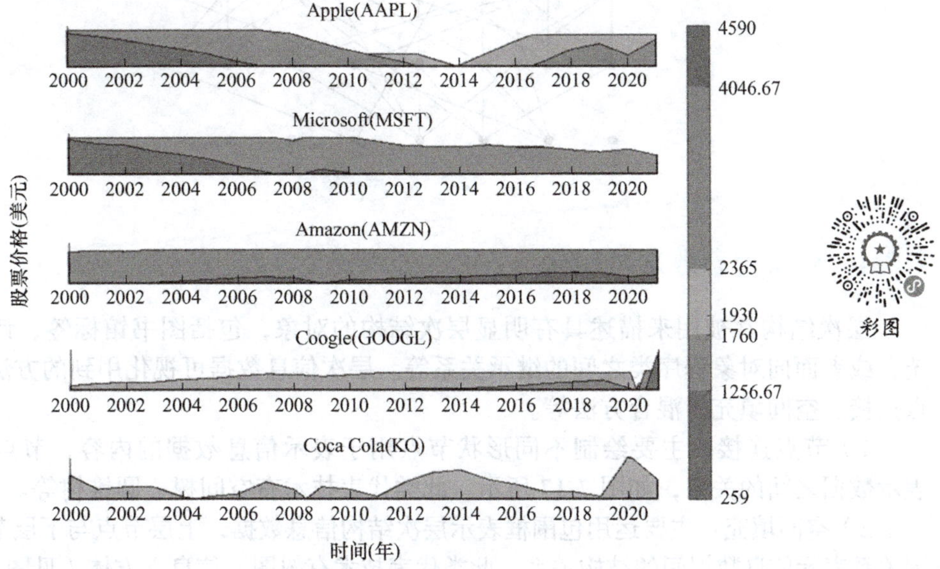

图 7-13　地平线图

7.3.3 网络数据可视化

网络数据可视化技术手段的核心是自动布局算法，将信息数据通过自动布局、计算，绘制成网状结构的图形。应用较广泛的布局有 3 类。

1）力导向布局：借助力的概念，连接受力节点绘制网状图，由于互斥力的存在，可以减少节点间的重叠，适用于描述事物之间的关系，例如计算机网络关系、社交网络关系等各类关系网络情景，如图 7-14 所示。

2）圆形布局：将所有节点自定义排序，按照顺序在圆形上排列出来，快速分析出结果。受限于屏幕大小，节点数量较多时，圆形半径越大，难以直观显示全部节点。此法适用于查找较多关联关系的节点的场景，例如在圆形布局图中可明显分辨出哪些节点关联关系较多，如图 7-15 所示。

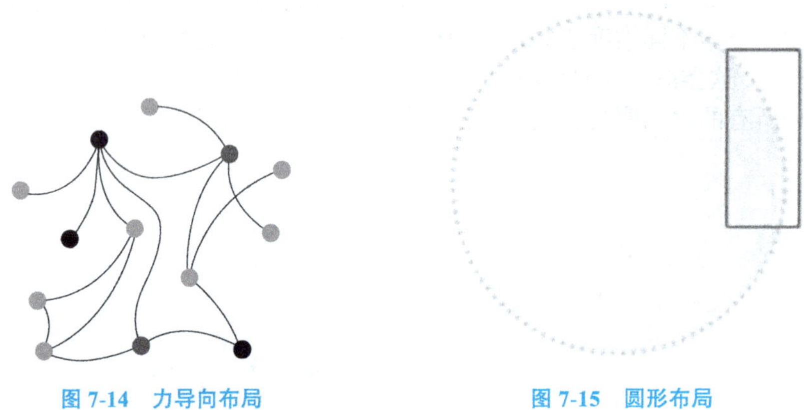

图 7-14 力导向布局　　图 7-15 圆形布局

3）网格布局：采用网格设计方式绘制数据网状图，适用于分层网络，利于观察整体层次，如图 7-16 所示。

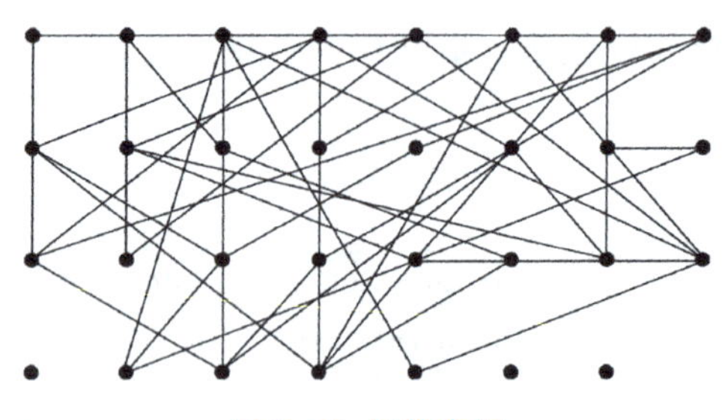

图 7-16 网格布局

7.3.4 层次信息数据可视化

层次结构常被用来描述具有明显层次结构的对象，包括图书馆标签、计算机层次系统，或者面向对象程序类之间的继承关系等。层次信息数据可视化用到的方法主要包括节点连接、空间填充、混合方法等。

1）节点连接：主要绘制不同形状节点用于表示信息数据的内容，节点之间的连线表示数据之间的关系，如图 7-17 所示。此类代表技术有空间树、圆锥树等。

2）空间填充：主要运用包围框表示层次结构信息数据，上层节点与下层节点之间的包围关系表示信息数据间的结构关系。此类代表技术有树图、信息立方体（见图 7-18）等。

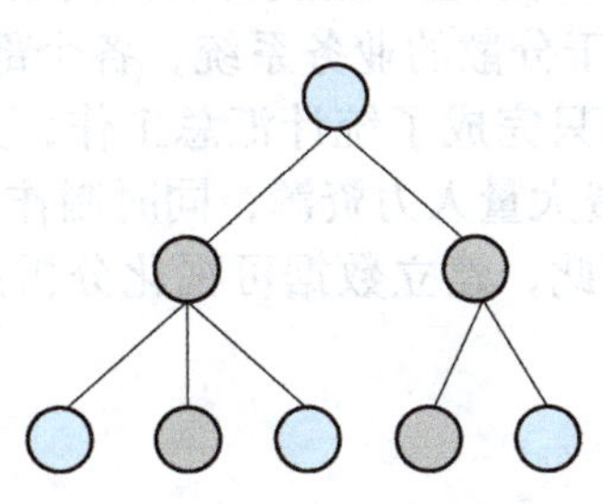

图 7-17　节点连接

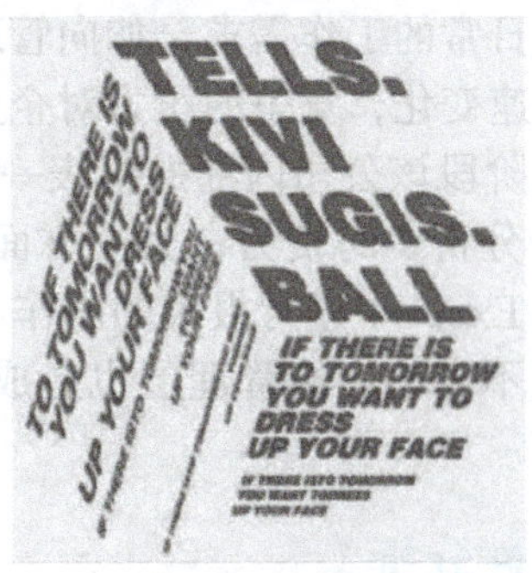

图 7-18　信息立方体

3）混合方法：结合多种可视化技术优点，使认知行为更加高效。此类代表技术有弹性层次（见图 7-19）、层次网等。

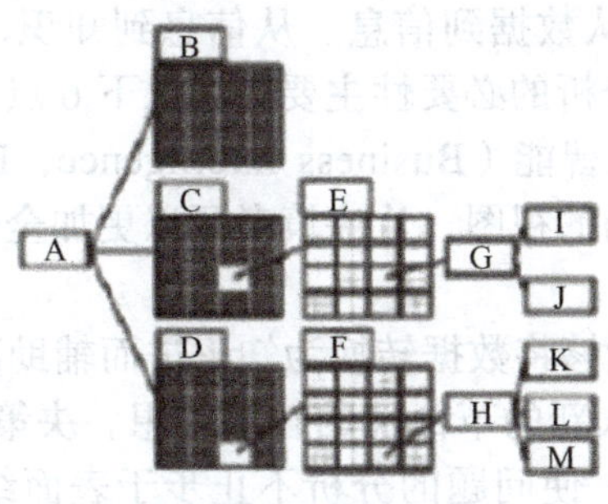

图 7-19　弹性层次

7.4　案例分析

7.4.1　案例背景

某大型企业是我国柴油机行业的国有控股上市公司，是国家重点扶持的企业之一，开发和生产能力居同行业前列。其主要实体除母公司内燃机厂外，还拥有从事柴油机生产的成都子公司、山东子公司和从事汽车整车生产的汽车有限公司 3 个控股子公司。

该公司自成立以来，一直致力于柴油机的研发、生产和销售。目前，该公司的主要发动机产品可分为商用车柴油发动机、乘用车柴油发动机、非道路柴油发动机及天然气发动机，同时还拥有几十条生产线，已具备柴油发动机上百万台的生产能力，并且在全国设立了上百个驻外营销部、几十家配件代理商，以及千余个售后服务网点做梯次展开，覆盖区域广阔，形成集产品销售、用户服务、配件供应、信息收集和货款回笼等为一体的营销网络体系，为用户提供了准时、优质的服务。

该公司采取的经营模式为“以销定产”，即公司销售部接到客户订单后，结合产品库存，下达销售需求计划。生产部制定生产计划，组织生产。采购部根据生产部提供的生产订单，编制采购计划，下达采购订单，分批向上游供应商采购原材料。各生产车间根据生产计划生产产品，最后由销售部完成销售。

面对上述复杂的业务流程，该公司建立了一些系统来管理相关数据，如财务系统、税控系统、浪潮 ERP、CRM 及 OA 系统等。通过对这些系统的数据进行整合分析，制作相应报表满足日常的工作需求，如向管理层汇报工作等。但是，企业管理所面临的外部环境正在发生快速变化，竞争的压力对企业制定决策的质量和速度都有更高要求。根据本次调研分析，现阶段该公司内部的报表一方面来自于分散的业务系统，各个部门独立使用，对数据做整合分析费时费力；另一方面多数报表只完成了统计汇总工作，并且需要人力将数据导出到 Excel 中进行报表的制作，不仅耗费大量人力资源，同时制作出来的报表样式单一，重点不突出，给管理层也造成不便。因此，建立数据可视化分析系统显得尤为重要。

7.4.2 必要性分析

该公司在发展的过程中，不断增加的信息业务系统，带来的是登录各种系统的不便及业务数据的急剧增加。因此，如何从大量的数据中即时获取相应的数据价值是目前迫切的需求。以下分析数据分析与决策的必要性。

通过计算机技术，实现从数据到信息、从信息到知识、从知识到决策、由决策到财富的精细化运营过程。数据分析的必要性主要分为以下 6 点。

1）整合信息孤岛。商业智能（Business Intelligence，BI）可以将企业信息化的数据孤岛整合起来，提供一个全局的视图，让决策者可以更加全面地看待问题，降低决策失误的风险性。

2）提高决策质量。BI 能够将数据转换为知识进而辅助决策，能够使决策者决策更加迅速、准确，能够给企业注入新的革命性的管理思想。决策者可以根据 BI 提供的钻取功能对数据结果进行追根溯源，使问题的分析不止步于表面结果，发掘出数据中包含的机会，即如何以更低的成本、更快的速度、更高的质量完成任务。这使得管理者能在质疑中不断以创新来获得差异化竞争优势。

3）数据挖掘预测。BI 系统的预测功能使企业看问题更长远、决策更具前瞻性。BI 会对积累的大数据进行挖掘，得到数据之间潜在的规律或趋势，进而做出下一步预测。

4）帮助企业开源节流，增加利润。

5）帮助企业进行风险预警。企业可以在 BI 系统中设置数据报警阈值，数据一旦超标，系统会以各种手段通知管理员，使企业风险可控，减少安全漏洞。

6）提高员工的工作效率。在没有 BI 之前，该公司员工要使用 Excel 制作大量的报表以满足业务要求，决策者在面对大量的报表数据时也感到头疼。而 BI 则彻底改变了这种现状，业务人员可以轻松进行数据分析，决策者可以自在查看分析结果，及时查看决策所关心的数据。

7.4.3 建设目标

根据该公司相关要求，主要内容为销售 BI 数据分析和生产库存分析。下面来详细介绍本项目的各部分建设内容。

1. 销售 BI 数据分析

该公司作为生产制造企业，需要在企业层面建立覆盖生产、经营等各环节的综合指标体系，实现有效的指标归集。在指标体系的基础上，对全公司的信息资源实现有效整合，形成覆盖全公司实时、非实时数据的数据仓库，以支持企业决策和分析，进而在其上进行有效的数据挖掘，获取其中的数据价值。通过成本控制、市场营销指标、仓库库存指标 3 个方面介绍销售 BI 数据分析的建设内容。

2. 建立销售指标体系

在数据分析的过程中，搭建数据指标体系是一个很重要的步骤。指标体系是由一系列具有相互联系的指标所组成的整体，可以从不同的角度客观地反映现象总体或者样本的数量特征。本项目根据该公司的销售业务实际情况，建立面向企业指标体系的数据接口，用于收集企业各系统间的指标数据，同时为企业各系统提供所需的指标数据，成为沟通企业现有系统和未来系统之间各种关键业务指标数据的信息桥梁。

销售指标一般由三大组成部分：指标内容、指标权重、指标大小（标准）。其中，指标内容表示指标是做什么的，指标权重表示哪些指标是重要的，指标大小表示哪些指标是好的。销售指标内容大致可以分为两类，即定量指标和定性指标。定量指标包括销售额、产品组合指标、毛利润、市场占有率、市场潜力、平均订单规模、销售费用指标、回款率等；定性指标包括服务现有客户、识别与发现潜在客户、信息收集、销售报告、执行能力等。根据该公司提供的资料分析，目前该公司的指标多为定量指标。

1）成本控制指标，见表 7-1。

表 7-1　成本控制指标

序号	指标	指标定义	功能
1	销售费用	在产品销售过程中发生的费用	费用控制、年度预算编制
2	商务费用	在销售业务中发生的费用	费用控制、年度预算编制
3	服务费用	产品服务费用，包括走保、三包维修、追加索赔等费用	费用控制、年度预算编制

2）市场营销指标，见表 7-2.

表 7-2　市场营销指标

序号	指标	指标定义	功能
1	销售合同额	一定周期内完成签定的销售合同总额	检测一定周期内的营销效果
2	销售收入	一定周期内完成的产品出厂总额	检测一定周期内的产品销售收入
3	贷款回笼率	一定周期内回笼的销售贷款	检测一定周期内的贷款回笼情况，促进公司销售部门提高效率
4	资金回笼情况	一定周期内回笼的资金，包括银承兑、商承兑、三包抵贷款等	检测一定周期内资金回笼情况，用于公司绩效分析、兑现及应收账款余额分析
5	营销、销售计划完成情况	一定周期内营销、销售计划的完成、达成情况	检测营销、销售计划的编制准确性和计划完成情况
6	整机预算	对整机情况进行分析，提供一定周期内的整体预算情况	年度预算编制
7	市场占有率	产品销售收入 / 产品市场总份额	检测一定周期内的市场占有情况
8	销售收入增加率	（本期销售收入 – 上期销售收入）/ 上期销售收入	检测一定周期内的销售增加情况
9	运输费用达成率	一定周期内实际发生的运输费用 / 计划预算费用	检测销售部门是否合理选择运输单位，控制运输成本
10	销售往来记录的及时性和准确性	销售往来记录是否准确、及时	检测销售往来记录的及时性和准确性

3）仓库库存指标，见表 7-3。

表 7-3 仓库库存指标

序号	指标	指标定义	功能
1	在库数	对应机型在库数量	为生产、采购部门提供输入
2	日计划入库数	对应客户的日计划入库数	绩效分析、兑现
3	实际入库数	经过扫码的对应客户实际入库数	绩效分析、兑现
4	实际排产入库数	月度总排产入库数	绩效分析、兑现
5	入库数	经过扫码的对应客户入库数	绩效分析、兑现
6	库存状态	公司年、季度、月对应机型库存状态	年度预算编制

3. 建立数据存储中心

数据存储中心作为数据集成系统，通过对数据进行加工、清洗等操作，将不同系统（如销售系统、ERP 等）中的数据集成到一起，满足报表开发的数据需求、功能需求及业务需求等，解决企业在生产经营决策的过程中，迫切了解企业的实际情况的需求。

该公司目前和销售分析相关的数据源有驻外机构填报汇总、税控系统、浪潮 ERP、CRM、财务系统等，通过建立的销售指标体系，收集和整合以上相应指标数据，并将其存储到数据集成中心。按照统一指标、统一统计口径和统一数据概念的要求存储指标数据和建立数据存储中心，满足不同系统之间相互获取数据的要求，同时为数据的综合分析和历史回溯奠定数据基础。

7.4.4 建设方案

建设内容为销售 BI 数据分析，总体架构如图 7-20 所示。

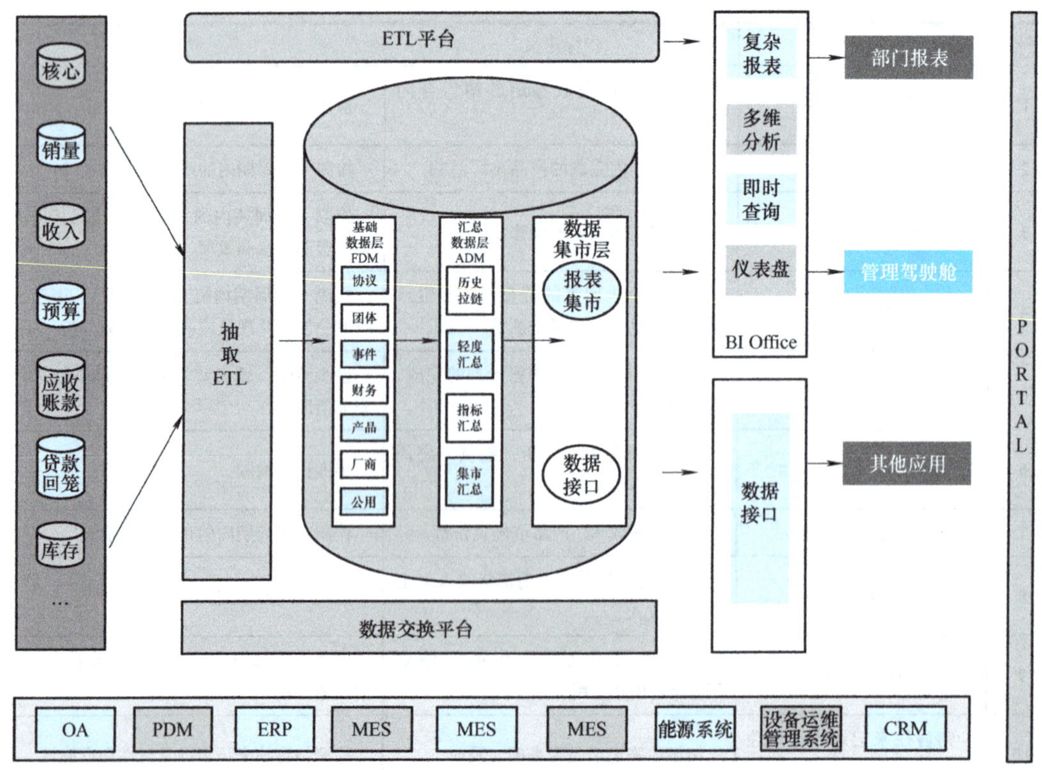

图 7-20 总体架构

图的最左侧为该公司目前关于销售的数据指标。从调研情况来看，目前该公司的数据来源主要有驻外机构填报汇总、月度库存报表编制、税控系统、浪潮 ERP 系统、人力资源系统等，这些系统之间没有形成连接，造成数据存放分散、取用不方便的问题。经过 ETL 平台之后，这些数据都可以存放在数据仓库中。数据仓库分为三层：第一层为基础数据层，主要包括财务、产品、厂商、公用等；第二层为汇总数据层，主要包括历史拉链、轻度汇总、指标汇总、集市汇总等；第三层为数据集市层，主要有报表集市和数据接口。

数据仓库技术方案包括 ODS（Operation Data Storage，操作数据存储）系统设计、ETL、ODS 数据库及分析建模。其中，ODS 系统设计如图 7-21 所示。

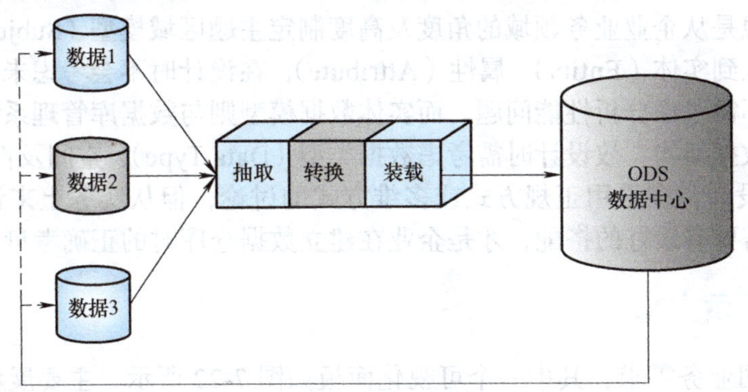

图 7-21　ODS 系统设计

在 ODS 系统中，主要有 ETL 模块和 ODS 模块两部分组成，ODS 系统通过 Trigger、应用、批处理、Queue 等手段从各应用系统中获得数据，并通过 ETL 应用对数据进行抽取、转换、清洗、并装载到 ODS 数据库中。这里的 ETL 模块主要进行数据抽取、转换和加载，这是数据由数据源系统向 ODS 加载的主要方法。

1. 数据抽取

从数据源系统抽取数据仓库系统所需的数据。数据抽取采用统一的接口，可以从数据库抽取，也可以从文件抽取。对于不同数据平台、源数据形式、性能要求的业务系统，以及不同数据量的源数据，可能采用的接口方式不同。为保证抽取效率，减少对生产运营的影响，对于大数据量的抽取，采取数据分割、缩短抽取周期的原则；对于直接的数据库抽取，采取协商接口表的方式，保障生产系统数据库的安全。

2. 数据转换

数据转换是指对抽取的源数据根据数据仓库系统模型的要求，进行数据的转变、清洗、拆分、汇总等，保证来自不同系统、不同格式的数据和信息模型具有一致性和完整性。

3. 数据加载

数据加载是将转换后的数据加载到数据仓库中，可以采用数据加载工具，也可以采用 API 编程进行数据加载。

4. ODS

ODS 是一个集成了来自不同数据库数据的环境。其目的是为终端用户提供一致的企业数据集成视图。它可以帮助用户轻松应对跨多个商业功能的操作挑战，是面向主题的、集成的、近实时的数据存储。

设计 ODS 层的目的在于改善对关键操作数据库（收益、用户数据）的存取，获得收益、用户等主题的企业级完整视图，有利于更好地统观全局。近实时的数据存储提供了查询与服务能力，并以更高的性能生成操作报告。设计 ODS 的核心是实现焦点主题全局视图应用，如企业的用户管理系统，可以建立以用户为中心的 ODS 用户主题视图，向上层提供高效的服务。

5. 分析建模

数据模型设计是一个数据仓库设计的基础，当前两大主流理论分别为采用正规方式或多维方式进行数据模型设计。数据模型可以分为逻辑与实体数据模型。逻辑数据模型陈述业务相关数据的关系，基本上是一种与数据库无关的结构设计，通常会采用正规方式设计，其主要思想是从企业业务领域的角度及高度制定主题区域模型（Subject Area Model），再逐步向下深入到实体（Entity）、属性（Attribute），在设计时不会考虑未来采用的数据库管理系统，也不需考虑分析性能问题。而实体数据模型则与数据库管理系统有关，是建立在该系统上的数据架构，故设计时需考虑数据类型（Data Type）、空间及性能相关的议题。实体数据模型设计，多采用正规方式或多维方式的讨论，但从实务上来说，不执着于理论，能与业务需要有最好的搭配，才是企业在建立数据仓库时的正确考量。

7.4.5 结果展示

根据该公司业务需求，其中一个可视化面板如图 7-22 所示，主要展示销售量占比分析、产销对比分析、正品库存占比分析及各产品库存量对比。

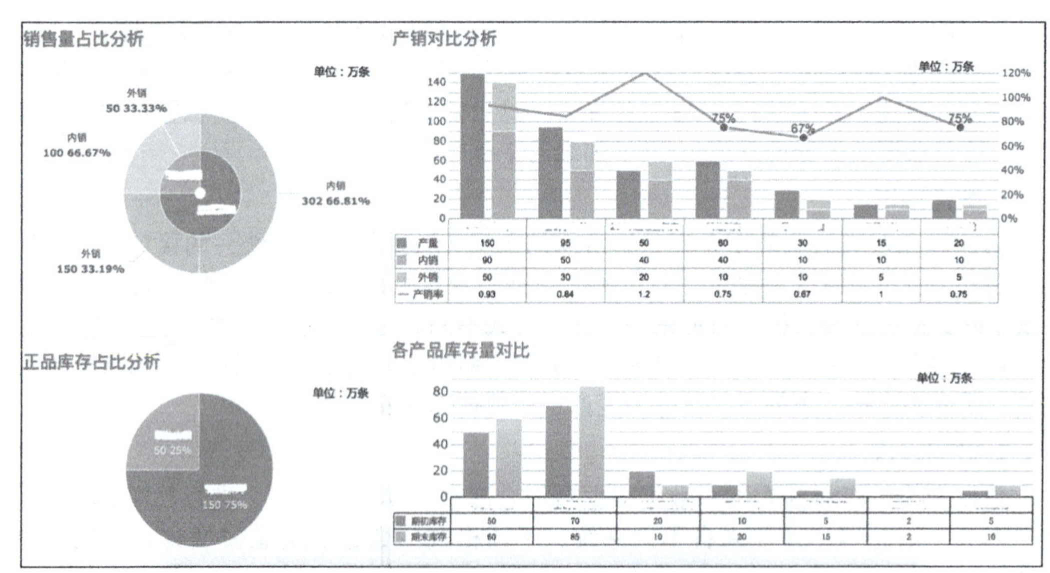

图 7-22 可视化结果展示

数据可视化分析可以带来的经济效益主要有以下几点。

（1）更加快速的结果展示及更多的展现形式

1）数据源为搭建好的数据仓库。汇总数据在数据仓库中已经有了对应的字段进行实际的存储，而不需要在每次查询时从最低粒度进行汇总计算，从而使报表的展现速度变得非常快。

2）一定的钻取、跳转及多报表之间的联动。

3）更多的展现形式。报表展现可以实现驾驶舱、仪表盘、气泡图等更丰富的图表。

（2）多维数据分析

1）报表及图表各元素的灵活定制。多维数据分析最大的特点就是报表及图表的各元素可以随意定制，可以很轻松地设定放置在行或列上的维度或量度，从而实现满足需求的各种样式的报表。

2）随意的钻取及钻透。随意的钻取，尤其是跨维度的钻取是多维数据分析非常重要的一项功能，所以多维数据分析所展现的数据可以随着分析者的思想而发生变化，例如从产品分析到销售分析的跳跃性思维，多维数据分析都可以实现相应的数据支撑。

3）数据访问范围的扩大。多维数据分析可以访问的数据范围几乎可以实现全部数据。

（3）数据挖掘

将分析者的思想与数据算法相结合，利用数据算法，分析者更容易从海量数据中找到规律，同时分析者的思维也赋予数据算法更多的活力，使其更贴近于行业规则。数据挖掘为分析者带来了从数字表面无法发现的规律，提供更加丰富的分析，将数据分析延伸到了新的领域。

7.5 本章小结

本章从整体上描述了数据可视化的背景及应用，工业大数据可视化的顺序模型、循环模型及分析模型，介绍了工业大数据可视化常用的多维数据可视化、时间序列数据可视化、网络数据可视化、层次信息数据可视化等，并给出了某企业运营数据可视化案例。

习 题

1. 简述数据可视化的流程。
2. 工业大数据可视化常用方法有哪些？
3. 工业大数据可视化在数据分析中的作用是什么？

科学家科学史

“两弹一星”功勋科学家：屠守锷

第 8 章 工业大数据的综合应用

PPT 课件

8.1 机械装备故障诊断

8.1.1 基于工业大数据的机械装备故障诊断方法

随着硬件设备和计算机技术的快速发展与进步，当今已然进入了“大数据时代”。大数据带来的影响渗透各行各业，为适应工业领域的变革，各国相继提出制造业发展战略，如美国于 2012 年推出的《先进制造业国家战略》，强调推动人工智能、大数据等新一代信息技术的快速发展和应用进程；德国于 2013 年推出“工业 4.0”战略，提出利用信息化技术促进产业变革，进入制造业智能化时代，并进一步提出“智慧数据项目”；我国于 2015 年印发《中国制造 2025》战略，目标是向制造业强国转变，强调突破工业大数据处理等核心技术。2020 年，工信部发布《关于工业大数据发展的指导意见》，要求推动大数据在工业中的应用，发展数据驱动的新型工业发展模式。

工业大数据是在工业领域中，从需求计划、研发设计、生产制造、经营管理到运维服务等整个产品和服务全生命周期各个环节产生的数据的总称。随着第四次工业革命的到来，工业大数据逐渐成为工业发展的重要战略资源，对于优化工业流程、提高生产效率、降低成本等方面具有重要作用。工业大数据具有以下的特点：①数据容量大，工业设备产生大量的数据，在工业物联网和万物互联的背景下，工业数据容量可达 PB 甚至 EB 级别；②多样性，工业大数据涵盖了不同的数据类型和数据来源，包括结构化、非结构化和半结构化的数据，广泛分布于各式各样的机械装备和生产系统等各个环节；③高速性，数据产生和处理十分迅速，一方面高速采集、传输大量数据，另一方面对数据进行快速响应和处理，以保证时效性要求，在特定生产现场能够达到毫秒级别；④价值密度低，尽管工业大数据的量级很大，但其相对价值密度较低，需要从海量数据中挖掘出有价值的信息，实现对数据的有效利用。在机械故障诊断领域，同样具有工业大数据的特点。例如，对风力发电装备进行状态监测，一个大型风力发电场具有数百台风机，每台风机上布置有上百个测点，这些测点通常情况下连续不停产生数据，风电场每天都将产生大量的多元数据。

机械装备故障诊断是指对运行过程中机械装备的状态进行检测和分析，及早发现故障和产生原因并进行维护，从而确保机械装备的正常运行。机械装备故障诊断主要包括故障识别和寿命预测两个方面。最早，美国于 20 世纪 60 年代开始故障诊断技术的研究。

我国的诊断技术研究开始于 20 世纪 80 年代，虽然起步较晚，但近年来发展迅速，取得了不少重大研究成果。机械装备故障诊断对保障机械装备的安全可靠运行具有重要意义：一方面，它关乎劳动者的生产安全保证，由机械故障引发的人员伤亡事故带给我们的教训深刻；另一方面，它对企业的生产效益具有重大影响，通过预测性维护能够保证产品质量、减少停机时间及降低生产成本。机械装备故障诊断的基本方法可分为基于模型的方法、基于信号处理的方法和基于数据驱动的方法。基于模型的方法主要是通过建立机械装备的物理模型并转化为数学模型，将数据信号输入到模型中进行处理分析，从而对机械装备进行故障诊断。该方法在故障诊断技术发展的早期阶段得到了普遍应用。然而，由于机械系统的复杂性和实际生产环境的复杂多变性，难以建立精确的模型并准确设定模型相关参数，因此故障诊断准确率较低，该方法具有较大的局限性。

基于信号处理的方法主要是通过各种信号处理技术，从采集到的信号数据中提取故障特征，进行故障识别分类，主要包括时域分析、频域分析和时频域分析。时域分析通过在时域内对信号进行滤波、放大、统计特征计算、相关性分析等处理，提取机械设备运行状态的特征参数。频域分析采用傅里叶变换（Fourier Transform，FT）将时域信号变换为频域信号，从频率特性的角度来提取信号的特征，主要包括频谱、能量谱、功率谱、倒频谱、小波分析等。时频域分析通过时间和频率的联合函数来进行信号处理，主要方法包括短时傅里叶变换、连续小波变换、维格纳 - 维尔分布和希尔伯特黄变换（Hilbert-Huang Transform，HHT）等。信号处理方法的种类繁多，应用场景广泛。然而，该方法对诊断人员要求高，需要同时掌握多种信号处理技术并具备大量诊断经验，且需要人工进行特征提取，无法满足现今对智能故障诊断的要求。

基于数据驱动的方法基于大量的监测数据和历史数据，利用机器学习和深度学习方法自动提取故障特征，实现机械装备智能故障诊断。传统的基于机器学习的故障诊断方法一般包括 3 个阶段：信号获取、特征提取和模式识别。常见的机器学习算法包括朴素贝叶斯法、决策树、支持向量机（Support Vector Machine，SVM）、聚类方法和主成分分析（Principal Component Analysis，PCA）等。该方法无须建立复杂的系统模型，也不需要大量专家知识，只需少量的人工干预即可实现故障诊断。然而，机器学习算法大多属于浅层模型，难以充分表征信号特征与健康状态之间复杂的映射关系，在模型训练时容易发生过拟合，导致诊断的准确性和泛化性能较低，使该方法受到一定的限制。作为机器学习领域的前沿发展方向，深度学习通过从大量数据中进行自适应特征提取，学习数据的内在规律和高级特征，以完成复杂的分类等学习任务。深度学习算法已经在语音处理、图像识别和自然语言处理等领域取得了很好的效果。常见的深度学习算法包括前馈神经网络、卷积神经网络（Convolutional Neural Network，CNN）、循环神经网络和生成对抗网络等。随着航空发动机、风力发电装备、燃气轮机和高端数控机床等机械装备的高精化、高速化、高可靠性发展，深度学习在机械装备故障诊断领域的应用也得到了越来越多研究学者的关注。基于深度学习的故障诊断方法能够对大量监测数据进行处理，建立更深层次的模型，提高诊断精度和泛化能力，实现端到端的智能故障诊断，在工业大数据时代方兴未艾。

8.1.2 基于 PCA 和 SVM 的机械装备故障诊断

（1）PCA

主成分分析（PCA）是一种常用的无监督学习方法，通过正交变换把多个原始变量转换为少数几个线性无关的新变量，主要用于数据降维。通过转换得到的新变量称为主成分，它包含了原始变量的绝大部分信息。在所有可能的线性变换中，使数据方差最大的新变量称为第一主成分，使数据方差第二大的新变量称为第二主成分，依此类推。

主成分分析的主要步骤：首先对原始数据进行标准化处理，消除量纲和数量级的影响；然后计算标准化处理后数据的协方差矩阵，对协方差矩阵进行特征分解，得到特征值和特征向量；接下来根据特征值的大小选择前 k 个主成分，这些主成分对应的特征向量即为转换矩阵；最后，将原始数据乘以转换矩阵，得到降维后的数据。主成分分析法如下：

给定一个样本矩阵 $\boldsymbol{X}$，

$$\boldsymbol{X}=x_1,x_2,\cdots,x_n]=\begin{bmatrix} x_{11} & x_{12} & \cdots & x_{1n} \\ x_{21} & x_{22} & \cdots & x_{2n} \\ \vdots & \vdots & & \vdots \\ x_{m1} & x_{m2} & \cdots & x_{mn} \end{bmatrix} \tag{8-1}$$

式中，$\boldsymbol{x}_j=[x_{1j},x_{2j},\cdots,x_{mj}]^{\mathrm{T}}$ 表示第 j 个观测样本，x_{ij} 表示第 j 个观测样本的第 i 个变量，$j=1,2,\cdots,n$。则样本均值向量 $\bar{\boldsymbol{x}}$ 为

$$\bar{\boldsymbol{x}}=\frac{1}{n}\sum_{j=1}^{n}\boldsymbol{x}_j \tag{8-2}$$

样本协方差矩阵

$$\boldsymbol{S}=[s_{ij}]_{m\times m}$$

$$s_{ij}=\frac{1}{n-1}\sum_{k=1}^{n}(x_{ik}-\bar{x}_i)(x_{jk}-\bar{x}_j),i,j=1,2,\cdots,m \tag{8-3}$$

样本相关矩阵

$$\boldsymbol{R}=[r_{ij}]_{m\times m},r_{ij}=\frac{s_{ij}}{\sqrt{s_{ii}s_{jj}}},i,j=1,2,\cdots,m \tag{8-4}$$

定义 m 维向量 $\boldsymbol{x}=[\boldsymbol{x}_1,\boldsymbol{x}_2,\cdots,\boldsymbol{x}_m]^{\mathrm{T}}$ 到 m 维向量 $\boldsymbol{y}=(\boldsymbol{y}_1,\boldsymbol{y}_2,...,\boldsymbol{y}_m)^{\mathrm{T}}$ 的线性变换为

$$\boldsymbol{y}=\boldsymbol{A}^{\mathrm{T}}\boldsymbol{x} \tag{8-5}$$

其中，

$$\boldsymbol{A}=[\boldsymbol{a}_1,\boldsymbol{a}_2,\cdots,\boldsymbol{a}_n]=\begin{bmatrix} a_{11} & a_{12} & \cdots & a_{1m} \\ a_{21} & a_{22} & \cdots & a_{2m} \\ \vdots & \vdots & & \vdots \\ a_{m1} & a_{m2} & \cdots & a_{mm} \end{bmatrix}$$

$$\boldsymbol{a}_i=[a_{1i},a_{2i},\cdots,a_{mi}]^{\mathrm{T}},i=1,2,\cdots,m$$

考虑式（8-5）的任意一个线性变换

$$\boldsymbol{y}_i=\boldsymbol{a}_i^{\mathrm{T}}\boldsymbol{x}=a_{1i}\boldsymbol{x}_1+a_{2i}\boldsymbol{x}_2+\cdots+a_{mi}\boldsymbol{x}_m,i=1,2,\cdots,m \tag{8-6}$$

$\boldsymbol{y}_i$ 的样本均值 $\bar{\boldsymbol{y}}_i$ 为

$$\bar{\boldsymbol{y}}_i=\frac{1}{n}\sum_{j=1}^{n}\boldsymbol{a}_i^{\mathrm{T}}\boldsymbol{x}_j=\boldsymbol{a}_i^{\mathrm{T}}\bar{\boldsymbol{x}} \tag{8-7}$$

$\boldsymbol{y}_i$ 的样本方差

$$\mathrm{var}(\boldsymbol{y}_i)=\frac{1}{n-1}\sum_{j=1}^{n}(\boldsymbol{a}_i^{\mathrm{T}}\boldsymbol{x}_j-\boldsymbol{a}_i^{\mathrm{T}}\bar{\boldsymbol{x}})^2=\boldsymbol{a}_i^{\mathrm{T}}\boldsymbol{S}a_i \tag{8-8}$$

对任意两个线性变换 $\boldsymbol{y}_i$ 和 $\boldsymbol{y}_k$ 的样本协方差

$$\mathrm{cov}(\boldsymbol{y}_i,\boldsymbol{y}_k)=\boldsymbol{a}_i^{\mathrm{T}}\boldsymbol{S}\boldsymbol{a}_k \tag{8-9}$$

那么，在 $\boldsymbol{a}_1^{\mathrm{T}}\boldsymbol{a}_1=1$ 条件下，使样本方差 $\boldsymbol{a}_1^{\mathrm{T}}\boldsymbol{S}\boldsymbol{a}_1$ 最大的 $\boldsymbol{x}$ 的线性变换即为样本第一主成分；在 $\boldsymbol{a}_2^{\mathrm{T}}\boldsymbol{a}_2=1$ 和 $\boldsymbol{a}_1^{\mathrm{T}}\boldsymbol{S}\boldsymbol{a}_2=0$ 条件下，使样本方差 $\boldsymbol{a}_2^{\mathrm{T}}\boldsymbol{S}\boldsymbol{a}_2$ 最大的 $\boldsymbol{x}$ 的线性变换即为样本第二主成分。

（2）SVM

支持向量机（SVM）是一种常用的监督学习算法，常用于二分类任务，其目标是在样本空间中找到一个超平面，将两类样本分开，且使得两类样本之间的间隔最大化。支持向量机包括线性支持向量机和非线性支持向量机。对于线性不可分的训练样本，非线性支持向量机通过使用核函数的方法将训练数据转化为内积形式，使其在高维空间中变得线性可分，进而可以求解多分类任务。

线性支持向量机的学习训练实质上是求解一个凸二次规化问题。为了便于求解，将它作为原始最优化问题，通过求解对偶问题得到原始问题的最优解。线性支持向量机的对偶算法如下：

给定一个训练数据集 $T=\{(x_1,y_1),(x_2,y_2),\cdots,(x_N,y_N)\}$，其中，$x_i\in X=\mathbf{R}^n$，$y_i\in\gamma=\{-1,+1\}$，$i=1,2,\cdots,n$。

1）构造并求解凸二次规划问题。

$$\min_{\alpha}\frac{1}{2}\sum_{i=1}^{N}\sum_{j=1}^{N}\alpha_i\alpha_j y_i y_j(x_i\cdot x_j)-\sum_{i=1}^{N}\alpha_i \tag{8-10}$$

$$\mathrm{s.t.}\sum_{i=1}^{N}\alpha_i y_i=0 \tag{8-11}$$

式中，$C>0$ 为惩罚参数，$0\leqslant\alpha_i\leqslant C,i=1,2,\cdots,N$。求得最优解 $\alpha^*=[\alpha_1^*,\alpha_2^*,\cdots,\alpha_N^*]^{\mathrm{T}}$。

2）计算法向量 ω^* 和截距 b^*。

$$\omega^*=\sum_{i=1}^{N}\alpha_i^* y_i x_i \tag{8-12}$$

选择 α^* 的任一分量 α_i^*，计算

$$b^*=y_i-\sum_{i=1}^{N}\alpha_i^* y_i(x_i\cdot x_j) \tag{8-13}$$

3）求分离超平面和分类决策函数。

分离超平面为

$$\omega^*\bullet\boldsymbol{x}+b^*=0 \tag{8-14}$$

分类决策函数为

$$f(x)=\mathrm{sign}(\omega^*\bullet\boldsymbol{x}+b^*) \tag{8-15}$$

（3）基于 PCA 和 SVM 的滚动轴承故障诊断

下面来介绍 PCA 和 SVM 在滚动轴承故障诊断中的应用。PCA–SVM 模型将主成分分析和支持向量机分类器相结合，利用 PCA 提取故障特征，然后利用 SVM 识别故障模式。案例数据来源于凯斯西储大学（CWRU）轴承数据集。CWRU 数据集通过轴承故障实验台采集，实验台由电动机、扭矩传感器和编码器、功率计及未显示的控制电子设备组成，测试轴承支撑着电动机轴，如图 8-1 所示。本案例选择电动机转速为 1797r/min，对于滚动轴承内滚道、滚动体和外滚道故障，故障直径为 0.021in（1in ≈ 2.54cm）。从健康轴承数据和 3 种故障轴承数据中各随机选取 500 个样本，随机选取的 70% 样本作为训练

集，其余 30% 的样本作为测试集。

图 8-1 凯斯西储大学轴承故障实验台

选取方均根值、方差、方根幅值、波形指标、峰值指标、脉冲指标、裕度指标、峭度指标共 8 个常用指标作为特征向量。对这 8 个指标进行主成分分析，计算得到主成分系数，见表 8-1。各个主成分的贡献率及累计贡献率见表 8-2。可以看出，第一主成分、第二主成分和第三主成分的累计贡献率为 97.64%，几乎保留了原始变量的全部信息，因此将前三个主成分作为 3 个综合变量替代原始的 8 个变量，大幅降低了输入数据的维度，提高了模型的计算效率。对原始数据进行 PCA 后，通过 SVM 实现故障分类。训练集和测试集的分类结果如图 8-2 所示，可以看出，训练集的分类准确率为 99.70%，测试集的分类准确率为 98.61%，证明该模型具有较高的诊断准确率。

表 8-1 主成分系数

j	i							
	1	2	3	4	5	6	7	8
1	0.39015	0.43658	0.04342	−0.0047	0.01616	0.21469	−0.2646	0.73408
2	0.43786	0.36829	0.04302	−0.6359	−0.0668	−0.0751	0.79746	−0.1438
3	0.43825	0.36923	0.04125	0.03266	0.03712	−0.1456	−0.5303	−0.6041
4	−0.3965	0.42068	0.02626	−0.0931	−0.1883	0.74777	0.02466	−0.2472
5	−0.3841	0.42606	0.03748	0.27425	0.73421	−0.2192	0.07977	0.02705
6	0.00074	−0.0599	0.70493	0.66280	−0.2419	0.03124	0.02536	0.00319
7	0.02301	0.06919	−0.7031	0.66521	−0.2377	0.02070	0.02879	0.00206
8	−0.3982	0.41293	0.03361	−0.1707	−0.5516	−0.5642	−0.0658	0.11644

表 8-2 各个主成分的贡献率及累计贡献率

主成分	贡献率（%）	累计贡献率（%）
1	42.3943	42.3943
2	31.2561	73.6504
3	23.9894	97.6398
4	0.9512	98.9510
5	0.8190	99.4100
6	0.4413	99.8513
7	0.1216	99.9729
8	0.0271	100

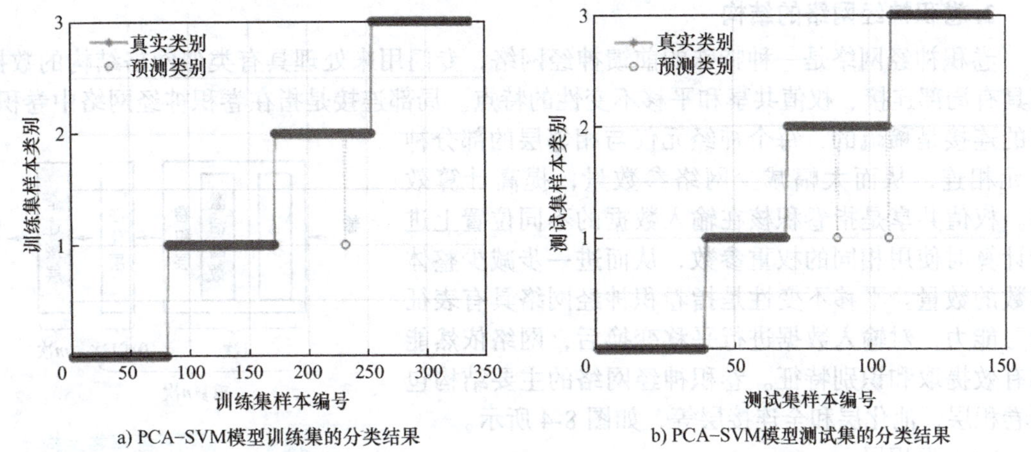

图 8-2　PCA–SVM 模型分类结果对比

8.1.3　基于卷积神经网络的机械装备故障诊断

卷积神经网络是深度学习的典型算法之一，通过卷积运算和池化操作对一维或多维的输入数据进行处理，提取数据中的高级特征，在故障诊断领域具有很好的应用效果。

1. 卷积神经网络发展历程

卷积神经网络起源于 20 世纪八九十年代，随着深度学习理论的提出和计算机硬件设备的发展，在近十年得到了快速发展，其结构演化图如图 8-3 所示。LeCun 等人于 1998 年提出了 LeNet-5 网络，并成功将其应用于手写体字符的识别。LeNet-5 是基于 LeNet 改进的，该网络具有多层结构，使用反向传播算法训练，能够对输入信息进行平移不变分类。Hinton 和他的学生 Alex 等人于 2012 年提出了 AlexNet 网络，该网络在当年的 ImageNet 竞赛（ILSVRC）中获得冠军。该网络基于 LeNet 继续改进，使用了 ReLU 和 Dropout 等技术，并使用 GPU 对运算进行加速。Szegedy 等人于 2014 年提出了 GoogleNet 网络，该网络没有采用增加网络深度以提高网络性能的普遍方法，而是利用 Inception 结构提取更丰富的特征，在 ILSVRC14 比赛中获得了更好的成绩。何恺明等人于 2015 年提出了 ResNet 残差网络，在图像分类任务中取得了很好的效果。该网络通过增加深度来提高准确率，同时在内部使用残差块来缓解梯度消失问题。

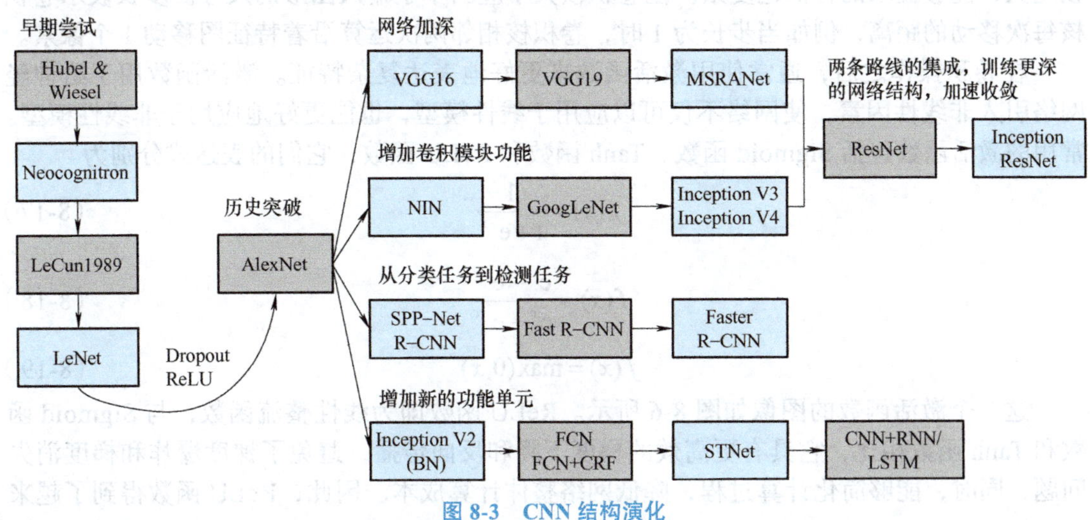

图 8-3　CNN 结构演化

2. 卷积神经网络的结构

卷积神经网络是一种特殊的前馈神经网络，专门用来处理具有类似网格结构的数据。其具有局部连接、权值共享和平移不变性的特点。局部连接是指在卷积神经网络中卷积层间的连接是稀疏的，每个神经元仅与相邻层的部分神经元相连，从而大幅减少网络参数量，提高计算效率。权值共享是指卷积核在输入数据的不同位置上进行计算时使用相同的权重参数，从而进一步减少整体参数的数量。平移不变性是指卷积神经网络具有表征学习能力，对输入数据进行平移变换后，网络依然能够有效提取和识别特征。卷积神经网络的主要结构包括卷积层、池化层和全连接层等，如图 8-4 所示。

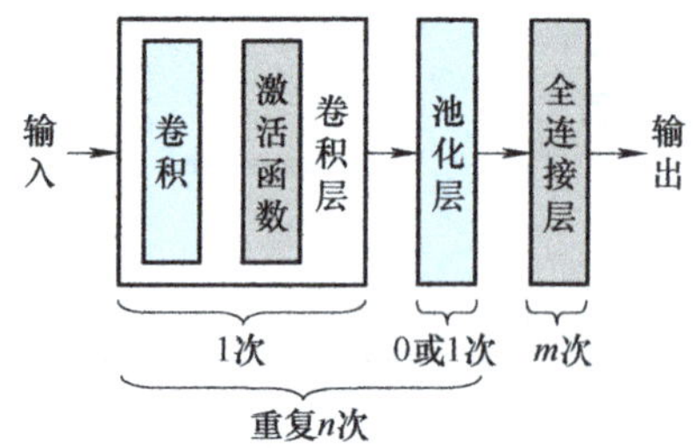

图 8-4 卷积神经网络架构

（1）卷积层

卷积层的作用是提取输入数据的不同特征。随着卷积层数的增加，能够从低级的特征中迭代提取更复杂的特征。卷积运算是一种特殊的线性运算，用卷积核按照一定规律对输入图像的各块区域依次进行加权求和计算（图 8-5）。卷积核即为权值函数，其参数通过学习算法优化得到，计算区域的大小称为感受野。卷积层的输出为

$$\boldsymbol{Z}^{l+1}(i,j)=[\boldsymbol{Z}^{l}*\omega^{l+1}](i,j)+b \tag{8-16}$$

式中，* 表示卷积运算；$\boldsymbol{Z}^{l+1}$ 和 $\boldsymbol{Z}^{l}$ 为特征图，表示第 $l+1$ 层的输入和输出；b 表示偏差量。

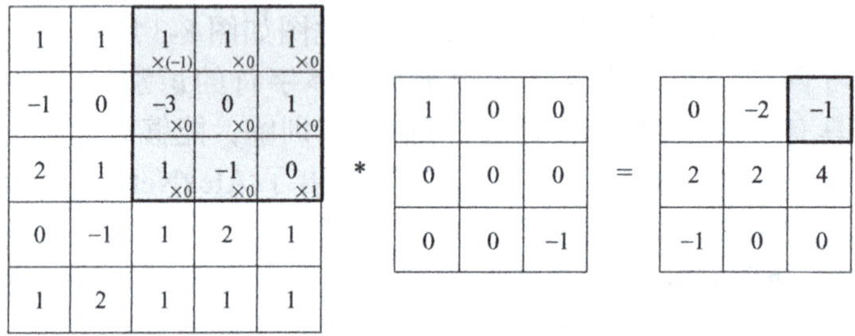

图 8-5 二维卷积运算示例

卷积层输出特征图的尺寸由卷积层参数决定，包括卷积核大小、步长和填充。卷积核越大，能够提取的特征越复杂。但卷积核大小应当小于输入图形的尺寸。步长表示卷积核每次移动的距离，例如当步长为 1 时，卷积核相邻两次运算沿着特征图移动 1 个像素。

在卷积操作之后，通常使用激活函数来更好地表达复杂特征。激活函数用于给神经网络引入非线性因素，使网络不仅可以应用于线性模型，也能更好地应用于非线性模型。常用的激活函数包括 Sigmoid 函数、Tanh 函数和 ReLU 函数，它们的表达式分别为

$$f(x)=\frac{1}{1+\mathrm{e}^{-x}} \tag{8-17}$$

$$f(x)=\frac{\mathrm{e}^{x}-\mathrm{e}^{-x}}{\mathrm{e}^{x}+\mathrm{e}^{-x}} \tag{8-18}$$

$$f(x)=\max(0,x) \tag{8-19}$$

这 3 个激活函数的图像如图 8-6 所示。ReLU 函数即为线性整流函数，与 Sigmoid 函数和 Tanh 函数相比，它具有更高效的梯度下降和反向传播，避免了梯度爆炸和梯度消失问题，同时，能够简化计算过程，降低网络整体计算成本。因此，ReLU 函数得到了越来

越多的应用。

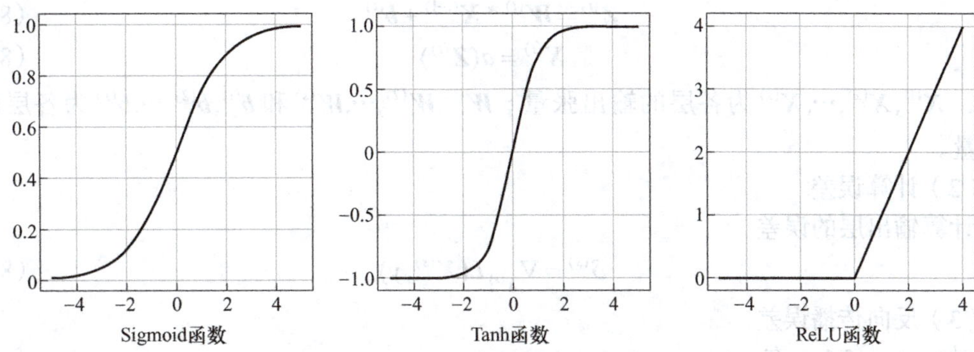

图 8-6　激活函数曲线图

（2）池化层

在卷积层进行特征提取后，使用池化层对输出的特征进行特征选择和信息过滤。池化操作能够降低数据维度，减小网络计算量，增大感受野，同时可以有效避免过拟合问题。常用的池化方法包括均值池化和最大池化，它们的表达式分别为

$$p_j^l = \frac{1}{w} \sum_{t=(j-1)w+1}^{jw} a_t^l \tag{8-20}$$

$$p_j^l = \max\{a_t^l\}, (j-1)w+1 \leqslant t \leqslant jw \tag{8-21}$$

式中，a_t^l 表示第 l 层的第 t 个特征值；w 表示池化区域的宽度，p_j^l 表示池化操作的输出。

（3）全连接层

在经过多个卷积层和池化层之后，连接全连接层对提取到的特征信息进行综合。全连接层将输入展开为一维向量，为将特征输入分类器做准备。全连接层的表达公式为

$$\boldsymbol{z}_j^{l+1} = \sum_{i=1}^{n} \boldsymbol{W}_{ij}^l a_i^l + \boldsymbol{b}_j^l \tag{8-22}$$

式中，$\boldsymbol{W}_{ij}^l$ 表示权值矩阵；$\boldsymbol{b}_j^l$ 表示偏置矩阵。

对于图像分类问题，输出层常使用 softmax 函数输出分类结果。softmax 函数输出样本向量 $\boldsymbol{x}$ 属于第 j 个分类的概率，其计算公式为

$$P(y=j) = \frac{\mathrm{e}^{x} \boldsymbol{W}_j}{\sum_{k=1}^{K} \mathrm{e}^{x} \boldsymbol{W}_k} \tag{8-23}$$

3. 学习算法

卷积神经网络采用反向传播算法（BP）来进行学习训练，它根据网络输出与实际标签之间的误差来更新网络参数（如权重和偏置）。对于每次迭代，首先通过正向传播从输入层开始传递信号直到输出层，然后通过损失函数计算网络输出与实际结果的误差，并从输出层开始将误差反向传播，同时计算损失函数对每层参数的梯度，最后利用梯度下降法或其他优化算法（如随机梯度下降法、Adam 算法等）对参数进行更新。对于卷积神经网络 $f(\boldsymbol{X};\theta)$，输入样本为 $(\boldsymbol{X}, y)$，反向传播算法实现步骤如下。

（1）正向传播

$$\boldsymbol{X}^{(0)} = \boldsymbol{X} \tag{8-24}$$

对 $t=1,2,\cdots,s$ ，有

$$\boldsymbol{Z}^{(t)}=\boldsymbol{W}^{(t)}*\boldsymbol{X}^{(t-1)}+\boldsymbol{b}^{(t)} \tag{8-25}$$

$$\boldsymbol{X}^{(t)}=a(\boldsymbol{Z}^{(t)}) \tag{8-26}$$

式中，$\boldsymbol{X}^{(1)},\boldsymbol{X}^{(2)},\cdots,\boldsymbol{X}^{(s)}$ 为各层的输出张量；$\boldsymbol{W}^{(1)},\boldsymbol{W}^{(2)},\cdots,\boldsymbol{W}^{(s)}$ 和 $\boldsymbol{b}^{(1)},\boldsymbol{b}^{(2)},\cdots,\boldsymbol{b}^{(s)}$ 为各层的参数张量。

（2）计算误差

计算输出层的误差

$$\delta^{(s)}=\nabla_{\boldsymbol{X}^{(s)}}L(\boldsymbol{X}^{(s)},y) \tag{8-27}$$

（3）反向传播误差

对 $t=s,\cdots,2,1$ ，有

$$\delta^{(t)}\leftarrow\frac{\partial a}{\partial\boldsymbol{Z}^{(t)}}*\delta^{(t)} \tag{8-28}$$

式中，$\delta^{(t)},\cdots,\delta^{(2)},\delta^{(1)}$ 为各层误差张量。

（4）计算梯度

对 $t=s,\cdots,2,1$ ，计算第 t 层的梯度

$$\nabla_{\boldsymbol{W}^{(t)}}L=\delta^{(t)}*\boldsymbol{X}^{(t-1)} \tag{8-29}$$

$$\nabla_{\boldsymbol{b}^{(t)}}L=\delta^{(t)} \tag{8-30}$$

（5）更新参数

对 $t=s,\cdots,2,1$ ，根据梯度下降公式更新第 t 层的参数

$$\boldsymbol{W}^{(t)}\leftarrow\boldsymbol{W}^{(t)}-\eta\nabla_{\boldsymbol{W}^{(t)}}L \tag{8-31}$$

$$\boldsymbol{b}^{(t)}\leftarrow\boldsymbol{b}^{(t)}-\eta\nabla_{\boldsymbol{b}^{(t)}}L \tag{8-32}$$

当 $t>1$ 时，将第 t 层的误差传导第 $t-1$ 层

$$\delta^{(t-1)}=\sum_{k'}\mathrm{rot}180(\boldsymbol{W}_{k'}^{(t)})*\delta^{(t)} \tag{8-33}$$

4. 基于 CNN 的滚动轴承故障诊断

下面介绍 CNN 在滚动轴承故障诊断中的应用。图 8-7 所示为一个多通道卷积神经网络的架构，该网络具有 3 个通道，每个通道卷积层的卷积核大小不同。本案例数据来源于 MDS 滚动轴承故障模拟实验台。该实验台的组成结构包括变频器、电动机、刚性联轴器、滚动轴承、弹性联轴器、扭矩传感器和电涡流制动器等，如图 8-8 所示。故障轴承套件包括内圈故障、外圈故障和滚动体故障，故障直径为 1in。电动机输出转速为 1800r/min。

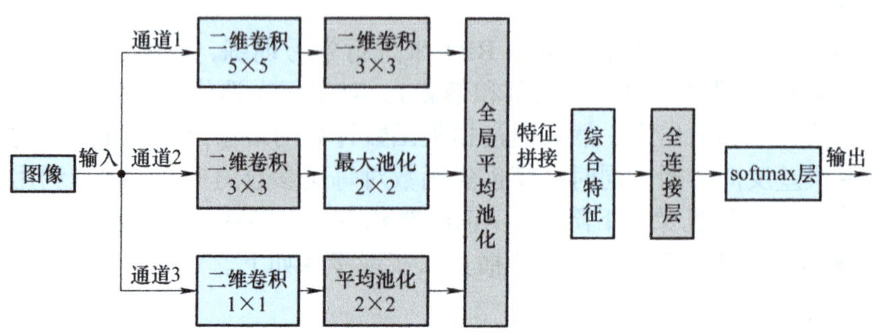

图 8-7 多通道卷积神经网络架构

图 8-8　MDS 滚动轴承故障模拟实验台

轴承共有 4 种不同状态，在 3 种故障状态下外负载分别为 0N・m、1N・m 和 2N・m。共有 10 种故障类型，并分别定义标签，见表 8-3。每一种类型的数据集包含 170 个样本，将数据集划分为训练集和测试集，训练样本数为 119，测试样本数为 51。

表 8-3　滚动轴承故障数据信息

轴承状态	负载 / (N・m)	训练集数量	测试集数量	标签
正常	0	119	51	0
内圈故障	0	119	51	1
	1	119	51	2
	2	119	51	3
外圈故障	0	119	51	4
	1	119	51	5
	2	119	51	6
滚动体故障	0	119	51	7
	1	119	51	8
	2	119	51	9

将二维图像输入到模型当中，经过 3 个通道分别输出 3 个特征，然后对 3 个特征图进行拼接得到综合特征，最后将综合特征输入全连接层，通过 softmax 层输出分类结果。测试集的损失曲线和准确率曲线如图 8-9 所示，可以看出，在经过 15000 次迭代训练后，模型达到了 99.02% 的最高准确率，具有良好的诊断性能。同时，模型的收敛速度

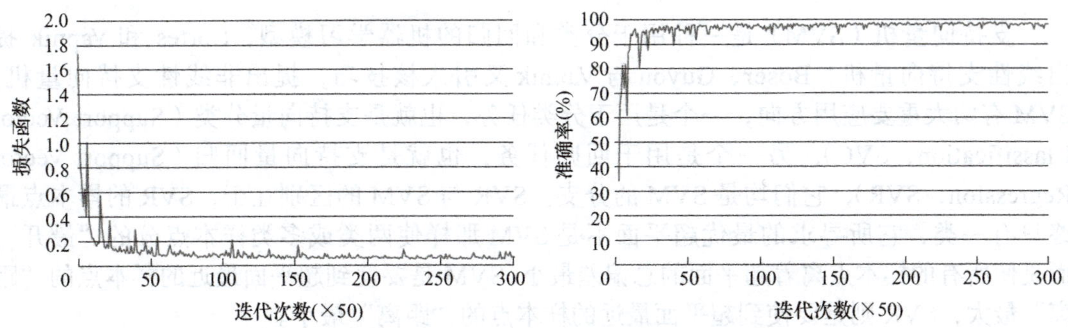

图 8-9　测试集的损失曲线和准确率曲线

快，损失函数较小，具有良好的鲁棒性。混淆矩阵是用来评价精度的一种可视化工具，主要用于比较分类结果和真实归类。矩阵的每一行表示样本的真实类别，每一列表示样本的预测类别，每一行的总数为该类别的真实样本数量。实验结果的混淆矩阵如图 8-10 所示。

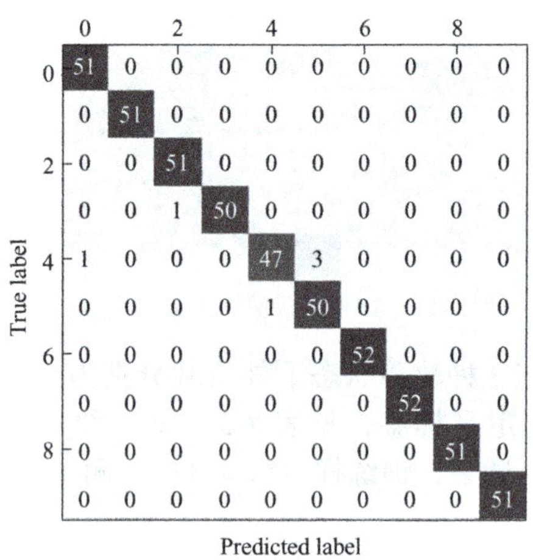

图 8-10　混淆矩阵

8.2 基于 SVM 的滚动轴承剩余使用寿命预测

剩余使用寿命预测（Remaining Useful Life，RUL）是指通过对设备或系统的监测和分析，预测其在未来一段时间内的剩余可用寿命。这种预测可以帮助人们了解设备的健康状况，及时进行维护和修理，以避免突发故障和停机。剩余使用寿命预测通常基于传感器数据、数据分析、健康指标及预测模型几个方面的数据和方法。本案例以滚动轴承作为研究对象进行寿命预测研究。滚动轴承作为制造业中大多旋转机械设备中的核心零部件，其应用范围广泛。在整个生产运作中，滚动轴承的运行状态是否产生异常直接影响整体生产设备的剩余寿命和生产效率。

剩余寿命预测是故障预测与健康管理（Prognostics Health Management，PHM）中的关键技术。对生产设备进行精准的寿命预测可有效提升设备的使用效率，并降低因故障带来的生产损失，同时降低生产维护成本。

8.2.1 基于 SVM 的剩余使用寿命预测

支持向量机（SVM）是一种用于分类和回归的机器学习模型，Cortes 和 Vapnik 提出线性支持向量机，Boser、Guyon 与 Vapnik 又引入核技巧，提出非线性支持向量机。SVM 有两大重要应用方向，一个是用于分类任务，也就是支持向量分类（Support Vector Classification，SVC），另一个是用于回归任务，也就是支持向量回归（Support Vector Regression，SVR），它们均是 SVM 的分支。SVR 与 SVM 的区别在于，SVR 的样本点最终只有一类，它所寻求的最优超平面不是 SVM 那样使两类或多类样本点分的“最开”，而是使所有的样本点离着超平面的总偏差最小。SVM 是要使到超平面最近的样本点的“距离”最大，SVR 则是要使到超平面最远的样本点的“距离”最小。

支持向量机的基本模型是定义在特征空间上的间隔最大的线性分类器，间隔最大使它有别于感知机；支持向量机还包括核技巧，这使它成为实质上的非线性分类器。支持向量机的学习策略就是间隔最大化，可形式化为一个求解凸二次规划（Convex Quadratic Programming）的问题，也等价于正则化的合页损失函数的最小化问题。支持向量机的学习算法是求解凸二次规划的最优化算法。

当输入空间为欧氏空间或离散集合、特征空间为希尔伯特空间时，核函数（Kernel Function）表示将输入从输入空间映射到特征空间得到的特征向量之间的内积。通过使用核函数可以学习非线性支持向量机，等价于隐式地在高维的特征空间中学习线性支持向量机。这样的方法称为核技巧。核方法（Kernel Method）是比支持向量机更为一般的机器学习方法。

SVM 在小样本预测等问题上表现突出，在时间序列预测、结构可靠性分析、回归分析、经济金融等领域有广泛的应用，机械零部件剩余寿命预测研究中也被频繁使用，这里选用 SVM 在回归任务的应用 SVR 模型进行寿命预测。

1. 数据来源

使用 XJTU-SY 滚动轴承加速寿命试验数据集进行剩余使用寿命预测具体内容详见 8.1.1 小节数据来源。

2. 特征提取及健康指标构建

特征提取是建立退化模型前关键的一步，同时，构建健康指标也是剩余使用寿命预测流程中的关键步骤，本案例提取时域、频域及时频域特征构造特征集，对特征集进行 PCA 融合降维并采用改进的 3σ 法进行退化点识别以提高预测精度。具体特征提取过程，及 PCA 降维和退化点识别过程及结果详见 8.1.2 小节特征提取及健康指标构建。

3. 基于 SVR 模型的寿命预测

（1）剩余使用寿命预测流程

分析轴承的原始振动信号并对原始振动信号进行时域、频域及时频域特征提取，可以看出，在滚动轴承的工作过程中，其性能将会出现突发性和渐进性故障。因此，本案例利用滚动轴承的振动信号特性，采用机器学习算法 SVR，借助 SVR 处理小样本数据和时间序列分析上的优势，最终完成轴承剩余使用寿命的预测。图 8-11 展示了采用 SVR 算法进行轴承剩余寿命预测的流程。

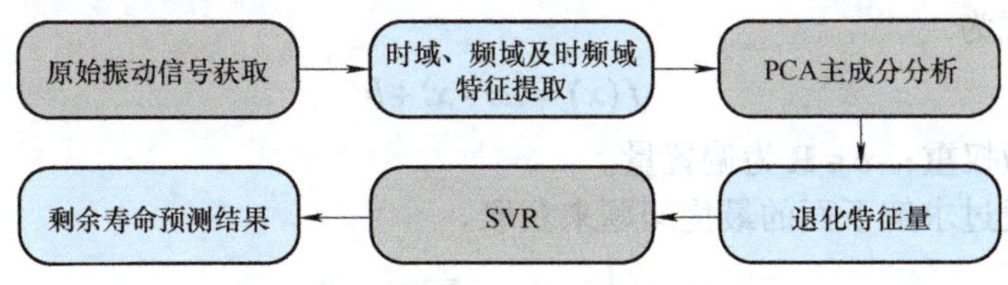

图 8-11　使用 SVR 算法的预测流程

采集振动加速度信号构建原始数据样本，提取峰峰值、裕度指标、FFT 变换频域指标及小波包分解能量特征等特征指标，将特征指标输入 PCA 模型中，根据累计贡献率确定主成分；利用主成分构造退化特征量并输入 SVR 模型中，得到轴承剩余寿命预测结果。

（2）PCA

PCA 可以将提取的多维特征参数数据进行融合降维，从而构建退化指标或直接将降维后的数据输入 SVR 模型中进行预测。

设共有 n 个数据样本，每个样本有 m 个特征量，样本数据矩阵为 $\boldsymbol{X}_{n\times m}$，其每行对应一个观测数据样本 $x_i(0<i\leqslant n)$；每列对应一个观测样本的特征量 $\xi_j(0<j\leqslant m)$。由于不同特征量具有不同的量纲，而不同量纲会引起变量分散程度的差异，所以需要对特征量进行

标准化处理。标准化处理后的特征量为

$$\hat{\xi}_j = \frac{\xi_{j-E}(\xi_j)}{S(\xi_j)} \tag{8-34}$$

式中，$E(\xi_j)$ 为特征量均值；$S(\xi_j)$ 为特征量标准差。

设标准化处理后的样本数据矩阵为 $\widehat{\boldsymbol{X}}_{n\times m}$，则其协方差矩阵

$$\boldsymbol{M} = \mathrm{cov}(\widehat{\boldsymbol{X}}_{n\times m}) \tag{8-35}$$

计算协方差矩阵的特征值 λ_i 及其特征向量，将特征值按照从大到小的顺序排列，对应特征向量构成的特征矩阵

$$\boldsymbol{K} = \begin{bmatrix} k_{11} & k_{12} & \cdots & k_{1l} \\ k_{21} & k_{22} & \cdots & k_{2l} \\ \vdots & \vdots & & \vdots \\ k_{m1} & k_{m2} & \cdots & k_{ml} \end{bmatrix} \tag{8-36}$$

式中，l 为特征值个数。

特征值 λ_i 的贡献率

$$G_i = \frac{\lambda_i}{\sum_{j=1}^{l} \lambda_j}, i = 1, 2, \cdots, l \tag{8-37}$$

取累计贡献率最高的前几个特征量作为主成分，第 j 个主成分 $\boldsymbol{P}_j$ 为

$$\boldsymbol{P}_j = \widehat{\boldsymbol{X}}_{n\times m} \bullet \begin{bmatrix} k_{1j} \\ k_{2j} \\ \vdots \\ k_{mj} \end{bmatrix} \tag{8-38}$$

经试验验证，选取第一主成分作为退化特征量输入到预测模型中。

（3）SVR 模型

样本集 $S = \{(x_i, y_i)|_{i=1}^{n}, x_i \in \mathbf{R}^n, y_i \in \mathbf{R}\}$，$x_i$ 为输入变量，y_i 为对应的预测值，回归函数 $f(\boldsymbol{x})$ 的计算公式为

$$f(\boldsymbol{x}) = \langle \omega \bullet \boldsymbol{x} \rangle + b \tag{8-39}$$

式中，$\omega \in \mathbf{R}^n$ 为权重；$b \in \mathbf{R}$ 为偏置量。

ω 和 b 可通过求解下面的最优问题来获取。

$$\begin{gathered} \min \frac{1}{2}\|\omega\|^2 + C\sum_{i=1}^{n} \xi_i + \xi_i^* \\ \text{s.t.} \begin{cases} \langle \omega \bullet x_i \rangle + b - y_i \leqslant \xi_i + \varepsilon \\ y_i - \langle \omega \bullet x_i \rangle - b \leqslant \xi_i^* + \varepsilon \\ \xi_i, \xi_i^* \geqslant 0 \end{cases} \end{gathered} \tag{8-40}$$

式中，C 为惩罚因子；ξ_i 和 ξ_i^* 为松弛因子；ε 为不敏感因子。

当数据之间表现为非线性关系时，向 SVM 中引入核函数，将原始数据映射到高维空间中，把非线性问题转化为线性问题求解。RBF 核函数是最常用的核函数，其表达式为

$$K(\boldsymbol{x}, \boldsymbol{y}) = \exp\left(-\frac{\|\boldsymbol{x} - \boldsymbol{y}\|^2}{p^2}\right) \tag{8-41}$$

式中，p 为核函数指数。

引入拉格朗日函数，将最优化问题转换为凸二次规划问题。

$$\max W(a_i,a_i^*)=-\frac{1}{2}\sum_{i,j}^{n}(a_i-a_i^*)(a_j-a_j^*)\cdot K(x_i,x_j)-\varepsilon\sum_{i=1}^{n}(a_i-a_i^*)+\sum_{i=1}^{n}y_i(a_i-a_i^*)$$

$$\text{s.t.}\begin{cases}\sum_{i=1}^{n}(a_i-a_i^*)\\0<a_i<C\\0<a_i^*<C\end{cases}\tag{8-42}$$

式中，a_i,a_i^* 为拉格朗日算子；$W(a_i,a_i^*)$ 为求解 a_i,a_i^* 的函数。

根据 Karush-Kuhn-Tucker 条件，SVM 回归函数为

$$f(\boldsymbol{x})=\sum_{i=1}^{n}(a_i-a_i^*)K(x_i,\boldsymbol{x})+b\tag{8-43}$$

4. 预测结果分析

本案例采用 PyTorch 框架进行试验，由于需要采用 SVM 模型中的 SVR 模型进行剩余寿命预测，而 PyTorch 主要用于深度学习模型，但 SVR 属于传统的机器学习算法，所以需要采用 Python 中 Scikit-learn 提供的 SVR 实现。

将数据样本输入 PCA 模型中，利用 PCA 进行特征融合，去除特征间的冗余和相关性，得到主成分贡献率及累计贡献率，见表 8-4。

表 8-4　PCA 主成分贡献率

主成分	主成分贡献率（%）	累积贡献率（%）
1	56	56
2	33	89
3	9	98
4	2	100
5	0	100
6	0	100

从表 8-4 可看出，第 1 主成分和第 2 主成分的累计贡献率接近 90%，说明其包含了信号的绝大部分信息，因此，选择第 1 主成分和第 2 主成分作为退化特征量输入 SVR 模型中。

经多次试验验证，选取惩罚因子 C 为 100，不敏感因子 ε 为 0.05，核函数为 RBF 核函数。分别选取工况一与工况二的前 80% 作为训练集、后 20% 作为测试集，在退化点识别后，经归一化处理特征数据并以寿命百分比作为标签进行寿命预测，对输出的预测寿命值进行多项式曲线拟合。轴承 1–5 和轴承 2–5 剩余寿命预测结果如图 8-12 所示。

轴承 1–5 的 MAE 值为 0.1553，RMSE 值为 0.2006；轴承 2–5 的 MAE 值为 0.0884，RMSE 值为 0.1086。分析轴承 1–5 和轴承 2–5 剩余寿命预测结果可知，相较于轴承 2–5 而言轴承 1–5 的预测效果更好一些，而轴承 2–5 预测曲线虽贴近真实寿命曲线但由于其数据量要远多于轴承 1–5，并由于 SVR 模型为机器学习算法，其更适用于小批量、小样本数据，所以导致轴承 2–5 预测效果较差。另一方面的原因是轴承特征数据为非线性数据，很难在 SVR 模型中加入 ReLU 等非线性激活函数来捕捉非线性特征，并且标签数据为线性数据，因此会导致寿命预测精度较低。

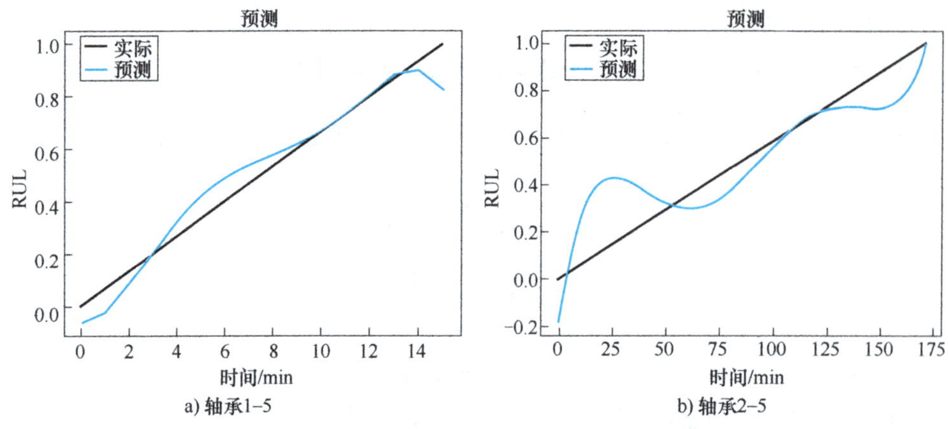

图 8-12 轴承 1–5 和轴承 2–5 剩余寿命预测结果

8.2.2 总结

实现预测性维护的关键是对设备系统或核心部件的寿命进行有效预测。对工程机械设备的核心耗损性零部件的剩余寿命进行预测，可以据此对相关部件进行提前维护或者更换，从而减少整个设备非计划停机时间，避免因计划外停机而带来的经济损失，比如导致整个生产现场其他配套设备等待故障设备部件的修复。本案例以滚动轴承为例，总结介绍了关于零部件寿命预测的机器学习及深度学习方法，对其剩余使用寿命进行了准确地预测。

机器学习算法以 SVM 为例，利用处理过的数据训练支持向量机模型，确定模型参数（不敏感系数、惩罚因子、核函数参数等），基于训练后的 SVM 模型对系统未来的状态进行预测，通过与预先设定的失效阈值对比得到轴承的剩余寿命。深度学习方法以时间卷积网络（TCN）为例，TCN 是对 LSTM 及 CNN 的改进，以原始振动数据和基于原始振动数据所提取的特征作为神经网络的输入，通过训练算法不断调整网络的结构和参数，利用优化后的网络在线或离线预测设备的剩余寿命，预测过程中无需任何先验信息，完全基于监测数据得到的预测结果。

从预测结果可以看出，机器学习算法通常需要手工提取特征，并且对数据的分布假设较为严格，容易出现欠拟合或过拟合问题。而深度学习方法既可以通过端到端的学习方式从原始数据中学习到特征表示，捕捉数据的复杂关系，也可以输入手动提取的特征。

对于剩余寿命预测任务而言，深度学习方法在处理大规模复杂数据和非线性关系方面通常表现得更好，但对大量数据和计算资源的需求较高，模型的解释性较差，以及对超参数调优的依赖性较强。而机器学习算法则更易于解释和调优，并且在数据较少或特征工程较为重要的情况下可能表现得更好，将两者结合应用是一个重要的研究方向。

因此，在选择合适的方法进行剩余寿命预测时，需要综合考虑数据特点、任务需求、计算资源等因素，并根据具体情况选择合适的算法或方法。

8.3 加工工艺优化

1. 案例背景

在数控加工领域，对加工质量、加工效率与加工成本的控制能力是衡量加工能力强弱的指标。而如何提升这种能力，即对于工艺参数优化的研究，在数控加工领域占据着重要地位。在工艺参数优化问题中，往往需要同时关注多个优化目标，效率、质量与加工成本的优化需要同时被解决。而多个优化目标之间可能彼此矛盾，即在提升加工效率的同时可能会造成加工质量的降低，提升加工质量的同时又会造成加工效率的降低与加工成本的提高。如何有效地实现多个目标的同时优化，是当前工艺参数优化领域所面临的一项重要任务。

对加工过程进行优化，不可避免地要对加工过程进行建模。加工过程模型一般包含几何模型及物理模型两种，由于物理模型往往能更直接地反映加工过程的力、热特性，因此加工过程物理模型被广泛应用在工艺参数优化中。在大多数的研究中，常通过设计实验的手段来构建加工过程物理模型，通过设计实验可以在较短的时间内获得较为全面的特征数据以加快建模的进程。但设计实验也融入了人为的主观因素与局限性，因此必然无法涵盖所有的加工工况。与设计实验不同的是，日常加工任务的加工过程数据实际上涵盖了大量的工艺信息，这部分信息中拥有设计实验所无法涵盖的特征数据，是非常具有价值的工艺信息。加工过程数据具有数据量大、与工艺系统工艺特性强相关，以及加工场景日常等特点。

2. 解决方案

在进行数控加工编程时，加工工艺参数（如切深、切宽、主轴转速、进给速度等）的确定至关重要，它们影响着零件的加工质量和效率、机床和刀具等制造资源的寿命等。当工艺参数选择过于保守，机床和刀具等制造资源的效能会产生严重浪费，影响加工效率和经济性；相反，过于激进的工艺参数会使加工中产生诸如机床颤振、刀具磨损、加工质量低下等异常情况，严重时甚至会带来制造资源的损坏，产生重大生产事故和经济损失。

本案例提供以下两种解决方案。

（1）基于指令域“心电图”的加工工艺参数优化

此种优化方案需要对零件进行试切加工，并采集加工过程中的切削负载数据，基于采集的实际负载数据对加工工艺参数进行优化。需要多次实际加工进行迭代优化，以得到最终优化后的工艺参数。

（2）基于加工过程主轴功率模型的加工工艺参数优化

此种优化方案在优化前需要建立切削加工工艺参数与切削负载之间的映射关系（即模型）。基于建立的模型，当有新的零件需要加工时，无须试切加工，即可利用模型对加工过程的切削负载进行预测，基于预测的切削负载数据对加工工艺参数进行优化。此方案是基于模型预测结果离线迭代的切削工艺参数优化。

两种方案有着相同的优化目标：在优化加工效率的同时降低切削功率波动。

两种方案各有优点：方案 1 不需要事先建立模型，方法比较简单，但是优化前需进行试切加工，主要适用于大批量工件的工艺参数优化；方案 2 需要通过试验建立模型，方案比较复杂，但是优化时却不需要试切加工，主要适用于单件或者小批量产品的加工优化。

本案例应用基于指令域的大数据分析方法，该方法以加工过程数据与 G 代码指令数据之间的对应关系为基础，将指令行作为数据分析及统计的基本单位，从按时间分析、按频域分析转变为按指令行分析，进而使得对数控加工过程数据的分析更加科学、准确与全面，对分析结果的应用更加有效。

所谓指令域大数据，是指将数控加工过程通过制造资源、加工任务和运行状态进行关联描述。

1）制造资源。数控机床的制造资源（简称 MR）是指执行加工任务所需的物理系统部件（包括主轴、丝杠、导轨、轴承、电动机、刀具等工艺系统数据），以及加工过程中的环境因素（如温度、振动等），主要是数控机床的属性数据、参数数据等。

2）加工任务。数控机床的加工任务（简称 WT）是指数控机床在给定的制造资源条件下完成特定的工作任务，即数控机床的任务数据。

3）运行状态。数控机床的运行状态（简称 Y）是指在工作过程中产生的工作质量和效率等可以表达的特征参数，包括主轴功率、扭矩、振动、进给轴轮廓误差等电控数据，即数控机床的逻辑数据和状态数据。

通过式（8-44）建立制造资源数据、工作任务数据与运行状态数据的映射关系。输入为制造资源 MR 和工作任务 WT，输出为对应的操作状态数据 Y。需要指出的是，式（8-44）的表现形式为一组大数据。

$$Y = f(\mathrm{WT}, \mathrm{MR}) \tag{8-44}$$

数控机床的加工任务通过加工零件的 G 代码程序进行定量描述。在已定的制造资源条件下，G 代码程序及其所包含的加工指令共同描述工作任务数据，如被加工零件的形状特征、尺寸、加工模式等。G 代码通过指令行号定义指令执行顺序，构成加工系统的运动轨迹和加工模式。综上所述，G 代码可以解释为以插补周期为间隔、由指令行号定义执行顺序的时序数据，显式或隐式地描述指定时刻（或指令行号）的加工参数，如刀具、夹具、主轴转速和进给速度等，以及当前时刻的振动、温度、电流、功率等运行状态数据。因此，G 代码指令行号可以作为连接制造资源、工作任务与状态数据的“索引”，构建数控机床的指令域大数据。其数据结构可通过图 8-13 表达。

$$\begin{array}{cccccc}
M & \rightarrow & m_0 & m_1 & \cdots & m_N \\
 & & \downarrow & \downarrow & \downarrow & \downarrow \\
D^1 & \rightarrow & d_0^1 & d_1^1 & \cdots & d_N^1 \\
D^2 & \rightarrow & d_0^2 & d_1^2 & \cdots & d_N^2 \\
\cdots & \rightarrow & \cdots & \cdots & \cdots & \cdots
\end{array}$$

图 8-13　指令域大数据结构

图中，m_t=(MR$_t$,WT$_t$)，t=0,1,2,⋯,N；d_t(t=0,1,2,⋯, N) 为状态信号，包括位置环、速度环、电流环及外部感知数据。状态信号数据根据 G 代码指令行号被有序“分组”，从而实现制造资源、加工任务与运行状态数据的映射，成为“加工换轨”这一重要加工事件的标识。指令域大数据从表面来看只是强调自身是基于 G 代码行号的关联数据，但实际上隐含着时间属性。

方案 1 基于指令域“心电图”的工艺参数优化，需在首次加工过程中实时地采集加工过程中的程序行号、负载数据（主轴功率或主轴电流），X 轴、Y 轴、Z 轴指令位置和指令速度，以此建立指令域“心电图”及进给速度优化模型。

方案 2 选用可从数控系统内部直接获得的且能够表征加工过程物理状态的主轴功率代替铣削力，并以日常加工任务数据生成样本数据，进而应用神经网络建立主轴功率预测模型。该方案以进给速度、主轴转速、切宽及切深建立针对特定工艺系统（固定的机床、刀具及毛坯材料）的加工过程主轴功率模型，并将特定工艺系统的工艺特性拟合在模型当中。

3. 数据预处理

机床工艺系统的运行数据记录了加工过程中的特征信息，反映了系统的输入与输出之间的映射关系。但是，机床工艺系统的运行数据种类繁多、成分复杂，包含许多无用的数据及干扰，且数据之间的量纲往往不同，人们所关心的特征可能会由于幅值较小，在原始数据中仅占很小的部分，直接对原始数据进行分析，不容易找到数据之间的关联关系。因此，在建立模型之前，需要对运行数据进行分析处理，找出数据之间的因果关系，以及数据的不同特征对实际响应的影响效果，尽量分离出原始数据中对建模无用的数据，有效避免各种干扰，放大特征，以便于后续建模。

（1）方案 1 采用的数据预处理方法

1）工艺参数提取。从 G 代码信息中，直接提取出主轴转速、进给速度等工艺信息。

2）数据滤波。通过数据采集软件采集到的指令数据中，主轴功率、实际速度等含有高频噪声成分，或有其他噪声干扰，需去除噪声，提升数据的有效性。

3）指令域分析。将每一行的工艺参数与实际的响应数据在指令域上进行一一映射，可用于分析实际加工状态。

（2）方案 2 采用的数据预处理方法

1）工艺参数提取。以毛坯几何信息或 STL（STereo Lithography）模型作为毛坯 Z-map 离散建模的输入，对 G 代码中的工艺信息进行读取并进行刀位点的离散。基于离散的刀位点生成刀具扫掠体对材料去除量切宽、切深进行提取并将工艺信息在指令域表示。

2）数据无量纲化。对数据进行归一化操作，转化成为“纯量”数据，各指标数据处于同一数量级，便于不同单位或量级的指标进行比较和加权，加快模型训练过程中的梯度下降速度，改善模型的收敛性。

3）数据滤波。采集得到的数据，如实际速度、实际位置、跟随误差等均存在着大量高频的波动值，其波动幅度小、频率高、规律性小，因此需要对数据进行滤波，去除掉高频波动干扰，再用于模型的训练。

4）数据对齐与融合。工艺参数的提取按照距离进行分隔，数据采集频率为 1kHz，需要将二者在刀位点上细致对齐，才能准确反映每一刀位点对应工艺参数与响应数据，保证生成样本的有效性。

4. 数据建模

方案 1 通过主轴电流的变化可以反映进给速度的变化，此外，主轴电流的变化还能够反映机床的负载状态，因此选用主轴转速、进给速度、主轴电流材料去除率作为模型输入，以进给速度作为模型输出。

方案 2 以主轴功率来表征切削力并进一步反映实际加工状态。实际影响切削力的因素包括切削液、毛坯材料硬度、刀具材料类型、刀具直径、顺逆铣、切宽、切深、刀具磨损情况、刀具前倾角、刀具后倾角、刀具刃数及机床和主轴的特性等。考虑到工艺响应与工艺系统工艺特性相关，因此本案例基于特定的工艺系统建立主轴功率预测模型，将特定工艺系统（刀具、毛坯材料及机床）的工艺特性拟合至模型当中，选取进给速度、主轴转速、切宽及切深作为模型输入，以主轴功率值（经均值滤波）作为模型输出。

（1）基于指令域“心电图”的加工工艺参数优化

在进行工艺参数优化时，单次切削时间、零件表面质量和刀具寿命是首先要考虑的几个方面。减少单次切削时间无疑会带来经济效益，但是在减少单次切削时间的同时会导致零件表面质量和刀具寿命在一定程度上都受到损害。因此，此方案中工艺优化主要有 3 个目标分量分别是单次切削时间、零件表面质量和刀具寿命。

方案 1 主要的研究对象是粗加工，在粗加工中主要关注的是加工的效率问题，而对零件的表面质量并没有太高要求。所以在优化时，目标函数首先是单次切削时间，要通过优化加工参数减少单次切削时间；其次是刀具寿命，通过对工艺参数的寻优使得加工过程中刀具的负载趋于均衡，有利于延长刀具的寿命。

在以提升效率为目标的粗铣加工工艺参数优化过程中，刀具寿命是最可能受到不利影响的因素。在方案 1 中，以主轴负载电流的变化来反映进给速度、材料去除率的变化。优化的限制条件也应该反映到主轴负载电流上。具体来说，将原始 G 代码加工时产生最大电流时的切削参数作为最大限制条件，即机床性能得到充分发挥时能产生的电流最大值，优化后的最大电流应小于原始 G 代码加工产生的最大电流。在这个约束条件下，材料去除率是在机床和刀具所能承受的最大范围内的。原始G代码加工时产生的最小电流也应该作为优化的限制条件之一。优化后G代码加工产生的电流应大于原始G代码产生的最小电流，因为若优化后主轴电流变小则意味着进给速度或是材料去除率变小，这样就不能达到提高加工效率的目的。另外，在优化进给速度的时候要注意进给速度的变化过大会造成机床的振动、表面质量不佳等情况。

优化约束条件：

1）优化后的主轴电流最大值应小于原始G代码的主轴电流最大值。

2）优化后的主轴电流最小值应大于原始G代码的主轴电流最小值。

3）进给速度平滑过渡。

4）优化后的G代码对于加工后的零件满足表面质量要求。

（2）基于加工过程主轴功率模型的加工工艺参数优化

人工神经网络是模仿动物神经中枢而建立的函数拟合模型，其具备良好的非线性拟合能力。人工神经网络是由多个人工神经元连结而成的单个神经元一般以 $\boldsymbol{x}_1 \sim \boldsymbol{x}_n$ 为输入向量，$\boldsymbol{w}_1 \sim \boldsymbol{w}_n$ 为输入向量各分量所对应的权值，b 为偏置，f 为激活函数，θ 为阈值，$\boldsymbol{t}$ 为输出，则 $\boldsymbol{t}=f\left(\sum_{i=1}^{n}(\boldsymbol{w}_i\boldsymbol{x}_i+b)-\theta\right)$。经典的神经网络一般由多层神经元所构成，每一层神经元都具备输入及输出。常见的多层前馈神经网络一般包含输入层、输出层及隐藏层，此种网络亦被称为多层感知机。神经网络的学习是通过训练集数据对各层权重及神经元的阈值进行反复校正，直至网络输出的目标值与实际目标值的相符程度达到一定的精度范围，进而完成训练。

前文对机床的加工过程数据进行预处理，对指令数据与工艺信息数据之间进行对齐融合、特征的提取与分析，确定了预测模型的输入和输出。

反向传播算法是一种常见的神经网络训练算法，它以网络的计算误差为依据逐层更新权重向量，反复执行正向传播与反向传播两个过程直至计算误差达到允许范围内而完成学习。本案例即采用基于反向传播算法的BP神经网络来建立三轴铣削粗加工主轴功率预测模型。该模型的结构如图8-14所示。

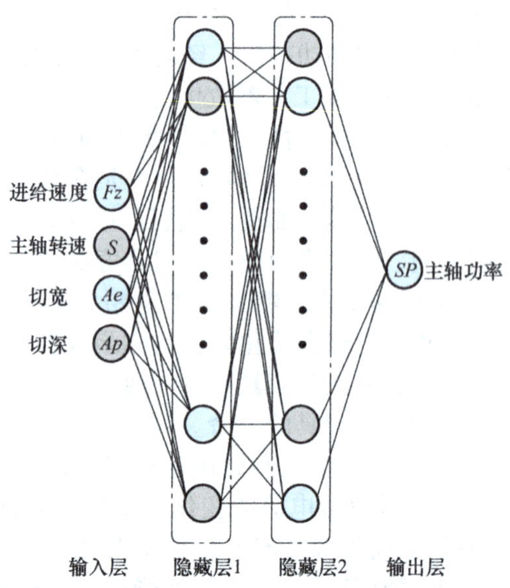

图8-14 神经网络结构

在训练模型的过程中进行实际测试，根据训练预测效果最终选定网络结构为输入层—隐藏层 1—隐藏层 2—输出层，对应节点数为 4—10—10—1 的神经网络模型作为最终的训练模型。

优化前后主轴电流如图 8-15 所示。其中，红色为原始 G 代码加工时的电流，蓝色为优化后 G 代码加工时的电流。从图中可以直观地看出，优化后电流波动小于优化前电流波动，加工的主轴电流趋于均衡，并且在优化后电流有整体的提升。优化前单次切削时间为 7min49s，优化后的时间为 7min4s，效率提升了 9.59%。

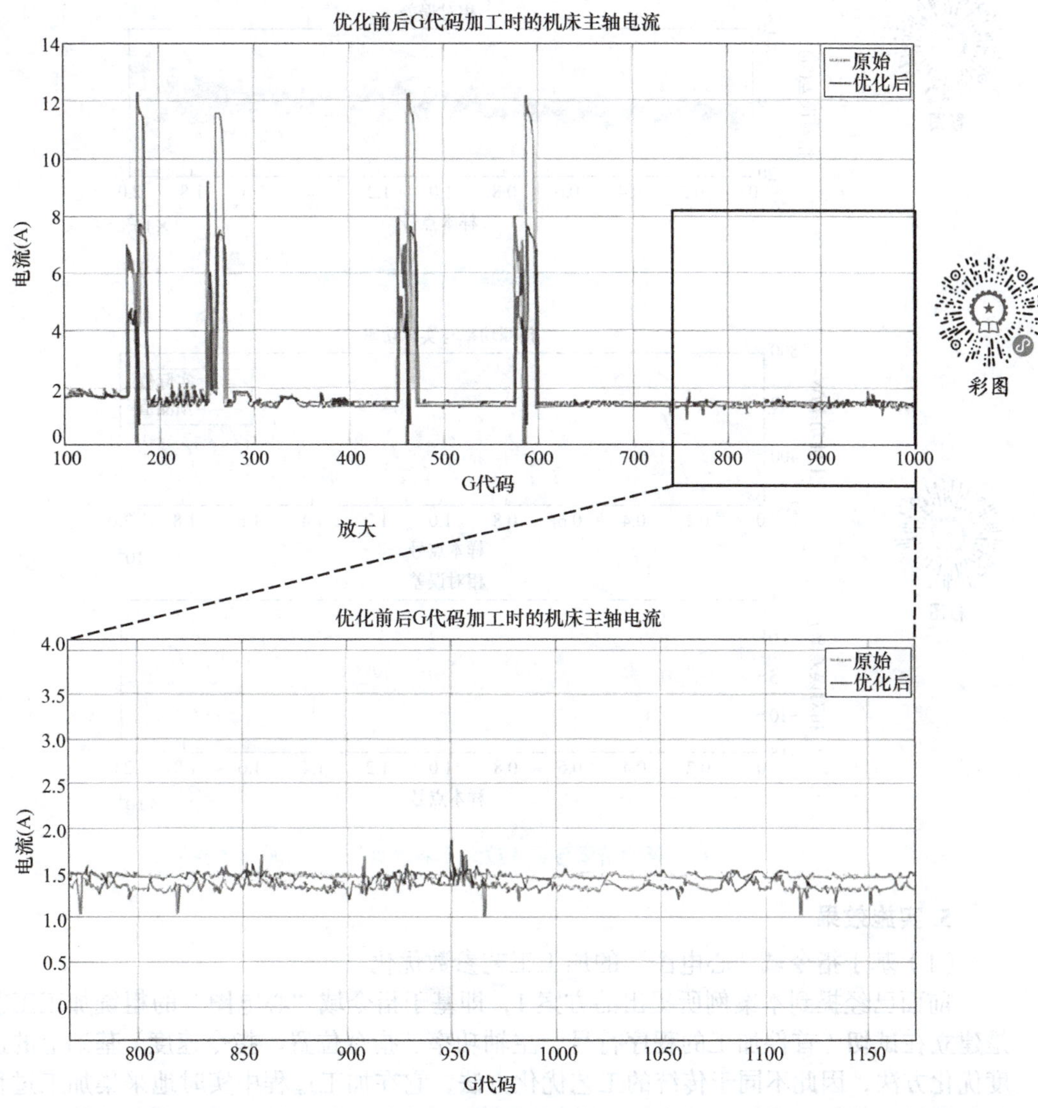

图 8-15　优化前后主轴电流对比

（3）基于加工过程主轴功率模型的加工工艺参数优化

为验证上述所构建的模型预测的精度，设计了变切宽铣削实验、变切深铣削实验，生成测试集，并在多次加工过程中在不同进给速度下进行实验。将测试集输入至主轴功率预测模型，其预测结果如图 8-16 所示，分别对误差及预测结果进行了放大。从图 8-17 中可以看到，误差值主要在 5% 附近波动，个别样本点的预测误差最低可达 2%，最高会达

到 15%，但模型整体的预测误差为 4.91%。

彩图

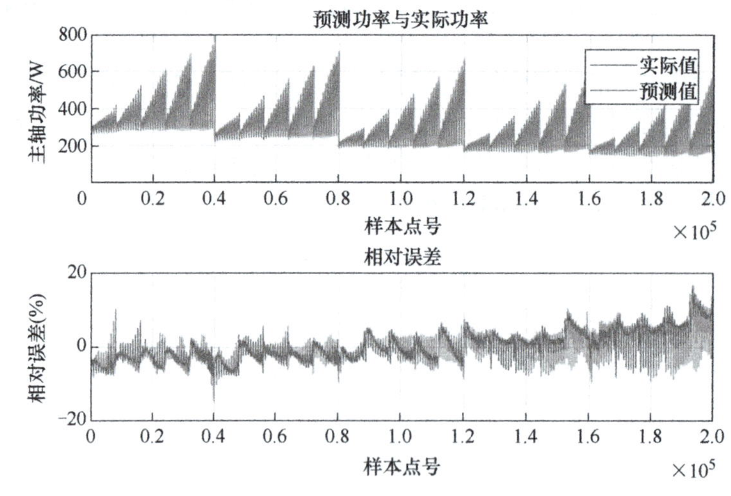

图 8-16　主轴功率预测模型预测结果

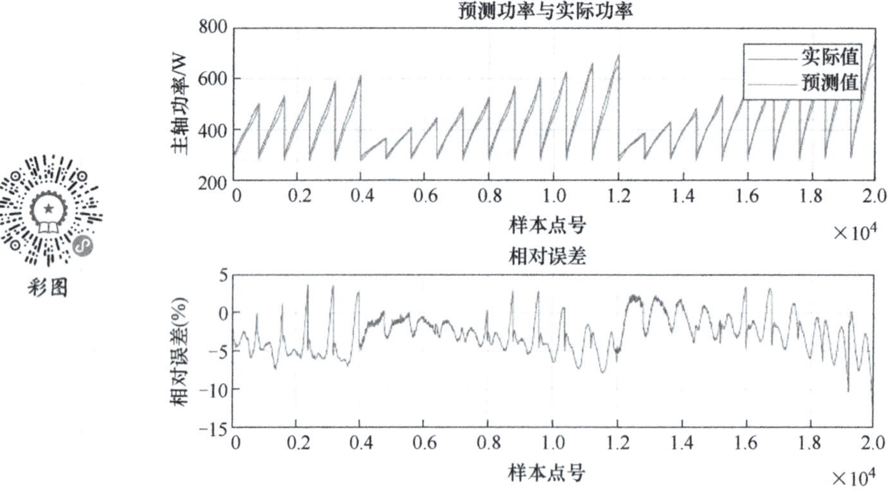

图 8-17　预测结果与误差放大（第 20000 ～ 40000 样本点）

5. 实施效果

（1）基于指令域“心电图”的加工工艺参数优化

前面已经提到本案例所提出的方案 1，即基于指令域“心电图”的粗铣加工工艺优化是建立在试切（首件加工的程序行号、主轴功率、指令位置、指令速度）基础上的进给速度优化方法，因此不同于传统的工艺优化方法，它在加工过程中实时地采集加工过程中的负载数据，并实时调整进给率。本案例提出的方法基于华中数控的双码联控技术，通过离线生成加工优化代码（第二加工代码，i 代码），并于 G 代码共同控制机床运动，实现加工过程的自适应优化，其过程如图 8-18 所示。在实际加工过程中，通过 i 代码修正原始 G 代码程序中指定行程序段的进给速度，即 F 值，能够有效平衡粗加工过程中切削负载，降低主轴电流的波动，在机床切削能力范围内合理地提高零件的加工效率。

（2）基于加工过程主轴功率模型的加工工艺参数优化

应用加工过程主轴功率预测模型及所提取的工艺参数，预测对应的主轴功率，然后利用多目标优化算法对 G 代码进行优化，应用所生成的 G 代码进行实际加工，可得优化后实际功率及实际进给速度。优化前后的进给速度及优化前后的实际功率对比如图 8-19 和图 8-20 所示。对所采集的实验数据进行分析计算可得，优化后加工时间为 78.54s，优化后主轴功率方差为 795。原始 G 代码加工情况下的加工时间为 89.46s，主轴功率方差为 986。因此，加工效率提升了 12.21%，负载波动降低了 19.37%。

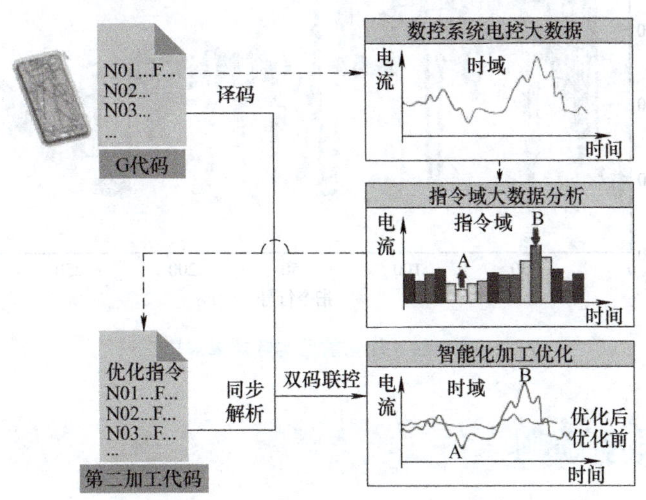

图 8-18　基于双码联控的工艺参数优化

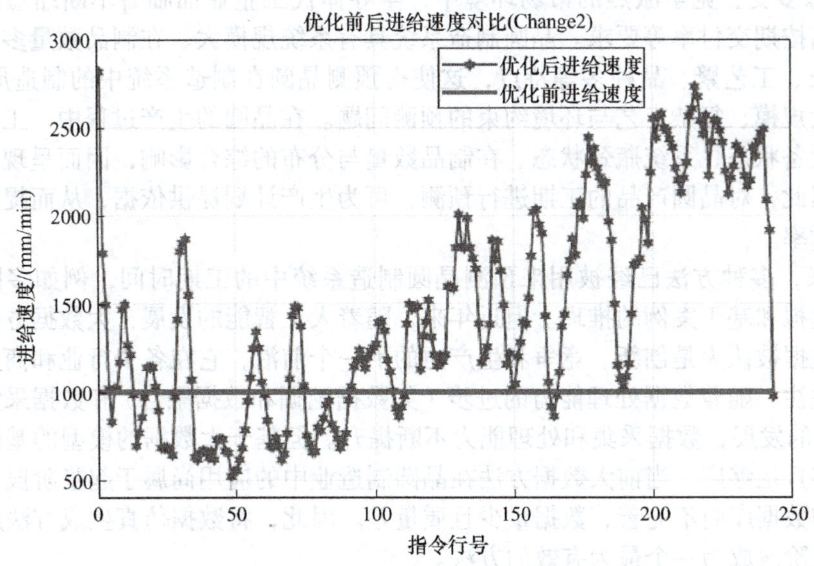

图 8-19　优化前后 G 指令的进给速度

综上所述，本案例说明基于数控加工大数据和机器学习方法，可实现加工效率的显著提升，并为数控加工涉及的诸如进给系统跟随误差预测、健康保障、生产管理等方面智能化技术与应用的实现提供了较好的参考。

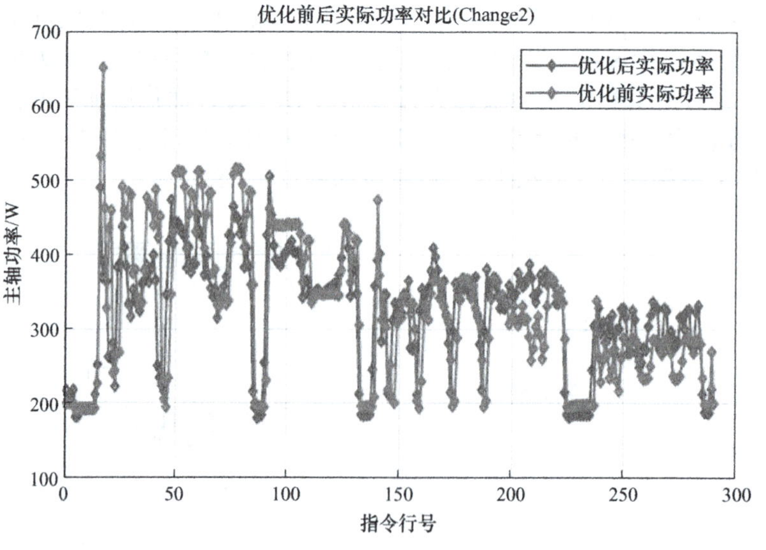

图 8-20　优化前后实际功率对比

8.4 生产周期预测

1. 案例背景

在动态多变、竞争激烈的市场环境中，半导体代工企业面临着不断缩短晶圆产品交货期、提高按期交付率等要求。晶圆制造系统具有系统规模大、在制品数量多、产品工序多、工期长、工艺繁、品种多等特点，这使得预测晶圆在制造系统中的制造周期（工期）成为一个大规模、复杂工艺与环境约束的预测问题。在晶圆的生产过程中，工期受到工艺路线中的设备状态、系统瓶颈状态、在制品数量与分布的综合影响，因而呈现出复杂的波动规律。因此，对晶圆产品的工期进行预测，可为生产计划提供依据，从而提高晶圆订单的准时交付率。

多年来，多种方法已经被用来预测晶圆制造系统中的工期时间，例如多因素线性组合、生产模拟和基于案例的推理。但近年来，随着人工智能的发展，大数据方法成为主流方法。大数据被认为是创新、竞争和生产力的下一个前沿，它在各个行业和商业领域都受到了广泛关注，随着数据处理能力的进步（如数据挖掘和数据融合）和数据采集技术（如射频识别）的发展，数据采集和处理能力不断提升。但基于大数据的模型的基础是数据量需要足够多且足够广，当前大数据方法在晶圆制造业中的应用尚属于起步阶段，各种数据采集设备和数据库尚不完善，数据量少且质量差。因此，将数据仿真生成方法用于晶圆工期预测在现阶段成为一个最为有效的方法。

2. 现状与不足

当前用于数据生成的模型主要是具有潜在变量的无向图形模型，例如受限制的玻尔兹曼机（RBM）、深玻尔兹曼机（DBM）及其众多变体。这些模型中的相互作用表示为非标准化概率密度函数的乘积，通过随机变量的所有状态的全局求和 / 积分来归一化。尽管可以通过马尔可夫链蒙特卡罗（MCMC）方法估计，但是这个数量（分区函数）及其梯度对于除了最平凡的实例之外的所有实例都是难以处理的。混合对于依赖 MCMC 的学习算法提出了一个重要问题。深度置信网络（DBN）是包含单个无向层和多个有向层的混合模型。虽然存在快速近似分层训练标准，但 DBN 会引起与无向和定向模型相关的计算困难。此外，还提出了不接近或约束对数似然的替代标准，例如得分匹配和噪声对比估计（NCE）。这两者都需要将学习的概率密度分布指定为归一化常数。在许多具有多层潜在变量（例如 DBN 和 DBM）的生成模型中，甚至不可能得出易处理的非标准化概率密度。一些模型，如去噪自动编码器和压缩自动编码器，其学习规则与应用于 RBM 的分数匹配非常相似。在 NCE 模型中，采用判别训练标准来拟合生成模型。然而，生成模型本身不是用于拟合单独的判别模型，而是用于将生成的数据与样本区分为固定的噪声分布的。因为 NCE 使用固定的噪声分布，所以在模型甚至在一小部分观察变量上学习了大致正确的分布后，学习速度显著减慢。最后，一些技术不涉及明确定义概率分布，而是训练生成机器从所需分布中抽取样本。这种方法的优点是可以将这种机器设计成通过反向传播进行训练。最近，在该领域的突出工作包括生成随机网络（GSN）框架，它扩展了广义去噪自动编码器。NCE 和 GSN 都可以看作定义参数化马尔可夫链，即学习机器的参数执行生成马尔可夫链的一步。与 GSN 相比，对抗性网络框架不需要马尔可夫链进行采样。

3. 方法提出

深度学习的前景是发现更丰富的层次模型，它们表示人工智能应用中遇到的各种数据的概率分布，例如自然图像，包含语音的音频波形和自然语言语料库中的符号。到目前为止，深度学习中最引人注目的成功涉及辨别模型，通常是那些将高维度、丰富的感官输入映射到类标签的模型。这些惊人的成功主要基于反向传播和 Dropping-out 算法，使用分段线性单元，这些单元具有特别良好的梯度。在本方法采用的对抗性网络框架中，生成模型与对手进行对比。判别模型用于确定样本是来自模型分布还是数据分布。生成模型可以被认为类似于造假者团队，试图生产虚假货币并在没有检测的情况下使用它，而歧视模型类似于警察，试图检测伪造货币。在这个类比中的竞争促使两个团队改进他们的方法，直到真假货币不可分割。

该框架可以为多种模型和优化算法产生特定的训练算法。在本方法中，探讨了生成模型通过多层感知器传递随机噪声来生成样本的特殊情况，并且判别模型也是多层感知器，仅使用前向传播来生成来自生成模型的样本。

4. 整体流程和框架

应用整体流程如图 8-21 所示。

（1）输入 1

由晶圆生产企业的监测系统采集晶圆生产实时加工数据，然后进行数据处理，获得应用流程的输入 1。

（2）GAN 的训练

将输入流数据作为 GAN（对抗生成神经网络）的训练数据，训练生成器与判别器，由生成器得到输出 1——晶圆生产仿真数据。

（3）晶圆工期预测模型

将由生成器得到的晶圆生产仿真数据作为输入 2，训练回归器，得到工期预测模型，然后利用训练好的工期预测模型得到输出 3——工期预测值。

本方法的算法流程图如图 8-22 所示。

算法模型共由 3 个神经网络构成（生成器、鉴别器、分类器）。其中，生成器用于数据的生成，鉴别器用于分辨真实数据与仿真数据，回归器用于提高对于晶圆工期的预测准确度。生成器的输入为全部真实晶圆工期数据（包括输入和输出）、输出为仿真数据（包括输入和输出）。鉴别器的输入为全部真实数据和仿真数据（包括输入和输出）、输出为数据属于真实数据的概率。回归器的输入为真实数据和仿真数据的输入部分、输出为预测值。生成器和鉴别器的损失函数为对抗生成网络的损失函数，回归器的损失函数为回归损失函数。

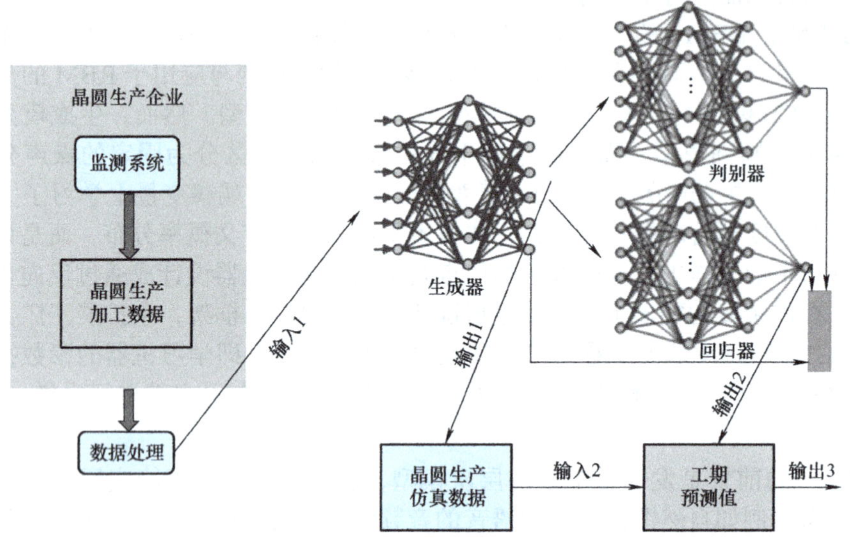

图 8-21　应用整体流程

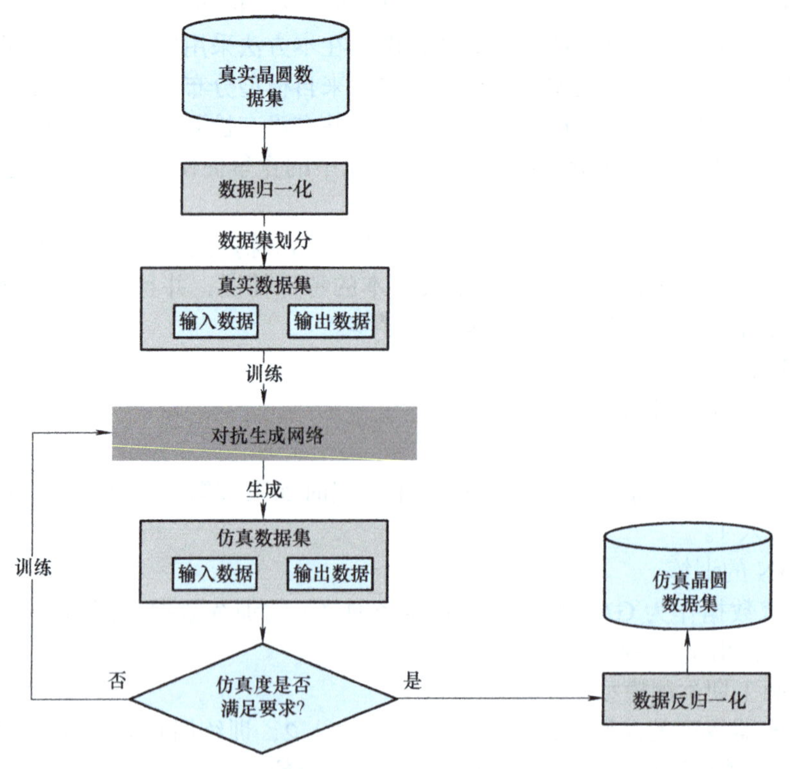

图 8-22　算法流程图

晶圆工期预测的数据集内有 6 个输入参数（等待时间、设备利用率、下次时间、排队时间、物流利用率、优先级）和一个输出参数（剩余完成时间），共有 6360 条数据。

5. 预测结果

晶圆加工实时场景演示、仿真数据模型的演示，以及晶圆完工周期预测的动态展示如图 8-23 所示。

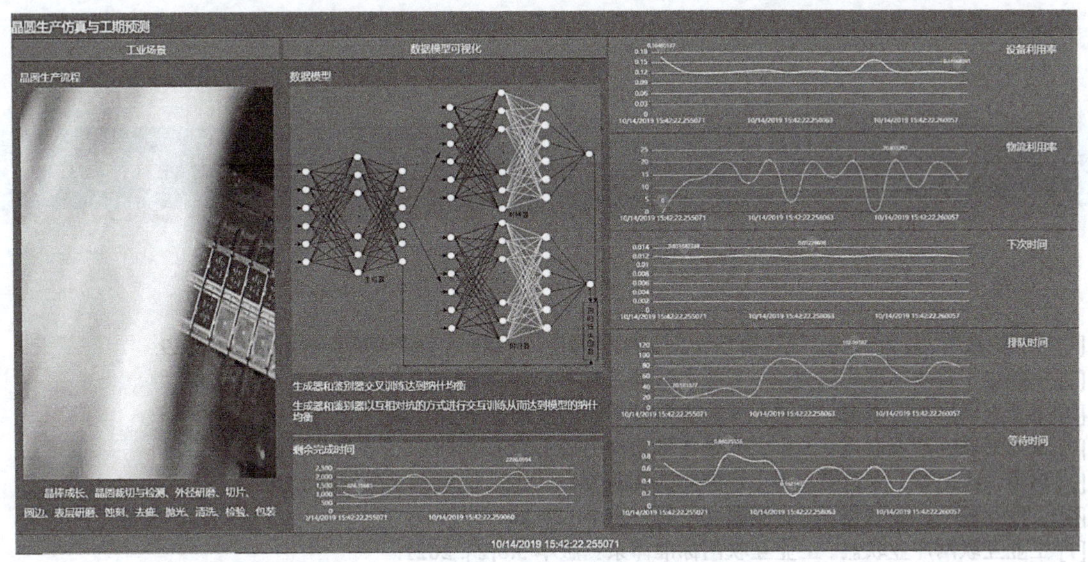

图 8-23　预测结果

6. 意义

理论意义：本方法提出了一种 3 个不同功能模型合一、共同训练的网络框架；可以有效地由随机噪声生成非结构化的仿真数据，并且将仿真生成与预测同时进行，最终可用少量数据提高晶圆工期预测的精度。

工程意义：应用大数据方法，对高度自动化的晶圆制造系统进行工期预测分析，可提高半导体代工企业在动态多变、竞争激烈的市场环境中的按期交付率等，对提高晶圆订单的准时交付率具有重要意义。

8.5 本章小结

本章综合讲述了工业大数据在智能制造领域的具体应用，包括机械装备故障诊断、零部件寿命预测、加工工艺优化、生产周期预测等方面。

习　题

1. 举例说明工业大数据在机械装备故障诊断中的其他应用。
2. 举例说明工业大数据在零部件寿命预测中的其他应用。
3. 举例说明工业大数据在加工工艺优化中的其他应用。
4. 举例说明工业大数据在生产周期预测中的其他应用。
5. 列举工业大数据在智能制造领域中的其他应用。

科学家科学史

“两弹一星”功勋科学家：雷震海天

参考文献

[1] 张洁，吕佑龙，汪俊亮，等 . 智能车间的大数据应用 [M]. 北京：清华大学出版社，2019.

[2] 中国电子技术标准化研究院 . 工业大数据白皮书：2019 版 [Z]. 2019.

[3] 工业互联网产业联盟 . 中国工业大数据技术与应用白皮书 [Z]. 2017.

[4] 工业互联网产业联盟 . 工业大数据技术架构白皮书 [Z]. 2018.

[5] 黄培，许之颖，张荷芳，等 . 智能制造实践 [M]. 北京：清华大学出版社，2021.

[6] 工业互联网产业联盟 . 工业互联网平台白皮书 [Z]. 2017.

[7] 工业互联网产业联盟 . 工业互联网标准体系：版本 3.0[Z]. 2021.

[8] 工业互联网产业联盟 . 国家智能制造标准体系建设指南 [Z]. 2021.

[9] 王国胤，刘群，于洪，等 . 大数据挖掘及应用 [M]. 北京：清华大学出版社，2017.

[10] 罗晓慧 . 浅谈云计算的发展 [J]. 电子世界，2019（8）：104.

[11] 林子雨 . 大数据技术原理与应用 [M]. 北京：人民邮电出版社，2017.

[12] 高艳杰，倪亚宇 . Spark 大数据分析实践 [M]. 北京：机械工业出版社，2016.

[13] 简祯富，许嘉裕 . 大数据分析与数据挖掘 [M]. 北京：清华大学出版社，2016.

[14] 贺勇，明杰秀 . 概率论与数理统计 [M]. 武汉：武汉大学出版社，2012.

[15] 叶小青，汪政红，吴浩 . 大数据统计方法综述 [J]. 中南民族大学学报（自然科学版），2018，37（4）：151-156.

[16] 王星 . 大数据分析：方法与应用 [M]. 北京：清华大学出版社，2013.

[17] 刘群，于洪，曾宪华 . 大数据挖掘及应用 [M]. 北京：清华大学出版社，2021.

[18] 汪俊亮，张洁，吕佑龙，等 . 工业大数据分析 [M]. 北京：电子工业出版社，2022.

[19] STOICA P，BABU P. Pearson–Matthews correlation coefficients for binary and multinary classification[J]. Signal Processing，2024，222：109511.

[20] SEBASTIAN F，KLAUS D S. On order statistics and Kendall' s tau[J]. Statistics & Probability Letters，2021，169：108972.

[21] WANG L，GUO Y，GUO Y Y，et al. An improved eclat algorithm based association rules mining method for failure status information and remanufacturing machining schemes of retired products[J]. Procedia CIRP，2023，118：572-577.

[22] 张洁，吕佑龙，张鹏，等 . 数据技术基础 [M]. 北京：清华大学出版社，2023.

[23] 雷亚国，贾峰，孔德同，等 . 大数据下机械智能故障诊断的机遇与挑战 [J]. 机械工程学报，2018，54（5）：94-104.

[24] 王国彪，何正嘉，陈雪峰，等 . 机械故障诊断基础研究"何去何从"[J]. 机械工程学报，2013，49（1）：63-72.

[25] MOAZEN-AHMADI A，HOWARD C Q. A defect size estimation method based on operational speed and path of rolling elements in defective bearings[J]. Journal of Sound and Vibration，2016，385：138-148.

[26] MISHRA C，SAMANTARAY A K，CHAKRABORTY G. Ball bearing defect models：a study of simulated and experimental fault signatures[J]. Journal of Sound and Vibration，2017，400：86-112.

[27] LIU Y，ZHU Y，YAN K，et al. A novel method to model effects of natural defect on roller bearing[J]. Tribology International，2018，122：169-178.

[28] 陈宇航，韩冰 . 基于改进包络分析的船舶轴系故障检测 [J]. 中国航海，2019，42（2）：22-26.

[29] LEI Y，ZUO M J. Fault diagnosis of rotating machinery using an improved HHT based on EEMD and sensitive IMFs[J]. Measurement Science and Technology，2009，20（12）：1-12.

[30] ZHANG Y P，HUANG S H，HOU J H，et al. Continuous wavelet grey moment approach for vibration analysis of rotating machinery[J]. Mechanical Systems and Signal Processing，2006，20（5）：1202-1220.

[31] SHEN Z，CHEN X，ZHANG X，et al. A novel intelligent gear fault diagnosis model based on EMD and multi-class TSVM[J]. Measurement，2012，45（1）：30-40.

[32] LIU H M，LI L F，MA J. Rolling bearing fault diagnosis based on STFT-deep learning and sound signals[J]. Shock and Vibration，2016（2）：1-12.

[33] SAXENA M，BANNET O O，GUPTA M，et al. Bearing fault monitoring using CWT based vibration signature[J]. Procedia Engineering，2016，144：234-241.

[34] TANG B P，LIU W Y，SONG T. Wind turbine fault diagnosis based on morlet wavelet transformation and wigner-ville distribution[J]. Renewable Energy，2010，12：2862-2866.

[35] HUANG N E，SHEN Z，LONG S R，et al. The empirical mode decomposition and the Hilbert spectrum for nonlinear and non-stationary time series analysis[J]. Mathematical，Physical and Engineering Sciences，1998，454（1971）：903-995.

[36] CHOW M，MANGUM P，THOMAS R J. Incipient fault detection in DC machines using a neural network[C]//Twenty-Second Asilomar Conference on Signals，Systems and Computers. New York：IEEE，1988.

[37] JACK L B，NANDI A K. Support vector machines for detection and characterization of rolling element bearing faults[J]//Proceedings of the Institution of Mechanical Engineers，Part C：Journal of Mechanical Engineering Science，2001，215（9）：1065-1074.

[38] SANTOS P，VILLA L F，REÑONES A，et al. An SVM-based solution for fault detection in wind turbines[J]. Sensors，2015，15（3）：5627-5648.

[39] IBRAHIM R K，TAUTZ-WEINERT J，Watson S. J. Neural networks for wind turbine fault detection via current signature analysis[C]//WindEurope Summit. Hamburg：EWEA，2016.

[40] 王红君，赵元路，赵辉，等 . 基于 EEMD 小波阈值去噪和 CS-BP 神经网络的风电齿轮箱故障诊断 [J]. 机械传动，2019，43（1）：100-106.

[41] 李航 . 机器学习方法 [M]. 北京：清华大学出版社，2022.

[42] JANSSENS O，SLAVKOVIKJ V，VERVISCH B，et al. Convolutional neural network based fault detection for rotating machinery[J]. Journal of Sound and Vibration，2016，377：331-345.

[43] GUO X，CHEN L，SHEN C. Hierarchical adaptive deep convolution neural network and its application to bearing fault diagnosis[J]. Measurement，2016，93：490-502.

[44] 周奇才，刘星辰，赵炯，等 . 旋转机械一维深度卷积神经网络故障诊断研究 [J]. 振动与冲击，2018，37（23）：31-37.

[45] 陈仁祥，黄鑫，杨黎霞，等 . 基于卷积神经网络和离散小波变换的滚动轴承故障诊断 [J]. 振动工程学报，2018，31（5）：883-891.

[46] ZHANG W，PENG G L，LI C H，et al. A new deep learning model for fault diagnosis with good anti-noise and domain adaptation ability on raw vibration signals[J]. Sensors，2017，17（2）：425.

[47] 曲建岭，余路，袁涛，等 . 基于一维卷积神经网络的滚动轴承自适应故障诊断算法 [J]. 仪器仪表学报，2018，39（7）：134-143.

[48] LECUN Y，BOTTOU L，BENGIO Y，et al. Gradient-based learning applied to document recognition [J]. Proceedings of the IEEE，1998，86（11）：2278-2324.

[49] KRIZHEVSKY A，SUTSKEVER I，HINTON G E. ImageNet classification with deep convolutional neural networks[J]. Advances in Neural Information Processing Systems，2012，25（2）:1097-1105.

[50] SZEGEDY C，LIU W，JIA Y，et al. Going deeper with convolutions[C]//Proceedings of 2015 IEEE Conference on Computer Vision and Pattern Recognition. Boston：CVPR，2015.

[51] HE K，ZHANG X，REN S，et al. Deep residual learning for image recognition[C]//Proceedings of the

IEEE Conference on Computer Vision and Pattern Recognition. Las Vagas：CVPR，2016.

[52] WANG B，LEI Y G，LI N P，et al. A hybrid prognostics approach for estimating remaining useful life of rolling element bearings[J]. IEEE Transactions on Reliability，2020，69（1）:401–412.

[53] 牛乾 . 机械旋转部件的性能退化及其寿命预测方法研究 [D]. 杭州：浙江大学，2018.

[54] BAI S，KOLTER J Z，KOLTUN V，An empirical evaluation of generic convolutional and recurrent networks for sequence modeling[Z]，arxiv：1803.01271，2018.

[55] NECTOUX P，GOURIVEAU R，MEDJAHER K，et al. Pronostia：an experimental platform for bearings accelerated degradation tests[C]//IEEE International Conference on Prognostics & Health Management. New York：IEEE，2012.

[56] GUO L，LI N P，JIA F，et al. A recurrent neural network based health indicator for remaining useful life prediction of bearings[J]. Neurocomputing，2017，240：98–109.

[57] 李少鹏 . 结合 CNN 和 LSTM 的滚动轴承剩余使用寿命预测方法研究 [D]. 哈尔滨：哈尔滨理工大学，2019.

[58] 刘滨，刘增杰，刘宇，等 . 数据可视化研究综述 [J]. 河北科技大学学报，2021，42（6）：643–654.

[59] 曾悠 . 大数据时代背景下的数据可视化概念研究 [D]. 杭州：浙江大学，2014.